教育研究方法論

觀點與方法

潘慧玲◆主編

台灣師範大學教育研究中心◆策劃

潘慧玲

　　美國賓州州立大學博士，現任台灣師範大學教育政策與行政研究所暨教育學系教授，曾任教育研究中心主任、技職教育一般科目課程發展中心主任、教育評鑑與發展研究中心副主任、教育政策與行政研究所所長、教育研究資訊發行人暨總編輯及技職教育一般科目簡訊與電子報發行人等，曾為美國賓州州立大學、哈佛大學、南加大訪問學者。近年來致力研究之領域包括學校效能與革新、教育研究與評鑑等，並試圖以性別觀點透視教育議題、整理教育理論。曾發表上百篇論文於國內、外學術界，包括期刊、書籍與研討會，執行研究專案數十項，主要著作（含主編）有《兒童角色取替研究》、《學校革新——理念與實踐》、《教育改革的未來》、《教育研究取徑》、《教育研究方法論》、《教育論文格式》、《教育評鑑的回顧與展望》、《教師評鑑理論與實務》、《教育議題的性別視野》、《性別議題導論》等書。

　　有關進一步資訊詳個人網頁 http://web.ed.ntnu.edu.tw/%7Epanhu/

作者簡歷

緒論

潘慧玲／國立台灣師範大學教育政策與行政研究所暨教育學系教授

第一篇 科學哲學與教育研究

楊深坑／教育部國家講座暨國立台灣師範大學教育學系教授

黃光國／教育部國家講座暨國立台灣大學心理學系教授

第二篇 實證典範與教育研究

張鈿富／國立暨南國際大學教育政策與行政研究所教授兼人文學院院長

黃毅志／國立台東大學教育研究所教授

薛承泰／國立台灣大學社會學系教授

馬信行／國立政治大學教育學系教授

黃鴻文／國立台灣師範大學教育學系教授

余安邦／中央研究院民族學研究所副研究員

第三篇 詮釋典範與教育研究

溫明麗／國立台灣師範大學教育學系退休教授

崔光宙／國立東華大學教育研究所退休教授

方永泉／國立台灣師範大學教育學系副教授

林安梧／慈濟大學宗教與文化研究所教授兼所長

第四篇 批判典範與教育研究

何英奇／中國文化大學心理輔導學系教授兼系主任

宋文里／國立清華大學社會學研究所教授

蔡篤堅／台北醫學大學醫學人文研究所教授

黃瑞祺／中央研究院歐美研究所研究員

莊明貞／國立台北教育大學課程與教學研究所教授兼任所長

潘志煌／國立台北教育大學課程與教學研究所博士

第五篇　女性主義與台灣的教育研究場域

張晉芬／中央研究院社會學研究所研究員

謝小芩／國立清華大學通識教育中心教授

羊憶蓉／國立台灣師範大學社會教育學系兼任教授

游美惠／國立高雄師範大學性別教育研究所教授兼所長

畢恆達／國立台灣大學建築與城鄉研究所副教授

卯靜儒／國立台灣師範大學教育學系副教授

簡成熙／國立屏東教育大學教育學系教授

第六篇　行動研究與台灣的教育研究場域

陳惠邦／國立新竹教育大學教育學系教授

成虹飛／國立新竹教育大學教育學系副教授

蕭昭君／國立東華大學課程設計與潛能開發學系暨國民教育研究所副教授

顧瑜君／國立東華大學課程設計與潛能開發學系暨國民教育研究所教授

熊同鑫／國立台東大學教育學系教授

蔡清田／國立中正大學課程研究所教授兼所長

主編序

　　社會科學研究隨著近百年湧現的社會思潮，產生世界觀的重新反思。實證主義獨尊的情景不再，今日呈現的是多元典範並存之局。教育科學做為社會科學的一門研究場域，亦包含在這樣的變局中，其變化也呼應著整個社會科學研究典範的轉變，使得教育研究者有必要釐清不同典範之流變及其重要內涵，方能合宜地運用方法進行教育科學研究。

　　而綜觀台灣教育研究的發展，一方面是借鏡國際經驗並融入全球的脈動，一方面則在積極突顯台灣教育研究的獨特性並投入本土性研究。為了讓台灣的教育學術環境得以承載更深層與更廣泛的教育議題，並提升教育研究者對教育本質和現象的洞悉能力，實不能忽略對研究方法論的回顧與前瞻。

　　有鑒於此，國立台灣師範大學教育研究中心本乎關懷社會與教育研究的職責，致力於提升我國教育研究水準，希冀能繼往開來地探討教育研究方法論，乃於二○○三年四月十九、二十兩日以「教育研究方法論：觀點與方法」為題舉辦學術研討會。

　　為了突破傳統研討會的舉辦形式，並集思廣益規擬研討重點，本中心特召開籌備會議，邀請清華大學謝小芩教授、陽明大學蔡篤堅教授、台灣師範大學何英奇教授，會同我與中心組長張樹倫教授、黃馨慧教授，一起參與，結果規劃了七個研討主題，另在起始與收尾的會議形式上，也做了一些改變。

首先，在會議揭開序幕後，以「大師對談」方式代替過去個人式的主題講演，希望從互動中，激盪出更多的智慧火花。會中，邀請楊深坑教授及黃光國教授等兩位教育部國家講座針對「科學哲學與教育研究」之主題，進行對談；接著大會規劃共五場次之論文發表，主題分別是：實證典範與教育研究、詮釋典範與教育研究、批判典範與教育研究、女性主義與台灣的教育研究場域、行動研究與台灣的教育研究場域，邀請教育及社會科學領域著有聲響之學者擔任發表人及討論人。最後，為讓研討會有一統整性的落幕，在會議尾聲安排了一場綜合座談，邀請吳明清教授、陳伯璋教授、周愚文教授以其不同的學術背景，自不同角度切入論述「優質研究的起承轉合」，並與會眾進行思辯。

本次研討會之舉辦獲得教育界的熱烈迴響，共有超過四百位教育研究和實務工作者與會。在會眾積極參與討論及對話的過程中，除了展現國內教育研究和實務工作者對「教育研究方法論」此一主題的重視與期待外，亦是一次成功的理性學術交流範例。

為回應各與會者於會議間對各篇發表論文所提供之寶貴建議，並使諸多因場地與時間因素而向隅者亦能見證此一由與會者所共同灌溉而成之學術成果，本中心特請發表人針對討論人及會中其他與會者所提供之意見進行修改，並將各篇論文集結出書，做為此一研討會成果之展現。

本書自研討會辦理後，經作者修正，討論人重新閱讀稿件以調整討論稿，至今已逾一年，可見一動員數十人之作品要能順利出版，誠屬不易。如今欣見本書已能上架嘉惠更多的讀者，實銘感五內。首先，要感謝的是所有參與撰稿的作者與討論人。其次，本次會議的籌辦，多蒙謝小芩教授、蔡篤堅教授、何英奇教授提供卓見，以及本中心張樹倫教授、黃馨慧教授與其他同仁的全心投入，在此謹申謝悃。另本中心助理研究員張晶惠小姐為了本書出版，前後所做的聯絡、催稿、校對、資料查核等功夫，可說辛苦備極，特此著墨表達謝意。最後，心理出版社許麗玉總經理慨允出版本書，讓各界人士得以分享我們的研討心得，亦一併致謝。期盼藉由此一研討會論文集之付梓，能與更多教育研究先進與伙伴分享本次研討會之

成果，並祈能對國內教育研究發展的進程多所助益，進而促進教育研究方法論本土與國際間的對話。

潘慧玲

2004 年夏寫於台灣師範大學

目錄

∽第五篇　女性主義與台灣的教育研究場域∽

第六篇　行動研究與台灣的教育研究場域

表目次

科學哲學與學術創造力

量化研究在教育上的應用與實例

實徵研究的反思──以教育為主軸的分析

詮釋典範與教育研究

批判理論及其在課程研究上之應用

性別觀點與量化教育研究

從方法論的要求到女性主義方法論的追求

行動研究在台灣教育場域中的發展與反思

圖目次

科學哲學的新發展及教育與社會科學研究之展望

科學哲學與學術創造力

量化研究在教育上的應用與實例

依樣畫葫蘆

詮釋典範與教育研究

詮釋學理論與教育研究的關係

批判研究方法的架構及其在教育與心理研究上的應用

展望新時代的專業人員角色

性別觀點與量化教育研究

緒論

學術探究的典範與新興取徑

潘慧玲

壹、前言

繼一九七○年代的社會科學中國化運動後，近十餘年來，社會科學界再度興起本土化之探究議題。在這些相關論述中，可發現方法論，或擴大一些來說，研究典範（paradigm）是探討本土化研究的一個重要觀點。易言之，有學者認為，如果不改變探究現象的世界觀，將不可能進行本土化研究（如：葉啟政，1993；黃光國，2001），而過往以實證主義為主導的研究，也影響了國人學術研究的原創力。這樣的說法，觸及了兩個重點，一是本土化議題，一是研究典範議題。而該二者之間的互動，又產生了第三個議題，亦即研究典範影響了本土化的可能性。

對於台灣近五十年教育研究的發展，從本土化的探究旨趣言，二○○○年曾針對「教育科學本土化、國際化」主題做過系統性探討；從研究方法論言，伍振鷟、陳伯璋（1985）曾做過一九八○年代之前的相關論著分析。這些研究顯示過去教育研究籠罩於實證主義典範之下，且以量化的調查法為最大宗。吾人如加入一九八○年代中期之後的作品至今，則教育研究的發展可粗分為三個階段：一、量化研究全盛期（1980 中期之前），此時期誠如前述，雖有一些歷史研究，但大多仍是量化作品；二、質性研究萌芽期（1980 中期至 1990 中期），一九八○年代中期後，受到西方方法論演變的影響，開始有人嘗試實徵的質性研究，唯數量仍非很多；三、質量研究齊鳴期（1990 中期至今），此時期質性研究大量興起，不僅與量化研究齊鳴，尚有凌駕之勢（潘慧玲，2004）。

相對照於西方，尤其是美國，自一九六○年代起質性研究再興，從前述的國內教育研究的發展看來，似有一些延宕現象！而相對照於西方不同思潮的湧現與多元典範的並存，國內的教育研究不論在典範、觀點（perspectives），或是在取徑（approach）上，亦有多元性不足之問題。對於上述現象，如能透過系統性的探究與具生產力的對話（productive dialogues），將有助於釐清今後整裝待發的立足點，這讓我興起辦理學術研討

會的念頭，台灣師範大學教育研究中心乃於二〇〇三年四月十九至二十日舉辦了「教育研究方法論：觀點與方法」研討會。

當時為了提高研討會的效能，讓與會者都能認真面對過去所做的研究，我們一面謹慎地規擬研討主題，一面也仔細地評估會議形式。在研討主題上，顧及研究典範與本土化／脈絡化兩個思考主軸，所設計的主題分三大部分：以科學哲學的討論開其端，接續安排實證、詮釋、批判三大研究典範的反思，之後選擇兩個台灣教育場域中皆重視脈絡化（contexualized）經驗的新興研究取徑——女性主義與行動研究，作為探討焦點（詳細之會議安排請參見附錄之研討會議程）。

整體而言，這次的研討會具有幾項特色：第一是跨領域對話的促成。有鑒於科際整合的趨勢以及研究方法論本可適用於不同學門，故在以教育場域做為方法論的討論範疇時，不必只是關起門來自家人做研討。因此，研討會的主題講演者、主持人、發表人、討論人，除教育學者外，尚有來自心理學、社會學與哲學學術訓練背景的學者，而上述不同角色的會議參與者，都經過專長領域與學術聲譽的考量而進行邀請。第二是研討會之安排突破傳統形式。在國內的主題講演部分，[1]以「大師對談」取代個人式的演出，邀請到兩位以科學哲學見長的教育部國家講座——楊深坑教授與黃光國教授，以互動對談方式帶出科學哲學的發展及其對教育／社會科學研究之啟示。為使對談更具主題性與流暢性，特邀請歐陽教教授擔任主持人，讓這個場次在言談間迸發最大的智性啟迪。在綜合座談部分，邀請三位不同學術背景之學者，論說如何做好一份研究。吳明清教授以教育政策與行政背景、陳伯璋教授以教育社會學背景、周愚文教授以教育史背景，

---

[1] 在國內主題講演部分，以「大師對談」取代個人演出之方式，唯在國外學者部分，考量實際配合問題，仍以個別學者講演方式進行。邀請之來賓為南加州大學知名學者 Nelly Stromquist 教授，她曾擔任「美國比較教育學會」理事長，專長領域為比較教育、婦女教育與質性研究等，所安排之講演題目為"Rescuing Subjectivity and Lived Experience: The Contribution of Qualitative Research to the Understanding of Social Change"，此主題以質性研究與女性主義觀點為探討主軸，旨在引導後面兩場次（女性主義與台灣的教育研究場域、行動研究與台灣的教育研究場域）研討會論文之討論。Stromguist 教授後雖因身體不適不克與會，惟其論文仍收錄於會議手冊中。

分別提出優質研究的起承轉合觀點，而主持人則由具教育研究法專長之林生傳教授擔任。在會議落幕前安排此一場次，有統整與總結兩天研討會所得之用意。第三是論文發表重視過去研究發展的檢討與反思。作者除就其研究典範或取徑做介紹外，文章的重點尚且側重在該典範或取徑在過去研究中的運用省思，期使這樣的討論可讓大眾瞭解研究的正用與誤用。

會議中之場次安排原有主題講演、論文發表及綜合座談三大部分，由於綜合座談「優質研究的起承轉合」，屬討論性質，當時請引言人僅撰寫一至二頁之引言稿，故當要將研討會成果集結出版時，收入書中的便只包括主題講演與論文發表兩部分。全書主題共囊括六項：一、科學哲學與教育研究；二、實證典範與教育研究；三、詮釋典範與教育研究；四、批判典範與教育研究；五、女性主義與台灣教育研究場域；六、行動研究與台灣教育研究場域。

在研討會期間，不管是發表人在文中的意見闡發，討論人對於發表人的意見評述，會議參與者的意見交流，或是會後文稿的辯駁往返，在在顯示學術論辯所需有的勇氣與雅量。讀者在翻閱本書時，當可從字裡行間嗅讀到這樣的訊息。本書期許做到學術的論辯只對「學問」不對「人」；只為辨明「真理」與力求更上一層樓，希望讀者看到了我們這樣的努力。

為讓讀者在縱覽全書前，有一概略性之理解，以下先對研究典範的發展以及本土研究場域的新興取徑進行申論，之後則對本書之編排方式與各篇文稿之內容作一簡介。

貳、研究典範的發展

一、研究典範的分類

Thomas S. Kuhn 在其一九六二年所出版的《科學革命的結構》（*The Structure of Scientific Revolutions*）一書中論及常態科學（normal science）的思維與研究方法如何建立，並提出「典範」一詞（Kuhn, 1970），成為

哲學論辯中的一個重要概念。典範決定了研究者如何界定問題，以及如何使用理論與方法探究問題的規準；它代表一套的基本信仰系統，並植基於本體論、知識論與方法論之預設。在教育領域中，對於不同之研究傳統，常以不同的典範指稱，例如，Shulman（1986）在談到致力於教學研究的不同研究社群時，即以「典範」一詞描述一個研究社群對於問題與方法所共享之概念。

　　對於教育科學典範的發展，嘗有學者提出不同的分類方式。Husén（1997）以說明（explanation）與理解（understanding）作為分類的基準，區分兩種研究典範：一為科學典範；一為詮釋或人文典範。科學典範效法自然科學強調經驗性量化觀察，藉助數學工具之分析建立因果關係，研究旨在說明（*Erklären*）。人文典範源自人文學傳統，強調整體與質性資料，研究旨在詮釋（*Verstehen*）。

　　除了典範的二類區分，Popkewitz（1984）提出三類區分法，他參照Habermas 所提人類的三種「認知興趣」或「構成知識的興趣」——技術的、實踐的、解放的認知興趣，將教育科學分為三類研究典範：經驗分析（empirical-analytic）科學、符號（symbolic）科學與批判科學。Lincoln 與Guba 注意到實證主義對於研究傳統形成的影響，也提出了三類劃分法：前實證、實證與後實證典範（Lincoln & Guba, 1984）。只是這樣的分類，隨著時間的進展而不斷地調整，例如一九九四年，研究典範擴充為實證主義、後實證主義、批判理論、建構主義等四類[2]（Guba & Lincoln, 1994），到了二○○○年，他們在上述四類之外，又加進了 Heron 與 Reason（1997）所提出的「參與典範」（Lincoln & Guba, 2000）。

---

2 四類典範中，批判理論是一較廣泛的用詞，它囊括女性主義、新馬克思主義、唯物主義、參與式探究等，如仔細地說，批判理論實則劃分成三個支派：後結構主義、後現代主義以及前二者之混和；至於建構主義則泛指從本體實在論（ontological realism）轉至本體相對主義（ontological relativism）主張之典範（Guba, 1990; Guba & Lincoln, 1994）。

二、研究典範的互斥或互補？

　　不同理論思潮的加入，不斷挑戰我們探究社會現象的想法，也擴增了我們討論研究議題的廣度。在過去，對於客觀知識的追求與主觀價值的不涉入，是受大家肯認的「天經地義」，然隨著典範的更迭，價值／事實、理論／行動、研究者／參與者……等是否均為二元對立的概念，開始有著不同的解讀。面對不同的典範，現今所要思考的議題包括了價值論、典範間的共量性、行動、控制、品質規準、發聲、反身性、文本表徵等。

　　其中有關典範間共量性問題，有些學者以為各典範所立基的本體論、知識論與方法論有所不同，其間要談相容是不可能的，因而，典範之不可共量性成為一派學者之看法。然對於其他學者而言，典範不見得是互斥的，這類學者有的從取徑不同於典範入手分析，Keeves（1988, 1997）即認為典範只有一個，但取徑卻有多個；有的則認為典範理論是否存在，本身就是一個大問題，像 Walker 與 Evers（1997）便曾對典範理論提出許多不合理存在的論證。此外，有的學者為解決典範間的互斥問題，另創實用主義典範，以含納質與量的研究方法（如：Tashakkori & Teddlie, 1998）；黃光國（2001）則以新維也納學派的建構實在論（constructive realism）作為整合不同科學哲學的一個新起點，讓不同學科所建構出來的知識體系得以整合在一起。

　　除了以上所論及的典範，文獻中尚可見到在質量論戰中，質量之爭曾被提昇至典範之爭，質量方法被認為相對應於不同的典範，亦即量化研究多被認為等同於實證主義，而質性研究則多以詮釋論與批判理論為其基礎，如此造成了質量研究間的互不相容！唯此見並非為所有學者所持有，Bryman（1993）、Popkewitz（1984）等人曾提出質量只是方法、技術之不同。Popkewitz（1984）更進一步指陳許多將研究中質量方法視為衝突二分的看法實則技術化了科學，也讓研究歷程機械化！在每個典範中，田野研究、調查、或是數字之詮釋均可運用，重要的是這些方法、技術在運用時，研究者如何將其關連於自己所服膺之典範，以及這些方法、技術如何

被置放於問題脈絡以及科學企圖與興趣中。

參、本土研究脈絡的新興取徑

學術探究的典範除了前所述及的實證、詮釋與批判典範外，女性主義研究自一九八〇年代後期獲得社會之重視，是一個逐漸成形的研究取向（Neuman, 1997）。而台灣近十年來，受到西方婦女運動、女性主義思潮以及本土婦運的影響，性別議題開始熱門，成為一個新的研究焦點。在這十年中累積了相當數量與教育相關的性別論述，女性主義研究遂成為本土教育脈絡中一項新興的研究取徑。除此外，蘊含著參與、行動與改變意涵的行動研究，也在近幾年的教育場域勃興。中小學教師在政府的鼓勵下，紛紛著手行動研究。對於這兩個在台灣近年逐漸興起，又富行動與政治意涵的取徑，深具探究意義，故成為本書在典範之外所討論的兩大議題。

在此，我以「取徑」二字指稱女性主義與行動研究，需作一些說明。「取徑」一詞，等同於有些學者所稱之「探究傳統」（tradition of inquiry）（如 Creswell, 1998），或是「策略」（strategies）（如 Denzin & Lincoln, 1994, 2000），其具發展的歷史傳統，有一套獨特的方法論，故其層次不同於資料蒐集的方法，如觀察、訪談、測驗或文件分析等。

一、女性主義取徑

女性主義研究致力於女性主體性之提昇，讓傳統上以男性觀點建構之知識體系，得以翻轉而涵攝不同主體的聲音。對於男性宰制文化的現象，常可見到三種使女性無法現身（invisible）的形式：排除（exclusion）、假置入（pseudo-inclusion）與異化（alienation）。排除女性於理論的建構之外，將男性經驗概化，用以解釋人類現象，致使女性的聲音無法被聽到，這是邊緣化女性經驗最明顯的一種作法。另一種較為微妙，邊緣化女性的作法是假置入。在形式上，理論雖包括女性經驗，唯男性觀點仍是規範、常模，女性經驗僅具附加價值，被視為是一種特殊個案。然而當女性在研

究中成為重要的探究對象時，如果仍以男性中心的價值觀、方法論與分類架構去分析她們的生活，則亦將產生異化女性經驗的結果（潘慧玲、梁文蓁、陳宜宣，2000；Thiele, 1987）。故而，面對「男流」論述之形成機制，女性主義學者（如：Acker, 1994; Reinharz, 1992）致力於釐清女性主義研究所具有的特徵或預設，以有別於一般的男流研究，以下是女性主義研究的六項核心預設（Acker, 1994: 57）：

㈠女性主義研究對於女人因性別而受苦的不公義現象，具敏銳的覺察力。

㈡研究的目的在改善女人的生活。

㈢女性主義研究將女人、性別置於人類存有各面向的中心位置。

㈣女性主義研究以為現有的知識、技術有其缺憾，須加修正或替換。

㈤在父權體制下的女人經驗是研究的起始點：個人即政治的與有效的。

㈥研究者應與其探究對象（subject）處於相同的地位，而非採取強力或是分離的位置。

　　在教育領域中，一九七〇年代早期開始出現一些反思研究中性別意識型態的積極性努力，此可如美國教育研究學會（American Educational Research Association, AERA）設置 *Research on Women in Education* 特別興趣小組（Special Interest Group, SIG），針對性別偏見的充斥、量化資料的淺薄、客觀性、研究者與被研究者疏離關係、知識論、個人及政治的、研究的政治意涵等面向進行探討。對於潛藏於研究方法運用之偏見則提出許多檢視的重點，諸如：㈠誰做的研究：是男人做的？還是女人做的？㈡做了什麼研究：是否研究者為男性，而被研究者為女性，其間所反映的又是何種權力關係？㈢誰被研究：是否僅用男性樣本，結果卻推論於兩性？㈣如何做研究：測驗工具是否隱含偏見？研究結果及其詮釋是否留意情境不同所造成的差異？㈤結論如何形成：研究者之信念、意識型態與期望是否影響研究結果的解釋？而性別差異如何被解釋與運用？（Campbell & Greenberg, 1993）

　　此外，在進行女性主義研究時，常見到一些爭議，包括：有所謂的

「女性主義方法」嗎？女性主義研究排拒量化方法嗎？只有女性適合作女性主義研究嗎？女性主義僅擁抱主觀嗎？對於是否有「女性主義方法」的問題，首先需要釐清的是方法與方法論的差異，女性主義學者並不排拒不同方法之運用，然女性主義研究必須具有女性主義觀點。易言之，方法論不僅是方法之運用，其背後更蘊含理論立場，故而，女性主義研究所運用的是女性主義方法論，而非獨屬於女性主義的方法或技術。

　　女性主義研究歷經多年的發展，其認識論觀點亦有所更迭，從女性主義經驗論、女性主義立場論，到女性主義後現代論（Haig, 1997; Olesen, 1994），雖說現今女性主義者多摒棄實證主義觀點，然此並不意味其排拒量化方法，誠如前面所做分析，量化方法並不等於實證主義，批判論者亦可透過歷史的量化分析，找出性別、階級或族群的結構性宰制，因此女性主義者反對的並非量化方法，而是誤用的量化研究。至於是否只有女性才合適從事女性主義研究，這樣的議題一直都有人在討論。記得在女學會的年度學術研討會——「意識、認同、實踐：2003 年女性主義學術研討會」中，具性別意識的男性學者也曾提出反思，深剖自己從事女性主義研究的正當性與合宜性。雖然有人力陳唯有背負著女性生理軀殼及社會規約的個體，方能深切瞭解與體會女性在社會中所受壓迫的處境，也才合宜進行女性主義研究，然而，研究並不是都要身歷其境方能執行，於是本乎擴大參與，歡迎具女性主義觀點者加入研究行列，以促進性別平等的行動，成為許多學者所認同的作法（如：Harding, 1987）。

　　為提昇研究品質，在此最後提出一些具女性主義觀點的研究策略，供作參考（Jayaratne & Stewart, 1995）：

㈠選擇問題時，應問研究是否對女性有幫助，需有何種資料以幫助女性。

㈡設計研究時，應選擇適當的方法。

㈢不管使用量化、質性或質量方法，應瞭解方法本身的限制。

㈣如有可能，應採質量併用的研究設計。

㈤不論採量化或質性方法，研究程序必須免於偏見。

㈥應投入時間努力執行優質研究。

㈦當解釋結果時，應詢問與符應發現的不同詮釋，是否隱含改變女性生活的意義。

㈧應嘗試一些研究結果的政治分析。

㈨盡可能地積極參與研究結果的傳播。

二、行動研究取徑

「行動研究」一詞通常被認為是由社會心理學家 Lewin 所提出（Greenwood & Levin, 1998），而行動研究從此詞之提出到現在，已有六十年之光景。行動研究之異於其他研究取徑，主要在於它抗拒傳統上對於研究所抱持的觀點，包括誰可以是研究者，以及研究與社會實踐間的關係。行動研究主張者一方面認為不論是否具備專業訓練，都可以是研究者，另一方面也認為現況之改變並非僅靠「真理」之追求，在實踐中所做的研究（research in practice），而不是對實踐所做的研究（research on practice），亦能獲得研究資料與洞見，以促進社會之轉化（Kemmis & McTaggart, 2000）。

觀諸行動研究之發展，可知其間由於不同社會思潮的滲入，致使行動研究具有分歧之意涵。Carr 和 Kemmis（1986）、Grundy（1987）等人皆曾依據 Habermas 所提的三種認知興趣，而將行動研究分為三種相對應的取向——技術取向、實踐取向與解放取向。由於技術的認知興趣旨在掌握現象的規律性與齊一性，以便對客觀世界作正確預測與有效控制，故技術取向的行動研究係在不質疑預定目標下，依循目標進行技術性的改變。實踐取向行動研究不僅重視達成目標的手段，亦重視目標，故對於目標是否合理、正當會提出質疑，且重視參與者間的平等關係，在民主氛圍中共同決定目標與手段，並在實踐過程中進行批判反思。至於解放取向的行動研究，則增添解構社會不平等權力關係的關懷，社會正義等道德訴求是此取向重視之議題。

以上述的分類架構觀諸西方行動研究的發展，可發現隨著社會思潮產生影響之時間，展現了由技術取向、實踐取向，再至解放取向之歷史進

程。一九五○、一九六○年代源起於美國的行動研究，偏於技術取向；而一九六○、一九七○年代，在英國受到「教師及研究者」運動影響的行動研究，偏於實踐取向；而晚近盛行於歐陸的教育行動研究則偏於解放取向（陳惠邦，1998）。雖說西方的行動研究現今仍存在三種不同的取向，唯教育領域中有關行動研究之論辯，常存於兩個派別間：一個較為協同（collaborative）取向，以批判教育科學為本；另一個則較為個人取向，以實踐理性及反思實踐者為本（Kemmis, 1997）。

　　相對照於西方，國內近五年勃興的教育行動研究，許多是為了解決教育現場問題所實施之某種方案或策略成效的研究，其中，鮮見教師的實踐反思，更遑論研究中涵納了轉化社會不公義的企圖，有些作品甚且掛了行動研究之名，而無行動研究之實！這種現象一方面可能是我們的文化土壤尚未能孕育出夠多、夠充實的批判教育論述與實踐；一方面則可能因為目前大多的行動研究者是中小學教師，他們在日常教學工作的重荷下，尚無足夠的能量可以開發研究的新視域。

　　在行動研究的相關論著中，常可見學者將行動研究拆解成幾個線性或循環步驟，並繪圖說明（如：Altrichter, Posch & Somekh, 1993; Ebbutt, 1985; Elliott, 1991; Kemmis, 1988; Lewin, 1948; McNiff, 1988）。這樣的作法雖有助於初學者掌握要點，卻讓行動研究顯得過於機械化，故 Kemmis 與 McTaggart（1998）除描繪行動研究的螺旋循環過程：偵察、計畫行動、執行與觀察行動、以執行過程中所蒐集的資料反思計畫之執行、重新計畫（發展更正或調整的行動計畫）、採取進一步的行動、進行反思……，另則提出重要問題，希冀研究者將上述過程中的每個階段與下面三個相依的社會與教育生活中的領域相連結：㈠語言與論述；㈡活動與實踐；㈢社會關係與組織形式。在這三對語彙中，前者與日常生活世界中的事件及事件狀態有關，後者則涉及正式、制度面向；此即 Habermas（1987）對於生活世界與系統所作之區分與其間之關連。教師在教育環境中，要釐清上述概念之關連，所需要的是一種反思性與批判性的判斷，而這樣的判斷不同於僅對行動研究的過程按照既定程序操作的機械式觀點。

肆、本書之編排

在本書中共搜羅六大主題之論文，除兩篇主題講演文章外，其餘安排之體例均先出現作者文章，再尾隨一篇討論文。每一作者皆曾於研討會後針對與會者所提意見進行文稿之修正，而為提高本書閱讀的邏輯性與流暢性，文章之修正稿也再度送給討論人進行討論文之修潤。讀者如循序閱讀，當可發現討論文常發揮畫龍點睛之效，有些言簡意賅地點出文章重點，有些針對文章重點加以提問或衍伸，有些則批判性十足地加以針貶。

本書首先編排的是「科學哲學與教育研究」主題，其下為兩篇主題講演文章：分別是楊深坑的〈科學哲學的新發展及教育與社會科學研究之展望〉與黃光國的〈科學哲學與學術創造力〉。這兩篇文章安排於此具有「啟後」之意，亦即藉由科學哲學發展之討論，瞭解科學活動中本體論、知識論與方法論觀點之轉變，以引導後面所要談的五大主題——教育研究場域中的三大典範與兩個新興取徑。

為了說明科學研究活動中所涉及的基本要素，楊深坑首先以 Keeves（1997）借用 K. Popper 三個世界的理論作論述。世界 I 是真實世界，指自然的物理對象及人類社會所建構的物質環境；世界 II 是人類的主觀心靈；世界 III 是人類心靈所創造的知識體，而研究即包括了世界 I、世界 II 和世界 III 三個世界的互動過程。然而，由於哲學中對於這三個世界（實體、心靈與知識）的論見並不一致，致使科學知識的建構方式與檢正判準亦呈現分歧現象。文中更進一步指出教育學傳統上所忽略的政治與社會層面的權力糾結，並非傳統形上學、知識論、心靈論所能處理，其有賴新發展的科學哲學加以分析，而這指的是自一九八〇年代以降出現的科學典範論爭，除了詮釋學、現象學、批判理論等挑戰主流的實證主義，倡導包容多元、欣賞差異，並否認唯一真理存在正當性的後現代主義於一九九〇年後亦為之盛行，故而科學哲學有從基礎論、本質主義、再現主義走向反基礎論、反本質主義、反再現主義的傾向。面對當代科學哲學的論爭，文章最後提

醒吾人進行研究時，首須釐清不同科學哲學之立論依據與特性，進而分辨
研究對象為一多元實體存在，故須整合不同的研究方法加以探究，善用數
理符號表徵與自然語言，處理與詮釋現象之意義，並致力於人類生活之改
善（楊深坑，第一篇）。[3] 總言之，這篇文章的主旨，在透過科學哲學的
發展，導引我們重新看待教育與社會科學研究之處理。緊接於後的第二篇
文章，則在期許吾人在瞭解科學哲學的轉變後，能夠迸發學術探究應有的
創造力。有感於國內大多學者對於西方的科學哲學僅停留於「望文生義式
的理解」或「字典式的理解」，使得研究成果淪為表相模仿、缺乏創造
力，黃光國乃企圖由科學哲學不同典範之引介，激發國人反思典範轉變對
於個人從事研究的意義，以及反思研究的本質、旨趣與方法是否該隨之而
有所調整！文中以「實證主義」轉變到「後實證主義」為焦點作論述，簡
要點出「邏輯實證論」及「進化認識論」在本體論、認識論、方法論與人
性論上的改變，尤其必須留意的是科學研究的重點從「命題的驗證」轉為
「科學發現的邏輯」，而科學發現主要係反映於理論的建構上。科學要能
進步，主要取決於理論的發展，而不只是經驗知識的累積。易言之，社會
科學研究所關注的重點將從找尋或累積更多的實徵資料，轉變為建構更具
解釋力或更能解決問題的理論（黃光國，第一篇）。[4]

　　本書的第二篇「實證典範與教育研究」共有三篇文章，第一篇是張鈿
富的〈量化研究在教育上的應用與實例〉，文中介紹了三項量化分析的方
法：ARIMA（時間序列模式）、Fuzzy（模糊分析）、Data Mining（資料
採礦）。ARIMA 是時間序列分析的一種模式，可作為縱貫性資料分析的
一種方式；Fuzzy 理論衍發出的新概念——模糊集合，可用於教學評量、
調查研究等；Data Mining（資料採礦）主要是在大量資料中發現有意義的
樣型或規則，是一種不斷循環的決策支援分析過程。上述三項量化方法在

---

[3] 有關科學哲學發展之詳細論述可參見楊深坑二○○二年所著之《科學理論與教
育學發展》一書。

[4] 黃光國二○○一年的《社會科學的理路》一書，詳細說明了從實證主義、後實
證主義、結構主義、詮釋學、批判理論，到建構實在論等科學哲學之發展。收
錄於本書之黃文，僅涵蓋從實證主義到後實證主義之轉折。

文中均有概念與統計運算之說明（張鈿富，第二篇）。第二篇文章是薛承泰的〈實徵研究的反思：以教育為主軸的分析〉，此文以教育社會學為範疇探討實徵研究的困境。文章一開頭，清楚地點出教育社會學的探究傳統有兩個最具爭議的議題，分別是「學校效應」（school effects）與「教育擴充效應」（effects of educational expansion）。作者進一步以此二議題所應用之分析模型為例，說明功能論者與衝突論者的理論主張與關注之實徵分析方式。例如在「學校效應」模型中，功能論者欲探討在控制家庭背景與認知能力下，學校對於學生成就之「淨效應」為何？功能論者認為人有賢肖不同，教育成就乃隨著個人天份與努力的不同而有差異；然而衝突論者認為學校是一個階級再製機構，因此家庭背景對於教育成就之影響，遠大於學校之教育年限。同樣的邏輯應用到「教育擴充效應」模型，功能論者主張學校的擴充，可累積人力資本，促進經濟發展；衝突論者則懷疑教育擴充與生產力之間的關係，他們以為教育擴張的最大受益者是統治階級，故對於教育擴張是否能提昇生產力、促進經濟發展，打了個問號，他們以為其間的關係不具普遍性，而是具階級層差效果。上述二模型中所呈現的，一方面是理論觀點的歧異，一方面則是研究取向與測量的不同。薛文乃由此進一步分析實徵研究的諸多困境，像是研究時間、資料蒐集時間及詮釋現象時間三者間出現落差；現象的「變遷」與「過程」的測量困難；效應的差異來源多重致使變項控制不易；研究的精確性不易掌握將影響結果的解釋與推論；意識型態、政治力或研究者專長領域的受限可能成為追求卓越品質的障礙（薛承泰，第二篇）。第三篇接續薛文的是黃鴻文的〈依樣畫葫蘆：對台灣師範院校量化教育研究的個人觀察〉；黃文以師範院校的量化研究作進一步的聚焦進行檢討。檢討的是盛行於教育圈的學術文化，或具體地說，是學術運作的「內在邏輯」。盲目使用統計套裝軟體，將研究的主權從研究者手中讓渡給統計套裝軟體，是作者所做的第一個觀察；未能妥適運用專家效度、因素分析與項目分析進行預試的信、效度考驗，是作者提出的第二個觀察；誤將統計相關擴大為因果之解釋，以及在研究結論中臚列過份繁瑣之統計結果，是文中提出的第三個觀察。最

後，作者希望在以心理學為主流的量化教育研究中，能帶入量化社會學的方法，以增添與拓廣教育現象探討的方法、角度與視域（黃鴻文，第二篇）。

在第三篇「詮釋典範與教育研究」中，蒐羅的文章有兩篇。兩篇均以詮釋學為主題，溫明麗從詮釋學的緣起、轉折與內涵談起，給予讀者一個詮釋學發展之概論，接著梳理詮釋學理念，並從中釐析教育研究之意涵，最後則從詮釋學重啟教育研究之辯證方法、詮釋學與教育研究中的意識問題，以及「語言」概念對教育研究典範轉型的解構與重建等面向論述詮釋學方法論與教育研究間的關係（溫明麗，第三篇）。方永泉在論述詮釋學理論與教育研究的關係時，係採縮小範圍的途徑，以呂格爾的詮釋學理論為例。他首先論證詮釋學提供教育研究，尤其是質性研究，重要的方法論來源，其次則對於詮釋學發展及其意義演變作一概述，接著從文本論、詮釋理論、詮釋學目標、敘事觀點等角度討論呂格爾詮釋學在詮釋學理論發展中的地位及其要旨，最後說明呂格爾詮釋學理論在教育研究上如何應用（方永泉，第三篇）。

第四篇以「批判典範與教育研究」為主題，其下含括三篇文章。首先是何英奇介紹批判研究方法，及其在教育與心理研究上的應用。該文對於批判研究方法的根源、假說、主要概念、要素及關注議題作了清楚之交代，而對於批判研究法之新方向——批判論述分析，也有工具性之介紹。之後則以晚進台灣教改爭議性議題的論述分析；IQ、性向與學力等測驗是否符合公義的批判分析；教育的隱喻分析；圖像的解構與建構分析作為實例，以說明批判研究法如何應用於教育與心理研究（何英奇，第四篇）。除了批判研究法的介紹，莊明貞、潘志煌以批判理論為主軸，討論批判理論之要義及其在課程研究上的應用。作者先從批判理論的歷史發展談起，再論批判理論探究與後現代主義的整合，接著論及後現代批判研究在信度、效度的幾項思慮。至於文中的第二項重點——批判理論及其課程探究形式，則由課程探究的意識型態、實踐取向的課程探究及溝通取向的課程探究著手論述。文章末尾評析批判探究在本土課程研究應用上的可能困境

及實施的可能性（莊明貞、潘志煌，第四篇）。跳脫批判方法與批判理論的探討，蔡篤堅以醫學人文教育的理論架構為範例，提出新時代專業人員角色之展望。蔡文中，對於台灣的科普教育主流身陷於工具理性與專業主義的迷思以及文化的自我殖民，做了沈痛的反省，故企圖以「媒介的醫病關係為核心」作為理論架構，並發展敘事認同取向的教學新典範，培育醫療人員具有傾聽理解不同個人與團體敘事邏輯的能力，感同身受民眾與病友的情感和生活經驗，讓醫療人員扮演有機知識份子的角色，成為增能的媒介，成為保障病人生命尊嚴與身體自主權的媒介（蔡篤堅，第四篇）。

在探討完三大典範後，安排兩個新興取徑之討論。第一個以「女性主義與台灣的教育研究場域」為題，有三篇文章。首先，張晉芬、謝小芩在她們的文章中試圖論證婦女與性別研究並非與量化研究相剋，她們主張「具有性別觀點的量化研究，不但有助於我們宏觀而深入地瞭解複雜的性別現象，其研究結果更可為促進性別平等的政策提供有力的證據」，故而文中以性別觀點指陳往昔國內量化研究之缺憾，並提出改進建議。為呈現具性別觀點之範例，文章接著以數個國外研究進行析釋。最後，兩位作者以其近年關注之主題——教育成就，提出探討性別差異可行的研究策略，以窺過去研究所未能見到之兩性教育成就的差異狀況（張晉芬、謝小芩，第五篇）。為瞭解教育論述中之性別觀點，游美惠以收錄於 TSSCI 的四個教育期刊近十年（1992 年至 2002 年）刊載之論文進行檢視。游文以女性主義方法論作為檢視主軸，提出四個分析重點：性別反省、科學客觀性、研究倫理及政治行動。研究結果發現大多的研究未能將抽象之論述與被研究者之日常生活關連起來，而性別常以人口變項被操弄，讓許多的婦女研究，只有抽象論見，無法呈現脈絡化經驗之意涵。另者，研究中常缺少研究者的反身自省，一個形似價值中立之隱形人，成為許多研究者之寫照；而具政治行動意涵之女性主義研究，在所探討之論文中更是罕見！因此，游文最後提出呼籲，今後應透過女性主義方法論與女性主義知識論進行教育場域中性別政治運作之探討，並讓這樣的探討被肯認是一正當、具價值性之研究活動（游美惠，第五篇）。此主題的第三篇文章是卯靜儒嘗試

以女性主義研究觀點重構女性教師「主體性」之文。為了找尋女性主體性建構之基礎，卯文以後結構主義的女性主義作為出發點，解構「女人」此一普同化概念。然而推翻「女人」是一個一致性的概念以及一個概括的統一體，雖可看到女性主體性更為複雜之面向與創造更大的論述空間，卻可能危及女性主義所賴以依存的核心概念「女人」這個類別，於是作者進一步以 Alcoff（1994）的位置性（positionality）概念作為解套。Alcoff 以為女人之被定義，不是因其特定之特性，而是因其所處物質的、文化的與歷史的特定位置。由於女人在不同社會、文化網絡中所處位置不同，經驗也會不同，由此衍生出同為女性的研究者與被研究者，由於所處位置不同，必須處理跨越邊界瞭解彼此的問題。而在女性主義研究中作為知識生產基礎的女性經驗與女性聲音，必須透過解構與詮釋，將女性經驗問題化，將女性聲音放在廣大的社會脈絡中去理解，以透視背後的性別政治運作，如此方能避免女性經驗與聲音的呈現只是再製性別的分類。女性的主體性因為位置性的反思而得知其限制所在，而研究的任務便在幫助女性恢復其發問主體的位置（卯靜如，第五篇）。

本書最後一篇的主題是「行動研究與台灣的教育研究場域」，三篇文章各自呈現了對於行動研究的深沈反思，這種反思包括了對台灣教育界的針砭，也包括了對自我的剖析。陳惠邦在文中提到行動研究可說是在眾說紛紜中成長，由於眾人對於行動研究的理解分歧，故形成諸多的迷思。以文中作者的觀點言，行動研究是一個知、行、思三者不斷循環的過程，也是行動研究報告中不可或缺的三隻腳。上述的「知」，需有文獻探討補充知之不足，並以研究提昇專業知能；上述的「行」需有具教育實踐意涵的行動，以及反省後的行動；至於「思」則要透過對話進行反省，對行動作反省，在行動中反省，以及對反省作反省等。面對國內教師從事行動研究的景況，陳文亦指出其實際執行上的困難，以幫助教師在瞭解之後能作進一步的改變（陳惠邦，第六篇）。以〈國內教育行動研究解放了什麼？〉為題，蕭昭君站在解放取向的立場，對於國內現有的行動研究作了「火力十足」的系統性評論。實證的陰影揮之不去，展現在研討會的論文、報告

書寫的形式、學位論文及教育研究法專書。蕭文歷歷指陳許多研究有行動，也有蒐集資料的行動，卻無法構成行動研究，因為「實作、監控、反省、修正、再實作、再監控、再反省、再修正」或對行動反思及行動中反思之精神未被掌握，致使許多研究與一般的實徵研究無異，即使題目拿掉「行動研究」四字，也無影響。有關研究報告的書寫，由於太過強調制式格式，喪失了研究者的生命力與創意思考，故如何讓研究者以真誠感人的語調說清楚自己的行動結果，以感受自己增能的歷程，是文中所強調的。而研究中對於「客觀性」、「推論性」之看法，蕭文以反實證之觀點評述一些研究者對於「客觀性」、「推論性」追求的焦慮；而在研究歷程中常可見到不對等權力關係的出現，協同參與人通常只是配合研究進行的一個「研究對象」！不管協同參與人是教師還是學生，此是文中反省的另一個焦點。至於國內教育研究法專書中對於行動研究之介紹，蕭昭君也提到有過於實證思考與策略技術導向之憾。文章最後呼應作者立場地，以「批判實踐取向的行動研究」的執行作為呼籲，希冀教師反省意識型態的結構，從宰制的結構中解放出來，也能從社會正義的層次看待教育實踐，幫助孩子成長（蕭昭君，第六篇）。書中最後一篇文章是熊同鑫的〈行動研究在教育現場實踐的一些想法〉。在研討會中，學術思辯促使與會者再度思考自己如何看待研究以及做研究的方法，故在熊文中，作者一方面透過學習做行動研究來進行自我反思，一方面則回應了部分與會者的提問。在作者回顧其著手行動研究的歷程中，勇敢地自我揭露許多面對的矛盾與掙扎，像是如何處理「客觀」？書寫中要以「我」還是「第三人稱」呈現書寫者？書寫規範對於初學者是否可發揮正面的引導作用？如何瞭解學生在行動中是受益的？行動成果「證據」的取得就是陷自己於實證主義框架嗎？教師回溯自己的教學是一種行動研究嗎？除了對於問題的反芻，熊文亦指出行動研究有其科學哲學思維，不僅是方法、技術之運用，且其期許研究者在實務研究過程中，經由詮釋、批判、系統化、知識傳遞，建構自己的知識與理論（熊同鑫，第六篇）。

　　讀者在看過以上我所做的大要簡介，再進入各篇文章做詳細的閱讀

後，當可目睹寫作者之觀點與立場常躍然紙上。事實上，有關方法論上的爭辯，有些涉及的是典範不同，自然所使用的研究判準會有所不同；有些涉及的是發展中的概念或取徑，乃有人言言殊之情形。因此，方法論的議題常可締造持續不斷的論辯空間！期盼本書的出版可以促動讀者更多的反身內省，創造讀者更多的對話空間，以及引發讀者更多的思考、想像與創造。

參考文獻

伍振鷟、陳伯璋（1985）。我國近四十年來教育研究之初步檢討，中國論壇，21(1)，230-243。

陳惠邦（1998）。**教育行動研究**。台北：師大書苑。

黃光國（2001）。**社會科學的理路**。台北：心理。

楊深坑（2002）。**科學理論與教育學發展**。台北：心理。

葉啟政（1993）。學術研究本土化的「本土化」。**本土心理學研究**，**1**，184-192。

潘慧玲（2004）。緒論：轉變中的教育研究觀點。載於潘慧玲（主編），**教育研究的取徑：觀念與應用**（頁1-34）。台北：高等教育。

潘慧玲、梁文蓁、陳宜宣（2000）。台灣近十年教育領導碩博士論文分析：女性主義的觀點。**婦女與兩性學刊**，**11**，151-190。

Acker, S. (1994). *Gendered education: Sociological reflections on women, teaching and feminism*. Philadelphia: Open University Press.

Alcoff, L. (1994). Cultural feminism versus post-structuralism: The identity crisis in feminist theory. In N. B. Dirks, G. Eley, & S. B. Ortner (Eds.), *Culture/Power/History: A reader in contemporary social theory* (pp. 96-122). Princeton, NJ: Princeton University Press.

Altrichter, H., Posch, P., & Somekh, B. (1993). *Teachers investigate their work: An introduction to the methods of action research*. London: Routledge.

Bryman, A. (1993). *Quantity and quality in social research*. London: Routledge.

Campbell, B., & Greenberg, S. (1993). Gender in research, achievement, and technology. In S. K. Biklen & D. Pollard (Eds.), *Gender and education* (pp. 64-89). Chicago: The University of Chicago Press.

Carr, W., & Kemmis, S. (1986). *Becoming critical: Education, knowledge and action research.* London: Falmer Press.

Creswell, J. W. (1998). *Qualitative inquiry and research design: Choosing among five traditions.* Thousand Oaks, CA: Sage.

Denzin, N. K. & Lincoln, Y. S. (1994). Introduction: Entering the field of qualitative research. In N. K. Denzin, & Y. S. Lincoln (Eds.), *Handbook of qualitative research* (pp. 1-17). Thousand Oaks, CA: Sage.

Denzin, N. K. & Lincoln, Y. S. (2000). Introduction: The discipline and practice of qualitative research. In N. K. Denzin, & Y. S. Lincoln (Eds.), *Handbook of qualitative research* (2nd ed., pp. 1-28). Thousand Oaks, CA: Sage.

Ebbutt, D. (1985). *Issues in action research.* London: Longman.

Elliott, J. (1991). *Action research for educational change.* Buckingham, MK: Open University Press.

Greenwood, D. J., & Levin, M. (1998). *Introduction to action research: Social research for social change.* London: Sage.

Grundy, S. (1987). *Curriculum: Product or praxis?* London: Falmer Press.

Guba, E. G. (1990). *The paradigm dialog.* Thousand Oaks, CA: Sage.

Guba, E. G., & Lincoln, Y. S. (1989). *Fourth generation evaluation.* Newbury Park, CA: Sage.

Guba, E. G., & Lincoln, Y. S. (1994). Competing paradigms in qualitative research. In N. K. Denzin, & Y. S. Lincoln (Eds.), *Handbook of qualitative research* (pp. 105-117). Thousand Oaks, CA: Sage

Haig, B. D. (1997). Feminist research methodology. In J. P. Keeves (Ed.), *Educational research, methodology, and measurement: An international handbook* (2nd ed., pp.180-185). New York: Pergamon.

Harding, S. (1987). Introduction: Is there a feminist method? In S. Harding (Ed.), *Feminism & methodology* (pp. 1-14). Bloomington, IN: Indiana University Press.

Habermas, J. (1987). *The theory of communicative action. Vol. 2: Lifeworld and system: A critique of functionalist reason*. Boston: Beacon Press.

Heron, J., & Reason, P. (1997). *A participatory inquiry paradigm*. Qualitative Inquiry, *3*, 274-294.

Husén, T. (1997). Research paradigms in education. In J. P. Keeves (Ed.), *Educational research, methodology, and measurement: An international handbook* (2nd ed., pp.16-21). New York: Pergamon.

Jayaratne, E., & Stewart, J. (1995). Quantitative and qualitative methods in the social sciences: Feminist issues and practical strategies. In J. Holland, M. Blair, & S. Sheldon (Eds.), *Debates and issues in feminist research and pedagogy* (pp. 217-234). Philadelphia: The Open University.

Keeves, J. P. (1988). Social theory and educational research. In J. P. Keeves (Ed.), *Educational research, methodology, and measurement: An international handbook* (pp.20-27). New York: Pergamon.

Keeves, J. P. (1997). The methods of educational inquiry. In J. P. Keeves (Ed.), *Educational research, methodology, and measurement: An international handbook* (2nd ed., pp.1-7). New York: Pergamon.

Kemmis, S. (1988). Action research in retrospect and prospect. In S. Kemmis & R. McTaggart (Eds.), *The action research reader* (3rd ed., pp. 27-39). Victoria, Australia: Deakin University Press.

Kemmis, S. (1997). Action research. In J. P. Keeves (Ed.), *Educational research, methodology, and measurement: An international handbook* (2nd ed., pp. 173-179). New York: Pergamon.

Kemmis, S., & McTaggart, R. (Eds.). (1988). *The action research reader* (3rd ed.). Victoria, Australia: Deakin University Press.

Kemmis, S., & McTaggart, R. (2000). Participatory action research. In N. K. Denzin, & Y. S. Lincoln (Eds.), *Handbook of qualitative research* (2nd ed., pp. 567-605). Thousand Oaks, CA: Sage.

Kuhn, T. S. (1970). *The structure of scientific revolutions* (2nd ed.). Chicago: University of Chicago Press.

Lewin, K. (1948). *Resolving social conflicts*. New York: Harper and Brothers.

Lincoln, Y. S., & Guba, E. G. (1985). *Naturalistic inquiry.* Beverly Hills, CA: Sage.

Lincoln, Y. S., & Guba, E. G. (2000). Paradigmatic controversies, contradictions, and emerging confluences. In N. K. Denzin, & Y. S. Lincoln (Eds.), *Handbook of qualitative research* (2nd ed., pp. 163-188). Thousand Oaks, CA: Sage.

McNiff, J. (1988). *Action research: Principles and practice*. London: Macmillan.

Neuman, W. L. (1997). *Social research methods: Qualitative and quantitative approaches* (4th ed.). Boston: Allyn and Bacon.

Olesen, V. (1994). Feminisms and models of qualitative research. In N. K. Denzin, & Y. S. Lincoln (Eds.), *Handbook of qualitative research* (pp. 158-174). London: Sage.

Popkewitz, T. S. (1984). *Paradigm and ideology in educational research: The social functions of the intellectual*. London: Falmer Press.

Reinharz, S. (1992). *Feminist methods in social research*. New York: Oxford University Press.

Shulman, L. (1986). Paradigms and research programs in the study of teaching: A contemporary perspective. In M. C. Wittrock (Ed.), *Handbook of research on teaching* (3rd ed, pp.3-36). New York: Macmillan.

Slife, B. D., & Williams, R. N. (1995). *What's behind the research? Discovering hidden assumptions in the behavioral sciences*. Thousand Oaks, CA: Sage.

Tashakkori, A., & Teddlie, C. (1998). *Mixed methodology: Combining qualitative and quantitative approaches.* London: Sage.

Thiele, B. (1987). Vanishing acts in social and political thought: Tricks of the trade. In C. Pateman, & E. Gross (Eds.), *Feminist challenges: Social and political theory*. Boston: Northeastern University Press.

Walker, J. C. & Evers, C. W. (1997). Research in education: Epistemological issues. In J. P. Keeves (Ed.), *Educational research, methodology, and measurement: An international handbook* (2nd ed., pp. 22-31). New York: Pergamon.

第一篇

科學哲學與教育研究

科學哲學的新發展及教育與社會科學研究之展望

楊深坑

壹、緒論

R. Smith（1997: 11-12）曾引 Tristan 和 Isolde 的悲劇來說明人文科學的弔詭與多樣性。Tristan 係 Cornwall 國王 Mark 之姪，奉命虜獲敵國 Irland 王國的公主 Isolde。聰明高貴的 Isolde 公主，悔恨交加，她本有機會將受傷的 Tristan 置之死地，卻反而因內心滋生愛意而為其療傷，沒想到淪為俘虜，將送回 Cornwall 國王為妻。途中 Isolde 向 Tristan 要求共飲毒藥，共赴於死，僕人不忍，將毒藥掉換，代以愛之飲料。到 Cornwall 海岸時，兩人終於共同宣稱至愛不渝，一種至高無上的愛，卻難以結合。當兩人從同一個杯子共飲時，其共同信念共赴黃泉，以解脫屈辱（Isolde）和愧疚（Tristan）。然而，內心裡其實也共享著一種愛，一種不可能有結果的愛。當他們共飲僕人掉包的愛之飲料時，其實就是把內心朦朦朧朧的愛釋放出來，形諸行動。但宣稱互愛時也違背了對 Cornwall 國王的忠誠與負託。共飲的行動就已顯露了兩人內在高貴情懷與外在行動的契合，但環境卻仍使兩人走上必死的命運。

R. Smith 認為這個故事的弔詭特性在於愛之飲料。到底誰或什麼東西才是一個主動的動因？誰是被動或被促發者？愛之飲料？僕人？具有高貴道德意識的 Tristan 和 Isolde？潛藏於內心的愛？當時的社會習俗？或者愛本身？神話雖未必符應社會或歷史事實，但由這個神話也顯示了人文及社會科學所探討的歷史及社會世界之錯綜複雜。Tristan 和 Isolde 決心一死，卻誤飲僕人所提供之飲料，而激發愛之激情，最後仍難免於一死。這種情形有如 Oedipus 問卜於 Apollo 得知弒父娶母之命運，想要逃離，在 Thebes 的三叉路上徘徊，最後仍選上與生父對撞的道路，難逃其悲劇的命運。希臘文中的命運（moira）或必然性（ananke）或可解釋為自然律，人類可以透過愛、透過精神自由來創造屬於自己的歷史與社會世界，但仍難逃社會情境或所謂自然律的制約。教育與人文社會科學的研究對象是否和自然現象一樣，統之於自然齊一律的律則？或者像 Tristan 和 Isolde 初遇時愛之滋

長那樣難以言宣。如何探討錯綜複雜的人文與社會現象？用何種語言可以將探討結果表述出來？可否形成普遍有效性的理論體系？凡此均為歷來教育與社會科學爭論不休的問題。

這些爭論的背後均隱含著不同的科學哲學預設。Paul 和 Marfo（2001）在分析美國教育研究的發展即指出科學哲學基礎之變遷對於教育研究有實質的衝擊。Januszewski、Nichols 和 Yeaman（2001）在〈哲學、方法論與研究倫理〉（Philosophy, Methodology, and Research Ethics）一文也分析社會科學哲學和歷史哲學也影響研究方法論。Guba（1990）所編《研究典範之對話》（*The Paradigm Dialog*）一書則從本體論、知識論和方法論三個層面來分析植基於實徵論、後實徵論、建構論與批判理論之教育研究。這些方法論基本仍建立在本質主義、基礎論的立場，忽略了後現代主義所揭的反基礎論的教育與社會研究。Alvesson 和 Sköldberg（2000）的《反省性方法論》（*Reflexive Methodology*）已含括了後現代主義、後結構主義、女性主義等的方法論探討，指出對於研究人員的基本預設，及其與研究素材之互動與詮釋進行哲學省察是為成功的詮釋性研究，以及發展具有洞見結論之先決條件。Keeves 和 Lakomski（1999）的《教育研究問題》（*Issues in Educational Research*）則含括了當代思潮以及認知科學對於教育研究之衝擊。上述這些教育與社會科學方法論著作均說明了科學哲學理念的變遷對於教育與社會科學研究有極為重要的影響，至於影響層面與程度則有待更進一步深入的探討。本文之旨即在於分析當代科學哲學新發展對於教育與社會科學之衝擊，據以提出前瞻性的建議，以促進教育與社會科學之健全發展。

貳、科學哲學的省察在教育與社會科學研究中的重要

研究是一種透過科學方法以產生客觀、明確而真實知識的過程，這個過程至少涉及了研究者、研究對象、研究者和研究對象的互動關係及互動

所產生的結果，即科學知識。根據 Kron（1999: 11）的分析，這個過程至少有三個重要的課題值得審慎的探討：其一，知識完成的形式規則或邏輯條件，這是邏輯學或分析哲學家關心的焦點；其二，知識成立的可能條件，或 I. Kant 所謂的先驗條件；其三，認知探索的活動本身的探討。Kron 進一步指出，研究者本身也有其自身的生活世界，在日常生活中也不斷的在進行探究，其與科學研究活動之不同在於運用嚴格的科學方法及系統規則，將探討所得加以類化，形成通則，建立普遍有效性的理論體系。

　　從研究者、研究活動、研究對象以迄於科學知識體系之建構均隱含著相當複雜的哲學有待討論。Keeves（1999: 5）曾借用 K. Popper 的三個世界的理論繪成下圖（如圖 1）來說明科學研究過程的基本關係。

　　圖 1 中的世界 I 真實世界係指自然的物理對象，以及人類社會所建構出來的物質環境；世界 II 係指人類心靈的主觀經驗；世界 III 人類心靈所創造出來客觀創造物，包括因果說明的客觀知識、科學理論、藝術、音樂、文學等心靈產品。科學研究所得的知識體透過技術學而改變真實世界，技

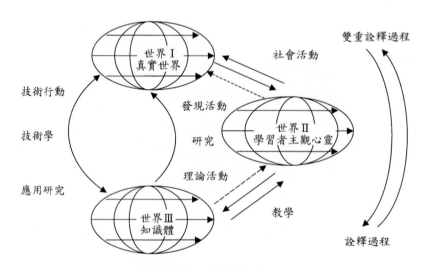

圖1　科學研究過程的基本關係
資料來源：出自 Keeves（1995: 5）。

術學的發展也會促進科學研究之進步。質言之，研究包括了世界Ⅰ、世界Ⅱ和世界Ⅲ三個世界的互動過程。就世界Ⅰ和世界Ⅱ之互動而言，個體以其心靈所具備的知識來探索真實世界的過程是為科學發現的活動。世界Ⅱ和世界Ⅲ的互動稱之為理論活動，包括了成立通則，由理論導出模式加以測試、修正，進而否証理論或修正理論，促進科學的進步。

值得注意的是 Popper 的科學哲學仍建基於科學實在論的基本預設，真實世界係一個獨立自存的實在。單就科學實在論所稱獨立自存的物理世界而言，就因不同的科學哲學理念而有殊異的看法。世界係一數學結構，可以透過實驗方法來進行探討，早在中世紀的 Rogers Bacon（1214-1292/94）就已經初步萌芽。世界的數理結構到了啟蒙運動諸子更推向極點，R. Descartes（1596-1650）的普遍學（mathesis univeralis）與 G. W. Leibniz（1646-1716）的普遍符號學（characteristica universalica）均以為世界可以用數學符號表述出來，只要人類理性功能適切的運作，可以對世界進行鉅細靡遺的演算，而完全加以控制。

然而，作為計算與控制世界的因果原理到了 D. Hume（1711-1776）卻有迥異以前的看法。Hume 之前一直以「因果性」（causality）是內在於自然的性質，Hume 卻反其道而行，以為因果概念並不在於自然之中，而只是心理的連結，是一種習慣性的期待。這種理念對於 I. Kant 有極重大的影響。不僅科學解釋中的因果原理，即科學概念賴以形成的時、空、數、模態等，Kant 均置諸人類理性的先驗結構來加以解釋。

就科學研究的形上學假設而言，Kant 確已作了哥白尼式的革命，將對象意識置諸人類理性的先天結構來探討；但基本上仍以牛頓物理學為立論的基點，自然科學仍為封閉的系統，時、空和因果雖已納入理性結構來處理，但基本上仍是恆定的。這種封閉的數理化宇宙觀到了 M. Faraday（1791-1879）電磁場理論的提出有了初步的突破。電磁場的概念不像其他物理實在可以直接碰觸，但其作用線卻也非數學的抽象建構，而是實實在在的物理實在，場與場之間又有互動的關係，古典物理之機械宇宙觀初步產生動搖。到了 A. Einstein（1879-1955）提出相對論更徹底瓦解了「時間

與空間恆定性」概念。量子物理學的出現，進一步的解消了物理實體連續性概念。量子現象的量度必須將量度場域列入考慮，不同場域下所測的值雖未必同一，但均共同互補的描述了真相的某一部分，正有如蘇東坡詩所謂「橫看成嶺側成峰，遠處高低總不同」，廬山只有一個，因觀察角度不同而有成嶺成峰之象。質言之，物理實在會因不同觀照角度而有所不同，這使得以古典物理學為基礎的實徵論科學哲學面臨嚴厲的挑戰（楊深坑，2002：17-35）。

不僅世界 I 的物理實在，不同科學哲學論見不一，世界 II 的主觀心靈或研究者的心理結構也因不同科學哲學而有不同的觀點。古典經驗論和理性論有心靈到底是空無一物以容攝萬物，或心靈具有先天知識與能力之爭。近代科學哲學對於人類心靈也有結構論與連結論之爭。不同心靈理論係植基於不同的哲學預設，也因而發展出不同的研究方法。

再就世界 III Popper 所謂的客觀知識而言，也因不同科學哲學而有殊異的看法，知識到底是業經驗證的命題之累積或假設性的猜測，或者是人類心靈的建構物。人類係以何種方式融攝進主體的心靈，藉以探索真實世界，進一步的發現新知識，凡此均因不同哲學而有分歧的看法。正如 Giddens（1984）所云，不同融攝客觀知識的方式，形成殊異的意義架構，影響其對真實世界的知覺，因此雙重詮釋過程在科學研究活動中是必要的。

綜合前述的分析，哲學中的實體、心靈與知識的分析，係科學活動的基礎原理，不同心靈哲學觀點，對於科學研究活動有不同的論見，本體論上對科學對象之不同論見也影響科學知識建構之分歧見解，這三者的互動關係，也促進了科學知識之成長，茲以下圖（見圖 2）來加以表示。

上述的分析架構如用之以探討人文與社會現象則更顯其複雜，更須進行深度的哲學反省。先就研究對象而言，正如本文前引 Tristan 和 Isolde 神話故事所彰顯的，人文與社會科學研究對象是否和自然現象一樣統之於相同的因果律則？探討這些律則是否可以將人文與社會現象將對象作原子論式的數學肢解？人類的認識心結構是否和外在世界結構有某種程度的契

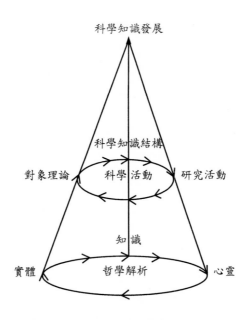

科學知識發展

科學知識結構

對象理論　　科學活動　　研究活動

知識

實體　　哲學解析　　心靈

圖 2　哲學解析、科學活動與科學知識的互動關係

合，以建構足以控制人文與社會發展的知識體系？凡此問題不同哲學之回答見解不一，有待更深層的探討。

　　從教育研究的觀點來看，除了前述複雜問題之外，更涉及了教育的本質意義有待討論。狹義的教育涉及了前引 Keeves 圖中的世界 II 和世界 III 的互動關係，即是一種教學關係，使客觀的知識傳遞入主觀的心靈，形成主觀的心靈的意義架構來面對真實世界，單就知識傳遞與主觀心靈意義架構之形成而言，即已含括了雙重詮釋過程。

　　教育尚不僅止於知識之傳遞，更涉及人格之陶冶以及社會文化之整體發展，也因而涉及了相當複雜的價值判斷以及糾結的意識型態及權力關係問題，有關這些問題的探究，教育學傳統向來著眼於師、生、課程教材教法之間的互動關係，忽略了政治、社會層面的權力以及意識型態的糾結，這些糾結的問題，非傳統形上學、知識論與心靈論所能處理，有賴於從更實質的科學哲學來加以分析。茲將教育研究及與研究對象之間的複雜關係圖示（見圖 3）如下。

　　圖 3 說明教育研究者與研究對象均糾結在極複雜的社會歷史過程，研

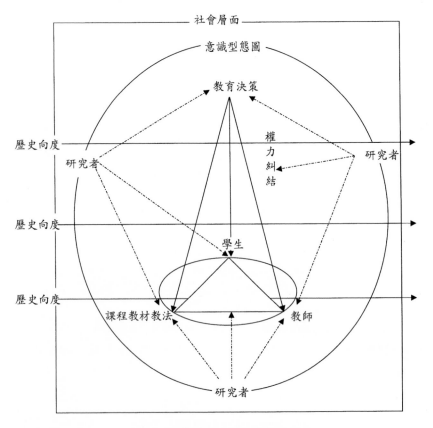

圖 3　教育研究與研究對象間的關係

究的旨趣也不像自然科學那樣僅止於找尋一種足以控制研究對象之法則或機制而已，而更重要的在於透過研究達到啟蒙的功能，使得成長中的個體突破意識型態之藩籬，而發展出成熟、獨立而自主的人格。因此，科學過程中的意識型態及權力糾結之分析與批判就顯得相當重要。以此，前舉Paul 和 Marfo（2001）所稱的教育研究人員必須接受本體論、認識論和方法論的訓練，似仍有所不足。教育研究人員或廣泛而言，社會科學研究人員宜對科學哲學的新發展有相當程度的洞察，才能進行合宜的研究，使研究符合新時代的個人與社會的新需求。

參、科學哲學的新發展

Paulston（1992）在一九九二年布拉格（Prague）舉行的「世界比較教育會議」（World Congress on Comparative Education）發表〈比較教育係知識領域：理論景象之繪圖〉一文指二十世紀六〇年代以降的社會科學研究，具體而言比較教育研究主要可分為：一、正統時期（period of orthodoxy），即一九五〇至一九六〇年以實證主義及結構功能論為主流的教育與社會研究，試圖建立通則，以進行教育發展之預測；二、異見時期（period of heterodoxy），即一九七〇年至一九八〇年代以降開始出現不同的科學典範的論爭，特別是詮釋學和批判理論強烈挑戰主流的實證主義研究；三、異質時期（period of heterogeneity），一九九〇年代以降出現各種各類互相競爭，卻是互補容忍差異、欣賞多元的不同知識社群。否定只有一種認知方式才具有合法性的說法，任何研究途徑只要符合其特殊的需要與利益，均有其合法性的地位，不必追求知識的普遍有效性規範（楊深坑，1999：4-5）。

Evers（1999）的〈教育研究：從基礎到一貫〉一文，從再現主義和反再現主義之對比分析，也有類似的分期，其分期圖示如下（見圖 4）（Evers, 1999: 4-5）。

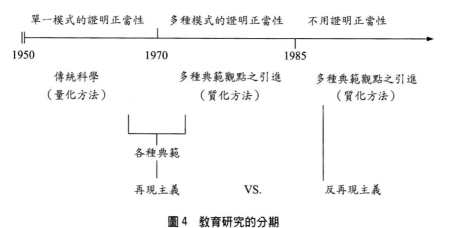

圖4　教育研究的分期

上述的分期說明了近年來科學哲學的發展，有從基礎論、本質主義、再現主義走向反基礎論、反本質主義、反再現主義的傾向。值得注意的是上述的分期也並不是完全的分割，實際上有交疊的情形。再者，上述的分期也未考慮到新科技的發展與全球政經情勢對於科學哲學的衝擊，有待進一步的分析。

　　先就建立在實證主義科學哲學之經驗分析研究之主流傳統而言，其理論根基雖可遠溯啟蒙運動之數理化宇宙觀以及人類心靈同屬於宇宙的理性次序。理性心靈完全發揮可以建立符應外在世界的科學語句，進行經驗的檢證。一九六〇年代以降，邏輯經驗論有感於完全檢證之不可能，因而改用統計上的或然律來處理經驗對象，亦即現象可以肢解為量化系統，預測也無絕對值，而只能以統計上的機率來加以表示。問題是這種建立在機率原理上的科學方法論仍未脫歸納的方法論及確證主義（verificationism）。K. Popper 的《科學發現的邏輯》（*Die Logik der Sozialwissenschaften*）即從邏輯解析的角度來批判歸納法，可能陷入先驗主義，認為確證主義是有問題的，因而提出建基在假設演繹法的否證論的方法論。科學理論係由一組可否證之假設系統所構成，以對現象作合理的猜測。假設經由邏輯演繹推衍出基本語句（basic sentence）以作經驗上的測試，通過測試即理論之暫時成立，不通過即須修正理論。所謂的科學方法，並非對實在界之經驗歸納，而是由問題出發，進行探索與試誤，科學的進步因而不是經驗的累積，而是錯誤的消滅。

　　以邏輯經驗論和 Popper 批判的理性主義為基礎之經驗分析的科學研究也引致 Quine、Hanson、Feyerabend 和 Kuhn 等新科學哲學的批判。根據 Evers（1999: 268）的分析，批判的重點有三：一、並沒有「硬資料」存在，也就是觀察報告，均有其知識論上的預設，隱含著某些詮釋或出之以某些理論語詞，即使量度所運用之操作定義亦然；二、很多不同理論可能含括了相同的有限觀察，因此，互相競爭的理論中何者被真正的證實也值得懷疑；三、科學理論中的一組假設群必須推衍出基本語句或觀察語句，以與經驗核證，某一個否證的觀察，到底確切的否定了哪一個假設（或哪

組假設）也很難確切的得知。質言之，經驗檢證的情境就相當複雜，是否有完全脫離情境脈絡或理論脈絡之完全客觀的觀察語句，也很值得懷疑。

Habermas（1969）在〈分析的科學理論與辯證〉（Analytische Wissen-schaftstheorie und Dialektik）一文也曾對 Popper 的科學理論提出批判。他認為 Popper 對於基本語句的處理，顯示 Popper 對於研究過程的說明並非完全置諸經驗－分析的科學理論架構下，而顯然帶有詮釋學的意味。嚴格認知意義的設準本身即隱含著未曾明詮之詮釋學上的先前理解，這個先前理解則為嚴格認知的先前假設。Habermas 批判 Popper 的科學方法論，認為其隱含著一種危險，即把科學研究和社會過程完全分離。Habermas 認為研究是一種包括很多行動者和溝通者的制度。因此，透過研究者之間的溝通決定了什麼是理論要求下的效準（楊深坑，1999：219）。

面對上述測試情境複雜以及研究脫離社會脈絡的批判，經驗分析的科學理論也產生了內在變化。P. Lorenzen 和 W. Kamlah 等科學建構論者就以為科學活動不宜從生活情境割離，因而主張應從日常語言作出發，透過邏輯規則形成基本敘述，進而推衍理論體系。由此可見，建構論已融入了詮釋學精神，唯仍未脫植基於經驗及數學與邏輯演算的基本立場。

前述的科學哲學所為之研究是否足以探究生活世界之真實意義，面臨詮釋學、現象學、批判理論等的批判，而使得一九八〇年代以降的科學理論的多元發展。現象學突破了哲學傳統主體與客體、本質與現象的二元對立，透過「還原」、「本質直觀」直指事物深層意義。詮釋學將生命世界作為一種文化現象，作為意義整體，透過語言作為中介，來彰顯內在自我和外在世界的關係，從而開展人類的存在意義。批判理論則著眼於主體、社會成制、知識等可能受到的意識型態扭曲，透過溝通論辯導向真理的共識。

上述的科學哲學不管立場有多紛歧，但均站在某些基礎上，所不同的是對於科學立基的基礎觀點不一，可用蘇東坡詩的「橫看成嶺側成峰」作為比喻，角度不一，所見的穩固之科學世界也呈現多樣化的面貌。一九九〇年代以降，後現代主義思潮盛極一時，揭櫫反基礎論、反本質主義、

反再現主義，科學的根基產生動搖。Lyotard（1984: 20）就批判了當代科學研究的獨斷性，認為科學充其量只能玩自己的把戲，不足以合法化其他語言遊戲。Rorty（1989: 39）也指出沒有任何一種表象具有優越性，甚至於他建議放棄對於人類存在本質的追求，任何對人與自然的單一描述方式均非正確。Feyerabend（1975: 296）更揭方法論的無政府主義，否定科學方法的普遍有效性：「所有的方法論均有其限制，唯一可以存活的『規則』（rule）就是『什麼都行』（anything goes）」。質言之，後現代科學哲學可以說是一種「萬花筒」式的哲學，看起來五彩繽紛，卻是筒內零碎色紙在光線照耀下的回映，只要賞心悅目就好，本質何干。

肆、科學哲學論爭下的教育與社會科學研究

本文前已說明教育與社會科學的研究常因哲學基礎不同，而有不同的研究導向。面對當代科學哲學的論爭，作為一個社會科學研究者，如無適當的哲學素養，往往有無法適從之感，以下分就研究對象、研究方法、研究語言、及理論與實踐的關係等問題加以討論。

一、研究對象

自然科學有極明確的研究對象，物理、化學、生物或許理論不一，但對象均相當明確，人文與社會科學則不然。正如前引 Tristan 和 Isolde 神話故事所示，人文與社會科學研究對象係人與人之間，內心世界與外在環境交織而成的現象，教育研究更涉及複雜的價值、意識型態與權力關係糾結，更難以與自然研究等量齊觀。然而，建基在實徵主義的經驗研究卻以處理自然事實的方式來處理教育與社會事實。建構論則以教育與社會事實係人為的建構，詮釋學、現象學強調意義整體之研究，批判理論強調意識型態批判，後現代思潮強調各種社會場域與教育場域各種遊戲的合法性。從諸多的論爭中，教育與社會科學研究者宜突破現象與本質，表象與實在之爭，將研究對象視為多層次的多元實在，才能選擇適切的方法來處理不

同層次的實在。

二、研究方法

　　研究對象的性質往往決定了研究方法的選擇。實證主義的主流傳統既將教育與社會現象和自然現象等量齊觀，因此，自然科學量化分析、實驗設計、因果法則的探究成為教育與社會研究的主要方法。現象學、詮釋學既以教育與社會現象係充滿意義之整體，無法進行原子論式的分割，因而須從整體的社會文化脈絡來作深度的瞭解，因此，歷史詮釋學方法之運用遂極必要。批判理論則在經驗研究與詮釋之外強調意識型態批判。後現代主義反對科學方法的獨斷性，主張方法論的無政府主義。問題的癥結在於研究所面對的對象性質。如果採取多層面的多元實體觀，則整合各種研究方法，對各個層面進行研究，實屬必要。

三、研究語言

　　研究對象不僅決定了方法與選擇，也決定了語言之運用。實證主義的教育與社會科學研究既以人文現象與自然現象等量齊觀，因而主張用數學符號來表徵研究對象，以進行數學演算。R. Carnap 的物理主義即為典型的代表，認為任何學科的語言均可化約為物理語言，而不失其意義。然而社會科學研究對象終究是透過自然語言，代代相傳下來的歷史社會，其豐富的意義內涵是否可以用符號化的形式語言來加以表徵出來，卻引發相當多的爭論，何況語言本身可能也隱含著意識型態糾結，有待批判性的反省。後現代主義者甚至徹底瓦解了語言所表徵的社會實在。從多層面的實體觀來看，教育與社會科學研究的對象中有某些層面可以用數理符號表徵加以處理，處理完後的意義詮釋仍有待詮釋學來探究。有一些現象須透過自然語言，從多種途徑來探究其意義。

四、理論與實踐的關係

　　教育與社會科學研究和自然科學相當大的不同，在於自然科學可能有

純為理論興趣之純理研究。教育與社會研究則不然，研究總意味著有意圖將理論化為實踐性的活動。唯以科學哲學導向不同，理論與實踐關係之見解也殊異。實證主義的教育與社會研究，將理論視為放諸四海而準的普遍原理，實踐係這些原理的技術性應用。詮釋學導向的科學哲學則強調沒有脫離情境脈絡和歷史脈絡之普遍理論，所有理論均是歷史─社會實踐過程的意義詮釋，理論與實踐之關係因而是一種強調實踐優位之意義辯證圈。批判理論則繼承馬克思主義的基本見解，強調理論的啟蒙與解放功能，理論的形成永遠指向社會實踐之改善。後現代主義根本否定了社會科學理論，認為理論有流於專斷主義、集權主義之危險。因此，研究只要滿足小型的迷你敘述（mini-narrative）即可。上述觀點雖然不一，但無疑的教育與社會科學研究終是指向人類生活環境的改善，以及人類幸福感的提昇。因此，新科技、網際網路以及數位資本主義的興起，對於教育與社會科學研究可能造成的衝擊，也宜作前瞻性的考量。

伍、未來展望

二十一世紀新科技中基因圖譜的解讀、認知生理機制研究之突破，以及電腦模擬與網際網路之進步均將對教育社會科學研究形成嚴厲的挑戰。

先就基因圖譜的解讀與認知生理機制之研究而言，對於傳統科學哲學中的核心問題也就是心靈哲學，將有極大的衝擊，所謂心靈實體說、心理狀態說等心靈理論恐將瓦解，十八世紀 La Mettrie 以神經生理過程來解釋認知與情感過程或將重新抬頭，對於研究者和研究對象，特別是教育研究的研究者與研究對象之間的關係與角色定位，恐須將重新審慎考量。

認知生理機制的研究，配合電腦模擬技術的進步，將來也可能徹底的改變人類的學習過程。傳統將教育視為心靈陶冶（Bildung）的理念，正如 Lyotard（1984: 4）所云，在資訊化社會中已經過時。教育與社會科學研究對象之性質、方法、語言勢將翻轉。

尤有進者，資訊科技的快速發展，全球網際網路的形成，助長了

Schiller（2000）所謂的數位資本主義（digital capitalism）的形成，社會、教育過程均臣服於全球數位資本主義的市場邏輯。在市場邏輯的主導下，國家疆界解除，全球政、經、文化整合而為一種以西方消費文化為主軸的全球社會。在這種全球化的趨勢，教育與社會科學研究單位、對象性質、方法與理論建構均將面對嚴肅挑戰。

面對前述挑戰，教育與社會科學研究工作者或許應善用新科技，對於人性、社會，以及教育與文化形成新的哲學理念，採用 Cory（2000）等人所稱的整合性研究。對於人類各層面的發展作適切的研究，為人類的自我、社會、全球，甚至於宇宙找到合宜的定位，以提昇整體人類的幸福。

參考文獻

楊深坑（1988）。**理論‧詮釋與實踐**。台北：師大書苑。

楊深坑 （1999）。世紀之交教育研究的回顧與前瞻。載於中正大學教育學研究所（主編），**教育學研究方法論文集**（頁 1-14）。高雄：麗文。

楊深坑（2002）。**科學理論與教育學發展**。台北：心理。

Alvesson, M. & Sköldberg, K. (2000). *Reflexive methodology: New vistas for qualitative research.* London: Sage.

Anderson, G. (1994). The cultural politics of qualitative research in education: Confirming and contesting the canon. *Educational Theory, 44* (2), 225-237.

Bartlett, L. (1991). The dialectic between theory and method in critical interpretive research. *British Educational Research Journal, 17* (1), 19-31.

Blake, N., & Standish, P. (2000). Introduction. In N. Blake, & P. Standish (Eds.), *Enquiries at the interface: Philosophical problems of on-line education* (pp. 1-18). Malden, MA: Blackwell.

Brezinka, W. (1978). *Matatheorie der Erziehung: Eine Einführung in die Grundlagen der Erziehungswissenschaft, der Philosophie der Erziehung und der praktischen Pädagogik.* München: Ernst Reinhardt Verlag.

Bridges, D. A. (1998). On conceptual analysis and educational research: A response to John Wilson. *Cambridge Journal of Education, 28* (2), 238-240.

Brown, S. (1994/1995). Research in Education: What influence on policy and practice? *Knowledge & Policy, 7* (4), 94-104.

Cory, Jr., G. A. (2000). *Toward consilience: The bioneurological basis of behavior, thought, experience and language.* New York: Kluwer Academic.

Derrida, J. (1978). *Writing and difference* (A. Bass Trans.). London: Routledge.

Dilthey, W. (1923). *Einleitung in Die Geistwissenschaften* (Wilhelm Diltheys Gesammelte Schriften). Leipzig and Berlin: Teubner.

Evers, C. W. (1999). From foundations to coherence in educational research. In J. P. Keeves & G. Lakomski (Eds.), *Issues in educational research* (pp. 264-279). Amsterdam: Pergamon.

Feyerabend, J. (1975). *Against method.* London: New Left Books.

Greene, M. (1994). Epistemology and educational research: The influence of recent approaches to knowledge. *Review of Research in Education, 20,* 423-464.

Habermas, J. (1982). Analytische Wissenschaftstheorie und Dialektik. In Theodor W. Adorno (hrsg.), *Der Positivismunntreit in der deutschen Soziologie* (155-192). Neuwied: Luchterhand.

Hall, J. R. (1999). *Cultures of inquiry.* Cambridge: Cambridge University Press.

Hargreaves, D. H. (1999). Revitalising educational research: Lessons from the past and proposals for the future. *Cambridge Journal of Education, 29* (2), 239-249.

Hollinger, R. (1994). *Postmodernism and the social science.* Thousand Osks, CA: Sage.

Husén, T. (1999). Research paradigm in education. In J. P. Keeves & I. G. Lakomski (Eds.), *Issues in educational research* (pp. 31-39). Amsterdam: Pergamon.

Kant, I. (1803). Immanual Kant über Pädagogik, Kants Werke: Akademie Textausgabe, Vols. I-IX. Berlin: Walter de Gruyter and Co.,1968.

Keeves, J. P. & Lakomski, G. (1999). Preface. In J. P. Keeves & G. Lakomski (Eds.), *Issues in educational research.* Amsterdam: Pergamon.

Kron, F. W. (1999). *Wissenschaftstheorie für Pädagogen.* München: Ernst Rein-
hardt Verlag.

La Mettrie, Julien Offray de (1996). *Machine man and other writings.* A. Thomson
(Ed. & Trans.). Cambridge, MA: Cambridge University Press.

Lakomski, G. (1999). In J. P. Keeves & G. Lakomski (Eds.), *Issues in educational
research* (pp. 280-301). Amsterdam: Pergamon.

Lyotard, Jean-Francoise (1984). The postmodern condition: A report on knowledge
(G. Benningten & B. Massume, Trans.). Minneapolis, MN: University Minne-
sota Press.

Masemann, V. (1990a). Ways of knowing: Implication for comparative education.
Comparative Education Review, 34(4), 465-473.

Masemann, V. (1990b). Educational reform: Impact of indigenous form of knowledge.
In T. Husén & T. N. Postlethwaite (Eds.), *International encyclopedia of edu-
cation* (Vols. 4)(2nd ed.)(pp. 1848-1857). Oxford :Pergamon.

Mayer, J. W., & Ramirez, F. O. (2000). The world institutionalization of education.
In Schriewer J. (Ed.), *Discourse formation in comparative education* (pp.
111-132). Frankfurt am Main: Peter Lang.

Meyer, J. W., Bole, J., Thomas, G., & Ramirez, F. O. (1997). World society and the
nation-state. *American Journal of Sociology, 103* (1), 144-180.

Paulston, R. G. (1992, July). *Comparative Education as an intellectual field: Ma-
pping the theoretical landscape.* Paper presented at the 8th World Congress of
Comparative Education, Prague, Czechoslovakia.

Paul, J. L. & Marfo, K. (2001). Preparation of educational researchers in philosophical
foundations of inquiry. *Review of Educational Research, 71*(4), 525-546.

Peet, R. (2001). Teaching global society. *Radical Teacher, 62* (4), 8-10.

Popkewitz, T. S., & Fendler, L. (Eds.). (1999). *Changing terrains of knowledge and
Politics.* New York: Routledge.

Popkewitz, T. S., Pereyra M. A., & Frankle, B. M. (2001). History, the problem of knowledge, and the new cultural history of schooling. In T. S Popkewitz., B. M. Frankle & M. A. Pereyra (Eds.), *Cultural history and education: Critical essays on knowledge and schooling.* New York: Routledge/Falmer.

Popper, K. R. (1982). Die Logik der Sozialwissenschaften. In Theodor W. Adorno (hrsg.), *Der Positivismunntreit in der deutschen Soziologie* (pp.103-124). Neuwied: Luchterhand

Robertson, R. (1992). *Globalization, social theory and global culture.* London: Sage.

Rorty, R. (1989). *Contingency, irony and solidarity.* New York: Cambridge University Press.

Rössner, L. (1990). Zur empirischen Fundierung der Erziehuung-Eine vergleichende historiscge Notiz: Leon Battista Alberte-Ricgard Lovel und Maria Edgeworth. In L. Rössner (hrsg.), *Empirische Pädagogik* Ⅱ*: Neue Abhandlungen zwr* ihrer Geschichte (pp.135-142). Braunschweig: Herausgeber.

Rust, V. (1991). Postmodernism and its comparative education implications. *Comparative Education Review, 35* (4), 610-626.

Schiller, D. (1999). *Digital capitalism: Networking the global market system.* Cambridge: MIT Press.

Trapp, E. Chr. (1780). *Versuch einer Pädagogik.* Paderborn: Ferdinand Schöningh, 1977.

Tschamler, H. (1983). *Wissenschaftstheorie: Eine Einführung für Pädagogen.* Bad Heilbrunn/Obb.: Kilndharbdt.

Wilson, J. (1998). The subject-matter of educational research. *British Educational Research Journal, 24* (3), 355-363.

Winters, V. (1990). Die philanthropisten des ausgehenden 18. Jahrhunderts und ihre Bemühungen um eine empirisch onentierte Pädagogik. In L. Rössner (hrsg.), *Empirische Pädagogik* Ⅱ*: Neue Abhandlungen Eur ihrer Geschichte* (pp. 143-180). Braunschweig: Herausgeber.

科學哲學與學術創造力

黃光國

壹、引言

　　今年年初，我出版了一本書，題為《社會科學的理路》（黃光國，2001），全書分為兩大部分，介紹二十世紀內十七位西方思想家對於「本體論／認識論／方法論」的觀點。前半部所討論的「實證主義」和「後實證主義」，是自然科學家和社會科學家經常引用的科學哲學；後半部介紹的「結構主義」、「詮釋學」和「批判理論」，則通常為社會科學家所使用。

　　「本體論／認識論／方法論」是西方學者從事創造性學術研究活動時的一種後設思維。基於對世界本體的某種預設，他們提出了一些認識世界的方法，從而建構出某些獨特的知識體系。這種後設思維展現在他們學術研究的成果之中，但卻無法在其研究成果之中論述其自身。然而，「愛智」是西方文化獨特的傳統，「追求真理」則是西方哲學所關切的核心議題。在西方，對於各門學科的學者所從事的學術研究活動，還有許多西方思想家不斷地進行反思，構成了他們關於「本體論／認識論／方法論」的各種論述。

　　我從一九八〇年代開始參與推動「社會科學本土化運動」以來，深刻地感覺到：國內社會科學（乃至於整個科學）研究水準低落的主要原因，在於國內學者對於西方科學哲學的演變缺乏相應的理解。科學哲學是西方文化的獨特產品，也可以說是西方文化的菁華。在《社會科學的理路》這本書第一章中，我開宗明義地指出：在西方，科學哲學和各種不同科學的發展，存有一種「互為體用」的關係，各種不同科學的發展，成為科學哲學家反思的材料；科學哲學的發展，又可以回過頭來，引導科學研究的方向。然而，由於國內大多數學者對於西方的科學哲學只有一種「字典式的理解」或「望文生義式的理解」，我們很難從西方學者學術研究的成果中去掌握他們所獨有的這種後設思維方式，因此只能在外表的形式上作一種表相式的模仿，久而久之，便造成國內學術研究「偏重模仿、缺乏創造

力」的困境。

　　國內學術研究水準低落是個很明顯的問題。我們該如何究突破這樣的困境呢？我們該如何讓在華語世界中成長的學者，在從事研究工作的時候，能夠自覺或不自覺地使用西方學者的思維方式呢？多年來，我從不同角度反覆思索這個問題，我想出的唯一方法是：在研究生養成教育的階段，加強科學哲學的人文教育，有系統地告訴他們西方思想家對於「本體論／認識論／方法論」的主要觀點，使他們能夠以之作為個人展開學術生涯的「視域」，從而有助於他們未來的學術創活動。我之所以下定決心，撰寫這本《社會科學的理路》，其道理即在於此。

　　為什麼熟悉西方思想家對於「本體論／認識論／方法論」的觀點，可能有助於個人的學術創造活動？我剛才說過，這本書總共介紹了西方社會科學家常用的五種主要典範。在有限的篇幅內，我不可能藉由說明每一種典範的內容，來回答這個問題。在本文中，我只想談談由「實證主義」到「後實證主義」的明顯轉變。我之以選擇這個題目，是因為「實證主義」是自然科學家和社會科學家都偏好使用的一種科學哲學，在實證主義獨霸台灣學術界的年代，葉啟政（1991：9）曾經感嘆道：

　　　　長期以來，學院裡充滿著迂腐僵化的教條。要求證據的理性變成僵守
　　　　學術儀式的陋規，此一舉止幾與日常生活中的宗教儀式一般，已經自
　　　　主化而喪失其原始的理性內涵，變成非理性的習慣動作。在此僵化的
　　　　形式主義下，我們不再相信一個受過長期訓練的人常有的敏銳洞識，
　　　　也不再承認想像力的重要，更否定一個人的直覺判斷。一件在日常生
　　　　活中明顯易見的「事實」，卻也一再要求必要用繁瑣的所謂「科學方
　　　　法與程序」來求證。

　　其實，許多人對於什麼是「實證主義」也缺乏相應的理解。對於大多數學者而言，所謂的「科學方法與程序」，不過是諸如「拿證據來」，或「大膽的假設，小心的求證」之類的通俗之見。這種「實證主義」，充其量只能說是「素樸實證主義」。一九六〇年代，美國約翰・霍浦金斯大學

（John Hopkins University）舉辦了一次研討會，主題為「邏輯實證論之遺產」，正式宣布「實證主義」時代之終結。然而，當科學哲學的主流已經由實證主義轉變到後實證主義，國內許多學者在從事實徵研究的時候，仍然不自覺地在使用「素樸實證主義式」的思考方式，無法體會這種轉變對他的研究具有什麼意義。在我看來，這是國內社會科學（乃至於整個科學）研究水準低落的主要原因之一。因此，在這篇論文裡，我想集中焦點，談談這種轉變對於學術研究的意涵。

貳、唯名論與實在論

在我看來，瞭解西洋哲學中唯名論和實在論的對立，對於我們掌握近代科學哲學發展的脈絡有十分重要的涵義。德國哲學家 Heidegger 指出：要真切地瞭解一個問題，一定要追溯到歷史上第一批哲學家對於這個問題的提問。我們要想瞭解近代科學哲學中邏輯實證論和科學實在論之間的爭議，最好是不回到西洋哲學中去探討：他們的第一批哲學家如何針對這個議題提出疑問？

從古希臘時期開始，西洋哲學所關注的焦點問題之一，便是：「人如何認識其外在世界？」在思考這個問題的時候，作為思考之主體的「人」，必然要思考的重要問題之一是：這個被認識的對象，其本體是什麼？

在西洋哲學史裡，關於世界中所存在事物之本體論（ontology），一直存有「唯名論」（nominalism）和「實在論」（realism）兩種不同的主張（高宣揚，1994：14-15）。在日常生活中，人們用感官可以經驗到的單個的個別事物，是一種真實的存在。對於這一點，唯名論和實在論兩派哲學家並沒有異議。然而，人們用來指稱某一類事物的名稱，是不是真實的存在呢？比方說，個別的張三、李四，固然都是真實的存在，可是，用來指稱同一類個體的「人」，是不是真實的存在呢？

對於這個問題，實在論和唯名論卻有截然不同的的看法。唯名論者認

為：人們感官可以經驗到的個別事物，固然是實在的，人們用以指稱「一般性事物」的名詞卻只不過是「名相」（nomina）而已，並不是真實的存在。實在論的觀點則正好與此相反。後者認為：人類觀察到的現象，只不過是表象而已。在表象背後的本質，才是真實的存在。更清楚地說，作為事物之「共相」的「精神本質」（spiritual essence）或「精神實體」（spiritual substance），是先於個別的事物而存在的；人必須先獲得一般性的觀念，才能認識到個別的客體。

在西洋哲學史裡，主張「理念論」（idealism）的 Plato，可以說是最早的實在論者。Plato 認為：世界中事物的形相並不是固定不變的，人類對於個別事物的知覺也必然是不完整的，所以人也不能由此而獲得永恆之知識。能夠作為永恆知識之基礎者，不是個別的事物，而是人類從眾多個別事物抽象出來的「形式」（forms）或「理念」（ideas）。人類賦予同一名稱的同一類事物，都具有共同的「形式」，人類知覺到的個別事物，不過是這些「形式」不完整的複製品而已。

Plato 的學生 Aristotle 則完全反對這種說法。他所提出的「經驗論」（empiricism）認為：人必須以感官經驗為基礎，來發展知識；只有感官所感受到的經驗才是實在的。事物的「共相」是存在於事物之中，而不是以「形式」或「理念」的方式，存在於事物之外。科學家的任務是要「發現」事物自然而且實在的本質，而不是要將他們「建構」出來。

參、實證論的興起

十六世紀文藝復興運動發生之後，許多歐洲哲學家，像 Berkeley、Hume 和 Newton 都採取了經驗論的立場，認為人應當將其知識限制在可觀察的範疇之內。科技的進步使歐洲瀰漫著一股科學主義（scientism）的風潮，相信科學能夠回答所有的疑問，解決所有的問題。在這樣的文化氛圍之下，August Comte（1798-1857）首先提出「實證論」（positivism）一詞，用以指稱關於科學和歷史的一種知識論和世界觀（Comte,

1908/1953）。

在知識論方面，實證主義採取了一種極端經驗論的立場，認為人類知識應當僅限於蒐集事實並找尋其間的相關，藉以對世界作出正確的描述（Comte, 1855/1974）。將形上學的猜測以及用不可見的實體來解釋自然，一律予以捨棄，這才是正當的科學方法。

Comte 將人類歷史的發展分為三個階段：在第一個神學階段，人類用不可見的神或靈魂來解釋自然事物；及至第二個形上學階段，人類開使用抽象或無法觀察到的原因來解釋自然。到了第三個科學階段，人類不再以解釋自然為滿足，而進一步企圖去描述、預測、甚至控制自然；「人的宗教」（Religion of Humanity）也將取代基督教。

Comte 的實證論鼓舞了許多歐洲人。他的信徒們組成許多實證論學會（positivist societies），推廣實證論的思想（Pickering, 1993）。到了本世紀初，物理學家 Ernst Mach（1838-1916）所提出的物理現象論（physical phenomenalism）主張：現象就是唯一的真實，知識的內容應當僅限於感官經驗。所謂「現象背後的真實」，都是人類想像出來的，是形上學的東西，應當排除在科學之外。科學的目的是要透過實驗，而展露出支配事物之法則。一旦認識到經驗的優位（the primacy of experience），並將「有意義的敘述」（meaningful statements）限定在經驗的範圍內，我們便沒有理由再去找尋支撐我們概念建構的某種更深層的「實在界」（洪謙，1990；Kolakowski, 1972/1988）；傳統認為心理學研究「內在世界」而物理學研究「外在世界」的區分將變得毫無意義，科學才有統一的可能。

Mach 的思想，對歐洲學術界產生了深遠的影響。在一九〇七年左右，數學家 H. Hahn、社會學家 O. Neurath、歷史學家 V. Kraft 等人開始在維也納作不定期的聚會，討論科學哲學的問題，希望解決實證論應用在數學及理論物理上可能遭遇的困難。一九二二年，M. Schlick 受邀到維也納講學，他領導並召開了一次研討會，組成了「維也納學派」（Vienna Circle）。一九二六年，R. Carnap 應邀到維也納大學任教，兩年後，維也納學派組成「馬赫學社」（Ernst Mach Society），他本人則出版了《世界的邏

輯架構》（*The Logical Stracture of the Wold*）一書，成為「維也納學派」的討論主題。翌年，「維也納學派」出版《科學的世界觀：維也納學派》（*A Scientific Worldview：The Vienna Circle*），使其聲名大噪，贏得國際學術界的普遍注意。

在維也納學派發展之初，Wittgenstein 的第一本著作產生了相當大的影響。Wittgenstein（1889-1951）是奧地利人，有猶太血統。大學時代，開始對數學和邏輯產生濃厚興趣，曾受業於 Russell，受 Russell 思想影響極大。當時實證論者最感困擾的問題之一是：數學知識一向是大家認為最精確、最有系統的一門學問，然而，我們應當如何用實證方法來實證數學知識？

Russell 在其名著《數學原理》（*The Prineiples of Mathematies*）一書中，將數學化約成為恆真語句（tautology）認為：數學定義來自於約定俗成，數學的真假，取決於定義的互相涵攝；數學本身只有形式，沒有內容，所以不需要實證。Wittgenstein 繼承了 Russell 的這種想法，從一九一三年起，潛心寫作，五年後完成《邏輯哲學論》（*Tractatus Logicophilosophicas*）一書，於一九二一年以德文刊登在《自然科學年鑑》之上。翌年，其德英對照版本在倫敦出版。五年後，張申府（1927, 1928/1988）將之譯成中文，題為《名理論》，分兩期刊登在《哲學評論》之上。Wittgenstein 和 Carnap 兩人是在各自獨立的情況下分別完成其著作的，他們的著作卻都反映出邏輯實證論的主要思想。在本文中，我們將以 Wittgenstein 的著作為例，來說明邏輯實證論的主要論點。

肆、邏輯哲學論

《邏輯哲學論》是以一種近乎格言式的命題寫成。全書包括七個第一級次的命題，這七大類的命題又涉及三個不同的領域（見圖 1）：第一、二個領域分別涉及「世界」和「語言」。在語言這一邊，基要命題是由名稱所組成，一個名稱指謂一個對象。在世界這一邊，「對象是構成世界的本體」（T2.201），「事況乃是對象（物項、事物）的一種結合」

（T2.01），「對象的配置構成事況」（T2.0272）。單一的事況（一個原子事實）是構成世界最小的單位。「一個事況是可以思想的」，其意思

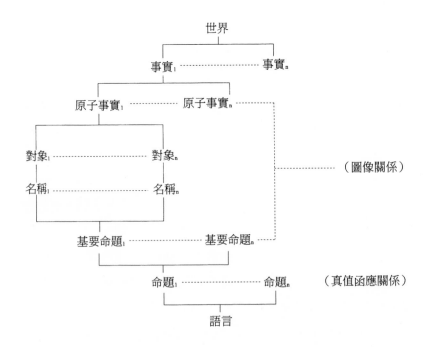

圖1 《邏輯哲學論》中世界與語言之間的關係
資料來源：陳榮波（1982：70）。

為：「人類可以從該事況中構造出一幅圖像」（T3.001）。

在連結「語言」和「世界」的時候，Wittgenstein 主張用同一個基要命題來代表一事體。他說：「最簡單的命題（即基要命題）斷言一個事況的存在」（T4.21），而且「一個基要命題是由名稱所組成，它是諸名稱的連結」（T4.22）。「如果一個基要命題為真，則此一事況存在；如果基要命題為假，則此一事況不存在」（T4.25）。在 Wittgenstein 的前期哲學中，基要命題占有十分重要的核心地位。Wittgenstein 雖然認為我們可以用語言來描述世界，但其中有某些命題跟世界有直接的關聯，Wittgenstein 稱之為「基要命題」（elementary propositions），它們的真假不取決於別的命

題，而是取決於事實；其目的則在於論斷事況或原子事實（atomic facts）。

Wittgenstein 提出了一種真值表（truth table），藉以判斷用連接詞連接起來的命題之真假。他認為：一切（合成）命題的真假值取決於構成它們的基要命題的真假值。在真值表中，邏輯的命題是一種恆真句，它並不反應事實，而只是表達抽象的真值可能性，用以顯示語言和世界的形式性質。

所有的邏輯命題構成「邏輯空間」，它是由無數空間點所組成的，包括了一切存在的事況與不存在的事況。在邏輯空間中，一個命題決定一個位置，「幾何和邏輯中的每一位置就是一個存在的可能性」（T3.411）。我們必須靠命題的內在性質（即其邏輯形式）及置入於其中之基要命題的真假值來描述實在。如果這個命題為真，我們便能夠判斷：在邏輯中，某一事物的狀態是什麼。

從以上的論述，我們可以看出：邏輯實證論者採取了一種極端經驗論的立場。他們認為：經驗是認識實在世界中任何事物的唯一途徑。邏輯則是獨立於經驗之外的一種學科，它由不具內容的恆真語句（tautologies）所組成。這種不具內容的形式語言（formal language），不能用來發覺語言外世界之構造。然而，它確是一種強有力的推理方法，能夠增加語言記號的有效性和演繹推理的正確性。我們也可以因此而區分哲學和科學的任務：哲學家的主要工作是對語言之語構（syntatic）作邏輯的分析，科學家的任務則是將科學知識中的命題化約成為基要命題，用任何人都可及的手段，到經驗世界中加以驗證。

至於傳統哲學家經常討論的倫理、價值，以及其他形而上的問題，Wittgenstein 認為：這些都超越了語言所能陳述的範圍之外，不能用語言很清楚地加以陳述。因此，其《邏輯哲學論》一書的最後一句話是：「對於不可說的東西，必須保持沈默。」

伍、邏輯實證論

在 Wittgenstein 的影響之下，Schlick 的思想也發生了明顯的改變。一九二五年，他出版《普通認識論》（*General Theory of Knowledge*）的修訂版，在該書「序言」裡，他很清楚地宣稱：他對意義的看法，大部分是和 Wittgenstein 交談的結果。他接受了 Wittgenstein 的主張，認為：哲學是澄清意義的活動。從此之後，他的著作和論文大多是在探討意義與證實的理論。他區分了「哲學與科學」、「認識與經驗」、「證實與可證實」之間的關係，認為哲學的目的是在澄清概念以及分析陳述的意義。

在《意義與證實》（*Meaning and Verification*）（1936）中，Schlick 指出：在知識的領域之內，真理可以區分為「形式真理」與「經驗真理」兩種。所謂「形式真理」主要是由數學或邏輯的「分析命題」所構成，它們是以純形式的定義作為理論的前提。

在演繹推理的過程中，這種由理論所推演出的結論，其證據早已包含在前提之中。這些演繹推理其實是在表示一種符號關係，是以純粹形式的變換在敘述同值詞句；本質上是一種同語反覆。同語反覆與經驗毫無關聯，對於事實無所表達，所以一定是先驗。我們要理解兩個詞句是否同值，根本不需要有事實的證明，只要從其假定的意義中，就可以作出判斷。同樣地，一個「分析命題」是否具有真理性，只要看它是否符合邏輯語法，即可作出判斷。

相反的，所謂「經驗真理」是指包含實際知識的「綜合命題」，它是一種涉及生活世界或科學事實的命題。經驗命題是後天的，其性質屬於綜合判斷，必須與事實相符合。要判斷一個「綜合命題」是否具有「經驗真理」，必須以經驗觀察作為依據，其唯一判準是「命題與事實是否一致」。

Schlick 認為：當我們陳述一個句子的意義到底是什麼的時候，其實是在說明：在什麼樣的條件下，這個句子是一個真命題。這就是陳述證實（或否證）這個句子的方式。他因此歸結出一個十分著名的主張：「一個

命題的意義，就是證實它的方法」。

有別於傳統的證實理論，Schlick 將「邏輯證實」稱為「邏輯的可能性」，把「經驗證實」稱為「經驗的可能性」。所謂「經驗的可能性」是指「和自然規律不矛盾」，或是「和自然規律相容」。但這並非意指：經驗命題與事實完全符合一致。由於關於「經驗的可能性」的判斷必須以經驗為依據，而且經驗常常是不確定的，所以在經驗的「可能」與「不可能」之間並沒有明顯的界限。

由於「經驗的可能性」與「事實」密切關聯，所以經驗的可能性只能是關於「真理」的證實，而不是「意義」的證實。一個命題是否有「意義」，其前提為這個命題必須是先驗的，然後才能進一步考量：它在何種條件下，是可證實的。

所謂「邏輯的可能性」是指：一個描述事實的命題是可以理解的，描述它的句子符合我們的語法規則，我們即可以稱之為有「邏輯上的可能」。相反的，那些詞的定義跟我們使用詞的方式不一致，就是「邏輯上的不可能」。Schlick 提醒大家，這一點是「最重要的」。所以「邏輯的可能性」是針對一個命題的「意義」而言，邏輯上的「可能證實」與「不可能證實」之間，有絕對清楚的分界；在「有意義」與「無意義」之間，並不存在任何中間情況。

從以上「經驗的可能性」與「邏輯的可能性」的討論中可以看出：雖然兩者都在講證實，但兩者之間存在著明顯的區別。判定一個命題或句子的「意義」，是在考量它是否具有「邏輯上的可能」，這是哲學家的任務。至於判定一個命題或句子是否為「真」，這並不是哲學家的工作，應該留給科學家去解決。我們可以根據 Schlick 對於這兩種可能性的討論，將「綜合命題」和「分析命題」的性質，列如表 1，從幾個不同層面，來比較它們之間的異同。

表 1　「綜合命題」與「分析命題」之比較

綜合命題	分析命題
(1)真理定義：命題與它所說的事實（邏輯 　形式）之間相符合。	(1)真理定義：命題與命題之間的一貫性、 　無矛盾性。
(2)真理根據：存在於命題對經驗事實的關 　係之中。	(2)真理根據：依靠我們選擇命題時預先規 　定。
(3)檢驗標準：在我的經驗中，把命題與事 　實作比較。	(3)檢驗標準：在符號體系本身之中，把命 　題與命題作比較。
(4)性質：經驗的。	(4)性質：先天的。

資料來源：舒光（1986：194）。

　　Wittgenstein 認為：哲學不是一種理論，而是一種活動，一種釐清語詞的意義，並進行邏輯分析的活動。Schlick 繼承了這樣的觀點，並且進一步主張：哲學並不是一種（綜合）命題的系統，其目標不在於獲得知識；它僅只是一種方法的運用。他所謂的「方法」，就是將 Wittgenstein 所主張的邏輯原子論和實證論結合在一起，而跟早先的實證論有所不同，因此，人們稱之為「邏輯實證論」。

陸、唯我論的世界觀

　　邏輯實證論問世之後，在維也納學派的積極推廣之下，對世界學術社群造成了重大的影響。然而，譽之所在，謗亦從之。當邏輯實證論的發展盛極一時之際，它也開始招致各方的抨擊。就本文之寫作目的而言，邏輯實證論所受到的各種抨擊中，最值得我們注意的，是前期 Wittgenstein 哲學對於「人」所採取的基本主張及由此而衍生出的世界觀。

　　我們說過：前期 Wittgenstein 採取了極端經驗論的立場。依照 Wittgenstein 的觀點，實在只存在於我的經驗之中，在我的思想（語言）這一邊，有命題；在世界這一邊，則有對應的實在。「經驗的實在為對象的總和所界限，這個界限又顯示於基要命題的總和」（T5. 5561）。換言之，命題所表達的是「我的經驗」中的事實，它所描繪的是「我的經驗」中的實

在。這樣的立場使得 Wittgenstein 不得不走上「唯我論」（solipsism）的道路，認為唯有自我存在，才能認識世界：

> 「我的語言的界限意謂我的世界的界限」（T5.6）。
> 「這個世界是我的世界」（T5.62）。
> 「我就是我的世界（微觀世界）」（T5.63）。

然而，Wittgenstein 所說的「我」，卻不是心理學裡能夠作為思維主體的「我」，而是一種「哲學的自我」。

> 「能思維能表象的主體是沒有的」（T5.631）。
> 「自我乃由『這個世界是我的世界』而進入哲學。哲學的自我不是一個人，不是人的肉體或靈魂。它不是心理學所研究的對象，而是一個形而上學的主體；它是世界的界限，而不是世界的一部分」（T5.641）。

Wittgenstein 用眼睛和視野之間的關係來比喻「哲學的自我」和世界的關係：眼睛能夠看到視野中的事物，但卻不能看到它自己。同樣的，「哲學的自我」也可以觀察世界、描述世界，但卻不能觀察或描述它自身。所以 Wittgenstein 說：

> 「主體不屬於世界，它是世界的界限」（T5.632）。

「心理學的自我」和「哲學的自我」所看到的世界是完全不一樣的。對於前者而言：

> 「人所看見的一切，都可能又是別的樣子。人所描摩的一切，都可能又是別的樣子。沒有先天的事物秩序」（T5.634）。

「形而上學的主體」所看到的世界則不然：

> 「嚴格貫徹了獨我論是與純粹實在論吻合的。獨我論的我濃縮成一個

不往外延伸的點，而那與之同格的實在則保持不變」（T5.64）。

這種「哲學上的自我」就像 Deseartes「主、客二元對立」哲學中的主體一樣，它和作為客體的世界截然對立，以一種絕對客觀的態度來觀察世界。對於「哲學上的自我」或「形而上學的主體」而言，世界中的一切事實都按照嚴格的邏輯法則安排得井然有序，並不依賴人的意志而產生變化：

「世界並不依賴於我的意志」（T6.373）。
「即使我們所希望的一切都會出現，這仍可以說不過是命運的一種恩惠而已。因為在意志與世界之間，並沒有一種邏輯的聯繫會保證這一點。而且人們所假定的物理聯繫自身，又絕非人所能欲求的」（T6.378）。
「世界的意義存在於世界之外。世界裡的一切都是按照其本來面目而存在、而產生；世界之中沒有價值存在」（T6.41）。

由此可見，Wittgenstein 眼中的世界，是一種不隨人的意志而轉移、「依其本來面目而存在」的客觀世界，而他心目中的邏輯，也是「先於一切經驗的」（T5.552），「假如即使沒有世界，也會有一個邏輯」（T5.5521）。這樣的邏輯也是不以人的意志而移轉的：

「正如只有一種邏輯的必然性，也只有一種邏輯的不可能性。」（T6.375）

結果，在描述世界的時候，人，作為「心理學之主體」的那個「能思維、能表象」的「人」（請注意，不是「哲學的自我」，也不是「形而上學的主體」）竟然消失不見了。

對於在非西方社會中從事社會科學研究的人而言，這種「主體性消失」所造成的危機，具有十分重要的涵義。我們將在談完 Popper 所提出的「進化認識論」之後，再回頭闡明這一點，請特別加以注意。

柒、進化認識論

　　邏輯實證論問世之後，便受到以 Popper 為首的實在論者之抨擊，迫使維也納學派的許多成員不得不紛紛轉向，而易名為「邏輯經驗論」（logical empiricism）。在 Popper 之後，還有許多主張實在論的科學哲學家對波柏的觀點作進一步的補充或修正。為了凸顯「邏輯實證論」和「實在論」兩種思潮的鉅大差異，在這篇文章中，我們將以 Popper 為主，其他思想家為輔，說明這兩派學者對科學哲學中許多重要觀點上的歧異。

　　Popper（1902-1994）有猶太血統，成長於奧國首府維也納，當時歐洲許多思想家已經不斷地對科學主義提出質疑和挑戰，而維也納正是各種思潮的交匯之處。十七歲時，歐洲科學界發生了一件事，使 Popper 感受到極大的震撼，成為他終生事業的出發點（趙敦華，1991）。一九一六年，Einstein 修正了他的廣義相對論，對星光行經太陽時將發生偏轉，作出不同於 Newton 萬有引力說的預測。一九一九年英國天文學家 Eddington 在日蝕時觀測的結果竟然支持了 Einstein 有關「光線彎曲」的奇異構想。這次觀測的結果使當時的歐洲掀起了一陣「相對論熱潮」，而少年 Popper 則從一種異於常人的角度來思考問題：為什麼多年來經過千萬次檢驗的 Newton 理論竟然在一次失敗後，便產生動搖？這樣一來，還有什麼理論能夠免於被推翻的命運呢？

　　當時 Einstein 謙沖為懷的態度對 Popper 產生了極大的影響。Einstein 對自己的理論始終抱持著批判的態度，他總是試圖找出自己理論的局限性，不但承認自己以前論文中的錯誤，甚至公開宣稱：如果 Eddington 觀測的結果否定了他的預測，廣義相對論就會被否決掉。這樣的治學風格深深地吸引著年輕的 Popper，從而影響到他的科學哲學觀。

　　一九三四年，他的第一部名著《科學發現的邏輯》（*The Logic of Scientific Discovery*）受到維也納學派領導人 Schlick 的支持而出版，其內容卻對邏輯實證論提出了嚴峻的挑戰。這本書的英譯本在一九五九年出版

後，使他在英語世界中聲名遠揚。接著他又相繼出版《猜想與反駁》（*Conjectures and Refutations*）（Popper, 1963）和《客觀知識》（*Objective Knowledge*）（Popper, 1972/1989），進一步說明他的知識論和「進化認識論」（evolutionary epistomology）。

我們可以用 Popper 所提出的四段圖式來說明他的進化認識論：

$$P1 \rightarrow TT \rightarrow EE \rightarrow P2$$

P 表示問題（problem），TT 表示試探性的理論（tentative theory），EE 表示排除錯誤（error elimination）。倘若要以此一圖式來表示普遍性的試錯法，則圖式中的 TT 可以改變為 TS（試探性的解決，tentative solution）。後來，他又將這個圖式修改為下圖（Popper, 1972/1989: 313），而成為此一圖式的普遍形式：

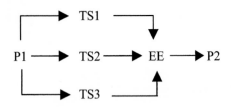

這個經過修正後的普遍圖式，其意思為：當生物體的期望遭遇到挫折前，或是他原有的知識陷入困境的時候，他會設法對這個問題情境提出試探性的解決方案。這種解決方案可能不只一個，它也不一定正確，因此必須將錯誤的解決翻案排除掉，保留尚未被否定掉的解決方案。這樣留下來的方案又可能遭遇到新的問題，如此往復，以致於無窮。

在科學理論的場合，問題通常出自於下列三種不同情境：一、理論與觀察或實驗的結果不一致；二、理論系統內部發生互相矛盾的現象；三、兩個不同的理論之間互相衝突。這時候，科學家便可能試圖提出試探性的理論。當然，這樣提出來的試探性的理論並不就等於真理，它也可能被後來的觀察或實驗否證掉。因此，一個科學的理論必須具有「可否證性」

（falsifiability）。如果一個理論的陳述或命題無法用經驗的方法來加以驗證，則它便不能稱作是「科學」的。

在各種嘗試性的解決方案（TS1、TS2、TS3）之中，存在著類似 Darwin 所說的優勝劣敗的生存競爭。只有能夠通過嚴格之證偽檢驗的方案，才能夠被保留於科學知識之中，其餘則在排除錯誤的過程中被淘汰掉。所以 Popper 的科學發展模式即相當於科學知識成長的模式，它是一種非決定性的開放模式。正如人們不能預測或控制生物進化的過程一樣，人們也不能完全預測或控制科學未來的發展。

捌、方法論的對比

從以上的論述中，我們已經可以看出，Popper 的進化認識論和邏輯實證論在認識論上的歧異。我們還可以根據這種歧異，討論它們在方法論上幾個明顯的針鋒相對之處（舒煒光，1994）：

一、真理或近似真理

從邏輯實證論的立場來看，「語言」旨在描述「世界」，科學理論中的「基要命題」是在描述可用感官經驗到現實世界中加以驗證的「原子事實」，這樣的「基要命題」經過邏輯的推衍，構成「命題」。「命題是實在的圖像」（T4.01），「真命題的總和即是全部的自然科學」（T4.11）。

更清楚地說，邏輯實證論採取了一種「照相理論」或「模版理論」的觀點，認為科學命題必須清晰且正確地「拷貝」或「錄下」原子事實及其結構。由於日常語言都相當模糊，而且自相矛盾，因此邏輯實證論者主張用邏輯或數學來取代它。基要命題的內容必須「對應」於原子事實，命題的邏輯型式則必須「對應」於原子事實的內在結構；所謂知識便成為心靈或大腦對外在客觀世界的一種表徵（representation），這種表徵的結構跟外在原子事實的結構是互相對應，異質同形的。所以，科學命題就是描述

客觀世界的「真理」。

然而，對 Popper 來講，科學理論只不過是科學家的猜測而已，是人類強加到客觀世界上去的，它是人類對未來事件的一種試探、一種預測或一種猜想，它在本質上是「人造的」，是「假設性的」。Popper 引述 Kant 所講的一句名言：「我們的理智並不是從自然界引出規律，而是把規律強加於自然界」，並將之修改為：「我們的理智並不是從自然界引出規律，而是以不同程度的成功，把理智自由發明的規律強加於自然界」（Popper, 1963:191）。他之所以特別強調：人只是「以不同程度的成功」，「把規律強加於自然界」，正是因為規律是由「理智自由發明的」。

科學家當然希望他所提出來的理論能夠盡量接近客觀世界中他所研究的對象，而不會被經驗事實所否證掉。無論如何，他所提出來的理論命題只能是「近似的真理」，而不就等於「真理」。因此，Popper 強調：「我們是真理的探求者，不是真理的占有者」（Popper, 1972/1989: 61）。

二、歸納法或演繹法

依照邏輯實證論的觀點，「基要命題」所描述的是人類反覆經驗到的「原子事實」。作為理論命題之基礎的「基要命題」是從過去的經驗歸納出來的，科學規律是建立在事實的重複性基礎之上。可是，早在十八世紀，英國哲學家 Hume 便曾經對歸納法提出挑戰，他指出：感覺材料的反覆出現，只不過是證明這些材料在過去發生過聯繫而已，並不能保證這種聯繫在任何時間都會發生。譬如，在九千九百九十九次的觀察中，太陽都從東方升起，但這還是不能保證：在第一萬次的觀察中，太陽還是從東方升起。從以往經驗的歸納中，無法得到可適用於未來的必然性。

然而，Hume 並未因此而否定歸納法的作用。他仍然繼續堅持使用歸納法，但卻否認科學真理的必然性。Hume 認為：歸納法其實是一種在重複過程中把幾個感覺印象連結在一起的心理習慣，雖然不能滿足嚴格的邏輯推理和追根究柢的思辨要求，但確是人生不可少的。

Popper 全面批判了 Hume 關於歸納法的心理學理論。他認為：典型的

重複活動是機械的、生理的，不會在心理上造成對於規律的信仰。人們之所以相信歸納法，是因為大家普遍相信：科學知識需要建立在一個堅實的基礎之上。經驗科學的基礎是觀察和感官經驗，然後透過歸納法整理出科學理論。Popper 指出：其實理論是人針對問題而提出來的。觀察不可能發生在理論之前，任何觀察都受一定理論或理論傾向的指引。倘若理論只是過去的紀錄，不能從其中推演出既有經驗以外的事件，這種理論還有什麼用呢？

因此，Popper 認為：理論並不是由經驗事實歸納出來的，而是用批判的理性思考演繹出來的（Popper, 1972/1989: 1-39）。值得注意的是：Popper 所謂的演繹，又不同於以永恆公理作為出發點的傳統演繹，而是不斷地檢驗作為演繹前提的猜想。這種方法，Popper 稱之為「檢驗的演繹法」。用他自己的比喻來說，科學並不是一只水桶，人們只要辛勤地採集並累積經驗，理論的水就會自然而然地流注而滿。相反的，科學猶如一架探照燈，科學家必須不斷地提出問題，進行猜想，把理論的光投向未來（Popper, 1972/1989: 431-457）。

三、實證論或否證論

前文說過，邏輯實證論者將哲學家和科學家的工作區分為二：哲學家的主要工作就是對形式語言（formal language）的結構作邏輯的分析；科學家的主要工作則是將科學理論中的命題化約成為「基要命題」，用任何人都可以複製的實驗方法，到經驗世界中加以檢驗，看它跟「原子事實」的對應程度。因此，科學活動的主要工作是證實。

Popper 則抱持一種完全相反的觀點。從 Popper 的哲學來看，不論多少經驗事實都不能證明一種理論為真，因為任何一個和理論不符的事實都可能使「基要命題」發生動搖。然而，我們卻能證明一種理論為假而予以摒棄，或者因為還不能證明它為假，而暫時予以保留。在 Popper 看來，科學是一種要求不斷演進的事業，一種猜想代替另一種猜想，一種理論代替另一種理論，在科學活動中必須不斷思考、不斷批判、不斷否證。作為理性

思考之結果的理論並不能保證永遠正確，但它卻必須不斷的批判謬誤，所以 Popper 的哲學又稱為「否證論」。

Popper 將嚴格的檢驗力圖否證，但暫時尚未能予以否證的理論稱作對於理論的「確認」（corroboration），有別於邏輯實證論者所說的「確證」（confirmation）後者指的是：以經驗事實來證實理論。當然，不論是「否證」也好，「確認」也罷，所有的科學批判都必須以經驗事實作為準據。

四、經驗論或理念論

前文提到，邏輯實證論採取了極端經驗論的立場，認為感官所經驗到的實在，才是「純粹的實在」。Popper 堅決反對這種觀點，相反的，他的「批判理性論」採取了一種和理念論較為接近的立場，但是，他的哲學又和傳統的理性論有所不同。

傳統的理性論和經驗論都承認：知識必須建立在一個恆久不變的基礎之上。至於「知識的基礎是什麼」，他們卻有截然不同的看法。理性主義者認為：知識的基礎是必然的、普遍的原則；而經驗主義者則認為：它是人的經驗感覺。

Popper 不但反對經驗主義的基礎論，也反對理性主義的的基礎論。根據他的否證原則，一切理論或原則都不能作為知識的不變基礎。把抽象的理性原則當作知識的基礎，根本是教條主義，比經驗主義的基礎論更危險。不僅如此，Popper 並未全面否定經驗主義。經驗雖然不是知識的唯一來源，但它卻是檢驗知識的基礎。一個假說在尚未經過經驗的檢驗之前，和神話或幻想並沒有什麼差別。唯有經過經驗事實的否證考驗之後，假說才能成為科學的理論和知識。

五、人性論的變化

以「邏輯實證論」和 Popper 所主張的「進化認識論」互相比較，我們可以看出：這兩種科學蘊涵了兩種截然不同的世界觀，其間最大的差異，在於「人」在知識創造過程中所扮演的角色。「邏輯實證論」者所要追求

的是一種客觀的真理或客觀的知識，為了追求這樣的知識，邏輯實證論者不得不虛擬出一個絕對客觀的「我」。更清楚地說，邏輯實證論者雖然主張「唯我論」，然而，邏輯實證論者所說的「我」，卻是一種「哲學的自我」，或「形而上學的主體」，既不是「心理學上的自我」，也不是「能思維、能表象的主體」。換言之，在整個科學活動中，研究者的主體性將「濃縮成不往外擴張的一點」，甚至是可以完全消蝕不見的。

實在論的觀點則不然。對實在論者而言，科學是人類的一種創造性事業，它不能消極地等待經驗事實的累積，而必須透過人的創造精神，積極地進行批判、創造和否證等工作。這兩種科學哲學蘊涵了兩種不同的世界觀，其間最大的差異，就是他們對於「人」在科學活動中的地位，抱持著完全不同的看法。和 Popper 站在同一陣營的其他實在論者，對於如何建構理論，容或有不同觀點，但他們對於「人」在建構理論過程中所能發揮的主體性和主動性，卻沒有不同的看法。

玖、結論

在這篇論文中，我很簡要地介紹西方科學哲學由「實證主義」轉變到「後實證主義」的過程中，「邏輯實證論」和「進化認識論」在「本體論／認識論／方法論」和「人性論」等各方面的明顯轉變。總地來說，這種轉變最重要的意義在於將科學家研究的重點由「命題的驗證」轉向找尋「科學發現的邏輯」（Popper, 1959; Kuhn, 1970）。科學的發現主要是反映在理論的建構之上。然而，理論的建構不能在真空中進行，它本質上是一種文明的累積。譬如，在知識的發展方面，Popper 並且在《客觀知識》一書中，提出其「三個世界」的理論，認為：人類所經驗到的世界，可以分為三個：第一，是物理客體或物理狀態的世界；第二，是意識狀態或精神狀態的世界，或有關活動之行為意向的世界；第三，是思想的客觀內容的世界，包括科學思想、詩的思想，以及藝術作品的世界。其中他最重視的是理論體系、相關的問題和問題情境，以及圖書館中刊載這些訊息及其批判

性辯論的期刊和書籍。

　　從經驗論或唯名論的角度來看，問題、猜測、理論、期刊和書籍，其本質都是主觀精神狀態或行為意向的符號表現或語言表現，它們只不過是一種溝通的工具而已。然而，Popper 卻認為：第三世界是一種獨立存在的「實在」。假設有一天，所有的機器和工具以及如何使用它們的主觀知識都毀壞了，但圖書館和我們從中學習的學習能力仍然存在，經過一段時間的調整，我們的世界仍然可以再次運轉。然而，假設連圖書館都毀壞了，以至於我們無法再從書籍中學習，則我們的文明在幾千年內都不會重新出現。因此，他認為：第三世界不僅是實在的，而且有其自主性。

　　客觀知識一旦形成之後，便與個人的主觀意向無關，它的存在不會受到個人意志的影響。即使沒有讀者，一本書仍然還是書。換句話說，相對於主觀意識而言，任何知識都是客觀的，有其相對穩定而且可以公開的內容。Popper 認為：將客觀知識和主觀知識分開，知識才能跳脫發明者的主觀意識，成為全人類可以共享的存在，並且使人類能夠根據客觀知識的遺產，繼承並且更進一步地發展知識。

　　然而，Popper 並沒有仔細說明：科學家如何在既有的理論之上建構新的理論；也沒有說明：前行理論和後繼理論之間，會有什麼樣的關聯。他的學生 Lakatos（1970/1990）因而在「世界Ⅲ」的概念之上，提出了「精緻否證論」（sophisticated falsificationism），主張：唯有當科學家提出的理論 T 具有下述特點時，科學理論 T 才真正受到否證：

1. 新理論 T'必須比舊理論 T 具有更多的經驗內容。
2. 新理論 T'能解釋舊理論 T 先前的成功，或者新理論 T'的內容包含了舊理論 T 中不可反駁的部分。
3. 新理論 T'的經驗內容比舊理論 T 多，並且能得到觀察或實驗的確證。

　　不論是 Popper，或是 Lakatos 都認為：科學的進步取決於理論的發展，而不僅只在於經驗知識的累積。可是，Lakatos 卻更進一步指出了理論進步的判準。主張科學無政府主義的 Feyerabend（1978/1996）則認為：科學發

展的較佳策略，是發明更多更新的理論，彼此互相比較競賽，不僅方法上要多元化，理論上更要多元多樣的發展。他一方面提出「增生原則」（principle of protification），主張：即使某種理論已經獲得高度確認和普遍接受，科學家也應當努力發明並精心設計與之不同的理論，以免受到既有理論的矇蔽；一方面又提出「韌性原則」（principle of tenacity），主張：一個舊理論即使受到事實的反駁和否證，它也應當被保留下來，因為它的內容可能對未來的理論發展有所幫助。主張「實用主義」的 Laudan（1977/1992）則認為：科學進步的判準，既不是邏輯經驗主義的確證，也不是 Popper 的可否證性，而是理論對於解決問題的效力（effectiveness of problem solving）。科學的目的在於解決問題，科學的進步就在於後繼的理論比前驅的理論能夠解決更多的問題。

總而言之，當科學哲學的思潮由「實證主義」轉到「後實證主義」之後，不論科學哲學家主張用什麼樣的判準來評估一個理論，他們共同關注的焦點，不僅只在於累積或找尋更多的實徵資料，像是如何建構更具有解釋力或能夠解決更多問題的理論。這一點，對於國內堅持「素樸實證主義」立場的人應當有相當大的啟示作用。如何藉由認識到這種世界觀的移轉，來提昇國內學術社群的創造力，是國內學者必須深入思考的一項課題。

參考文獻

洪謙（1990）。**邏輯經驗主義論文集**。台北：遠流。

高宣揚（1994）。**實用主義與語用論**。台北：遠流。

舒光（1986）。**維根斯坦哲學**。台北：水牛。

舒煒光（1994）。**科學哲學導論**。台北：五南。

舒煒光、邱仁宗（1990）。**當代西方科學哲學述評**。台北：水牛。

黃光國（2001）。**社會科學的理路**。台北：心理。

葉啟政（1991）。對社會學一些預設的反省。**制度化的社會邏輯**。台北：東大。頁 1-31。

趙敦華（1991）。**卡爾‧波柏**。台北：遠流。

陳榮波（1982）。**哲學分析天才：維根斯坦**。台北：允晨。

周昌忠（譯）。**反對方法**。台北：時報。

高俊一（譯）。**理性的異化：實證主義思想史**。台北：聯經。

周寄中（譯）。否證與科學研究綱領方法論。**批判與知識的成長**。台北：
　　桂冠。

陳衛平（譯）（1992）。**科學的進步與問題**。台北：桂冠。

程實定（譯）（1989）。**客觀知識**。台北：結構群。

張申府（譯）（1927）。**名理論（邏輯哲學論）**。北京：北京大學。

Comte, A. (1855/1974). *The positivistic philosophy.* Translated and condensed by
　　H. Martineau. New York: AMS Press.

Comte, A. (1908/1953). *A general view of positivism.* Stanford, CA: Academic Re-
　　prints.

Feyerabend, P. K. (1978/1996). *Against method: Outline of an anarchistic theory
　　of knowledge.* London: Verso.

Hempel, C. G. (1958). Foundamentals of concept formation in empirical science.
　　In *International Encyclopedia of Unified Science.* Vol. II.

Hempel C. G. (1977). Formulation and formalization of scientific theories. In F.
　　Suppe (Ed.), *The structure of scientific theories,* Urbana, IL: University of Il-
　　linois Press.

Kolakowski, L. (1972/1988). *Positivist pholosophy.* Harmondsworth: Penguin
　　Books.

Kuhn, T. S. (1970). Logic of discovery or psychology of research? In I. Lakatos &
　　A. Musgrave (Eds.), *Criticism and the growth of knowledge* (pp. 1-24). Cam-
　　bridge: Cambridge University Press.

Lakatos, I. (1970/1990). Falsification and the methodology of scientific research
　　programmes. In I. Lakatos & A. Musgrave (Eds.), *Criticism and the growth of
　　knowledge.* New York: Cambridge University Press.

Laudan, L. (1977/1992). *Progress and its problems: toward a theory a theory of-scientific growth.* London: Routledge & Kegan Paul.

Pickering, M. (1993). *Auguste comte: An intellectual biography.* New York: Cambridge University Press.

Popper, K. (1934/1959). *The logic of scientific discovery.* London: Hutchinson.

Popper, K. (1963). *Conjectures and refutations: The growth of scientific knowledge.* London: Routledge & Kegan Paul.

Popper, K. K. (1972/1989). *Objective knowledge: An evolutionary approach.* Oxford: Oxford University Press.

Schlick, M. (1925/1974). *General theory of knowledge*, 2nd edition. (A. E. Blumberg, Trans.). Wien and New York: Library of Exact Philosophy.

Schlick, M. (1936). Meaning and verification. *The Philosophical Review, 45,* 339-369.

Schlip, P. A. (1963). *The philosophy of rudolf carnap.* Cambridge: Cambridge University Press.

Wittgenstein, L. (1945/1958). *Philosophical investigations.* Translated, by G. E. M. Anscombe. Oxford: Blackwell.

Wittgenstein, L, J. J. (1922/1961/1974). *Tractatus logico-philosophicas,* with an introduction by B. Russell. English translation by D. F. Pears and McGuinness. London: Routledge & Kegan Paul.

第二篇

實證典範與教育研究

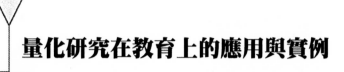

量化研究在教育上的應用與實例

張鈿富

壹、前言

　　鉅觀的研究需要數據，例如城鄉差距的問題，不能完全由個案研究來替代。近年來國際間重視學生的學習表現，如 TIMSS，國內的基本學力測驗，也以轉化為數量資訊來解釋學習的表現。國際上，以 OECD/PISA 為例，要求的資訊是質量要配合，但是主要結果的呈現仍以量化資訊的蒐集與分析為主，提供各國政策參考。

　　教育上，質、量兩個不同的研究典範，發展至今，並沒有造成誰取代誰的問題。以目前的研究人口看，質化研究占多數，尤其是國內的教育類研究發表的文章，仍以質化研究為多。

　　量化的研究一般被歸納為：一、傳統的（相對於 1980 年代）；二、實證的；三、實驗的；四、經驗的。質化的研究，則以：一、建構的；二、自然的；三、詮釋的；四、後現代的這些概念為主。

　　量化與質化研究典範假設的比較可根據五個規準來評估，分別是：本體的（Ontological）、知識的（Epistemological）、價值的（Axiological）、修辭的（Rhetorical）、方法的（Methodological）。

一、本體的假設（存在的）假說（什麼是真實的）

　　量的假設：Reality as "objectives"、"out there"、"Independent of the researcher"。

　　質的假設：真實是由研究情境中的個體所建構。

二、知識的假設（研究者與被研究者的關係）

　　量的假設：保持距離與獨立於被研究者；控制偏差——選取系統樣本，以客觀的評定情況。

　　質的假設：交互作用；投入一段時間或真實的合作。

三、價值的假設（研究中價值的角色）

量的假設：價值中立、排除研究者的價值、研究中使用非人（impersonal）的語言或報告事實。

質的假設：field data 敘述用第一人稱、Value nature of information gathered from the field、Value-laden nature of the study。

四、修辭的假設（研究的語言）

量的假設：Impersonal & formal、基於關係、比較與組內等術語。

質的假設：瞭解（understanding）、發現（discover）、意義（meaning）。

五、方法的假設（一至四形成的方法）

量的假設：用邏輯演繹的型式；在因果的次序中去考驗理論與假設；概念、變項與假設在研究開始之前即先選定；研究的意圖是發展歸約化／通則化（generalization）以貢獻理論；使更能預測、解釋與瞭解一些現象；如果資訊與工具的使用是可靠而有效的，可以增進通則化的效果。

質的假設：分類是因資訊而定，而不是由研究者設想；以豐富的"context-bound"資訊導出型態或理論以幫助解釋某現象；資訊的精確性在研究中可能不充分。

量化研究典範相關的方法包括：實驗、調查；統計方法的運用有：迴歸分析、時間數列分析、群集分析、區別分析、多變量變異數分析、因素分析、線性結構模式、對數線性模式，以及目前逐漸在發展的資料採礦（Data Mining）等。

貳、量化資料分析

縱貫性資料的分析，一般會考慮以 ARIMA（auto-regression integrated moving average）模式來分析。ARIMA 為時間數列分析的一種模式。「時

間」，在我們解讀的過程中，真可謂此一時彼一時也。已發展的模式限制解釋的型態，也可能誤解了資訊的特性或現實發展的狀況。

ARIMA 模式：fit data，往往也會扭曲現狀的資料，以切合模式。由於模式的定型化，對特殊轉變或是現實的狀況往往無能為力。這也是 ARIMA 模式運用上的限制：有些數列轉折的可能性不易從此一模式中得知。以民國三十九學年度至九十學年度台灣地區國民小學教師人數為例，進行 ARIMA 分析的程序如下：

一、Raw data 的輸入

學年	教師數	學年	教師數
39	20878	85	90127
40	21682	86	92104
41	20989	87	95029
42	23040	88	98745
43	24762	89	101581
44	27061	90	103501
45	29504	⋮	⋮

二、以三十九至九十學年度教師人數預測未來五年之教師人數（九十一至九十五學年之預測值）

學年	教師數
91	105083.2
92	106591.5
93	108104.5
94	109621.8
95	111143.0

三、SPSS 操作過程

(一)程式基本操作

1.輸入原始資料。

2.在 SPSS 的 data 中選 select cases 指令，在 Base on time or range 中選擇 Range

界定分析的數列為 1-52（這個條件的指定可以將要預測的期數之預測值呈現在 SPSS 的 DATA 檔中）。

3. 選用 SPSS 程式的 Analyze 之 Time series 再選 ARIMA 分析功能。

4. 進行模式選用選定 dependent variable 和 independent variable。

在此之 dependent 應選「國小教師」，independent 應選「學年」。

Model 選項的 autoregressive、difference、moving average 之 pdq 分別代入 1、0、1 並在 Save 指令的 predict through 中將觀察值指定為 57，代表預測未來五年的國小師資人數從五十三期至五十七期。

(二)操作之後的主要結果

Model Description:

Variable:國小教師

Regressors:學年

Non-seasonal differencing: 0

No seasonal component in model

Parameters:

AR1 _____ < value originating from estimation >

MA1 _____ < value originating from estimation >

學年 _____ < value originating from estimation >

CONSTANT _____ < value originating from estimation >

95.00 percent confidence intervals will be generated

Split group number: 1 Series length: 52

Number of cases skipped at end because of missing values: 5

Melard's algorithm will be used for estimation

Initial values:

AR1 .87661

MA1 -.90077

學年 1580.520

CONSTANT -39678.8

Marquardt constant = .001

Adjusted sum of squares = 107060764.7

Final Parameters:

Number of residuals	52
Standard error	1017.8017
Log likelihood	-433.32975
AIC	874.65951
SBC	882.46448

Analysis of Variance:

	DF	Adj. Sum of Squares	Residual Variance
Residuals	48	52674749.6	1035920.3

Variables in the Model:

	B	SEB	T-RATIO	APPROX. PROB.
AR1	.93122	.04672	19.931013	.00000000
MA1	-.47124	.12954	-3.637706	.00067074
學年	1575.69623	108.36133	14.541130	.00000000
CONSTANT	-39284.92033	7402.48976	-5.306987	.00000283

(三)模式的判圖

1. Autocorrelations:國小教師

Auto- Stand.

Lag	Corr.	Err. -1-.75 -.5 -.25	0 .25 .5 .75 1	Box-Ljung	Prob.
1	.930	.135	. **** **************	47.576	.000
2	.857	.133	. **** ************	88.808	.000
3	.782	.132	. **** ***********	123.818	.000
4	.710	.131	. **** *********	153.345	.000
5	.642	.129	. **** ********	177.961	.000
6	.576	.128	. **** *******	198.192	.000
7	.513	.127	. **** *****	214.608	.000
8	.457	.125	. **** ****	227.911	.000
9	.402	.124	. **** ***	238.478	.000
10	.349	.122	. **** **	246.614	.000
11	.296	.121	. **** *	252.626	.000
12	.251	.119	. *****	257.064	.000
13	.210	.118	. ****	260.229	.000
14	.172	.116	. ***	262.428	.000
15	.138	.115	. ***	263.865	.000
16	.105	.113	. **	264.725	

Plot Symbols: Autocorrelations *   Two Standard Error Limits

2. Partial Autocorrelations:國小教師

Pr-Aut- Stand.

Lag	Corr.	Err.-1-.75 -.5 -.25	0 .25 .5 .75 1
1	930	.139	. * ***** ************
2	-.053	.139	. * .
3	-.057	.139	. * .
4	-.012	.139	. * .
5	-.023	.139	. * .
6	-.026	.139	. * .
7	-.017	.139	. * .
8	.005	.139	. * .
9	-.026	.139	. * .
10	-.034	.139	. * .
11	-.032	.139	. * .
12	.018	.139	. * .
13	-.015	.139	. * .
14	-.004	.139	. * .
15	-.015	.139	. * .
16	-.016	.139	. * .

Plot Symbols:Total cas-   Autocorrelations *   Two Standard Error Limits

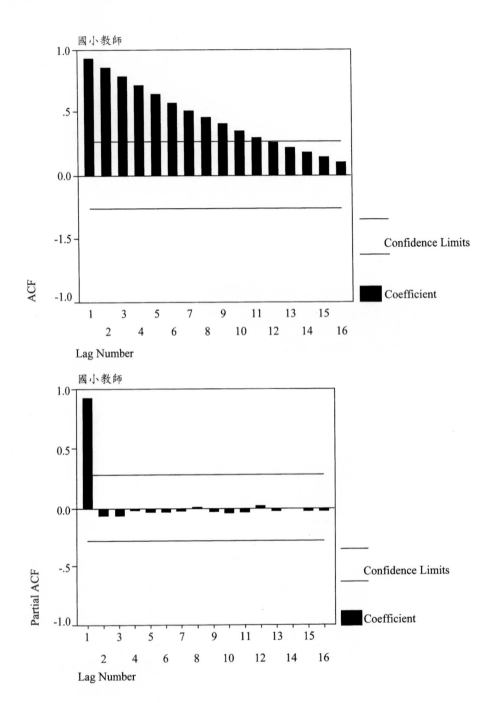

參、Fuzzy 概念與應用

Fuzzy 一詞有人稱之為「模糊」，也有人稱之為「伐晰」。從中文譯名來看，Fuzzy 很容易被誤認為「搞不清楚」「模模糊糊」，但是 Fuzzy 的本義是要把真相搞清楚。

近年來 Fuzzy 模糊理論已廣泛應用在各領域。如數學、管理科學、生化、臨床醫學診斷等等。當代科學的發展迫使各門學科盡可能的定量發展和精確化，但是人文學科的處理方面，傳統的數學確實顯得無能為力，這是由於「太複雜」了。

Zaheh 提出「不相容原理」——當一個系統**複雜性**增大時，我們使它**精確化**的能力將降低，在達到一定的臨界值時，複雜性與精確性將相互排斥。

要把問題描述得詳盡，必須在準確與簡明之間取得平衡，既要減少複雜性而又不過於簡單化。模糊理論的創始人：美國加利福尼亞大學 L. A. Zadeh 教授。一九六五年發展新的概念——模糊集合。

一、模糊集合概念

在傳統集合理論中，一元素屬於某集合，是一絕對的，只有是或不是的可能，但是在模糊集合中的元素**可能只有部分屬於某集合，可能性是 0 到 1 之間的機率。**

例如：「好學生」這一名詞，究竟在何種表現水準之下不再是好學生，並無一明確界限，而模糊集合的定義可以透過機率的方式來顯示 A 學生表現是指 90% 的好，而 B 學生表現指的是 30% 的好。有別於傳統的集合概念，在模糊集合中，可以將學生的表現定義為全距是從 0 到 1，此外，每一語言變項的值代表一機率分配。

二、二值邏輯與多值邏輯

二值邏輯是 0 與 1，多值邏輯的可能性落在 0 與 1 之間的各種可能機率。

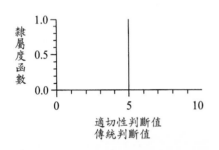

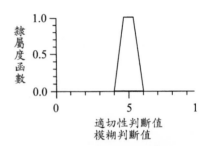

目前的電腦在進行邏輯判斷是採行是與否，即 0 與 1 的邏輯判斷。0 與 1 的判斷，如果選擇 0，則完全把是 1 的可能性排除了。如果一系列的決定多採此方式則可能會造成「蝴蝶效應」。這是一直割捨「初始值」的影響。涓涓細流最後卻匯集成江河。人的語言、判斷很多時後是採行多值邏輯在作決定。Fuzzy 理論的提出與發展對多值邏輯的運算提供很寬廣的路。

三、Fuzzy 在評量的應用

[例 1]　單科模糊學習評量及其逆問題

根據英語教學經驗，學生之英語學習成就因素集為 X={聽（L），說（S），讀（R），寫（W）}，各因素學業量集為 V={很差(1)，差(2)，普通(3)，好(4)，很好(5)}，若評量矩陣 R 為：

	1	2	3	4	5
聽（L）	.0	.8	.1	.1	.0
說（S）	.2	.7	.1	.0	.0
讀（R）	.0	.0	.1	.2	.7
寫（W）	.0	.0	.5	.5	.0

其英語學習評量結果為 G=（.0, .0, .1, .3, .6），則教師對英語學習成就因素集{聽（L），說（S），讀（R），寫（W）}，之相對權分配為何？

我們可參考歷年來英語教學時間與重點，擬出數種可能的權值分配方案。設 W1 表示聽、說、讀、寫大致並重；W2 表示偏重聽與說；W3 表示偏重讀與寫；W4 表示極偏重讀。

$$W1=（.2, .3, .2, .3）$$

$$W2=（.4, .4, .1, .1）$$

$$W3=（.1, .1, .4, .4）$$

$$W4=（.0, .0, .9, .1）$$

先求出基於 Wi（i=1,2,3,4）下，英語學習之原始評量結果 Gi'=Wi

$$G1'=（.3, .3, .3, .3, .2）$$

$$G2'=（.2, .4, .1, .1, .1）$$

$$G3'=（.1, .1, .4, .4, .4）$$

$$G4'=（.0, .0, .1, .2, .7）$$

經標準化處理後，得：

$$G1=（.15, .15, .23, .23, .23）$$

$$G2=（.22, .44, .11, .11, .11）$$

$$G3=（.07, .07, .28, .28, .28）$$

$$G4=（.0, .0, .1, .2, .7）$$

再求其相對 G 之距離：

$$\| G1 - G \| = 0.21 ， \| G2 - G \| = 0.27 ， \| G3 - G \| = 0.15 ， \| G4 - G \| = 0.02$$

得知 W4=（.0, .0, .9, .1）為 Wi 中最近似此教師對英語學習評量之權分配。

很明顯地，當預選的權分配方案愈多，我們求出之最佳學習評量權分配愈接近教師對英語學習評量之權分配。

[例2] 模糊追蹤評量與進步率

設甲、乙和丙三學生最近評量的成績評量為

甲生：

甲	得分	1	2	3	4	5
評量	一	1	0	0	0	0
	二	0	0	1	0	0
	三	0	0	0	0	1

乙生：

乙	得分	1	2	3	4	5
評量	一	0	0	1	0	0
	二	0	0	1	0	0
	三	0	0	1	0	0

丙生：

丙	得分	1	2	3	4	5
評量	一	0	0	0	0	1
	二	0	0	1	0	0
	三	1	0	0	0	0

用傳統加權平均計算，則甲、乙、丙三學生三次評量的結果均為 3 分。若根據 Fuzzy 的運算，可得到更多的資訊：

(1)甲、乙、丙三學生之模糊加權評量分別為 3.67, 3, 1.33。

(2)甲學生之進步率為 50%、50%，乙學生之進步率為 0%、0%，丙學生之進步率為-50%、-50%。

四、Fuzzy 與調查研究

傳統上透過德懷術（the Delphi technique）來反覆整合，以便獲得有效的判斷值。在此可以用「模糊相似性整合法」（FSAM）來彌補此項技術的缺點，應用電腦套裝軟體 FuziCalc 來解決運算上的困難。

在整合方法上，Fedrizzi、Nurmi 與 Kacprzyk（1988, 1992）認為共識程度（degree of consensus）可以顯示距離「完全認同」有多遠，瞭解兩人之間的關係，因此利用每位專家的偏好判斷（preference judgement）來建立每位專家個別的模糊偏好關係（fuzzy preference relation），進而計算團體

的偏好關係，就能解決團體決策的問題。

　可以請專家利用正梯型模糊數（positive trapezoidal fuzzy number）來表示判斷值，利用相似性函數（similarity function）來評量二位專家之間的認同程度（agreement degree），再將多位專家彼此之間的認同程度，組成認同矩陣（agreement matrix），並根據每位專家的重要性程度與相對認同程度（relative agreement degree）求得每位專家的共識程度係數（consensus degree coefficient），最後整合出所有專家的模糊評估值。

㈠建構「模糊隸屬度函數」（fuzzy membership function）

　每位專家 E_i（i=1, 2, 3, …, n）依據其所蒐集的資訊（或所具備的專家知識），對每項指標作出專業判斷，並認定該項指標的最大適切範圍〔a, b〕（a＜b）如下：

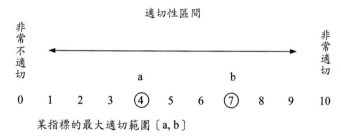

某指標的最大適切範圍〔a, b〕

　再根據所認定的區間，建構模糊隸屬度函數，表達模糊概念為「指標的適切範圍大約在 a 與 b 之間，亦即接近 a 與 b 的中心點」。隸屬度函數表示的方式如下：

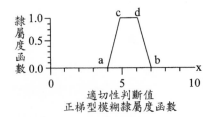

適切性判斷值
正梯型模糊隸屬度函數

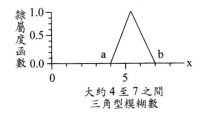

大約 4 至 7 之間
三角型模糊數

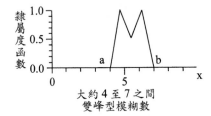

大約 4 至 7 之間
雙峰型模糊數

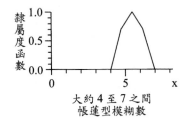

大約 4 至 7 之間
帳蓮型模糊數

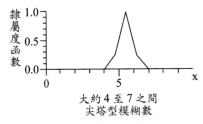

大約 4 至 7 之間
尖塔型模糊數

(二)共識程度係數（consensus degree coefficient, CDC）

利用平均認同程度，我們可以算出每位專家 Ei 的共識程度係數。

$$CDC_i = \frac{A(E_i)}{\sum\limits_{i=1}^{n} A(E_i)}$$

(三)模糊數（fuzzy number）與重心（centroid）

可以根據每位專家的共識程度係數 CDCi，整合出多位專家的模糊綜合判斷值 R（R=f(R_1, R_2, R_3, …, R_n)）。

所求的綜合判斷值 R，基本上屬於正梯型模糊隸屬度函數，其上下區間為〔a, b〕。因此，可根據此正梯型模糊隸屬度函數的重心（area mean index, C）作為重心（centroid）來代表此函數的精確數（crisp number）。亦可用電腦軟體 FuziCalc 的「精確化」（crisp）功能鍵，將模糊數轉化為精確數。

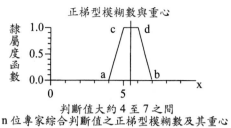

正梯型模糊數與重心

判斷值大約 4 至 7 之間
n 位專家綜合判斷值之正梯型模糊數及其重心

肆、Data mining 的發展與應用

一、Data Mining 理念

　　資料採礦（Data Mining, DM）是一個新興起的專題。一九八七年，一位在密西根大學的研究生叫作 Fayyad，暑期去通用汽車公司（GM）打工。他的工作是將許多資料庫整合成一個專為修理汽車的資料庫。目的是讓任何一個 GM 的技工，對 GM 的任何一輛車，在問到一個關於修理汽車的問題時，如果知道它的年份、模型、引擎大小…，就應該自這個資料庫得到一個迅速而合理的回答。

　　資料採礦的理念是為要發現有意義的樣型或規則，從大量資料之中以自動或是半自動的方式來探索和分析資料。進一步來說資料採礦是一種新的且不斷循環的決策支援分析過程，它能夠從組合在一起的資料中，發現出隱藏價值的知識，以提供給專業人員參考。資料採礦套裝軟體中被用到的統計分析過程包括：

　　決策樹（C4.5, CART, CHAID）、神經網路、規則推斷、最近鄰方法、遺傳演算法、聚類方法（資料分離）、聯合規則（市場籃子分析）、特徵提取、視覺化、神經網路、Bayesian belief 網路（圖形模型）、神經模糊系統、資料方塊法（Data Cube）。其他可用的統計方法包括：

　　假設檢驗、實驗設計、回應表面模型、ANOVA、MANOVA、線性迴

歸、判別分析、對數迴歸、邏輯斯迴歸、廣義線性模型、相關、主成份分析、因素分析。

二、電腦軟體發展與配合

雖然資料採礦的定義不太能統整，但資料採礦目前它已經成一種商業事業。如同在過去的歷次淘金熱一樣，目標是「開發礦工」。利潤最大的是賣工具給礦工，而不是幹實際的開發。資料採礦這個概念被用作一種裝備來出售電腦軟體。以下是一些當前的資料採礦品：

IBM: Intelligent Miner

Tandem: relational Data Miner

AngossSoftware: KnowledgeSEEDER

Thinking Machines Corporation: DarwinTM

NeoVista Software: ASIC

ISL Decision Systems,Inc.: Clementine

DataMind Corporation: DataMind Data Cruncher

Silicon Graphics: MineSet

California Scientific Software: BrainMaker

WizSoft Corporation: WizWhy

Lockheed Corporation: Recon

SAS Corporation: SAS Enterprise Miner

SPSS Corporation: Answertree, Neural Connection

三、Data Mining 與 Knowledge Discovery 的關係

圖 1 可以說明 Data Mining and KDD（Knowledge Discovery at Database）之間的關係。

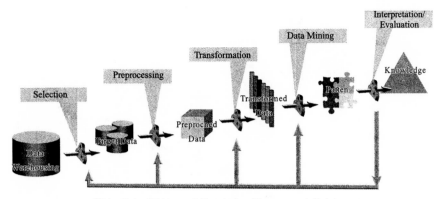

圖1　Data Mining and Knowledge Discovery at Database

在進行 Data Mining 之前有許多的前置步驟：

1. Data Warehousing

2. Data Selection

3. Preprocessing and Cleaning

4. Data Reduction and Transformation

這些資料最後需要專業領域人員的 Interpretation/Evaluation，才能成為有用的知識。

四、Data mining 在教育上的應用實例

以中等教育問題為例，進行相關資訊的採礦，首先就高中職教師的人力分布狀況的呈現，以生師比作為教學負荷的比較。另一種新的挑戰是技職教育與產業外移、轉型的問題，所需資訊來源如果是相關人員來提供，則蒐集與分析的策略將相當不同。以下就高中職教師人力概況與高職轉型的問題進行相關資訊的採礦分析。首先以 Excel 形成圖示來說明資料的發展屬性，另外借助 SPSS 的 AnswerTree 來釐清人員的意見。

㈠高中高職教師人力概況

從縱向的時間來看，高中與高職的發展受政策的影響很大。過去由於經濟發展與升學壓力的考量，曾經壓抑高中數量的成長，尤其是一九八〇年至

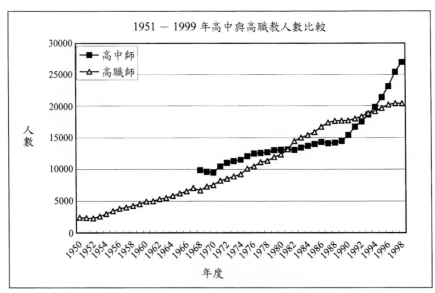

圖 2　歷來高中與高職教師人數比較

一九九三年間的發展最為明顯。一九八〇年以前和一九九三年以後，高中的
教師人數超過高職教師人數，如圖 2。近年來推動後期中等教育綜合化的政
策，不少高職學校調整為綜合中學。但是高中的教育品質向來比較受到社會
的肯定，從高中與高職生師比的變化可以發現，兩類學校存在相當大的落差
如圖 3。如果以生師比來分析，高職教師承受更多的教學負擔與壓力。在某
種程度上也顯示，整體高職的教學品質可能比較差。近兩年來高職因招生不
足的問題，這項非常凸顯的生師比差距，反而戲劇性的降低了。

　　以圖示來表示趨勢，說明了單純的數據經過轉變為圖形之後更容易看
出發展的趨勢。

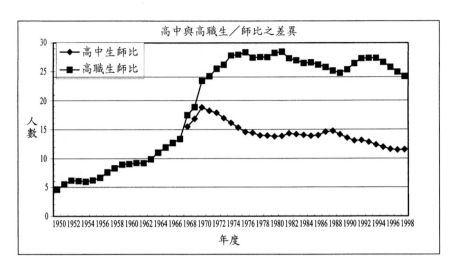

圖 3　高中與高職生師比之差異

高職教師的教育負擔為何？從整體公立與私立高中高職的生師比率來
分析，公立學校的生師比優於私立學校的生師比。近年來這項比率已有拉
近的現象，兩類學校生師比率在補助私立高中職增聘教師的政策主導下，
已愈趨接近，此一發展趨勢呈現在圖4。

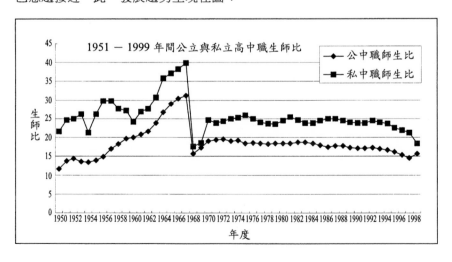

圖 4　公立與私立的生師比

㈡ SPSS 的資料採礦技術──決策樹分析

以 SPSS 的資料採礦技術──決策樹分析為例進行相關操作與分析結果的說明。AnswerTree 的進行方式如下（SPSS, 2001）：

1. 資料來源，目前 SPSS 可以閱讀 SPSS data 檔之外，也可處理 ODBC data 來源、Excel 的試算表以及文字檔案。
2. Tree，選擇成長模式（a growing method），並進行模式定義，即選定目標（target）與預測變項（predictor variables）。也需選擇驗證 Tree 的方法。
3. Tree 裡的資訊。
4. 所建立的模式。

本調查研究使用 CATI 2000 電腦輔助電話訪問系統（國立暨南國際大學教育政策與行政學系建置）進行調查，將母群體分成兩類：一是，技職校院人員，包括高職、五專、技術學院和科技大學的主管（如教務長、學院院長、系所主任等）和教師，主要係根據教育部網站資料，採分層抽樣，依各縣市各類學校的比例，抽取適當校數，每校隨機選取一人，共二百所技職校院；二是，非技職校院的年滿二十歲一般民眾，由電腦自電話簿中隨機抽取二百人；合計兩類人員的有效樣本數為四百零一人。全體調查樣本的特性如表 1 所示。

表1　調查樣本之特性

類別 縣市別	人數	%	類別 性別	人數	%	類別 人員別	人數	%
台北市	62	15.46	男	181	45.14	一般民眾	201	50.12
台北縣	63	15.71	女	220	54.86	技職校院人員	200	49.88
桃園縣	36	8.98	年齡別			技職校院別*		
基隆市	3	0.75	21-30 歲	131	32.67	高職	144	72.00
新竹市	6	1.50	31-40 歲	132	32.92	五專	12	6.00
新竹縣	4	1.00	41-50 歲	84	20.95	技術學院	40	20.00
苗栗縣	16	3.99	51 歲以上	54	13.47	科技大學	4	2.00
台中縣	24	5.99	職業別			技職校院人員別*		
台中市	29	7.23	軍	3	0.75	教務長、學務長等	28	14.00
南投縣	3	0.75	公	13	3.24	學院院長	1	0.50
彰化縣	21	5.24	教	205	51.12	中心、系、所主管	47	23.50
雲林縣	9	2.24	工	20	4.99	一般教師	124	62.00
嘉義市	6	1.50	商	34	8.48	最高學歷別		
嘉義縣	6	1.50	家管	26	6.48	國小	14	3.49
台南縣	25	6.23	學生	49	12.22	國中	15	3.74
台南市	12	2.99	服務業	18	4.49	高中職	46	11.47
高雄縣	16	3.99	其他	5	1.25	專科	38	9.48
高雄市	23	5.74	待業中	14	3.49	大學院校	71	17.71
屏東縣	11	2.74	已退休	10	2.49	研究所（含四十學分班）	208	51.87
台東縣	7	1.75	農	4	1.00	不識字	6	1.50
花蓮縣	8	2.00				其他	3	0.75
宜蘭縣	6	1.50						
澎湖縣	1	0.25						
金門縣	4	1.00						

註：*僅統計技職校院部分。

　　透過 SPSS 的資料採礦技術——決策樹分析（使用 exhaustive CHAID 法），以性別、年齡別、最高學歷別、人員別（分為一般民眾和技職校院人員兩類）、都會地區、職業別等為預測變項（predictors），而十四項題目為目標變項（target）。目標變項的內容係將原來變項合併後的結果，如填選悲觀和非常悲觀合併視為悲觀，樂觀和非常樂觀合併視為樂觀，無意見者視為缺失值，並將原來變項值視同為連續變項，因為合併變項內容和重定缺失值的關係，所以分析結果的樣本數均低於全體樣本數。以下就達顯著的結果進行分析。

1. 台灣產業前景

　　將非常樂觀至非常悲觀的程度，以 1 至 4 分評定，1 分為非常樂觀，4 是非常悲觀。分析發現二十一至三十歲組的看法（平均 2.55 分）較偏向持樂觀看法，異於其他三組人員的看法（平均 2.69 分），如圖 5 所示。

您覺得台灣產業的前景，是樂觀還是悲觀？

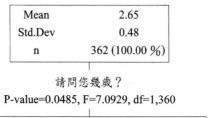

Mean	2.65
Std.Dev	0.48
n	362 (100.00 %)

請問您幾歲？
P-value=0.0485, F=7.0929, df=1,360

21-30 歲　　　　　　　　　　31-40 歲；41-50 歲；51 歲以上

Mean	2.55
Std.Dev	0.50
n	118 (32.60 %)

Mean	2.69
Std.Dev	0.46
n	244 (67.40 %)

圖 5　不同年齡者對台灣產業前景看法之差異

2. 技職校院廢除

　　將維持現狀不變、適度調整和廢除的看法，轉換為以 1 至 3 分評定，1 分為維持現狀不變，3 分是廢除。分析發現不同學歷者對廢除高職的看法有差異（如圖 6），不識字和其他學歷者傾向維持現況（平均為 1 分），專科至研究所者傾向適度調整（平均是 1.63 分），而國小至高中職學歷者也傾向適度調整（平均是 1.35 分）。綜言之，學歷會影響對高職廢除的看法。

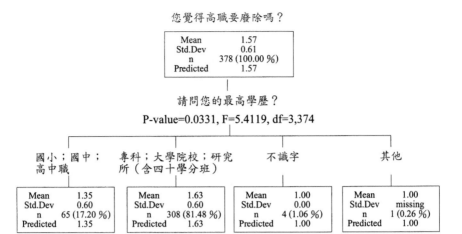

圖 6　不同學歷者對高職廢除之看法

　　至於，五專、技職校院的廢除方面，將維持現狀不變、適度調整和廢除的看法，也是轉換為以 1 至 3 分評定。分析發現不同學歷者對廢除高職的看法有差異（如圖 7），研究所支持贊成適度調整的程度（平均是 1.78

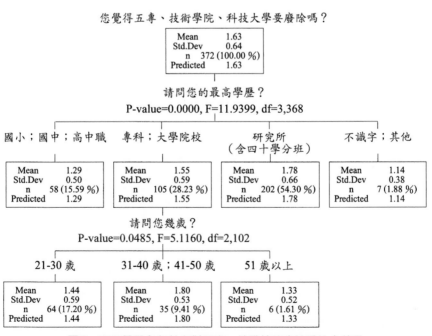

圖 7　不同學歷和年齡者對五專、技職校院廢除看法之差異

分）高於其他學歷者。此外，專科和大學校院畢業者又因年齡的不同而有差異看法，三十一至五十歲者平均 1.80 分，傾向廢除的程度高於二十一至三十歲和五十一歲以上兩組。換言之，學歷會影響對技職校院廢除的看法。

3. 未來台灣產業發展

將發展高科技產業、結合傳統產業和高科技產業、維持現狀等看法，轉換為以 1 至 3 分評定，1 分為發展高科技產業，3 分是維持現狀。分析發現學歷、都會區、性別等變項和對未來台灣產業發展看法有關聯（如圖8），不識字較傾向維持現狀（平均是 2.67 分），國小至研究所學歷者較屬意結合傳統產業和高科技產業（平均是 1.69 至 1.85 分）。其次，國小至高中職學歷者會因居住地區而持不同看法，非都會區者偏向維持現況的程度（平均 1.94 分）較高於都會區者（平均 1.67 分）。此外，專科和大學校院學歷者也會因性別而有不同看法，女性較男性偏向維持現況（平均分別是 1.81 分和 1.56 分）。

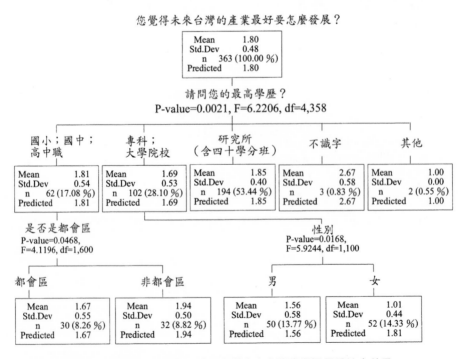

圖 8　不同學歷、都會區、性別者對未來台灣產業發展看法之差異

4. 未來技職校院校數增減

　　將增加、減少、維持現況等看法，轉換為以 1 至 3 分評定，1 分為增加，3 分是維持現狀。分析發現如圖 9，不同性別者對高職校數的看法有差別，女性平均 2.37 分較高於男性的平均 2.20 分，即女性認為宜維持現況的程度較高於男性。至於，五專、技術學院、科技大學的部分，無法進行決策樹分析。

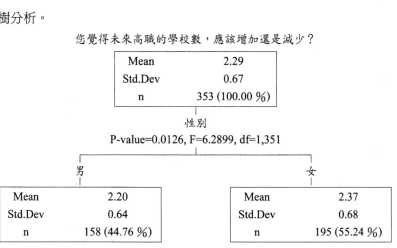

圖 9　不同性別者對未來高職校數看法之差異

5. 技職校院學生人數

　　將太多、剛好、太少等看法，轉換為以 1 至 3 分評定，1 分為太多，3 分是太少。分析結果如圖 10，主要發現：不同學歷會影響此看法，國中至

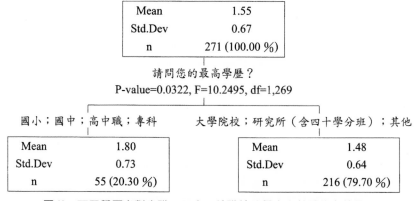

圖 10　不同學歷者對高職、五專、技職校院學生人數看法之差異

專科畢業者較大學校院和研究所畢業者偏向持剛好的看法（分別是平均
1.8 分和 1.48 分）。

6. 技職校院學生能力符合產業發展需要

將非常符合、符合、不符合、非常不符合等看法，轉換為以 1 至 4 分
評定，1 分為非常符合，4 分是非常不符合。檢視分析結果如圖 11，可發現
不同學歷、性別者對高職學生能力的看法有差異，國中、不識字、專科至
研究所學者傾向認為不符合的程度（平均分別是 2.64 分和 2.56 分）高於高
中職（平均 2.25 分）、國小（2.17 分）和其他學歷者（2.0 分）。其次，不
識字、專科至研究所學歷者會因性別而持不同看法，男性較女性傾向不符
合的看法（平均分別是 2.63 分和 2.50 分）。至於，五專、技術學院、科技
大學的部分，無法進行決策樹分析。

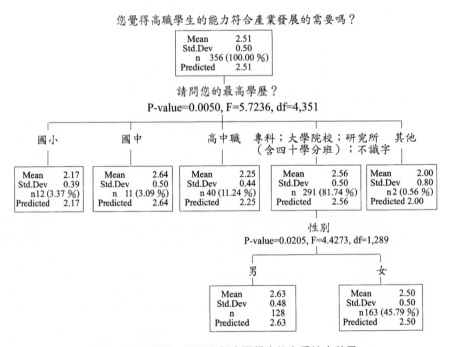

圖 11　不同學歷、性別者對高職學生能力看法之差異

伍、未來量化研究發展構想

一、資料庫建立

　　台灣教育發展資料、社會發展資料與產業資訊的資料應該建立一個動態的資料庫，有專責單位定期的更新與蒐集這些資訊，讓相關的研究人員或研究機構可以針對特定的主題進行分析。分析的資訊有助於相關政策的發展或調整。

二、指標建立與分析

　　以 OECD 2001 教育指標所呈現的三十一個指標為例（OECD, 2002），所需蒐集的資訊相當的多，不是單一的單位所能完成。透過教育指標的建立，整合相關的發展資訊是未來國內急需發展的重點。從 OECD 指標的發展、形成可以發現他們在教育結果或成效方面的資訊發展仍然較弱，這方面OECD已透過PISA的調查來補強，另外在成人素養（literacy）方面也不斷有新的計畫在執行，如 IEA 與 ISC Boston College 的 PIRLS（the Progress in International Reading Literacy Study）持續蒐集與分析相關資訊。如果與國際接軌則下列 OECD 主要的教育指標頗值得參考（OECD, 2002）：

A. 教育背景資訊

    A1　學齡人口的規模（大小）

    A2　成人人口的教育成就（attainment）

    A3　人力資本與經濟成長之連結

B. 財政、人力資源與教育投資

    B1　每生教育花費

    B2　教育機構花費占 GDP 的比率

    B3　公私立教育機構投資的比例

    B4　整體公共教育花費

B5 公共津貼補助學生與家庭支出

B6 服務類與資源類的機構花費

C. 接受教育、參與及進步

C1 整個生命週期的教育參與

C2 中等教育的參與及畢業

C3 進入及參與第三階教育

C4 第三階段教育完成

C5 學生接受額外資源課程（disabilities, learning or behavior difficulties and social disadvantages）

C6 成人人口與繼續教育及訓練

D. 學習環境與學校組織

D1 公立中小學教師薪資

D2 教師與職員的年齡與性別分布

D3 教學時間與教師的工作時間

D4 中等教育前期教學總時數

D5 生師比

D6 教師在 ICT（information and communication technology）的訓練

D7 學校與教學過程中 ICT 的使用與可用性

E. 個人、社會與教育的勞動市場結果

E1 各種教育程度的勞動力參與

E2 十五至二十九歲年齡層在教育、僱用與非僱用的情行

E3 青年人口在教育與工作情形

E4 青年人口的特定情況

E5 收入與教育成就

F. 教育學習結果

F1 第八年級數學與科學成就的趨勢（1995-1999）

F2 第八年級數學與科學成就的差異（1995-1999）

F3 收入不公與閱讀素養不公

F4　第八年級數學與科學成就的性別差異（1995-1999）

　　從這三十一個指標的內涵我們可以發現，國內教育發展的量化資訊要與國際接軌仍有相當大的努力空間。

三、模式庫的發展

　　運用已發展的軟體或近期正發展的 Data Mining 技術來建立教育資訊的分析模式庫，尤其是有助於教育決策的資訊發展，不論是中央或地方將有很大的需求。

參考文獻

Mullis, I. V. S., Martin, M. O., Kennedy, A. M., & Flaherty, C. L. (2002). *PIRLS 2001 Encyclopedia.* Boston: International Study Certer, Lynch School of Education, Boston College.

OECD (1999). *Measuring student knowledge and skills.* Paris: Author.

OECD (2002). *Education at a glance.* Paris: Author.

SPSS (2001). *AnswerTree 3.0 user's guide.* Chicago: Author.

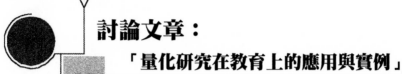

討論文章:

「量化研究在教育上的應用與實例」

黃毅志

今天很高興能與久仰大名的張教授討論他最新探討量化教育研究的論文。張教授主要介紹了三種可能多數人都不是很熟悉的方法：ARIMA（時間系列分析）、Fuzzy（模糊分析）、Data Mining（資料採礦）在教育研究上應用的實例，開拓了我們對量化方法的進一步理解，自有其貢獻；最後並建議建立有關整體台灣教育發展的「鉅觀面長期動態資料庫」，據此作量化分析，做為教育研究與決策制定的基礎，這也是很好得建議。不過，我也有些不懂之處，想跟張教授請教：

一、對國內教育研究而言，可應用的新量化方法實在太多了，如 HLM、fixed effects model、社會網絡分析、事件史分析、Heckman 的樣本選擇性偏誤修正、流動表分析，張教授何以選擇這三種方法作介紹？

二、張教授對三種方法，在教育研究上的應用實例，是否可針對重要的理論做檢證？可提出怎樣的政策建議？它們與質性研究相較，有什麼是質性研究不易作到的？

三、這三種方法，比起傳統的量化方法；如 ARIMA 與用在時間系列的 GLS 迴歸分析相較，Data Mining 的決策樹分析與傳統百分比、均數分相較；有何突破與限制？

四、張教授一再強調鉅觀面分析的重要，如一開始與最後對資料庫的建議；何以也要介紹微觀面的模糊分析？模糊分析可用於哪些鉅觀面的分析？就教育長期動態資料庫之建立而言，以個人，如學生、教師與家長，為主要分析單位的微觀面長期追縱調查資料庫之建立，如台灣教育長期追蹤資料庫（TEPS），是否也很重要？

　　以上是個人的小小問題，請張教授多多指正！

實徵研究的反思
——以教育為主軸的分析

薛承泰

壹、前言：教育研究的範疇、觀點與方法

教育研究的範疇可以粗淺的分為學校內部、學校外部與學校內外部互動三個部分。前者是指學校圍牆內所從事的活動，包括班級經營、教學方法、師生互動、課程設計……等，學校外部則包括教育制度、升學方式、國家政策、經濟發展、人口結構、社會文化……等課題。至於內外部的互動部分，可以涵蓋教育行政、家庭型態、社區鄰里、階級背景、語言與符碼……等的分析。這樣的分類雖不完全周延也不互斥，卻有助於論述時的對照，多少也能反映出學科之間的分工。大致說來，學校內部研究傳統上是師範體系的專業，其他領域並沒有太多著墨；學校外部的研究，其範圍和社會科學領域重疊甚多，參與研究者之學科類別也較為多元；至於內外互動部分的研究，除了教育學者外，社會學者與心理學者也有不少成果。

教育研究如同一般社會科學，在選定研究議題的同時，對於所欲探討或驗證的理論也相當重視，並依此決定研究對象及其性質，以及分析該資料的方法，最後進行推論或解釋。[1] 在這每一個研究環節上，彼此是相互關聯的，且為了維持研究過程與邏輯的一致性，通常需要有其研究觀點（perspective）或取向（approach）。例如社會學界古典理論當中功能論（functionalism）與衝突論（conflict theories）即偏向宏觀（macro）；相對地，符號互動論（symbolic interactionism）就偏向是微觀（micro）。研究對象（subjects）與分析的單位（unit of analysis）也可以做此區隔，例如以學生或老師作為研究對象的分析是微觀傾向（micro-approach），以歷年經濟發展與教育擴張關係的分析則是宏觀傾向（macro-approach）。以前述教育研究的範圍來說，學校內部的研究大都屬於微觀取向，而學校外部研究則偏向宏觀取向。

在實徵研究當中，雖仍存在這兩類典型的研究取向，然已有愈來愈多的研究，所欲驗證的理論（假設），已很難清楚的以宏觀或微觀來區分，

---

1 見吳康寧（1998）《教育社會學》第一章（頁3-22）。關於此有較詳細的介紹。

而是以中型或中距（middle-range）的理論來呈現。至於研究對象也可以是個人（individual）或是集體（aggregate）為分析單位，例如階級複製理論，既可以分析家長社經地位與學生教育成就的關係，也可採用社會階級類屬與學校種類來分析之間的關聯。

　　若以研究所採取的方法與資料性質來觀察，教育研究也可以區分質性（qualitative）與量性的（quantitative）的研究，或稱之為定量與定性的研究。質與量的研究區別只是一種理想型（ideal type）的說法，在實際研究報告當中，充其量只能說是以質性為主或以量性為主的研究內容。上述任何一個教育研究範疇都可以適用在質與量的分析典範，同樣的道理，宏觀或微觀取向的研究，也是如此。例如偏向微觀的分析對象（以師生關係為例），既可以透過大規模調查蒐集個人資料，進而採用統計模型分析以檢驗假設（量的研究），也可以採用深入訪談（in-dept interview）以個案分析（case study）方式（質的研究）來呈現；當然，同時使用質與量的分析更是受到鼓勵的（Morse, 1991）。在宏觀取向的研究議題中，例如經濟發展與教育擴充的關係，研究者可以蒐集歷史文獻，或以訪談相關部門與決策者來陳述歷史脈絡，並進而詮釋之間的意義；當然也可以採用集體（aggregate）資料（如官方歷年發布的經濟與教育統計資料）來分析其時間序列，並驗證假設。

　　上述簡要說明教育研究的範疇、取向與方法，簡單地說，教育研究的範疇某種程度已涵蓋社會科學實徵研究的大部分。更由於教育作為現代人生命歷程（life course）的一部份，也是國家發展（national development）不可或缺的一環，教育研究相較於其他社會科學領域，其所具有的親近性（affinity）與重要性（substantiality），不言而喻。基於作者能力的限制，無法做整個領域的回顧與反省；同時也為了簡化文本的脈絡，本文嘗試從兩個簡單的模型來「討論」教育相關實徵研究，然後將列舉一些常見的問題，以就教各位學界先進。

貳、兩個基本模型

在教育社會學研究的傳統當中，爭論最多的議題莫過於所謂的「學校效應」（school effects）與「教育擴充效應」（effects of educational expansion）。探討「學校效應」其癥結點，不在於是否存在效應？而是去分辨效應是來自於學校以及以學校為代表的教育措施，還是中介自於其他的因素（如家庭背景，學生資質）？此外，「學校效應」究竟指的是什麼？是學生的學術表現（如考試成績），還是離開學校後在社會上的表現（如職業與收入）？如果強調教育是在陶冶心智與健全人格，那麼又應該如何呈現「學校效應」呢？至於「教育擴充效應」，則是比較宏觀的研究議題，乃由於二次大戰後，各個國家無不將教育擴充當作提昇國民素質與國家競爭力的主要指標，因此分析此議題，不僅可用來檢證政府投入大筆經費是否值得？也是探討國民素質是否因此而提昇？由於近二十年來教育擴充的主要指標在於高等教育的大眾化，關於「教育擴充效應」的檢視，不只是政府政策與大學性質，市場的角色也受到相當的重視（詳見戴曉霞，2000）。

關於「學校效應」議題早在一九六〇年代就引起學術界的重視，最具有代表性的研究莫過於 Coleman（1966）《教育機會均等》（*Equality of Educational Opportunity*），該報告總結其對美國教育機會不均等因素所做的探討。他不僅證明了家庭背景在教育過程當中具有不可忽視的影響力，也擔憂因為階級背景差異的存在，美國少數人種（minority）在教育改革與擴充過程中，究竟能有多少「改善」？之後，他進一步指出「社會資本」（social capital）的重要，無獨有偶 Bourdieu（1977）也以「文化資本」（cultural capital）來闡述教育過程當中不同階級成分（class-based）所帶來的世代繁衍與複製（reproduction）。近年來華裔美國社會學家林南（Nan Lin）將社會資本概念具體化，並融入「社會網絡」（social network）概念，來探討人們地位取得（status attainment）的過程，也深受學術界的重視（Lin, 1999）。

模型一：

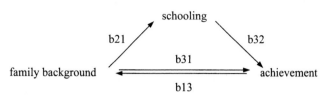

在所謂「學校效應」的諸多研究當中，班級經營與師生互動也受到相當的重視，其中對於「自證式預言」（self-fulfillment prophecy）概念的驗證最具有代表性。研究者通常將重點置於分析老師的期望與小學生的學習效果，也就是模型一中的b32，這通常稱之為老師的「期望效應」（effects of expectancy），即是一種偏向微觀取向的研究。此概念也可以應用在學校的能力分班與學生學習效果的例子中，亦即，當老師相信學生之間的優劣差異，並依此來分班施予不同的對待，最後表現較好的學生也就是當初老師認定的「好」學生，如此好壞之間的差異將不斷拉大，最後產生自證式預言的效果。[2]

在教育社會學方面，對於學校效應的分析，最常見的做法在於比較b32 與 b31；具體的做法，在於控制其他變項（主要為家庭背景與認知能

---

2 探討教室中的自證式預言效果最具代表者為Rist（1970），他的研究對象為聖路易的一所黑人小學。他觀察一班學生從幼稚園一直到小學二年級，發現入學不到幾天，班導師即將班上同學按其外表與背景分為三個等級，並在爾後的上課當中呈現不同的互動方式。教師認為較優秀者坐在教室的前排，給予較多的發言機會與鼓勵。一年下來，不同等級間學生的互動減少了，學生距離也拉大了。Rist經由學生的家庭訪問，發現並不是那些「較沒有希望」（less promising）的學生不知道學習，而是教師不給他們機會。到學年末，學生需要分班進入小學一年級，他們的成績果然就像老師在當初所區分的等級一樣，所有的「好」學生都被分到一年級的「好」段中，所有的「壞」學生沒有一個被分到好段中。這個情形被繼續延續，到升二年級仍然沒有改變。Rist的研究主要告訴我們(1)教師對學生的期望大致上反映學生的階級成分；(2)一旦最初作了能力分群，這個分類會持續下去；(3)師生的互動受到能力分群的影響。這可以歸結到能力分群是使得教師對學生的期望變成自證式預言。

另一個有名的研究乃為 Rosenthal 和 Jacobsen（1968）在舊金山一所小學的研究，他們在學期初故意釋放某些（20%隨機）學生為資優的錯誤訊息給授課老師們，發現老師們對這些學生的態度是按照這個「資優」訊息來產生互動。到學期末測量學生的IQ，令人驚訝的，那些給予錯誤訊息的學生果然有相當的進步，並且超過原本程度相當的學生（轉摘譯自於 Hurn, 1993: 170-176）。

力）之後，來看學校效應的「淨」影響（net effects）到底有多大？這種邏輯關聯基本上是功能論的命題（proposition），因為持功能論說法者重視個人天份（talent）與努力（effort）對個人教育成就的影響；因此，在驗證學校效應的具體作為上，常強調個人的教育成就（如完成學業年數）與社會成就（如職業地位與收入）之間的關係。換句話說，以教育作為人力資本（human capital），社會成就即為其產出（outputs），後者為前者的函數，兩者的關係緊密，象徵著成就地位（achieved status）的抬頭（Becker, 1964）。一九七○至八○年代最為盛行的地位取得模型，基本上就是建立在此邏輯之上的一種分析方法（Blau & Duncan, 1967; Sewell & Hauser, 1975）。

由 Blau 和 Duncan（1967）所領導的「地位取得」（status attainment）模型，即是以路徑分析（path analysis）來探討家庭背景、教育成就、第一份工作、與現職之間的直接效應（direct effects）與各種間接效應（indirect effects）。家庭背景（family background）的測量通常為父親（受訪者十五歲時）的教育年數以及父親（受訪者十五歲時）的職業地位（以 SEI 為測量）（Duncan, 1961）。[3] 雖然許多研究已一再證實個人教育和其經濟成就的相關性（Alexander, Eckland and Griffin, 1975），持衝突論者（conflict theory）卻認為這種關係並不具普遍性，因為他們重視階級背景（classbased），強調教育過程乃為階級複製（reproduction）的管道，所看到的學校效應

---

3 地位取得研究主要用來驗證功績主義（meritocracy）與功能論（functionism）的說法，試圖解釋為何來自不同背景的學生在學校有不同表現，並導致教育成就不平等？其主要的發現為：(1)能力（ability）是學校成績與教育取得最佳的解釋源，這個結果是反衝突論的；(2)在解釋為何來自不同背景的學生教育成就不同？他們發現成就動機（aspiration）、同儕，以及重要他人（significant others），如教師，在地位取得過程中扮演的角色；雖然對學生教育成就影響力不如父母的鼓勵大，但教師的鼓勵不是因學生社經背景而是學生的能力。儘管地位取得研究受到廣泛的應用，卻也被譏笑為「非理論」（atheoretical）。批評者認為，它雖然告訴我們個人能力與成就動機，對學校表現與教育取得的影響力，卻不能說清楚何以在開始就會有能力與動機上的差異？忽略了階級背景在早期社會化的影響。此外，它們也忽視了勞動力市場特質對於爾後個人教育之於職業與收入的影響。關於這方面的論述，可參考國內學者如許嘉猷（1981）、黃毅志（1992）、蔡明璋（1986）等人的整理與說明。

（b32）實際上只是個假象。可以說，衝突論者對於 b21 與 b31 興趣要明顯超過 b32。簡言之，功能論者接受不平等（inequality）的結果，因為那是一種賢與不肖的表現，也是可以接受的社會分工（the division of labor）方式；然而，衝突論者認為不平等是刻意被資本家或上層階級用來維持既得利益，甚至是加深階級差距的一種現象。[4]

在模型一當中，檢驗「學校效應」是否存在或淨效應有多大？乃為研究之核心，然在建立理論對話之前，對於「學校效應」是什麼？學術界也未必有共識。按實徵研究的術語，這其實關係到測量（measurement），例如教學方法、師資、學校政策、師生關係......等都須經過概念化（conceptualization），明確其操作定義（operational definition），然後進行測量。此外，關於學生的學業表現（academic performance）或社會成就（social achievement），因為都是構念（constructs），最後也都需要落實成為測量的層次；前者如各種校內考試成績、（國家或國際）標準考試分數；後者最常應用的指標（indicators）有職業地位、經濟收入、或社經指標（socioeconomic index）。總之，模型一所呈現的，不僅具有理論觀點的差異，在研究取向以及測量上也仍存在許多歧見。

模型二：

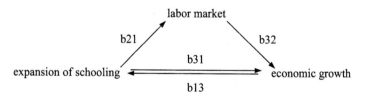

模型二嘗試探討「教育擴充」效應，這是比較傾向於宏觀的理論建構。按功能論的說法，學校具有篩選（screening）與擢拔（selecting）人才的功能，雖然過程不臻完善，只要有天份肯努力即有機會，如此即能跳脫出家世背景、階級、宗教或族群關係的束縛。因此，功能論者主張教育擴

---

4 關於衝突論與功能論教育社會學分析的課題，可參考姜添輝（2002）《資本社會中社會流動與學校體系：批判教育社會學的分析》第二章的介紹。

充，使得那些出生寒微的人，也會有出頭的機會。以此模型來說，就是以教育擴張來促進經濟生產力，進而帶動國家發展，可以累積更多的資本，繼續再投入教育擴充。可是衝突論者，尤其是持新馬之說者，如Bowles和Gintis（1976），認為這個過程具有階級形構（class formation）的意涵，教育擴張雖然會擴大受益的層面，但是受益最大者仍是統治階級（或中上階級），換言之b21與b32的效應不具普遍性，而是具階級層差（class differentiation）效果——亦即，長時間來看，中上階級仍可以相對維持優勢。此論點雖然在英美國家數度受到研究的支持（Jencks et al., 1972; Jencks et al., 1979; Tinklin, 2000）；但在跨國的研究當中，發現教育擴張與經濟成長之間關係並未具普遍性，比較能受到正面支持的，大概都是開發中國家（Currie, 1977; Fry, 1980; Heyneman & Loxley, 1983; Schiefelbein & Farrell, 1981）。

在另一方面，Collins（1978）雖不是新馬克思主義者，他的名著《文憑社會》（*The Credential Society*），懷疑教育擴充與生產力之間的關係（b21），他認為這個社會逐漸被「能決定人們就業卻不是社會必須的文憑」所充斥，文憑既不能代表工作的品質，也不能做為生產力的證照；而實際上，工作所需的知識與技術，其增加的速度也遠不如教育擴張。總之，Collins認為學校並沒有傳授有用的知識技能，而是在科技神話（the myth of technology）下盲目擴充文憑。更具體一點說，他認為學校所學和就業的工作內容不是很相關，教育程度和生產力也沒有直接的關聯，而教育擴充的結果也使得學歷往往超過就業所需。此外，文憑的多寡和道德心之間的關聯，更是一種自由心證！

功能論與衝突論雖然有其不同的傳統以及所建立的典範，從上述兩個教育相關的模型來看，我們可以摘要其主要差異如下：

表 1　功能論與衝突論在教育研究的主要差異

	功能論	衝突論
測量指標	教育機會與年限，人力資本，個人特質（IQ），努力（SAT）	學校性質與區隔，家庭階級背景
歷史時鐘	世代內的流動	世代間的庇蔭
結構脈絡	社會分工與整體發展（知識擴張，科技發展，經濟體制）	社會的切割，文化與階級複製

參、實徵研究的困境

　　前面以兩個模型來說明教育相關研究，此外，還比較了功能論與衝突論在兩個教育研究基本模型中所呈現的差異；從實徵研究角度來看，不論從測量指標、歷史時鐘、以及結構脈絡，都有其不同的關切點與論述方式。因此，我們不難理解，在這兩種理論典範在實徵研究中，往往是相互修正，甚至相互否定！誠然，這是實徵研究優點也是困境，因為多元的角度與相互的批判有助於學科的反省與進步，但也可能流於各說各話或相互排斥。除了不同理論學派呈現不同邏輯、測量與解釋，在一般實徵研究中，仍有一些常見的難題，本節將予討論，期待有助於教育相關研究的提昇。

一、時間的限制

　　這裡所指的時間，不只是研究時間的有限性，尤其強調研究時間點、資料蒐集時間點、以及詮釋現象時間點，三者之間的落差。一般研究者對某種教育現象產生研究興趣，一段時間後申請研究，然後執行研究，這個過程明顯有時間的落差；少則數月，多則數年。雖然此時間落差難以避免，卻不是完全無法彌補的問題。一般研究者通常會在調查設計（尤其是橫斷面與世代研究）中以回溯性問題來替代。例如，比較九年一貫實施前後學生程度的差異；當我們對此議題產生興趣時，也許只能在一年（二〇〇五）之後，第一波接受九年一貫學生國中畢業，才能蒐集相關資料，然

後和過去的國中畢業生比較。若為了「即時」反應現象，也可採當前國高中學生作為樣本，蒐集他們過去在國中時的相關資料，以便於和當下正接受九年一貫的國中學生作比較。

眾所周知，回溯性資料有其設計上的限制與記憶中的偏差；此外，一個更為根本的問題，何以選擇當下的高一學生與國一學生來比較？換言之，要了解九年一貫的效應，究竟應該以多少時間來觀察？這個問題似乎更為複雜；這一方面受限於研究時間與經費，另一方面還涉及對「九年一貫效應」的預期時間。教育是百年大計，言下之意，乃任何教育措施的成效並非立竿見影，效應的時間落差（time-lag）必然存在，然如何才能準確蒐集到「適當」的資料呢？這種情形，不僅會發生在量性的研究，質性的研究也如此；總之，研究者的假設與詮釋，以及所蒐集的資料均很難在歷史時鐘上（historical clock）上清楚地重現研究的主題。

二、「變遷」與「過程」的測量

變遷是一種過程（process），是一種動態（dynamics），以上述兩個模型來說，只不過個別呈現三個核心概念，且透過一些靜態（static）的測量來表現。細究任何兩個概念之間變遷的過程，例如家庭背景與個人教育成就的關係，其實是一段可能長達十數年冗長的過程，期間家庭組合可能發生過一些變化；這些過程因無法完全在模型中呈現，即需要考慮，哪一個階段的家庭背景比較具有代表性？此外，如果家庭中兄弟姊妹在類似環境下成長，卻有不同的教育表現，我們又如何來區別家庭過程與其他因素的糾葛呢？從社會心理觀點，個人能力與「重要他人」（significant others）的影響，作為中介變項，並傳遞來自家庭背景的影響力，但也可能直接對教育表現有所影響；這正是地位取得模型當中所謂的「威斯康辛模型」（Wisconsin Model）的一個重點。

此外，若論及影響職業市場表現的因素，我們通常會問，什麼是「職業地位」呢？如何測量？是不是恆定的現象（Treiman, 1977）？一個人一生職業的生涯可能單純，也可能相當複雜，職位的升遷或職業間的更換，

程度與頻率如何表現在模型中？此外，個人的學歷與努力在這個過程中是否也與之互動而有所改變呢？遑論經濟景氣，勞動力的競爭，以及職業市場性質等也都是「外衍的」（exogenous）重要解釋因素，卻是不易測量與控制的。值得注意的是，變遷為主題的研究，應該同時包含微視面個人的變遷與巨視面結構的變遷，以及兩者的互動關係（Laslett, 1980）；即便有能力同時考量不同層級的因素，又如何建立模型做為詮釋或推論的邏輯基礎呢（Craig, 1981）？[5] 除此之外，變遷的諸多面向如何能在單一資料的蒐集中呈現，又如何避免分析單位與研究議題之間所產生的化約主義（reductionism）或區位謬誤（ecological fallacy）？[6]

三、差異的來源與變項控制

以評估學校效應（assessing school effects）與教育擴張效應的檢驗（examining the effects of educational expansion）為例，前者偏向微觀，後者則偏向宏觀的分析。由於變遷的結果即為不同時間點所呈現的差異，於是研究變遷必須考慮到可能產生差異的指標或變項，以及當中的因果關係。除了前述的時間與過程因素需要去重視，是否觀察（observe）到適當與充分的變項，也是研究過程中的難題。以學校效應的評估來說，研究者關心

---

[5] Rubinson 和 Ralph（1984）即針對新馬（neo-Marxists）強調教育擴充主要功能在於階級複製的說法，提出關於過程與變遷的質疑。他們認為，以 Bowles 和 Gintis（1976）為代表的新馬學者所提出來的實徵研究，同樣落入他們自己對功能論的批判，仍然是以靜態資料遮掩了動態變遷的事實。新馬論者常以集體資料（aggregate data）來分析不同發展程度的資本主義社會，以教育發展與生產力之間呈現穩定的相關，來推翻功能論所說的——教育擴充能夠提昇社會的生產力；並以教育擴張和社會階級的關聯，來支持教育作為階級複製主要機制的證據。Rubinson 和 Ralph 指出，教育擴充是一段長時間的變遷，其實牽涉了兩個過程的共同影響，一為社會層次的資本累積（capital accumulation）過程，一為個人層次的階級形構（class structuring）過程；前者為功能論的重點，看到的是教育、科技、經濟的關係；後者為衝突論所強調，看到的是教育與階級形構的相互增強效果。無論如何，兩者某種程度都忽略了實徵研究對變遷（change）與過程（process）的掌握。

[6] 「化約主義」意指用較小的單位或範圍來解釋或推論較大或複雜的現象。「區位謬誤」指依據對集體所觀察到的現象，推論至個體所作出的錯誤結論（Babbie, 2004: 100-101）。

課程設計、教學方式、班級規模……等對學生學習的影響。這泛稱為「學校效應」如何評估呢？例如，比較「綜合高中」與「一般高中」，或是「男女合校」與「男女分校」的影響。研究的困難不在於區別這兩種學校，而在於這兩種學校除了組成的差異之外，還有哪些差異？還包括經費、設備、師資、課程……等，可能的干擾效應。當我們發現來自這兩種學校學生的學習存在差異時，我們如何解釋差異的來源？此外，不同學校吸引不同的人，因此，有許多的差異可能早就存在於入學前，這些差異可能是學生本身、學校所在地，以及入學者家庭。

即使研究方法日益進步，研究者仍然無法觀察到或控制到所有變項，況且研究者不能以實驗的方式，將一群人隨機分派（randomization）到兩個不同學校，再來進行觀察與比較。最後，除了測量與抽樣本身的誤差，為了研究的方便，研究者採用的測量指標往往過於粗糙，研究對象的選擇也便宜行事，這些非系統性的誤差更難以估算。

四、研究結果的解釋與推論

按功能論的說法，美國過去五十年教育的擴張，弱勢出生的學子應當有機會提昇其地位，使得父母社經地位和子女教育成就的相關逐漸隨時間下降才是；很不幸的，美國在一九二〇至一九七〇年代的證據仍顯示相當平穩的承襲地位（ascribed status）現象。提出此證明有兩種簡單的方法，一為分析父親的教育年數（years of schooling）與兒子的教育年數在不同時間點的相關；例如一九五〇年與二〇〇〇年分別蒐集的受訪者與其父親之教育年數，計算這兩個年份所得到的相關，並比較之。另一方法，乃在一個時間點的調查當中，比較不同年齡層受訪者與其父親的教育年數之間的關係。例如二〇〇〇年的大樣本調查中，分別計算出生於一九二〇年代與一九七〇年代出生之受訪者和其父親教育年數之相關，並比較之。不論用哪一種方法，前者可以稱之為趨勢（trend）研究，後者類似世代（cohort）研究，如果兩個係數沒有顯著差異，那麼承襲力量的穩定似乎就被支持。

由於相關（correlation）本身就是一個籠統的概念，即便是控制了其他變項而得到所謂的「淨相關」（partial correlation），仍然在詮釋上與推論上都有風險。[7]例如，父子兩代的教育內涵（content）本質上並不同，在測量上很難反映出來；樣本的代表性，若以子代為受訪者，其父親們並不符合隨機樣本，更何況兩代之間差別出生率也會影響母體的分佈。至於不同測量層級的變項，如各年代的經濟條件與教育政策，也難以測量與控制。最後，若用來檢測承襲地位假設，理論上是以家庭為單位的分析，採用兒子與父親的關聯，也未必是恰當的指標，因為性別（母親）與其他兄弟姊妹被忽略了。

五、意識型態的障礙

意識型態潛藏於研究者自己本身對議題的偏好，也來自於資助者（sponsors）或國家政策的引導。由於社會科學研究是多元的觀點，使得意識型態的涉入就成為可能。從研究議題的選定、執行研究者或機構的評定，以及資料的來源等，都可能涉及意識型態。關於教育研究的課題也不例外，今天教育部所委託的研究，大致上反映出教育當局對問題的重視程度，甚至有些研究可能因人或因關係而設。理論上，我們應放棄意識型態所帶來的立場來追求價值中立（value-free），然而這只是個遙不可及的理想，尤其是政治力的介入，現實上更是難以避免。再者，教育相關的研究，極可能是一種科際整合，尤其是關於變遷的研究，所牽涉的範圍甚廣，而非單一觀點可及。然而研究者往往受限於領域與專長，只能強調其專業中所熟悉的語言與概念，卻可能扭曲了另一個專業領域的概念，而並不自知。

---

[7] 例如，Bowles 和 Gintis（1976）、Jencks 等（1979）都曾指出，儘管 IQ（代表能力）和個人未來成就有關，如果控制家庭背景因素之後，影響卻非常有限，反而是家庭背景才是主要決定個人成就的因素。

肆、結語——國內經驗研究的警訊

質與量雖然有其不同邏輯基礎，在針對實際研究作品分類時，其實並不容易區隔，因為任何社會研究所具有的概念化（conceptualization）過程均是一種質性研究的作為。而當研究對象眾多時，即便強調深入訪談（in-dept interview），也無法避免去應用定量的分析。尤其重要的，質與量的判別不在於是否出現統計數字或模型？也不在於比較其優劣？而應在於既定的研究課題下，研究者是否採取了適當的研究方法？換言之，兩者是可以同時使用，且可發揮互補之功能。一般來說定量研究的必要條件乃為研究對象數量眾多，而以呈現資料所代表的全貌（不論是採用抽樣或母體）為其特色。簡言之，量化的研究就像是畫一張地圖，在既定範圍內，選擇重要變項（例如山川、道路，等高線或等雨線），至於道路是如何建造？河流裡有哪些魚？並不是重點。質性研究範圍與對象，數量有限或具有非計數性質，其目的不在於給一張全貌圖，而是選擇某些現象進行觀察，試圖了解其意義（meaning）與脈絡（context），以及意義背後社會建構（socially constructed）的部分。

一旦牽涉到研究的品質，不論是定量還是定性，信度（reliability）與效度（validity）即成為討論的焦點。影響信度的因素，一言以蔽之「天時、地利、人和」，也就是說時間、環境與人的因素都會影響到測量的穩定與可靠性。至於效度，尤關係到研究的精確性，四十年前，Campbell 和 Stanley（1963）即針對實驗研究（也適用於一般實徵研究）提出數項關於內外部效度的可能干擾。[8] 此外，質化也好，量化也好，都無法避免對研究現象產生化約的效果。量化研究把許多概念進行操作化，變成可以測量並使之可以「計數」（make it count）（Lieberson, 1987）；質化研究則在

---

8 外部效度（external validity）主要是指推論到實驗以外情境的適合情形。內部效度（internal validity）則牽涉到實驗過程當中可能發生影響到實驗正確的情形，例如歷史效應、成熟效應、學習效應、向平均靠攏效應......等。

記錄與編碼的過程中，透過文字與歸納也在簡化現象。

在國內雖然經驗研究已有顯著的進步，然在質與量的研究中仍不乏濫用與誤用的情形，或是為了符合歐美主流研究之典範而僵固於研究的形式。在量化研究方面，許多憑電腦科技與統計技術的進步，常會有濫用統計模型，大量生產資料導向（data driven）的研究報告與學術論文。為了描述或推估所謂的「全貌」，將現象「簡化」成為一些皮毛甚至可笑的指標，然後再以「高深」（advanced）的統計模型來將之「複雜化」，並藉電腦科技的進步來玩障眼的「科學」（scientific）魔術。雖然很少人敢聲稱量化研究是「客觀」的，卻常在無法自圓其說時，推出兩把「客觀」的尚方寶劍——那就是「純屬機率的解釋」、「必須符合前提的說法」來為自己解套。

在質性研究方面，雖強調三角檢證（triangulation）[9]（Denzin, 1978）卻很少落實，甚至出現不少編劇式（scripting）與置入式（fit-in）的研究報告。尚有一些研究，研究者並沒有投入研究情境，針對少數方便取得的資料，選擇性的找尋所謂的重要概念與其間的關聯性，冠之以「植根理論」（grounded theory）[10]（Glaser & Strauss, 1967; Strauss & Corbin, 1990），

---

9 三角檢證（triangulation）採取多元的方法來收集資料，由 Denzin（1978）引至社會科學研究方法中。因為每一種不同的資料收集方式，都可能有其偏差，採納各種不同的資料來源，並相互檢證不同的資料，可求得研究結果較少的偏誤。然而質化的研究、相較於量化研究，資料的可操縱性更高，研究者雖強調三角檢證，但可能編造資料或刻意選取資料，以符合研究者本身所期望的研究結果。

10「植根理論」（grounded theory）最早出於 *The Discovery of Grounded Theory*（Glaser & Strauss, 1967）一書中，此種方法不同於演繹取向是由理論導出假設，然後施予實證的檢測，Grounded theory 由觀察開始，再提出模型、主題或一般的分類。Strauss 和 Corbin（1990）提到植根理論有兩個前提「所研究現象有關的一些概念並沒有全被標明釐清出來，至少對某一群體……，另一個前提則是……某些現象至今還沒有人切實地做過研究、提出題目，以致我們不知哪些變數與此一現象有關」（徐宗國譯，1997：41）。此方法的開放性，提供了發現非預期現象很大的空間。然而，即使植根理論所強調的是一種研究者不帶有理論透鏡而收集資料的過程，但研究者接觸龐雜、繁複、未經整理的資料，進而篩選出所需要的訊息時，難免受到研究者個人的學術訓練、背景、偏好等因素影響，加上植根理論對於所蒐集資料的整理，採取歸納的方式，研究者更易在此過程中，針對特定方便易得的資料，武斷地（arbitrary）建立所謂的重要關聯性。

甚至以「飽和」[11]（saturation）來掩飾研究者的惰性，以資料的可轉換性（transferability）替代量化研究中的可概推性（generalizability），作為外部效度的依據（Lincoln & Guba, 1985）；[12] 把俗民社會人們日常的關懷，轉化為對案主的「賦權」（empowerment），甚至宣稱為「行動研究」（action research）（Lather, 1986），將理論與實踐恰如其分的結合起來。

談了許多關於實徵研究的難題與困境，基本上來自於個人的觀察，偏差在所難免，寫出來和大家討論，並不意味教育研究或更廣泛的社會科學實徵研究是錯誤百出或一文不值的，反而是期待研究者能深切了解研究的限制與困難，誠實以對，才有機會提昇研究的品質。尤其是，這些年來，筆者看到學術界許多的障眼法與選擇性的報告出現在學術論文中；也有愈來愈多學者喜歡在同儕間以「歌功頌德」方式來相互回饋；更有一些學官之間的默契，超越了學術的客觀與專業性。這些現象，或許不只是出現在台灣，但是卻很少在台灣的學術界出現「反省」或「自我批判」的聲音。無論如何，指出缺點，並不是有意忽略我國社會科學（教育學科）的實徵研究也有些進步的事實；就是因為尚有缺點，未來才有進步的空間，大家一起努力吧！

---

11 飽和（saturation）是指在質化研究的蒐集資料過程中，當發現所得到的資訊一再重複過去所得、且無新的訊息發現時，表示所蒐集的資料已達飽和。假設在一個以深入訪談為主的研究中，最近的幾次訪談所得出的內容皆和先前的訪談內容差不多、沒有新的主題或概念產生，則訪談資料已達飽和，可停止訪談資料的蒐集。然而什麼時候可以算是資料飽和，實乃出自於研究者本身的判斷，同樣的資料在一研究者看來已達飽和，在另一名研究者眼中卻可能充滿了新的概念，正因飽和原則具有這樣的性質，也易成為研究者停止探索更豐富資料的藉口。

12 外部效度強調研究結果推論至實驗情境以外的適當性，量化的研究即採取大樣本及運用抽樣的技巧，試圖以研究的結果概推（generalize）至真實的情況。而質化研究因研究方法的不同，以可概推性（generalizability）作為標準並不恰當，Lincoln 和 Guba（1985）因此提出用可轉換性（transferability）來代替外部效度，然而要將質化研究的結果推論至現實情況是會有問題的，質化研究者需加以留意。

參考資料

吳康寧（1998）。**教育社會學**。高雄：復文。

姜添輝（2002）。**資本社會中社會流動與學校體系：批判教育社會學的分析**。台北：高等教育。

許嘉猷（1981）。新結構論——社會階層研究的新方向。**思與言**，**19**(3)，42-57。

徐宗國（譯）（1997）。A. Strauss, & J. Corbin 原著。**質性研究概論**（Basics of qualitative research: Grounded theory procedures and techniques, 1970）。台北：巨流。

黃毅志（1992）。地位取得——理論與結構分析。**思與言**，**30**(4)，131-167。

蔡明璋（1986）。勞力市場、階級與社會流動——地位取得模型的批判與檢討。**社會學與社會工作**，**8**，23-39。

戴曉霞（2000）。**高等教育的大眾化與市場化**。台北：揚智。

Alexander, K. L., Eckland, B. K., & Griffin, L. J. (1975). The Wisconsin model of socioeconomic achievement: Replication. *American Journal of Sociology, 81*, 324-342.

Babbie, E. (2004). *The practice of social research* (10th ed.). Singapore: Wadsworth .

Becker, G. (1964). *Human capital*. New York: Columbia University Press.

Bourdieu, P. (1977). Cultural reproduction and social reproduction. In J. Karabel & A. H. Halsey (Eds.), *Power and ideology in education* (pp. 487-510). New York: Oxford University Press.

Blau, P. M., & Duncan, O. D. (1967). *The American occupational structure.* New York: John Wiley.

Bowles, S., & Gintis, H. (1976). *Schooling in capitalist America.* London: Rout-ledge.

Campbell, D., & Stanley, J. (1963). *Experimental and quasi-experimental designs for research.* Chicago: Rand McNally.

Coleman, J. S. (1966). *Equality of educational opportunity.* Washington: GPO.

Collins, R. (1978). *The credential society.* New York: Academic Press.

Craig, J. (1981). The expansion of education. In D.C. Berliner (Ed.). *Review of research in education.* Washington, DC: American Educational Research Association.

Currie, J. (1977). Family background, academic achievement, and occupational status in Uganda. *Comparative Educational Review, 21,* 14-28.

Denzin, N.K. (1978). *The research act: A theoretical introduction to sociological methods* (2nd ed.). New York: McGraw-Hill.

Duncan, O. D. (1961). A socioeconomic index for all occupations. In A. J. Reiss, Jr. (Ed.). *Occupations and social status* (pp. 109-138). New York: Free Press.

Fry, G. (1980). Education and success: A case study of Thai Public Service. *Comparative Educational Review, 24,* 21-34.

Glaser, B. G., & Strauss, A. L. (1967). *The discovery of grounded theory: strategies for qualitative research.* Chicago: Aldine.

Heyneman, S., & Loxley, W. (1983). The effect of primary-school quality on academic achievement across twenty-nine high- and low-income countries. *American Journal of Sociology, 88,* 1162-1194.

Hurn, C. J. (1993). *The limits and possibilities of schooling: An introduction to the sociology of education* (3rd ed.). Boston: Allyn and Bacon.

Jencks, C., Smith, M., Acland, M., Bane, M., Cohen, D., Gintis, H., Heyns, B., & Michelson, S. (1972). *Inequality: A reassessment of the effect of family and schooling in America.* New York: Basic Books.

Jencks, C., Bartlett, S., Corcoran, M., Crouse, J., Eaglesfield, D., Jackson, G., McCleeland, K., Mueser, P., Olenck, M., Schwartz, J., Ward, S., & William, J. (1979). *Who gets ahead? The determinants of economic success in America.* New York: Basic Books.

Laslett, B. (1980). Beyond methodology: The place of theory in quantitative historical research. *American Sociological Review, 45,* 214-219.

Lather, P. (1986). Research as praxis. *Harvard Educational Review, 56*(3), 257-277.

Lieberson, S. (1987). *Make it count: The improvement of social research and theory.* University of California Press.

Lin, N. (1999). Social networks and status attainment. *Annual Review of Sociology, 25,* 467-487.

Lincoln, Y. S., & Guba, E. G. (1985). *Naturalistic inquiry.* Beverly Hill, CA: Sage.

Morse, J. M. (1991). Approaches to qualitative-quantitative methodological triangulation. *Nursing Research, 40*(1), 120-123.

Rist, R. (1970). Social class and teacher expectations: The self-fulfilling prophecy in ghetto education. *Harvard Educational Review, 40,* 411-451.

Rosenthal, R., & Jacobson, L. (1968). *Pygmalion in the classroom.* New York: Holt, Rinehart and Winston.

Rubinson, R., & Ralph, J. (1984). Technical change and expansion of schooling in the United States. *Sociology of education, 57*(3), 134-152.

Schiefelbein, E., & Farrell, J. (1981). *Education and occupational attainment in Chile: The effects of educational quality, attainment, and achievement.* Washington, DC: World Bank.

Sewell, W. H., & Hauser, R. M. (1975). *Education, occupation and earnings: Achievement in early career.* New York: Academic Press

Strauss, A.L., & Corbin, J. (1990). *Basics of qualitative research: grounded theory procedures and techniques.* Newbury Park, CA: Sage.

Tinklin, T. (2000). The influence of social background on application and entry to higher education in Scotland: A multi-level analysis. *Higher Education Quarterly, 54(4),* 343-85.

Treiman, D. (1977). *Occupational prestige in comparative perspective.* New York: Academic Press.

討論文章：

「實徵研究的反思——
以教育為主軸的分析」

馬信行

本文雖然在題目上是宣稱以教育為主軸的分析，但大體上是以教育社會學之範圍為探討對象，反省實徵研究之限制與困難，對量化與質化研究都有所檢討。在量化方面提到最常見的缺失，即「為了研究的方便採用的測量指標往往過於粗糙，研究對象的選擇也便宜行事，這些非系統性的誤差難以估算」（頁 90），這些敘言，一針見血。目前教育的實徵研究上仍然有不少人使用 *Likert scale*，這種尺度如用來作民意調查，作為敘述統計，或用χ^2分析，並不為過，但如用 5、4、3、2、1 來當作權數，用參數統計如迴歸、因素分析或線性結構方程模式分析，則便有不當。例如：以五等量表作為測量滿意度的指標，非常滿意減滿意並不等於滿意減無意見，但以 5、4、3、2、1 為權值時，$5 - 4 = 4 - 3$，不客氣的講，即是指鹿為馬，硬把不等距的尺度當成等距，只要有嚴謹統計概念者即難以接受，此更易被主張質化研究者罵為 *"Garbage in, Garbage out"*，故慣用 Likert scale 測量 perception 或 attitude 者，實則為破壞量化研究的形象，實在是不做不做好。另一個問題是取樣問題，不少量化研究者之研究報告沒寫出取樣過程，如果有寫，仔細去閱讀，原來是「隨便取」，而非「隨機取」，隨機取樣的定義，是母群體每個分子皆有被取為樣本的機會，故第一步必須先確定母群體的範圍，母群體的每個分子都要有編號，然後，依亂數表來取樣。違反隨機取樣原則，所得結果內效度即要被質疑。故忠實的隨機取樣，確保樣本之具代表性，與精確測量是量化研究之必備條件（但還不是充分條件）也是吾等研究者所需具備的修養。

對質化研究之缺失，作者指出「雖強調三角檢證卻很少落實，甚至出現不少編劇式（scripting）與置入式（fit-in）的研究報告。尚有一些研究，研究者並沒有投入研究情境，針對少數方便取得的資料，選擇性的找尋所謂的重要概念與其間的關聯性，冠之以『植根理論』（grounded theory）（Glaser & Strauss,1967; Strauss & Corbin,1990），甚至以『飽和』（saturation）來掩飾研究者的惰性，以資料的可轉換性（transferability）替代量化研究中的可概推性（generalizability），作為外在效度的依據（Guba & Lincoln,1989）；把俗民社會人們日常的關懷，轉化為對案主的

『賦權』（empowerment），甚至宣稱為『行動研究』（action research）（Lather, 1986），將理論與實踐恰如其分的結合起來。」，在此段裡，作者有需要將一些所用詞彙加以具體指陳，例如：「編劇式」、「置入式」、「植根理論」、「飽和」、惰性、資料的可轉換性、俗民社會人們日常的關懷，對案主的「賦權」等（以上詞彙在後來作者的修正稿中已做了一些補充說明）。這些在質化研究中所犯的錯誤，經具體的陳述之後，應可改善質化研究。

　　無論是量化或質化都應依循批判性思考的原則：「以證據支持結果」，並且要具科學性，所謂科學性是指所生產的知識要具有可重複驗證性。質化研究在美國也風行一段時間，但是在這個同時，一九六〇年代末期開始，就有一批教育領域的科學導向的研究者默默地做實驗與實證研究，在一九八〇年代中期後就有人開始把他們的研究結果作後設分析（meta analysis），用實驗組的平均值減去控制組的平均值，所得的差除以控制組的標準差，所得的商稱之為效應量，其他的實證研究所得的相關係數，t 值、χ^2 值、F 值也都有公式可轉換為效應量。這種教育的科學化運動將會使研究結果得以重複驗證，造成教育知識體的沈澱，留傳給下一代。教育將來可擠進硬科學的行列，愈臻成熟。

依樣畫葫蘆*

——對台灣師範院校量化教育研究的個人觀察

黃鴻文

---

* 感謝中央研究院民族學研究所余安邦先生在研討會中的批評。

做「方法」與「理論」的主人，就成為一個能自我反省的思考者，一個從事工作，並能瞭解自己所作所為的假設與意涵的人。做「方法」與「理論」的奴隸，就遠離了工作，遠離了嘗試，也就是說，遠離了發現世界運作真相之路。缺乏對執行技藝方式的深刻見解，研究結果就不確實；所有的方法將成為毫無意義的炫耀（Mills, 1959: 121）。

壹、畫什麼葫蘆？

這是一個研究典範的戰國時代，比較年輕的學者與研究生，很難想像有一個「量化獨尊」的時代。目前，在台灣的教育學術圈中，質性研究似乎成為一個新的「流行」，質性研究法的書籍，無論翻譯的、自撰的，充斥書市，質性研究的數量，無論學者的、研究生的，快速增加，在某些系所，甚至已超越量化研究。

量化研究在這個研究典範多元化的時代中，在理論與實務的發展上，占有何種地位？能發揮何種功能？面對不同研究典範的挑戰與批判，量化研究者要如何自處呢？Lieberson（1985: ix）在檢討量化經驗研究時說：「我不得不說，這個（經驗研究）的事業中，許多的程序與假設，其實只是一套維持永續運轉的機器而已。」他試圖描繪與檢討運用這套學術「內在邏輯」的瑕疵，並提出有效改變的途徑。

學術研究的運作有其基本原則，比較根本的就是學術的「內在邏輯」。研究者根據這套「內在邏輯」，「依樣畫葫蘆」從事各種研究。從文化的角度來說，這就是一種學術的文化。Lieberson（1985）所描繪的是美國經驗社會研究的學術文化。台灣的學術文化採借國外學術文化甚多，可能承襲國外學術的「內在邏輯」瑕疵，也可能在運用時，產生不同的變異，形成不同的學術文化的特徵。不同學術領域，如教育，又可能因為領域的差異，也產生獨特的文化特徵。

筆者為師範教育出身，經歷由量化獨尊到典範多元的時代，從事過量

化與質化的研究，身處師範教育體系之中，對於台灣師範院校量化教育研究有某些體會，本文並不想，也無能作整體與全面性的檢討，卻試圖透過個人的觀察，勾勒出這個學術圈在運用量化研究時，所呈現出來的部分文化特徵。究竟台灣師範院校的量化教育研究「在畫什麼葫蘆」？以下是筆者個人的觀察。

貳、都是統計套裝軟體惹的禍？[1]

統計是從事量化研究很重要的基礎知識與技術，由統計方法的運用，可概略得知研究的方式與趨勢。民國六、七十年左右，當時進行教育研究時，統計的運算必須依賴掌上型計算機，使用的統計方法，大都是 T 檢定、變異數分析、卡方與基本的相關與迴歸。隨著時代的進步，資訊科技快速發展，電腦主機、個人電腦普遍化，統計套裝軟體，如 SPSS、SAS、BMDP、MINITAB，成為人們處理量化資料的利器。學習幾個基本的語法命令、敲點老鼠，處理過去無法處理的統計問題，如逐步多元迴歸、因素分析、區別分析、典型相關、徑路分析，都是輕而易舉。統計套裝軟體帶來太多的便利，也塑造出很特別的學術文化。

許多研究者或研究生，對統計原理不見得瞭解，在沒有統計套裝軟體時，不甚理解的統計方法是不會也不敢使用，雖然無法充分分析資料，卻也不致於造成太大的錯誤。統計套裝軟體的盛行，撤除統計計算的障礙，多變項統計中的各種方法被大量採用，成為一種「流行」。研究者之所以使用某種統計方法，不一定是研究設計上真的有此需要，而是很多人用過。尤其是研究生的部分，許多人使用某種統計方法的理由，是因為「學長」或「大家」都使用此種統計方法。

在此種複雜統計方法流行的風潮中，逐步多元迴歸是最常被使用的。

---

[1] 本段討論統計套裝軟體的影響，讀者請特別注意標題「都是統計套裝軟體惹的禍？」為問號，是一種提醒與討論，並不是將使用統計套裝軟體的問題歸咎於統計套裝軟體。本段的內容認為這個問題，一方面因為統計套裝軟體的設計與說明有問題，另一方面則是教育研究者未能善用統計軟體。

非常多的教育研究者在處理完其他的「待答問題」後，經常會使用逐步多元迴歸，將研究中的諸多變項放入迴歸模式中，讓電腦中的統計軟體幫研究者找出預測變項。事實上，教育統計學者對逐步多元迴歸的運用大多持負面的看法。他們發現此種方法有許多問題（Edirisooriya, Huberty, 1989; 1995; Lockridge, 1987; Snyder, 1991; Thayer, 1990; Thompson, 1989; Welge, 1990），最主要的是逐步多元迴歸所找到的預測變項，不見得是最佳的預測變項，而抽樣誤差太大使研究結果不穩定，更糟糕的是統計套裝軟體自由度的計算是錯誤的。Cliff（1987: 120-121）就剴切指出，大多數使用逐步多元迴歸分析資料的研究，其研究結果很可能是不正確的。

國內許多教育研究在使用逐步多元迴歸時，又經常將原本不同類屬的變項，如背景變項與主要的預測變項，一起預測效標變項，使得研究結果更難以解釋。例如，想研究教師的工作壓力與工作倦怠之間的預測關係時，除了將各式的工作壓力當成預測變項外，又將性別、教育背景、婚姻狀況、年資別等背景變項也一起投入迴歸模式，其統計結果，將無法作適當的解釋。有些教育研究，甚至只以背景變項為預測變項，很難理解其研究結果如何詮釋。至於逐步多元迴歸的結果，即使效標變項被解釋的 R^2 很低時，如低於.10，許多研究者仍然論斷某些變項的預測效力。[2]

統計套裝軟體的報表看得見，統計軟體運作的內涵卻看不見。套裝軟體的手冊中，只有少部分會提及使用的公式，大部分都只是一般性的說明。統計軟體通常會提供許多不同選項的統計方法與結果，例如變異數分析的事後比較就有許多不同的比較方式，究竟何種方式比較合適，可能有一般性的原則，也可能因研究設計與樣本的差異，宜有不同的考慮（Kirk, 1982）。甚至各種統計方法所引用的文獻，在手冊中都未註明。配合統計套裝軟體所出版的教科書，也不一定會將統計軟體所提供的統計方法的公式，詳細說明比較。除非使用者對所有方法都很瞭解，否則只能依據學術圈中相沿成習的「慣例」來選擇，至於如此選擇的理由，不瞭解也無損於研究結果的呈現。以變異數分析的事後比較為例，在教育學術圈中，通常

---

2 馬信行（1999：5）認為 R^2 低於 5%就沒有討論的必要。

使用 Scheffé 的比較法，但當被詢及為何作此選擇，許多人都不清楚。

　　由此而論，統計套裝軟體成為一個「黑箱」，如果軟體有錯誤，研究者就跟著犯錯，研究結果當然也是錯誤的。逐步多元迴歸自由度計算的錯誤就是一例。筆者在處理變異數分析的變異同質性的檢定時，亦曾發現兩種統計軟體同時使用 Levene（1960）的公式，卻獲得不一樣的結果，但兩本手冊皆未指出引用文獻的出處，想確定究竟何者為正確的結果，必須在尋找與閱讀所有文獻之後，才能確認。

　　由於統計套裝軟體的方便性，某些教育研究者似有將研究的主要職責交給統計套裝軟體的趨勢。逐步多元迴歸是最典型將「研究工作交給電腦」的方法，只要將一堆變項「丟」進電腦，電腦就會「告訴」我們，哪些變項是最好的預測變項。

　　在使用掌上型計算機的時代，教育研究者選擇太多的研究變項，在資料的處理與分析上，顯然有其困難，因此必須在文獻探討與研究設計上下工夫，慎選研究的變項。當統計套裝軟體提供分析資料的便利性後，研究中包含較多的變項，根本不是問題。比較過去與最近的研究就可以看到，教育研究的變項愈來愈多，設計的問卷或量表的長度也愈來愈長。筆者經常被要求提供所謂的「專家效度」，有些問卷或量表的長度，超乎想像。不禁令人質疑，在一個研究中包含這麼多變項的合理性？研究者是否理解同時處理這些變項的統計模式？當統計軟體提供分析大量變項的機制之後，研究者依據研究理論與問題審慎選擇研究變項的責任，相對被忽略。

　　筆者樂見統計套裝軟體的進步，卻很擔心因此造成統計方法的誤用，尤其是被誤用的統計方法成為「時尚」或「流行」，其結果更為嚴重。統計套裝軟體似乎也使教育量化研究偏重電腦的資料處理，相對忽略研究者在研究中該扮演的角色。Kirklinger（1986: 545）在討論多元迴歸的問題時指出，研究問題與理論才是決定變項進入多元迴歸分析次序的關鍵。非僅多元迴歸，其他統計方法何嘗不是如此。研究者對研究問題與理論的探討，研究變項的選擇與設計，才是研究良窳的關鍵。

參、預試的效應

從過去到現在，教育的量化研究通常會使用量表。量表被要求要有信度與效度。但是，要研發一份信度與效度俱佳的測驗或量表，需要一組研究人員，諸多的研究經費，經過長時間的研究與測試之後，方能成功。這些研發完成的正式量表，研究者可以視需要，直接使用。但不是每個研究所使用的量表有正式的測驗或量表可用。因此，教育研究者必須設法在一個特定的研究裡，發展出數個信度與效度都不錯的量表。

在師範教育系統的教育量化研究中，發展量表的程序通常是在預試中，抽取少量的樣本作所謂的項目分析，並考驗信度與效度的問題。以少量的樣本處理項目分析與信度問題可能不大，但是處理效度的問題就可能造成困擾，甚至是錯誤的結果。事實上，在一個特定研究中，必須考驗數個量表的效度，始終有其困難。

效度有幾種不同的類型。許多人會以專家效度來處理。可是，由過去直到目前，經常有研究者提供一份問卷或量表的初稿，在未作詳細說明的情形下，請所謂相關領域的專家提供增加、刪減、修正題目的意見。問題是研究者未提供研究的背景架構，未指出研究變項的定義，所謂的專家只能就題目表面文字提供意見，說穿了這最多只能算是表面效度。究竟此種獲得專家效度的方式是如何形成，不得而知，卻相當普遍存在於教育的量化研究中。

在統計套裝軟體流行之後，因素分析成為考驗效度的一種新的流行，只要在研究中擬考驗量表效度，因素分析似乎成為最佳的選擇。過去因素分析是很難用筆計算的，只是以矩陣代數計算特徵值與特徵值向量，對於學習教育的研究者而言，都是非常困難的。統計套裝軟體可以在輸入所有的變項資料後，選擇數個特定選項，就獲得因素模式。因素分析成為教育研究者獲得因素效度的「終南捷徑」，因為可以同時確認數個分量表的效

度。獲得效度之後，以 α 係數 [3] 的公式就可以得到內部一致性的信度係數。

問題是，因素分析擁有許多基本假設，對變項量尺與樣本的要求也很高。在數十個樣本的預試中，想考驗四、五十題量表（等於四、五十個變項）的因素效度，無異「癡人說夢」。事實上，在正式實施調查時，以三、四百個樣本來處理因素分析，可能較預試的結果更為準確。但是，做研究之前必須先確認信度與效度的觀念，使得此種相當怪異的現象繼續存在。有些研究者會將正式施測的結果，進行因素效度的考驗，並偽裝成少數樣本預試的結果，宣稱預試獲得良好的效度。

毫無疑問的，做研究之前，當然應該確認量表的信度與效度，可是僅僅考驗一個特定量表的信度與效度，就可以成為一個特定的研究，而且是極消耗經費、人力與時間的研究。如何要求一個研究在有限的資源下完成這項目標。但是教育量化研究經常使用數個尚未建立信度與效度的量表，又要符合嚴謹的科學要求，不使用因素分析又奈何？弔詭的是，因素分析又必須在少數樣本的預試中完成，其結果除了貽笑大方之外，恐怕只能造假。此外，因素分析有許多不同的處理方式，若再檢討使用時的各種錯誤的選擇與解釋，很多研究因素效度的結果，恐怕都有某些問題。

筆者的博士論文研究教師的工作倦怠（burnout），使用 MBI（Maslach Burnout Inventory），發現作者為發展這套量表，訪談過數百位助人專業的工作者，瞭解其工作倦怠的狀況，設計量表題目，經過數度的測試，最後獲得相當穩定與清楚的因素效度（Maslach & Jackson, 1981）。教育研究者修改用於測量教師的工作倦怠，以大量樣本所作出的因素效度，與原來的 MBI 相仿，更確認其因素分析結果的穩定性（Moracco, Deborah & D'arienzo, 1982）。這一類測驗與量表的研究可以算是一種基礎研究。或許就因為此類的基礎研究太少，才造成教育研究者沒有可用的量表。另一個要注意的是，在沒有可用量表的情形下，教育研究者沒有思量是否應該先研究特定

---

3 除了 α 係數之外，有重測信度、折半信度等不同類型的信度，不過師範院校量化教育研究最常用的是 α 係數。

構念及其測量方式，卻受到過去研究慣例的影響，以為只要使用因素分析就能成功，跳過比較基礎的研究，直接探討尚無量表可用的各個構念間的關係。似乎，以前有人如此做研究，後之來者當然也可以「依樣畫葫蘆」。測驗與量表的研發是「非常專業」的工作，最好還是留給具有此種專業知識與能力的學者。

與因素效度有關的是項目分析的問題。項目分析的作法是，在預試時，依據樣本在量表總分分數的高低，分為高分組與低分組，若高低分組某個量表題目的得分沒有顯著的差異，表示該題對於測量該變項沒有幫助，可以刪除。問題是項目分析究竟應該在因素效度的考驗之前或之後？許多研究依據項目分析結果刪去某些題目，再進行因素效度的分析，確認有數個分量表。被刪去的題目是以總量表的分數為依據，認定鑑別力太低而被刪除，但若以分量表為基準來考慮，是否會有不同的結果？其實，在某些研究的統計處理中，只使用分量表的分數，根本未使用總量表的分數，因此項目分析以總量表分數為基礎來刪題，是否適當，令人質疑。是否應該考慮在因素效度分析之後，確認分量表，再依據各分量表的分數——而非量表的總分——找出高低分組，再進行項目分析，決定是否刪題。但此種作法又有問題。被刪去題目之後，原來因素分析所獲得的因素結構又會被破壞，因素效度又會有問題。簡單地說，無論因素分析之前或之後，項目分析的使用都有問題。

應考慮的是，項目分析對量表的信度與效度的影響如何？如果有影響要如何避免？若果沒有影響是否不需要作？前面曾提到項目分析可能影響效度，也可能影響信度。某些量表可能有三、四十題，實則包括五、六個分量表，每個分量表也只有五、六題。題數本來就不多，α信度係數本來就可能偏低，若再經過效度考驗或項目分析刪題，題數更少，將使α信度係數更低。為提高效度而刪題，乃不得不然，而項目分析只是刪去鑑別力低的題目，就寬鬆的角度言，本來就是額外的處理，若因此干擾效度、降低信度，則是得不償失、本末倒置。

上述這些實際的考慮與問題顯然多餘，很多師範院校的量化教育研究

者，依然沿襲以往研究的處理方式，在預試中作項目分析、信度與效度的考驗。隱約可以發現這個學術圈中，好像有一個眾所承認的非正式的研究規則，研究者也似乎已接受此種規則。

肆、研究結果的處理

量化教育研究的結果，通常包括一系列的統計數據，假設檢定的結果，以及解釋這些結果所抽繹出來的數個結論。在處理研究結果方面，許多研究者會作出因果關係的推論。除了少數從事實驗（true experiment）的研究外，一般調查性的研究結果，幾乎都是變項間一般的相關或迴歸的資料。任何學過統計的人都知道變項間的相關不等於變項間有因果關係，然而將相關視為因果關係的解釋，仍出現在許多研究報告中。

另一個更似是而非的問題是，一旦研究者採用徑路分析或結構方程模式（structural equation model），本來是相關的資料搖身一變而為因果關係的資料，因為徑路圖中各變項間的箭號，顯示變項間的因果關係。研究者更可以宣稱變項間的因果關獲得證實。真正的問題是，本質上是相關性的資料，會因為運用較新、較複雜的統計方法，就變成因果關係的資料嗎？統計方法難道是改造資料的「神」？

就統計上來說，徑路分析的箭號，只能顯示箭號尾端的變項改變時，箭號前端的變項也會隨之改變，相反的，箭號前端的變項改變時，箭號尾端的變項是不會改變的。這種「統計上的因果解釋」要擴大解釋為變項間有真正的因果關係，是必須非常小心謹慎的。

再者，這些徑路圖上變項間的箭號是研究者依據理論或個人看法所設定的模式，即使研究結果非常理想，理論模式與蒐集到的量數資料「符合」的程度（goodness of fit）非常高，也只說明這個模式是「符合」資料的模式「之一」，研究者無法排除其他理論模式也可能同樣與資料非常「符合」。許多研究者經常高估獲得驗證的理論模式的價值。

筆者在與其他研究者討論這些觀念時，變項有相關不等於變項間有因

果關係，其他研究者很容易理解，但是與借助如徑路分析這類統計方法的研究者討論，猶如「雞同鴨講」。當研究者對於使用的統計方法認識不夠深入，卻因為「流行」，或因為「別人曾經用過」，或認為較新、較複雜的統計方法可獲得更有價值的結果，而輕易使用，就容易產生錯誤。

教育量化研究者重視研究在實務上的意義，在研究報告的最後一章，經常是研究結論與實務建議併列，卻經常將統計結果在實務上的價值過分誇大。統計假設檢定的結果，如 T 檢定或變異數分析，只能說明平均數之間有顯著差異，卻無法確認平均數之間差距的大小。在假設檢定中，若使用的樣本數量夠大時，即使平均數之間的差距很小，也會拒絕虛無假設，若因此認定自變項的影響力，其實務建議就會被過分誇大。許多研究使用逐步多元迴歸的方法，預測變項能解釋效標變項的 R^2很低時，仍然看到研究者論列預測模式在實務上的意義，這也是誇大統計結果的現象。

另一個教育量化研究經常出現的情形是，研究結果過分零碎，對於理論的發展與實務的改進沒有什麼意義。這種現象固然也是非教育領域的其他研究也有的問題，但台灣師範院校中的量化研究傳統此種問題似乎更為嚴重。

在台灣師範院校的量化研究中，相當典型的研究架構會包括預測變項（或自變項）、效標變項（或依變項）以及背景變項。例如，研究教師工作壓力與工作倦怠的關係，可能包括五個層面的工作壓力、三個層面工作倦怠，背景變項則包括性別、婚姻狀況、任教年資、教育背景、任教學校類別等。統計處理上，除了作預試、因素分析處理信效度的問題之外，必須作四十個 T 檢定或變異數分析（以五個背景變項為自變項，五個工作壓力變項與三個工作倦怠變項為依變項），之後作工作壓力與工作倦怠之間的分別的相關，三個多元相關與多元迴歸（以工作壓力變項與背景變項分別預測三個工作倦怠變項）。這是量化教育研究的基本型態，其研究的架構圖如圖 1 所示，其中 P 代表預測變項、C 代表效標變項、B 則為背景變項。

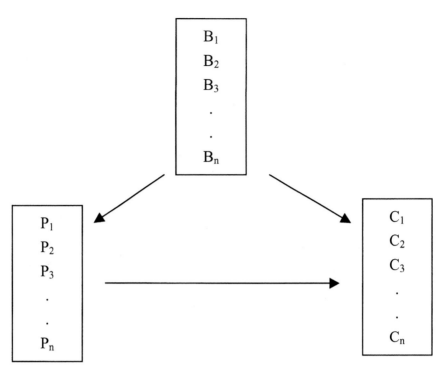

圖 1　教育量化研究基本型態的研究架構圖

　　當背景變項愈多，預測變項與效標變項的層面愈多，統計結果將愈為龐大，結論的處理也愈為困難。這類研究所需要處理的統計份量雖多，在統計套裝軟體的協助下，很容易就獲得結果。但所有這些結果必須羅列為研究發現，比較有經驗或靈活的研究者會先經過適當的討論，將所有結果彙整後，提出數個較「統整」的結論，某些研究者就直接呈現所有這些研究結果。無論研究者如何處理，背景變項在這類研究上形成某種程度的干擾，整個研究的重心不易凸顯。研究者必須考慮的是，背景變項在研究中扮演何種角色？有需要全部都當成自變項檢定平均數的差異嗎？這麼多的統計結果，如何涵蓋於簡潔明白的結論中？猶記得筆者當碩士生時，覺得論文中獲得的統計結果過分繁瑣，就「自作聰明」，在研究結論時，只列舉重要的結果，一位口試的教授卻指出，既然獲得研究結果，就必須在結論時全部列出。

伍、找不到量化社會學家？[4]

　　教育與心理學很早就聯姻。心理學與教育心理學對教育量化研究有非常顯著的影響。早期台灣師範院校的教育研究中，除了教育史、教育哲學的研究之外，偏重教育心理學的研究，教育社會學的研究則是民國六十年以後的事。

　　台灣師範院校的教育心理學的量化傳統非常明顯，尤其重視統計與測驗，早期教授教育統計的老師，如林清山、簡茂發、盧欽銘先生，深深地影響台灣師範院校的量化研究。他們都是主修教育心理、教育統計、心理測驗。時至今日，此種偏向心理的教育研究傳統仍然沒有太大的改變。目前在師範院校中，擔任教育統計的老師，許多都是他們的學生，而且大多也都是主修教育心理或測驗，只是他們熟悉統計套裝軟體的運用，掌握較新的統計技術，發展較先進的測驗理論。偏向心理學的研究傳統，由於他們對量化研究的架構與程序的嚴謹要求，塑造相當優良的學術傳統，對教育研究有很好的影響。許多學者對於過去師範院校的研究，即使是研究生的作品，都有不錯的評價。但是，相對地，此種研究傳統導引教育研究走向特定的主題與方向，也產生某些副作用，在處理量表、預試、信度、效度等上出現如前文所述的問題。

　　教育社會學的研究在林清江先生的大力提倡之下，也逐漸在教育領域中受到重視，至少各師範院校教育社會學的教學，無論大學部或研究所，都是學生重要的學習科目。可是這些師範院校系統的教育社會學者並不熟悉量化社會學的統計方法。林清江先生及其弟子都需要依賴教育心理學者在統計方法上的支援。至於社會學比較受重視的質性變項（qualitative vari-

---

4　本段的論點，在研討會中被解讀為貶抑心理學研究傳統對教育研究的貢獻。其實，本文從未有此意圖，並非常肯定此種研究傳統的貢獻。讀者閱讀本段若獲得貶抑心理學傳統的印象，係筆者文筆無法達意，尚祈讀者諒解。事實上，本段的目的只是在說明，在過去歷史的軌跡上，師範體系教育研究有偏重心理學而忽略社會學的現象，因而導引統計方法的運用與研究主題的選擇。

ables）的統計方法，如對數線型模式，或某些特定社會學主題所特有統計方法，如人口統計。這些方法，對師範院校的研究者而言，不是從未聽聞，就是不甚瞭解，教育統計的教學者，也很少在課程中對此類方法作詳細的講解與說明。

直到最近這幾年，社會學家開始有機會進入師範院校任教，帶來比較不一樣的教育量化研究。教育是發生在社會與文化的脈絡上，無論政策、行政、課程、教學等，都可以由社會學觀點分析，重要的是，量化社會學會帶來與量化心理學不一樣的研究主題與思考方式。這正是增益並帶動改革量化教育研究的契機。很可惜的是，正值研究典範轉型期，許多研究者直接採用質性研究的方法，量化社會學的方法，直到目前，仍然無法在師範院校的教育研究中占有一席之地。

陸、回首來時路

民國七十年，筆者就讀於台灣師大教育研究所，正撰寫碩士論文。當時的研究設計包括很多變項，以掌上型計算機算出一大堆相關係數卻不知如何處理。當時的高等教育統計課只上到變異數分析，筆者根本不知有所謂的多元迴歸。有一天在研究所大樓徘徊，苦思如何解套，很幸運的碰到體育研究所一位助教，他說該所買了一部小電腦，可以處理統計資料。在他的協助下，輸入所有的資料，獲得一堆完全看不懂的數據。拿著報表，請教上高等統計的老師，才知道如何解釋結果，於是完成可能是第一篇使用逐步多元迴歸的教育碩士論文。

筆者完全不懂逐步多元迴歸，卻幸運地借助早期的套裝軟體，完成論文。至於解釋是對是錯，根本不知道。除了逐步多元迴歸之外，當時所撰寫的論文都是依據學長們的論文「依樣畫葫蘆」，作預試，計算鑑別度、決斷值、α 係數，作 T 檢定與變異數分析等。筆者與研究所同學所仿效的是當時所接受的一套「學術的常規」。沒有人會質疑或討論這套常規是否有問題。

民國七十七年，筆者在美國完成學業回到台灣，個人電腦與統計套裝軟體已經頗為流行。當時在教育研究上，量化研究是主流中的主流，那套過去的學術常規似乎沒有任何的變動，而藉助於 SPSS 與 SAS 的日漸普及，當年無所措手足的逐步多元迴歸與聞所未聞的因素分析，好像成為教育量化研究必備的統計方法。幾乎每個研究都會用一用這些流行的統計方法，卻從未聽聞哪些研究者質疑這些統計方法的問題。

　　經常看到對教育統計似懂非懂的研究者，在運用統計套裝軟體之後，運用統計老師上課或介紹使用統計套裝軟體中文書中的簡略說明，參考過去研究的解釋，直接解釋報表的結果。當統計套裝軟體愈來愈方便，研究者依賴程度愈深，也愈不需要思考統計的問題。某些研究者成為依附於統計套裝軟體「寄生蟲」。動輒十多萬的統計套裝軟體，加上介紹軟體運用的學者與出版商，通常擁有很好的銷售率，而隨著改版升級，從事研究的消費者又必須再花更多經費，取得使用的權利與技術。這是不是有點像學術上的「文化工業」？研究者是不是有點被「宰制」的味道？教統計的教授是不是有點像宰制統計消費者的「幫兇」？[5]

　　早期台灣師範院校的教育量化研究是如此，當時的研究生目前都已是各師範院校的教授，仍然依據過去的學術文化常規，教導新一代的研究生，這套沒有受到質疑的學術文化常規，由上一代傳遞到下一代。這麼多年下來，教育量化研究者在選擇研究題目與架構時，似乎舊習未改，大多仍是在幾個自變項、依變項、背景變項上著墨，繼而落入項目分析、α 係數、因素效度、逐步迴歸的統計處理。尤其是年輕的研究生，在選定某個領域之後，一股腦就落入此種學術傳統的迷障，邁向幾乎可以事先預見的結果。他們被看似高深的學術所迷惑，只是運用傳襲已久的學術文化常規來思考，「忘記自己是可以思考的個體」。筆者也曾與較有經驗的研究者討論項目分析、因果推論等問題，卻發覺他們接受既有學術文化觀念，很難作有建設性的討論。這並不是說，筆者的想法是完全正確的，而是無法

5　目前最便宜的統計軟體是 Excel。已有統計學者推廣此種軟體，可惜在使用上仍然有很多不便之處。

從較根本的層次，討論與促進學術的進步。這是不是也意味著這些研究者與研究生也被這套學術文化常規所「宰制」？

最近一位研究生詢問筆者一些問題，筆者問她為何要使用某種統計方法，她說她也不知道，只是別人怎麼作她就怎麼作，她說：「我只是依樣畫葫蘆」。[6] 當然，研究者必須依據一套「內在邏輯」進行研究。但是筆者的個人體會與觀察卻認為，台灣師範院校的量化教育研究所重視的，大部分是研究的「外在形式」，許多研究者所「仿效」者為學術論文的「格式」、研究進行的「程序」與使用的統計方法，這只能使研究符合外在學術形式的要件，卻讓研究主題、研究設計、研究程序、統計分析陷入泥沼，很難有所進展。

研究方法不只是「形式」與「程序」，它是一種思考方式。運用量化方法進行研究，其實是使用量化的邏輯來思考。在學術文化傳統與統計套裝軟體的影響下，許多研究者未反思這些沿襲多年的研究程序與方式的合理性，亦未檢驗統計方法與套裝軟體的問題，將失去研究者的主體性。只有徹底瞭解並批判這套學術文化的常規，對統計方法有更深入的理解，研究者才能在從事研究時，成為研究真正的主人。在面對不同研究典範的挑戰時，教育量化研究恐怕必須「重新來過」。

柒、尾聲

這些學術文化的特徵畢竟只是筆者個人的文化觀察，是否為一種普遍的現象，在未經過完整的研究，不可輕易論斷，卻至少代表一個誠懇的研究者的憂心，眼見某些量化研究的問題，多年以來，沒有獲得實質的改善，使教育量化研究難有進展，而在典範競逐的時代中，量化研究逐漸被教育研究者冷落、鄙視，甚至放棄。

看到這裡，或許教育的質性研究者暗自竊喜，原來量化研究有此等問題。筆者的觀察是，教育質性研究目前的處境更糟糕。質性研究有很多不

---

6 這也是筆者以此為本文題目的緣由。

同的研究典範與取向，也沒有一成不變的研究程序與格式，其研究的難度，更甚於量化研就。就在許多質性研究中，竟然發現量化教育研究的文化特徵。質性研究者畫的竟然是「量化」的葫蘆。一位有識的同事曾戲稱目前的狀況是，以量化的想法作質性研究，筆者則稱此為「質性其外、量化其中」的研究。[7] 一位質性研究者寫的升等論文被批判為不合格，筆者的質性研究也被好意的指出，根本不像研究報告。教育量化研究的文化傳統可是非常根深蒂固的。從量化獨尊到多元典範，似乎是一段「荒唐」的教育研究史。

在討論量化教育研究的文章中，卻作起「準文化描述」，有些部分又有點像「生活史訪談」，既而放言高論所謂「宰制」、「文化工業」、「主體性」、「文化迷思」，難道這篇文章還能「解放」誰？這是不是有點批判的味道呢？或許根本就是作者過分「自我膨脹」？各位看官可將本文視為一偏之見，也可以把它當作是教育研究的「另類的聲音」。問題是，有人在聽嗎？是誰在聽？聽了又有什麼反應？

捌、後記

本文於研討會時，討論人與其他與會人員提出卓見，但因當時時間有限，無法作深入的討論。筆者在修正之時，僅就細部的文字作調整，並未改動原文的主要觀點，卻將與會人員的意見與筆者的回應呈現於「註腳」，本文成為作者與他人對談的形式。湊巧的是，主要的討論人余安邦先生為非師範體系的社會科學研究者，就某個角度來說，也算是師範體系內外的對話。討論人曾經提到的某些重要問題，無法於註腳中呈現者，於此將作簡短的討論。

---

[7] 關於教育質化研究的問題可以再另行為文討論。不過，最近與一位非教育圈的研究者討論這個問題時，她指出美國碩博士研究生擔心，若採取質化研究，很難順利完成論文、取得學位，大多仍採用量化研究。果真如此，台灣教育研究的碩博士研究生大量採用質化研究的現象，而且絕大多數都順利取得學位，這就更值得深入推敲。

討論人認為筆者文中提到師範體系量化研究的問題應該是最早在師範體系教導量化研究方法的老師負責，如前文所提到的林清山、簡茂發、盧欽銘等老師。[8] 筆者並不認為如此。學習者所擁有的知識可能來自於老師的指導，但學習者所造成的錯誤是否應該由老師來負責，卻是值得深思的問題。筆者在台灣師大任教高等統計多年，每年都叮囑學生逐步多元迴歸的問題與陷阱，可是言者諄諄、聽者藐藐，極少有學生聽從筆者的告誡，仍然犯錯累累。筆者已盡到告誡與教導之責，是否仍該為學生不當使用統計方法而負責？

事實上，許多年輕的研究生或學者的量化研究知識，有些固然來自教統計的老師，但是論文指導教授的影響力不容忽視，而同儕的學習與模仿更為重要。學長與同學的論文是研究生進行研究很重要的參考與模仿的對象。在師範院校讀過研究所的人，很多人都體會此種同儕相互學習與模仿的現象。研討會結束時，一位高雄師大畢業的年輕學者向筆者表示，當年他們就是如此，研討會之後，筆者與一位師範院校的教育心理學者討論，他也認為當年撰寫論文時，同儕學習的重要性。以筆者個人的觀察，目前仍然可以發現研究生之間相互學習與模仿。可以這麼說，在成為學者或研究生的社會化過程中，統計老師、研究法老師、論文指導教授、同儕團體各有不同程度的影響力。

從文化的角度來說，某種文化現象的形成有許多歷史時空的背景因素。試想，當年與目前量化研究的知識定然有相當程度的差異，當年也沒有功能強大的統計套裝軟體，在傳遞教育量化研究的「文化知識」時，是否包括某些教師未預期的「潛在課程」。若是將前述師範院校教育研究的文化特徵歸因於統計老師，或特定的老師身上，其實是過分簡化問題，無助於找尋改變此種文化現象的機制。

最後，必須一提的是，本文所指陳的「研究的形式主義」並不是師範院校的教育研究所獨有的文化特徵，國外社會科學的研究，也有這種現

---

8 討論人當時所用的詞彙是「該負責的應該是老師的老師」，筆者的解讀是，「老師的老師」是指較早教導統計或量化研究方法的老師。

象。Kaplan（1964: 406）即曾指出：

> 那些急於提昇科學地位的行為科學家給人的印象是，只要符合正確的
> 規則，他們不太在乎自己在作什麼：實質讓位給形式。一種惡性循環
> 於焉形成：當研究結果顯得空洞無物時，被引申為需要更好的方法
> 論，如果行為科學家不會一昧試著使方法更為科學，他們的研究工作
> 在方法論上就更正確些。

　　Lieberson（1985）在檢討社會科學方法時，也認同此種看法。在研討
會的原文中，筆者並未指陳此項事實，但為避免師範體系教育研究者誤以
為只有師範體系的教育研究者有此種問題，而沮喪自卑，也避免國內其他
社會科學研究者因本文的陳述，而過度貶抑師範院校的教育研究，此處特
別引用文獻（雖然是較早期的看法）指出國外社會科學界也是如此。筆者
主觀的推測是，國內其他社會科學研究可能也難以擺脫類似的問題。其
實，學術研究過度偏重形式應該是每個研究領域所應努力避免的。

參考文獻

馬信行（1999）。教育研究量的取向。載於中正大教育學研究所（主
　　編），**教育學研究方法**（頁 27-46）。高雄：麗文。

Cliff, N. (1987). *Analyzing multivariate data.* New York: Harcourt Brace Jovan-
　　oavich.

Edirisooriya, G. (1995, November). *Stepwise regression is a problem, not a so-
　　lution.* Paper presented at the annual meeting of the Mid-South Educational
　　Research Association, Biloxi, MS.

Huberty, C. J. (1989). *Problems with stepwise methods — Better alternatives.* In B.
　　Thompson (Ed.), Advances in social science methodology (vol. 1, pp. 43-70).
　　Greenwich, CT: JAI Press.

Kaplan, A. (1964). *The conduct of inquiry: Methodology for behavioral science.* San Francisco: Chandler.

Kirk, R. E. (1982). *Experimental design: Procedures for the behavioral sciences* (2nd ed.). Pacific Grove, CA: Brooks/Cole.

Kirklinger, F. N. (1986). *Foundations fo behavioral research* (3rd ed.). New York: Holt, Rinehart and Winston.

Levene, H. (1960). Robust tests for equality of variances. In I. Olkin et al. (Eds.)., *Contributions to probability and statistics* (pp. 278-192). Stanford, CA: Stanford University Press.

Lieberson, S. (1985). *Making it count: The improvement of social research and theory.* Berkeley, CA: University of California Press.

Lockridge, J. (1997, January). *Stepwise analyses should never be used by researchers.*Paper presented at the annual meeting of the Southwest Educational Research Association, Austin, TX.

Maslach, C. & Jackson, S. (1981). *Maslach Burnout Inventory manual.* Palo Alto, CA: Consulting Psychologists Press.

Mills, C. W. (1959). *The sociological imagination.* London: Oxford University Press.

Moracco, J., Deborah, D., & D'arienzo, R. V. (1982). The factorial validity of the teacher occupational stress factor questionnaire. *Educational and Psychological Measurement, 42,* 275-283.

Snyder, P. (1991). *Three reasons why stepwise regression methods should not be used by researchers.* In B. Thompson (Ed.), Advances in social science methodology (vol. 1, pp. 99-105). Greenwich, CT: JAI Press.

Thayer, J. D. (1990, April). *Implementing variable selection techniques in regression.* Paper presented at the annual meeting of the American Educational Research Association, Boston, MA.

Thompson, B. (1989). Why won't stepwise methods die? *Measurement and evaluation in counseling and development, 21*(4), 146-148.

Welge, P. (1990, January). *Three reasons why stepwise regression methods should not be used by researchers.* Paper presented at the annual meeting of the Southwest Educational Research Association, Austin, TX.

討論文章：
「不算回應的回應」

余安邦

本文是黃鴻文教授對台灣地區師範院校長期以來量化教育研究的個人觀察。本文基本上是一種感想、心得、憂慮與期待所共築而成的文章，而非一般所瞭解的具學術性形式的回顧論文；例如，黃文中未列出任何他所批評或檢討的研究論文的內容與出處，也未指明它們的性質與範圍，如究竟是專書、碩博士論文、會議論文、或研究報告；雖然如此，並無損黃教授這篇文章的意義與價值。況且，黃文敢言他人所不敢言的話，敢論他人所不想論的事，敢批判他人所不敢批判的問題；作者的勇氣可嘉，且頗有見地，令人讚佩。

　　黃文指出國內量化教育研究的主要問題包括：一、研究者對統計學原理瞭解有限，故常不明究理地使用套裝軟體；再加上套裝軟體的便利性，更是助長此風氣之興盛。二、某些套裝軟體手冊中對於統計方法的介紹過於簡略，甚至有些錯誤（例如自由度的計算），導致研究者忽略自己研究資料的性質而誤用或濫用統計方法，造成連自己都不易察覺的錯誤或閃失。三、研究者常在未認真思考其研究是否真有需要或必要使用某種統計方法之前，就盲從他人之做法，依樣畫葫蘆。四、研究者普遍缺乏理論意識或問題意識，因而常將所有可能的變項丟進分析程式中，且根據繁雜的統計結果，或者做出高估的或過份的解釋與推論，或者誇大了研究結果的信效度。五、在測量工具的預試部分，專家效度、因素分析及項目分析的信效度都常有可議之處，甚至連資料做假的情事都時有所聞、時有所見。六、研究者或者將相關性資料做因果關係的不當解釋，或者高估因果模型的解釋力而不自知。可見長期以來台灣的教育研究文化之中，研究者只是一窩風的趕流行，或者跟著感覺走，「依樣畫葫蘆」的惡質風氣甚囂塵上。

　　依筆者之見，黃文就教育研究論文所提出的這些反省與批判，不管是量化研究或質性研究，其實早就存在於台灣人文及社會科學界。這些大家早已司空見慣、且習以為常的荒謬現象，追根究柢來說，其實是西方學術霸權長期以來在我國學術社群殖民化後的結果。這種學術殖民現象藉著大學教育生產工廠存在的正當性，無所不在且不斷地複製與再複製、生產與

再生產各式各樣的研究論文，從而造成國內學術發展的停滯、矮化與盲從，導致研究品質的劣質化、加工化與庸俗化。這種失序敗壞的劣質現象在國內人文及社會科學界尤其嚴重。

但是，此刻黃文的深刻檢討與反省，究竟能起著多少積極「撥亂反正」的作用，筆者實在不敢妄加評斷。但是黃文若能把他所提出的這些問題背後更根本的結構性因素（例如「學術中心─邊陲」的關係），以及制度性因素（例如大學教授續聘升等制度、大學評鑑制度，或者研究生學位論文最起碼的學術要求與標準的建立）等等，能夠進一步的爬梳與釐清，從而對於這些問題的減少或解決，或許才有方便法門、因應之道。若能如此，黃文的學術價值與貢獻將更為提高，其意義與影響將更為深遠。

至於黃文提及量化社會學的研究主題與思考方式，究竟與量化心理學的差異何在？筆者實願聞其詳。甚且，量化社會學研究是否真能「增益並帶動改革量化教育研究的契機」？筆者的態度倒是非常保留。黃文下此結論的根據或理論何在？筆者也頗感好奇。

因此，當黃文帶著稍許無奈與憂愁的筆調，誠懇地呼喚研究者主體性的回歸時，筆者感同身受地想要進一步探問的是：研究者主體性的「看見」與「確立」的基礎何在？以及如何可能？尤其在台灣學術社群向下沈淪之風似乎凌駕向上提升之氣的當下，台灣學術的希望何在？我個人是較為悲觀的。

這是我的迷惑，也是我的茫然。

第三篇

詮釋典範與教育研究

詮釋典範與教育研究

溫明麗

實證科學以微觀的結構「解釋」鉅觀的事物，精神科學則透過語言「理解」意識到的事物。

※　　　　　※　　　　　※　　　　　※　　　　　※

普遍概念的我、活生生的我、不同時候的我、照片中的我、複印後照片中的我、翻拍後照片中的我、不同證照中的我，甚至電腦合成的我，也都是「詮釋學」上的我。

※　　　　　※　　　　　※　　　　　※　　　　　※

玄奧智慧的結晶是哲學，普通智慧的結晶是語言學和歷史學

—— 引自 *Giambattista Vico*, 1668-1744

壹、前言

　　科學的危機就是科學哲學的危機，科學哲學的危機就是哲學的危機；哲學的危機就是人的危機，人的危機就是教育的危機。若此預設被認肯，則同理可推，教育的危機就是教育研究的危機，教育研究的危機就是教育研究方法論的危機。就此言之，釐清教育研究方法的本源、內涵及其對教育的啟示和影響，在科技理性充斥乃至基因時代來臨，而導致教育本質的模糊、眾說紛紜、或不知何去何從之際實為重要之務。

　　本文基於上述體認，並省思教育與生活世界的複雜程度，且認定質化與量化研究在教育領域中無法完全對立，乃應台灣師範大學教育研究中心之邀，撰寫〈詮釋典範與教育研究〉一文再度確立教育理論與實踐之關係。本文主要目的在於闡述詮釋學的意義、重要理念及其方法，俾有助於深化教育理論與實踐研究。為達此目的，本文首先追溯詮釋學之源起，並在闡述中比較不同學派之詮釋學方法論的觀點，然後綜理出詮釋學的真諦和方法的要點，提供教育工作者理解與研究教育時需要採行詮釋學方法時之參考；另一方面，對詮釋學方法論有更深入理解之後，也將有助於研究者判斷採用詮釋學方法進行研究的適切性。詮釋學雖然可以籠統的將之定

義為理解的方法論，卻因著不同時期和不同的方法論述，呈顯不同的型態和流派，故在瞭解詮釋學之本質和理念前，從闡述其緣起開其端，次論及其不同的風貌和理念，復從中思考其對教育研究的意義，乃合乎本文預期達成之目的。

貳、詮釋學的緣起、轉折與內涵

「詮釋學」可以溯源於古希臘，甚至宇宙的存在開始，因為萬物之間若需要彼此理解時，其實就已經打開詮釋的大門，只是人類與其他萬物所用的語言不同，故在「以人為中心」或「人為萬物之靈」以及「語言為人之異與萬物者幾希」的思維邏輯下，人與人之間的理解，尤其是透過語言或文字的理解遂成為詮釋學主要探索的內容。然而隨著人類心智能力的愈趨繁複，語言與文字也隨之愈趨複雜，加上時空所構成的歷史和文化因素，使詮釋學不但發展出各種流派，也從純粹理解的「技術」提昇到知識、價值、甚至於探討人類存在意義的形上層次。

一、字義溯源

「詮釋學」（hermeneutics）一詞源自希臘字 *hermeneuein*，該字的意涵又來自 *hermeneia* 一字，“*hermeneia*”即為英文 interpretation，即為「解經」或「譯注」之意。若就語言層面言之，該字又可追溯自古希臘奧林匹亞神祇的信差 Hemes（Ferraris, 1996: 1），祂的任務在於將奧林匹亞山上諸神的旨意帶給人世間的凡夫俗子。因此，詮釋的本意只是理解聖者經文或口諭之輔助工具，同時也需要釐清模糊不清之處，否則將難以完成傳遞信息的任務。此外，若依據 Hemes 之古希臘的神話故事而言，詮釋之所以容易喪失本義，一則基於傳信者的「善於操弄」或存在有意、無意「誤傳」的可能（楊深坑，2002：48）；再則，若 Hemes 不夠理解諸神或人間的「文化或想法」，也可能導致誤傳。由此可見，詮釋本身既存在某種程度的自由，也存在世界轉換可能造成的扭曲。

二、詮釋即技術

　　Plato 的時代，詮釋學未曾嚴格的被視為解釋的方法論，只承認詮釋與傳遞信息的經驗有關，如此一來，詮釋者若未必完全理解詮釋的內容，就如同郵差並不完全瞭解其所傳遞信息的內容，只瞭解該傳遞者是何地、何人、何物等表面資料。就此而言，若欲詮釋者去判斷其所傳遞之信息的真假則是過分的要求。但是如前所述，欲詮釋得夠順暢、夠精確、而且又能令對方理解，則此信差不僅需要清楚其所傳遞的內容，也需要對接受訊息的對象有某種程度的理解。此過程與教師傳遞知識或價值觀相通。就教育研究言之，研究者對教育道場（包括師、生、行政人員、環境、資源等）瞭解的程度將決定其對教育現象解釋的深度和廣度，也將影響其對教育問題提出解決策略的優劣。有人指出 Plato 是第一位將詮釋者視為教師的人，只是詮釋者有各種不同層次的知能、或模仿的技術、或解讀的技術（Ferraris, 1996: 3-4），[1] 此也表示自古希臘以降教師類別的多元性。

三、詮釋學的知識論和方法論發展

　　Aristotle 對於詮釋學持有不同的觀點，他不認為詮釋學與神或人類有關，反而將詮釋學定位於「心靈思想與語言表達的媒介」（Ferraris, 1996: 5）。此觀點使詮釋學的技術性功能提昇到認知的層次，即將詮釋學從技術面向提昇到知識論層次。此觀點已經論及思考邏輯的結構和語言的邏輯性，而且也為「歷史詮釋」之詮釋學建立起「詮釋是一種實踐智慧」的里程碑。詮釋學的此種轉變奠基於十九世紀之後，此觀點的詮釋學強調語言的理性論辯意義，也使人文社會科學（或稱精神科學）再度凸顯詮釋學發展的關鍵在於透過語言論辯之「自我理解」與彼此的認同（Gadamer, 1975:

1　由 Plato 的敘述中我們似乎看到教師地位的不受重視，因為充其量教師只是位懂得修辭學，其言語流暢且攜帶和傳送口信的人，卻不是「創造」或「建構」知識的人。就此而言，縱令教師被承認具有專業，也只是教書「匠」的專業，或許自戀和不服輸的教師們可能會致力於將「匠」的層次提昇到「藝術」的層次吧。

20）。

　　詮釋學在中世紀時就遇到解釋新約和舊約聖經的問題，當時對於聖經的解釋已經不再止於解釋聖經的故事，而進一步涉及解釋聖經是否具「合法性」的問題。此時的詮釋學已經隱約的指出其倫理面向。可見詮釋學發展到解經時，不但企圖建立自然科學的客觀知識，也逐漸轉變為理解道德律則及其意義的倫理面向。析言之，世界並非只透過感官經驗就可以理解的「文本」。對世界的理解就和對神諭的理解一樣，除了感官之外，還需要精神和心靈的體驗和神的光照，方可能建立理解真知的規範。Friedrich Daniel Ernst Schleiermacher（1768-1834）即是將詮釋學從解釋經文之教條，解放到解釋經文規範或知識體系的先驅者。

　　Schleiermacher 試圖從文法的普遍性和思想的個別性著手，直觀的找到兩者的辯證合。質言之，人類透過掌握語言（指語言的文法結構）就可以對心理反應有所理解（指對個別的文化觀和認識觀有所瞭解）。但是，Schleiermacher 的詮釋學不在建構作者之意向性，而在理出文本對事實的解釋；而且他也企圖在語言文法、結構，及在文化和時間客觀條件下建立具普遍性之理解法則（Demeterio, 2001: 1-2）。總之，Schleiermacher 的文本詮釋在於藉著語言文法和結構的彼此認同，重新建立讀者與作者之間的「理解」。由此可見，詮釋學發展至此已經不再停留於經文的解釋，而在於理解過程與生命意義結構的分析和確立。此也顯現 Schleiermacher 之詮釋學以語言理論為媒介建構出詮釋學之知識論（Ferraris, 1996: 14）。

　　十九世紀以降，在 Schleiermacher 身後前一年出生的 Wilhelm Dilthey（1833-1911）繼續將解經的技術提昇至哲學的普遍性地位（Ferraris, 1996: 2）。Dilthey 不但將科學區分為自然科學與精神科學，而且也期望能透過自然科學的方法，繼續為以語言的詮釋為主軸的人文或精神科學建立起像自然科學般的客觀性（Ferraris, 1996: 38）。然而兩者的不同在於自然科學採取因果法則的解釋，精神科學卻處理不易採用因果推論或臆測的理性思維而理解（Gadamer, 1975: 23）。總括言之，Dilthey 比 Schleiermacher 更重視個人與團體間的落差所造成的不同理解，但兩者均期望將詮釋學普遍

化、客觀化，此時期的詮釋學也正式宣告轉向方法論的層次，而不只是現象的理解。

四、詮釋學的轉向與發展

隨著第一次大戰後興起之現象學運動，開展出哲學的嚴格科學態勢，此流派的主導者為 Edmund Husserl（1859-1938）。他致力於發展存在的邏輯客體性，企圖超越主客體之對立，尋求透過自我意識，建立行動與客體之間的相關性（Gadamer, 1977: 144）。簡言之，Husserl 將生活世界的現象經由「意識的認知」（*noesis*）和「認知對象」（*noema*）之關係表述出來（Moran & Mooney, 2002: 134-146）。Gadamer 曾經舉例說明現象學對詮釋學的影響。他說：當人類判斷正義的概念時並不是從某個觀點來瞭解，如從功利主義的觀點來瞭解，也不是依賴某個理論的原理原則來理解，反而從實際生活的活動中理解（sense）到正義的意義（Gadamer, 1977: 131）。由此可知現象詮釋學並未拋棄詮釋學的知識論層面，只是在知識論之外又加入生活世界的概念。如此也使詮釋學從知識論推轉到價值論的方向更為明顯，至少已經開始探討意見的正確性和行為內在意向性的實現（Gadamer, 1977: 132），也試圖超越現象而邁向對規範的建立與理解。

另一方面，現象詮釋學也遭遇到在方法論上未能對資料的真理性加以批判的困難（Allen & Eliade, 1978: 107）。因而詮釋學並未就此打住，Paul Ricoeur（1913-）更基於結構主義、現象學及存在主義觀點，綜合各種不同的詮釋學觀點，讓現象詮釋學更為周全。Ricoeur 認為現象學與詮釋學是無法分開的，因為現象學無法超越詮釋學的預設，若缺乏詮釋學，現象學也無法構成（Ricoeur, 1982: 101），所以現象詮釋學自 Ricoeur 以降，也被視為如現象學般，從理解普遍結構邁向歷史殊異事件的方法論（Allen & Eliade, 1978: 194）。

此外，Ricoeur 認為詮釋學不但需要繼續強調其知識論層次，還需要發展 Heidegger 批判自然科學流於客觀性之問題。因此，Ricoeur 主張詮釋學需要同時加入自然與社會科學兩方面的處方，方能解決 Husserl、Dilthey 和

Heidegger 所無法解決的自然科學與精神科學對立或二分的問題。Ricoeur 分析現象學所以產生不克解決問題之因如下。他說：

> 現象學一方面在其最後階段對客觀性提出批判，且對於客觀性的批判直接、間接地與詮釋學有關，（他認為）自然科學的客觀性欲間接的提供人文科學有效方法的模式；相對的，Dilthey 卻企圖讓人文科學具有自然科學般的客觀性。另一方面，Husserl 的現象學雖然批判客觀性，為詮釋的形上學理出一條道路，但是卻又衍生另外的問題。因為，先於主－客體關係之生活世界的經驗，就像各式各樣新康德學派一樣，屬於先驗的範疇。（Ricoeur, 2000: 8）

詮釋學於二十世紀時已經從解釋轉到存在的彰顯和理解，Martin Heidegger（1889-1976）和 Hans-Georg Gadamer（1900-2002）是其中的代表。此時期的詮釋學企圖尋找真實的存在，但卻不在於尋求認知的方法；認定真實的存在並非完美無缺，而是帶有偏見（Gadamer）；真實的存在也可以自行規劃或開展（Heidegger），此偏見和生命意義的規劃均源自個人的生活世界，因此，存在詮釋學或稱浪漫詮釋學 [2] 並非追求單一的意義或真知，反而強調意義的多元性；此外，對於存在的理解也非依據邏輯的方法，反而是依據個人對於世界的意識（Gadamer, 1975: 97）。由此可知，Gadamer 哲學詮釋學的重點不在理解的真確性，在於尋求從理解過程中發展出可能的新意，此即「創造性詮釋」。

由於個人的生活世界無法離群索居，或無法完全不受文化和環境的影響，因此，Heidegger 打破 Husserl 現象詮釋學之客觀觀點，[3] 其學生 Gadamer 不但不反對文化所造成的先前價值觀，反而認為基於先前的歷史或傳統，理解方為可能。不過在理解之際，也應該把傳統和當下透過一問一答

---

2 詮釋學的流派常有不同的名稱，例如，將解經式的古典詮釋學稱為「前詮釋學」；Johann Herder（1744-1803）以降，至 Schleiermacher 及 Dilthey 等人被列為「浪漫詮釋學」、「體驗詮釋學」等（潘德榮，1999）。

3 Husserl 的現象詮釋學（Phenomenological Hermeneutics）所以認為客觀的理解人與事物是可能的，乃因為透過超驗現象學方法將生活世界之主體放入括弧，使個人的經驗和需求被理解（此也是 Husserl 所稱之「體驗」）。

建立起「視域融合」，如此，理解才可以達成，且此理解乃理解者和被理解者不斷進行辯證的發展，尤其發揮語言將概念轉為意義的功能（Gadamer, 1975: 332）。辯證的對話指解釋者與文本之間尋求意義的認肯。易言之，解釋者若發現其視野與他人有所不同時，批判的自我意識（critical self-consciousness）隨之而生，藉著此自我意識的覺醒，解釋者乃不斷尋求不同的視域融合。而「視域融合」的達成即意味著彼此的理解，更隱含創造新視域的可能性。[4]

Gadamer 對於歷史之同理理解（sympathetic）的觀點，和十八、九世紀時 Johann Gottfried Herder（1744-1803）認為理解必須顧及語言、理性和人文之歷史意義的觀點若合符節。就 Herder 而言，理解不能止於對個人，尚需要觸及個人所處之社會與人類的生活（Ferraris, 1996: 76）。此觀點明確的表明，理解需要在個人與社會、歷史或文化之間找到辯證合。Ferraris 在書中提及，Karl Wilhelm von Humboldt（1769-1859）認為「語言乃思想的自然產物，且為植基於人文的歷史形式。」（Ferraris, 1996: 77）哲學詮釋學從此更強化了語言的動態觀。

繼之，Karl-Otto Apel（1922-）和 Habermas 又開展出自我反省和追求內在主體之理解與論辯之批判詮釋學，反省並保障了教育活動之主體性特質和地位。Ferraris 指出 Apel 十分強調語言所隱含之意識型態的殊異性（Ferraris, 1996: 26）。簡言之，批判詮釋學透過文化和歷史作為詮釋的輔助工具，卻對文化和歷史所形成的意識型態提出強烈的批判，也因此認定經驗、意識型態和詮釋之間的批判是相輔相成的不斷運作（楊深坑，2002：53），此不同於自然科學探求知識論和方法論的單一理性。批判詮釋學雖然採用語言遊戲的論點，也認為應該讓實證研究的解釋與詮釋的視域融合進行溝通，俾建立共識，但是批判詮釋學對於意識型態的批判卻未曾鬆手（Ferraris, 1996: 215-216），此也清楚的指出批判詮釋學和存在詮釋學的主要區別。

---

4 但是 Gadamer 反對 George Wilhelm Friedrich Hegel（1770-1831）精神辯證之自我客觀化的觀點。

Gadamer 企圖透過視域融合弭平主觀與客觀之間的對立，並預設傳統權威無需先行反思即可以立即理解；Jürgen Habermas（1929-）則提出自我反思的方法來克服個人或社群意識型態的偏見。Habermas 認為 Gadamer 對於對話可能產生的權力壓迫和宰制的意識型態過於樂觀，因此，縱令兩者之間產生對話，一旦對話者中任何一方的意識型態被扭曲，則所形成的共識（或視域融合）也可能只是假象（Hahn, 2000: 472-473）。相對於 Gadamer 而言，Habermas 顯得更為激進，其認為對話所使用的語言本身已經隱藏著可能的宰制和扭曲，故他主張先從旁觀的角度觀察語言的遊戲，並找到一個語言和意識型態皆可以安身立命的「阿基米德點」（Archimed point），再藉此偵測出語言與意識型態的扭曲。[5] Gadamer 和 Habermas 針對詮釋與意識型態的批判所作的論辯，一則對於詮釋學所重視的「傳統」或「歷史」展開反思活動，再則對於建立詮釋學的普遍原則之合法性和可能性打開多元思維（Ricoeur, 1982: 63-64）。

　　Gadamer 和 Habermas 之論辯也可以視為建構和解構之辯證，尤其是結合哲學詮釋學和批判理論而建構之詮釋倫理理論（hermeneutical ethical theory），更明顯的軟化了 Haberams 對 Gadamer 的對立態度。同理，人類不僅是數學的產物，更是歷史的創造者，故若欲完全從自然科學的向度理解人文的精神，勢必會遇到瓶頸，且有所不足。十九世紀的詮釋學雖然重視方法論之建立，然而此方法論仍然指自然科學之系統性和科學性的詮釋方法，Dilthey 是此觀點的典型代表者（Mueller-Vollmer, 1986）。此也是自然科學和精神科學從完全分立，進一步邁向統整之開端，使十八世紀 David Hume（1711-1776）之心理因果習慣論的觀點，[6] 產生「融合」的新發展。

5　批判詮釋學的重點置於意識型態的批判。此所稱「意識型態」之意，源自 Karl Marx（1818-1883）對於握有社會階級利益者之信念而言，因此「意識型態的批判」即對於此等擁有利益之階級的反思。

6　Hume 認為，世界的因果關係不是客體顯現的因果，而是心理習慣的解讀所致。例如，男女朋友交往一段時間之後，雖然常常吵吵鬧鬧，卻又難分難捨，就 Hume 的觀點言之，不是因為「分手後必定會產生嚴重後果」，以至於難分難捨，乃由於人的心理已經形成「同出同進」的習慣，故因果法則未必是事實的描述，反而是心理習慣的彰顯。

另一方面，二十世紀量子力學之測不準原理也為詮釋學的方法論打開自然科學與精神科學二分的封閉心扉。析言之，基於對自然科學與精神科學均存在不確定性的認定，詮釋學的方法論又再度從找尋知識論之科學機制重返建立共同規範之實踐智慧（*phronesis*）。

參、詮釋學理念與教育研究

上文中雖然無法完全闡述詮釋學的全貌及其歷史發展，但也大致點出詮釋學的沿革、轉折和發展趨勢，本節擬就上文中所觸及的詮釋學觀點梳理出重要理念，再從該理念析釐出教育研究之意涵。

無論將詮釋學作何種方式的歸納，主要的變項均為詮釋者與被詮釋者，其目的皆為了理解真理或意義（Demeterio, 2001）。Roy J. Howard（1982）將詮釋學分為方法論詮釋學、哲學詮釋學、分析詮釋學和批判詮釋學；也有人將之分為浪漫主義詮釋學、現象詮釋學、存在詮釋學、批判詮釋學、後結構詮釋學等；或將之分為古典方法論詮釋學、哲學詮釋學、批判詮釋學、現象詮釋學等。然而無論如何分類，詮釋學主要的目的均在於建立文本意義的理解，不但理解文本的意義，也理解作者的意向、信念和判斷，並期望達成內在意向與外在事實的一致符應。

一、語言、理解與教育資料的呈現和詮釋

詮釋學所依賴的是「同理的理解」，即「設身處地」的理解。質言之，對象之所以能被理解，乃理解者進入被理解者之時空脈絡與文化中，甚至是其整個生活世界中。然而，此等理解是否可以建立出普遍性原則，乃詮釋學和教育研究者所共同關心的重要課題。Schleiermacher 和 Dilthey 等人雖想創造出具普遍性之理解法則，但並未成功。如前文所述，Schleiermacher 與 Dilthey 可以說重拾 René Descartes（1596-1650）的理性直觀論。姑且不論此知識是否屬於科學、數學或哲學之知，然而其對自我意識能夠掌握客觀知識的能力仍抱持樂觀與肯定的態度。

若客觀的詮釋體系真的可以建立起來，則不論是質性或量化的教育研究，對於文本的解釋和理解也應該和數學一樣的存在其客觀性，不會因為取樣或觀察的差異而有不同的發現，更不會對相同的資料產生不同的解讀。可見，迄今詮釋學仍未能建立起一套普遍的系統；而且，繼 Schleier-macher 與 Dilthey 之後還陸續發展出各種不同體系的詮釋學。於此，我們可以再追問：理性是一元的？抑或是多元的？若理性是多元的，則對於文本的詮釋也可以是多元的；否則，對於精神科學和自然科學將可以採用完全相同的方法加以理解。然而事實並非如此，精神科學與自然科學仍存在差異性，但並非表示兩者完全不同。

精神科學的理解（understanding）不同於自然科學的解釋（explanation）：前者環繞著文本作者的生平、生活經驗和歷史環境，不斷的抽絲剝繭，直到明白事實和現象；後者則依賴某種可以類推的系統來瞭解文本。後者尋求建立的是科學的客觀性，前者則旨在增進理解的信度和效度。此兩種不同科學的方法論可以圖示如下（見圖 1）：

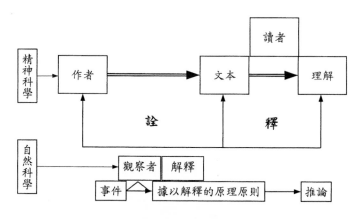

圖 1　理解與解釋之思考與分法路徑圖

其次，語言能否完全表徵出人類的心理活動？John Langsh Austin（1911-1960）、Gilbert Ryle（1900-1976），以及後期的 Ludwig Wittgenstein（1889-1951）等人已經開始注意到語言中所涵蘊的意向性問題（Thompson, 1981: 116），就詮釋學而言，此等作法無異是預設了互為主體的必然

性，故可依據自己的經驗，再從他人的外在行動一起來解釋他人內在的心理意義。

Paul Ricoeur 和 Peter Winch（1926-）的詮釋現象學（hermeneutic pheno-menology）均追隨 Ludwig Wittgenstein（1889-1951）後期的語言理論，即針對語言探索行動的意義。Ricoeur 更發展出「論辯」（discourse）的模式，視行動為文本，衍生出詮釋的理論（Ricoeur, 1982: 115）。簡言之，詮釋現象學研究的是人類的行動，視解讀個人與社群意志之間的態度如同理解文本一樣（Ricoeur, 1982: 123），此意味著詮釋現象學認為人類的行動即是語言的表達，且行動和語言的表達毫無二致；透過現象學方法直接處理人類的經驗，詮釋現象學即試圖解讀人類的經驗。唯人類的經驗與文化和社會變遷息息相關，故詮釋現象學也從單純的解經過渡到理解人類的價值，尤其透過辯證的語言論辯（dialectic discourse）建立其解釋的基礎。

Gadamer 認為，「書寫的語言雖然涵蓋了過去和現在，但是，卻無法完全透過書寫的語文瞭解真實的現象」（Gadamer, 1975: 351）。Habermas 則試圖透過溝通的方式化解書寫語言與真實性之間產生的落差。凡涉及人類價值的部分就會涉及政治、經濟與權力的問題，故詮釋學也必須透過論辯處理社會結構及權力的因素，方能更明確的達成理解。在教育研究中，若所欲理解的教育活動涉及社會結構和權力的因素，則除了理解語言和行動外，還需要解讀被研究者之經驗，並和研究對象進行語言的辯證性論辯，方較能深層的掌握教育活動的真實意義，而不致因為受到感官經驗的範限或牽引，而分不清表象或真相。就此而言，若欲理解教育活動，則端賴參與者的觀察應該是不夠的，尚需與被觀察者進行辯證性的對話，方可能比較客觀的掌握教育活動的真實面。

由此可見，從行動理解真實意義的詮釋學可能會面對語言與經驗能否完全符應的問題；其次，詮釋學所強調的歷史和社會變遷的因素是否也可以在行動上完全呈顯出來；最後，每個行動是否均能適切的涵蓋行動者之社會關係等，均是值得進一步探討的問題。對於上述三項詮釋學的問題，教育研究者該如何顧及研究者與被研究者的主體性，並能統觀的考量被觀

察和被研究之「文本」[7]的客觀性，乃教育研究者必須解決的課題，至少必須在研究過程中「意識」到此問題的存在，在研究結果中「交代」研究者對此問題的處理立場。此方法與 Gadamer 由人將語言和世界統一起來的觀點如出一轍（陳榮華，2000：137）。

使用第一、第二、或第三人稱所描述的意義相同嗎？其真理性相同嗎？語言與生活是結合的還是分開的？若是分開的話，則是否可以透過現象學的還原方法將之結合起來？若可以透過詮釋主體的涉入而將語言和生活（含行動）結合起來，則 Ricoeur 強調經驗再度透過語言表達出來時具有創造性的觀點就可以被接受（Ricoeur, 1982: 117）。在描述教育研究過程和結果時，不同人稱的使用也應該加入考量，即採用描述性或表意性語言應依據研究者目的之不同而有所區別。

舉例言之，當我說：「我『看到』他對某教育政策不以為然」，和「他『告訴』我：『他對某教育政策是不滿的』，或「我『認為（斷定）』他對某教育政策是不贊同的」三者的意涵在解讀之後可能有下列三種情況發生：㈠無論此信息的來源為何，信息的內容具有一致性；㈡信息的來源不同，導致信息內容有不同的解讀；㈢信息的內容有些或有時被解讀為相同，有時卻有不同的解讀。所以會有此等現象，一則基於信息傳遞的直接性和間接性差別；其次，信息傳遞者和信息表達者之價值判斷或認知的差異；最後，由於信息傳送者和解讀者之間對於信息關鍵要素具有共識，故雖採用不同的表述方式，但信息接收者乃能毫無扭曲的理解信息傳遞者之意涵。為清楚的交代上述的可能情況，研究者除基本資料外，可以將蒐集到的文本表列如表1，讓真相更透明的呈現出來。

教育研究的訪談與觀察也會存在此現象。例如，當研究者與被觀察者或受訪者的價值觀未能達成共識或視域的融合時，觀察者（訪問者）和被觀察者（受訪者）對於訪談資料或觀察結果的解釋可能不同。為解決此研究解釋的獨斷性，訪談和觀察資料可以明確的依照所需要的情況，採用第

---

7 本文所稱之「文本」或狹義的指語言和文字，或廣義的涵蓋行動或活動。此處所稱之「文本」乃取廣義解。

一或第三人稱敘述，俾使資料或觀察的解讀更明確的覺察或檢視主觀意識涉入的可能和程度。此外，透過研究者和受訪者之間的對話，將更有助於建立「互為主體性」的客觀判準，並以更趨近客觀的方式呈現觀察或訪談資料（Ricoeur, 1982: 108-109）。

表1　語言、理解與行動觀察或訪談紀錄對照表

	觀察者對被觀察者的現象描述	觀察者對觀察對象的表述	被觀察者的自我表述	觀察與被觀察者的對話或論辯
觀察者或研究者的用語	第三人稱 例如：甲教師對於舉手問問題或回答問題的學生中，發現有五次指定同一位舉手的學生發問或回答。	第一人稱 例如：我發現甲教師上課時特別指定某位學生回答的情形。	第三人稱 例如：我在上課時會無意識的特別關心某些學生；我比較關心專心聽課的學生。 （此處雖然用「我」來敘說，但自我表述者卻自認為是客觀的表述，非主觀的描述；此時『我』同時扮演 signifier 和 signified 之角色。）	第一人稱 例如：研究者：「某某同學在您的教學科目上是否有較好的學習表現？」 受訪者：「是的！」 研究者：「您認為高學習成就是否會影響教師對學生的關心程度？」 受訪者：「我不認為如此，因為學生應有相同的受教權和學習機會。」 研究者：「我發現您在上課時有很多次都將問問題和回答的機會給某位特定的學生。」 受訪者：「那是因為我知道有些舉手的學生只是『搗蛋』，不是真的要問問題或回答問題，如果我給他們機會，他們就會作怪，影響甚至擾亂我的進度，依照我的經驗和專業判斷，我已經可以非常明確的下判斷，而且八九不離十。您可能不瞭解那些同學，所以會以為我忽略了他們，其實我是經過判斷後的行為。」
觀察者或研究者的立場。	我是位旁觀者：真實的描述所見所聞。	我是位研究者：判斷所見所聞，盡可能發現問題。	我是位傾聽者：盡可能的去除主觀認定，確認資料之致性。	我是位理解者：檢視、確立和發現問題。

二、行動與文本的一致性──兼論教育研究的啟蒙與民主意義

　　若文本可以建立客觀的理解體系，則行動的意義是否也可以建立客觀的理解體系？如果可以，則行動方可完全被視為文本，否則行動被文本化之後就會產生被化約的疑慮。人類的活動真的可以文本化嗎？縱令我們可以「透視」人類的心理活動和意向性，也難以將之完全等同於文本，一則因為文本本身在某個時空範疇下是固定不動，且可以完全不具生命意義，相對於人類的活動而言，無論何時何地，包括在睡夢中，人的生命一樣在運行、在變動。此亦是存在詮釋學不同於解經詮釋學之處：存在詮釋學強調啟蒙哲學的自由精神；解經詮釋學則死守啟蒙哲學的「理性」（Wagner, 2001: 94）。人類的活動既無法完全被文本化，則就詮釋學而言，將人類的行動文本化的意義何在呢？

　　就存在詮釋學的觀點言之，雖然文本化的意義仍在彰顯詮釋的客觀性，但是研究者可以將文本有規劃的意義化（Heidegger），或對文本作創生性的詮釋（Gadamer）。Gadamer 認為文本的詮釋不應被視為固定不變的客體，而是可以不斷衍生的互為主體。此觀點受到挑戰的原因是，若文本是可以理解的客體，則又如何能產生衍生性的創生意義？再者，解釋文本者的不同也可能是產生不同解讀的因素，如此，文本的客觀性又如何確保（Ferraris, 1996: 238）？或許連 Habermas 都可能對 Gadamer 有所誤解，因為 Gadamer 在〈論哲學詮釋學的起源〉（On the Origins of Philosophical Hermeneutics）一文中提及：「有人對於意識型態的批判一知半解（a half-truth），他們能意識到偏見的意義是好現象，但是，卻未能對此『先前的判斷』進行批判和解放的反省」（Gadamer, 1985: 177）。他在該文中也稱許 Heidegger 開創存在詮釋學的貢獻，並指出，他自己很清楚歷史的真相和從歷史教育中所建立起來的意識是存在落差的，尤其中產階級並未覺識到其所追尋的教育成就，其實是「浸淫」在另一個教育意識所建立的遊戲規則中，而其哲學詮釋學就是要透過遊戲或戲劇（play）彰顯此幻象或偏見（Gadamer, 1985: 178）。此觀點是教育研究者探討意識型態或政策之權力

角逐的重要地帶。更確切的說，學閥或權力的操弄均透顯出殖民化的把戲，而此正需要對此等意識型態加以批判，而非僅止於視域融合的理解。

Max Weber 曾提出「理想類型」作為區分自然科學現象與人文社會科學理念之方法（韓水法、莫茜譯，1998：16）。「理想類型」乃抽象理念的概念結構，它代表與文化科學相關之認識經驗的關係和理解的參照。「理想類型」就是一種本質的代名詞，雖然，理想類型可能未將歷史或傳統完全融入，但是，它卻是人類賴以詮釋所欲理解對象之認識論構想。正是基於此構念，人類的理解方可能兼容並蓄的涵蓋了客觀性和經驗的行動面向。Weber 此論點更重要的意義在於凸顯自然科學與文化科學（或人文、精神科學）間不是二分的觀點。Gadamer 也認為德國的文化本身即存在此種以功能為導向的科學過程和方法，但卻又關注人文概念的辯證思考（Gadamer, 1985: 179）。故縱令人類的行動和生活可以被文本化，也無法純粹透過文本的客觀解讀，就純真的認為可以正確或合理的理解人類的行動。既如此，則我們對於「視行動為文本」的觀點應該抱持何種態度呢？易言之，「視行動為文本」的意義何在？其對教育研究又有何意義或啟示？

個人認為，視行動為文本的意義，如同 Gadamer 所言，在於透過反省和批判解放意識型態。析言之，若能視行動如文本，則可以讓更多參與者加入文本理解的行列，並提供理解者更多參照，避免只依據行動的重要性和相關性主觀的加以解讀，因為行動者可以現身說法，也可以提供直接參與論辯的機會，而且在此理解的相互論辯中便可能產生新的理念。如此一來，教育活動中可能形成的「操弄社會」（administered society）（Theodor W. Adorno, 1903-1969）或權力的角力（Michel Foucault, 1926-1984）也較可能被反省、批判或解放，而不致讓教育活動在「合法性」的保護傘下繼續偽裝下去[8]（Wagner, 2001: 80-81）。此亦是教育研究中需要採用三角檢證之

---

[8] 自一九六〇年代以後，西方哲學界逐漸發現後工業社會中充滿了危險，無論 Weber 對於科層體制的批判，Herbert Marcuse 對「單面向人」的反思，或 Adorno 對社會「操弄」的批判，以及 Baudrillard 提出的「大眾沈默」和 Foucault 對「規律化」（diciplinisation）之大聲疾呼，均對當代的社會和政治理論和實務提出激

處。

　　Schleiermacher 和 Dilthey 期望透過參與者的論辯達成彼此的理解，更希望建立起融合自然科學及精神科學之兼顧客觀性、歷史性與文化之詮釋學方法。Dilthey 認為文本、藝術與行動不但表現出心靈的活動，也可以被理解。人類之所以可以透過語言而彼此理解，除了基於語言的意涵、結構和文法之外，更因為聽者與說者之間存在共通性，故也可以從語言理解到語言背後的意向性。就此而言，語言除了攜帶信息之外，也點出說話者的動機和意圖。可見 Dilthey 所以區分自然科學的解釋和人文社會科學之理解不同，實乃基於理解面向之不同所致，但兩者並非不可融合。

　　質言之，自然科學現象的「解釋」建立在假設與演繹方法上，而人文社會科學的理解則建立在表達者與表達事件的詮釋上。Dilthey 的方法論詮釋學依循 Schleiermacher 認定人性具有共通性的路線，Dilthey 主張，不同的歷史和文化產生不同的價值觀，所以，若欲達成有效的理解，對於所欲理解者有更多的認識則有所幫助；反之，若一廂情願的從自己的價值觀出發，則將阻礙所欲理解之對象。析言之，說話者和詮釋者之間的文化差距愈少，則理解也就愈可靠。

　　就教育研究而言，若視行動為文本，則不宜將教育行動視為一個靜止不動的現象，因為行動將會隨著時空不斷的開展和變動，故行動的意義也將不斷的衍生，所以也不能固定不變的去解讀教育活動。誠如 Ricoeur 所言：人類的生活不應範限於自然所提供的條件，應該超越它，雖然人類的行為具有某種功能導向之共通性，但是卻非價值中立，而會摻和著理性和語言的詩情畫意，活出自由、理性的多面向生活（Ricoeur, 1996: 67），所以，無論生態環境、科技或其他可能威脅人類生存的挑戰發生，人類不應視倫理為普遍的規範，應發揮實踐智慧的責任倫理（an ethics of responsibi-

---

進的批判，並期望能替受到各種不同宰制的社會建構更為合理的民主理論。教育體制中的各種活動是否也存在上述學者所反省的反民主現象，頗值得教育研究者嚴肅的省思。此外 Habermas ，提倡的「論辯民主」（discursive democracy）雖然與杜威或 Charles Taylor 所唱之具反省性和合作性之生活方式，而非只是集問題解決法大成的民主論點，但是 Habermas 更重視個人的自我理解和自我反省（Hahn, 2000: 377）。

lity）（Ricoeur, 1996: 192），也應該活出自己來，此即主體性的彰顯。教育研究的過程、方法和終極關懷不但應該置於實踐智慧上，方能回歸教育啟蒙理性的本質，而且也應該將教育研究回歸到研究者和教育的主體性，如此更能彰顯教育學是一門科學的精神和主張。

教育研究者在解讀教育現場所蒐集到的資料時，明顯的會面臨以下兩個問題：㈠所蒐集到的資料受到時空的範限；㈡資料的解讀會隨著研究者對於該教育現場的變動或研究者個人對教育現場的「感知」（sense），衍生出不同的解讀。如此一來，企圖將詮釋學化為文本，以求得解讀之普遍原則的想法可能會遭到被解構的命運，更甚者，只要有新的因素加入教育道場中，則教育研究資料的解讀將可能產生新的意義，也因為如此，方顯出教育的生命和教育的主體性。本名為Francois-Marie Arouet（1694-1778）的法國啟蒙運動的領袖伏爾泰就曾諷刺的提到：若每個人皆能自由的表述自己的意見，社會秩序並不會因此而受到騷擾，若我們不願意解放自己的思想，則就像划船的奴隸一般，只會沒頭沒腦的往前划動。在詮釋學和批判理論的光照下，教育工作者的確應該思考，我們到底要什麼樣的教育。

法蘭克福學派所主張的教育（Bildung），結合理性啟蒙之傳統和內在主體性之人文陶冶功能，不只是重視教育的認知和社會化功能（Gur-Ze'Ev, 2002: 391）。「教育行動必須基於對受教者意向的觀點，反省教育家的意向，透過理性論辯，以達相互理解與共識，最後導向受教者成熟、自律與負責」（楊深坑，2002：241）。此觀點與佛洛依德（Sigmund Freud）（1856-1939）之心理分析有很大的不同。進行心理分析時，被理解的對象並不透明，也不是真正、平等的參與，而且還需要依賴一套先前建立起來之理解理論，以分析其心理活動（Thompson, 1981: 127）；相對於心理分析，行動的理解乃在論辯中逐漸建立起來。

就批判社會理論的傳統言之，Habermas 對於人類行動的分析有不小的貢獻。此貢獻可以從下列兩方面看到。第一，區分工具理性和目的理性行動；第二，提出互動和溝通的行動（Thompson, 1981: 130）。此等區分所以對於理解人類的行為有所貢獻，乃因為在知識論方面很清楚的讓人分辨

出社會理論中的「工具理性行動」和主體互動的「溝通行動」之別。繼之，更因為能如此區別，對於行動的理解更不致於有所扭曲，也更清楚人類行動的特質所在。雖然若干工具理性的行動可能也混雜著互動的溝通行動，但是，在語言溝通的過程中，此混雜的現象應當可以逐步浮現或分離出來，以達通透的理解（Thompson, 1981: 132）。如此一來，系統扭曲的溝通，或稱為「意識型態」與人類興趣之間也可以隨著論辯而逐步被析離出來。「教育係一種溝通行動」（楊深坑，2002：243），師生之間的互動即溝通不可或缺的管道。

肆、詮釋學方法論與教育研究

雖然言辭的論辯可以免除書寫文本者之意向性被定位的缺失，也可以化解社會科學被視為受制於社會規範的行為科學，但是，行動者的觀念卻可能因為不明朗或可以隨時改變而變得不確定，遂使得人類對於行動的理解更無法掌握。如此一來，期能透過理解文法來理解文本，透過理解行動來理解文化或人類價值觀或行動意義的目的可能無法達成，甚至無法理解。啟蒙理性即顯露出詮釋者不受制於傳統之自由（Ferraris, 1996: 65）。

語言乃理性與解放之共同資源，也是經驗和真實的具體媒介（Ferraris, 1996: 71）。無論 Friedrich Schlegel（1772-1829）、Friedrich Wilhelm Joseph von Schelling（1775-1854）、Friedrich Holderlin（1770-1843）或 Hegel 均認定語言具神秘性特質，Karl Wilhelm von Humboldt（1769-1859）即發展理性、語言和人文性之間的關係（Ferraris, 1996: 76-77）。析言之，這些人視閱讀為精神的解脫，將有限的字變成無限的精神（Ferraris, 1996: 80）。

一、詮釋學重啟教育研究之辯證方法

詮釋學與語言的關係自啟蒙以降，即清楚的看出其與文化史之間糾纏不清的關係，然而從詮釋學的發展脈絡可以看到，詮釋學無論就知識論、價值論或形上學而言，除了致力於免除宗教教條的宰制外，也企圖透過自

我意識的彰顯，重建文本原貌，並回歸事件本身的真實性和意義，甚至衍生創造性詮釋，就是此種功能和企圖，確立詮釋學的方法論地位（Deme-terio, 2001）。可見欲達成理解，不但需要把握語言的文法、結構和意義，更需要設身處地的將傳統、文化和歷史因素考慮進去，而且試圖超越作者所欲表達的理念。此清楚的點出詮釋與辯證法互為表裡的深刻關係。一言以蔽之，辯證其實就是對立的統合，故教育研究也可被視為尋求對立問題之統合解決的過程與結果。

詮釋學的發展史本身就是辯證精神和方法的彰顯，因此，詮釋學的漫長發展歷程中除了表現其理解、解釋和應用的技術，也逐步邁向真理的辨明和意義的彰顯，此過程與結果一則顯示自然科學與精神科學相融通的研究取向；再則也闡明研究之殊異性和普遍性會通的趨勢。在此辯證的過程中，詮釋學也在不斷的解構和建構中成熟而圓融。教育研究無論在方法或研究課題上也彰顯出此辯證的精神。潘德榮也提出相類的主張，他歸納出詮釋學的五大特點：㈠詮釋不限於解經；㈡詮釋學的基本思想中包含了辯證法；㈢詮釋學因著辯證法而深化對整體的理解；㈣詮釋學因為辯證法的涉入而與心理學不同；㈤詮釋學因著辯證方法而更徹底的開放創造的可能性（潘德榮，1999：49-51）。此外，普遍與個別的融合也顯示詮釋的辯證精神，此等尋求對立的統一之辯證觀點，其實也涵蓋批判的觀點。

Gadamer 在《真理與方法》（*Truth and Method*）一書肯定 Aristotle 學派主張之普遍與具體之知的觀點，並將從普遍主張抽離出原則來處理殊異的能力視為實踐智慧。簡言之，整合普遍與個殊能力所展現的亦是辯證的理念和方法。Vico 也從補充 Descarte 理性之知的觀點出發，以地理的經驗取代時空的抽象概念，使詮釋學不再局限於從數學的邏輯思維，此也是辯證的體現（Gadamer, 1975: 20）。當代所稱的社會地圖學[9]著重個殊與群體之間的關係，或許也和詮釋學的辯證發展有關（Gadamer, 1975: 21）。若

---

9 社會地圖學（social cartography）乃藉由地圖的閱讀與書寫，以處理關於社會情境中的定位問題。社會地圖學的興起是受到後現代、後結構主義的影響，反對「鉅型敘事」，重視在特殊歷史社會脈絡中，透過地圖的繪製，以知曉社會權力關係結構是如何再現（楊軒，2003）。

將此概念推之於教育研究，則民俗誌研究也是從文化的地表挖掘各民族之信念和行為，乃至於價值體系。依此，必須在民俗誌研究中掌握主流文化和少數或邊緣文化之間的辯證性拉距，方能理解保留與發展該文化的動力因與目的因。

總之，「中介」乃詮釋學的因子（Gadamer, 1975: 23），詮釋學的理解必須藉由一個中介因子，只是此「中介因子」可能是語言，也可能是傳統、歷史與文化所積累出來的價值觀，甚至於具體或抽象的意識。雖然語言不同於思想，更不能取代思想，但是，語言是詮釋學不可或缺的要件，也是思想表達的重要形式。Gadamer 就是持此等觀點者，他認定翻譯反應的就是日常語言所代表的意義，無需重新建立理解語言的新規則；相對的，Habermas 認為透過溝通過程，可以重新建立新的語言規則，如此，語言的誤解問題方可能化解（Thompson, 1981: 119）。Winch 的觀點與 Gadamer 較為接近，雖然重視文化和社會的變遷因素，卻認定人類在歷史和社會的洗禮之後所保留的不僅僅是習慣，更是具有個人意義和價值的「故事」（Thompson, 1981: 120）。然而不論是習慣也好，故事也罷，均需要透過廣義語言的表達（含行動）方能讓人理解，而且隨著語言論辯或溝通行動的過程，先前的理解不斷受到反省與批判，此反省和批判有助於理論之知的建構；相對的，我們對於現象的理解也因著語言、思想和行動的逐步融合而更為深化。無疑的，教育研究終極關懷的善知識正鮮明的從詮釋學回歸實踐智慧的旅途中浮現出來。

試想：當觀察一所學校之際，我們如何理解該學校的文化？如何透過觀察或訪談資料分析教師和學生的價值觀？若單純的從語用法和語詞的改變是無法「掌握」該事件的「事實」。易言之，單純的從語言「還原」為「事實」不但不可能，而且顯然是不足的。語言與社會生活能否相符應？語言能否等同社會生活的全貌？此端賴語言的規則與行動的規則是否一致，以及人類的語言和行動是否完全遵照語言和行動的規則為之而定。因此，在理解或掌握事實真相的過程中必須先釐清，並檢視語言和行動者所據以使用的規則是否一致。若兩者一致，則可以透過語言和行動來理解社

會的生活面貌。反之，若行為或語言不受規則的限制，則人與人之間可能彼此難以理解。Winch 即基於此論點而認定人的行為只有符應語言規則時方具有意義（Thompson, 1981: 121）。不過，如此的論斷卻存在無法解釋語言或行動可以衍生創生性規則的論述和事實，然而新的規則若不是因著理解，又如何使該規則具有普遍性？這也是詮釋學研究方法的限制。

在詮釋學受到肯定之前，語言分析並未在教育研究中扮演吃重的角色（Schiffrin, 2000: 274），尤其語言與社會生活能否相符應，一直成為語言是否可以彰顯社會生活樣貌的疑慮。然而詮釋學的方法開展出解經與解讀人類心靈活動的方法，此法甚至與解釋自然現象並無差別，只是理解的依據和程度可能有所不同。舉例言之，就實驗或量化研究而言，因為可以清楚的看到變項和量化的數據，所以可以依據該資料「解釋」變項之間的關係；相對的，對於無法量化的對象，或晦暗難明的現象，則可以透過掌握該現象的歷史資料，並對照其所處社會的生活方式，進行真理內容的臆測和對話，以及作者意向的捉摸和生命意義的彰顯，逐步化暗為明，乃至於本質的還原。此時我們可以說，詮釋學將研究對象文本化之後，再設身處地的融入研究對象的文化脈絡中，建立「視域融合」或「溝通共識」。就此而言，詮釋學不但跨過了歷史無法理解的鴻溝，而且進一步透過主體意識的彰顯，自歷史和傳統的牢籠中解放出來，寫下歷史概念非永恆不變的「創造性詮釋」研究典範，也跳脫啟蒙運動時期之普遍理性所建構的絕對性偏見和陰影。

二、詮釋學與教育研究中的意識問題

意識能否被理解，也是詮釋學檢證理解程度的重要指標。詮釋學最早用於「解經」，解讀聖者之言和聖意（Ferraris, 1996: 1）。因此，表達成為個人情感的顯露，行動本身則成為詮釋。所以詮釋成為可能乃因為透過語言掌握說者之意思，尤其透過語言背後的理性和結構所致。此理性和結構就是所稱之「Logos」。但是，理解是一回事，讓他人理解又是另外一回事（Ferraris, 1996: 2）。同理，教是一回事，學也是另一回事。然而兩

者均需要在具有意識的情境下進行活動。

　　Louis A. Sass 引用 Husserl 的理念指出，無論現象或經驗的起始或終結均是「意識」，雖然 Husserl 視意識等同於 Descartes 之理性確定性，但是，其目的是為了使可能被扭曲之經驗能夠藉著「放入括弧」而邁向客觀性（Messer, Sass, & Woolfolk, 1990: 228）。人類之所以「看到」自己的行為，就是因著意識掌握其主體的經驗，而其經驗又展現於人類的行為中。存在詮釋學基本上也就是為了避免人類在理解的過程中過度重視經驗和行動而開展出來的。簡言之，現象詮釋學和存在詮釋學所著重的雖然不相同，但是，兩者卻同時獨鍾意識，只是 Husserl 將放入括弧外的意識視為超驗的普遍經驗；Heidegger 卻強化最原初之感觀經驗的不斷彰顯（Messer, Sass, & Woolfolk, 1990: 234-241）。其實此兩者的路徑雖然不同，但是，對於主體與客體的合一性均抱持相同的觀點。簡言之，兩者仍沿用辯證的精神，認定意識與外在世界是無法分開的，故處理意識問題和處理外在世界或行為是一體的兩面。就此而言，教育研究所以可以「洞識」心理的活動乃基於對人類行為或語言的理解。

　　若此，則無意識的部分是否可以透過語言描述出來？MacIntyre 基本上認為是可以的，否則佛洛依德又如何透過夢的解析「詮釋」人的意向？不過，若佛洛依德是對的，則其所詮釋的就不是無意識的對象，反而是有意識的部分。因此，佛洛依德所稱之「無意識」應該只在某些時空下無意識，但在某些情況下是可以被意識到的，否則人又如何可以透過語言在「夢境」中描述出來？如此一來，所謂的「無意識」可能是當事者刻意的「遺忘」？若此推論可以被接受，則無意識的行動或概念將不存在，所以有「無意識」只因為定義不同，本質上均是具意識或可以意識到者，所以才能透過語言表達出來。因而，將詮釋學用之於教育研究，也只能處理具有意識的行為或現象，而無法處理無意識的對象。意識的一致性問題與詮釋學方法論是否能夠建立普遍性原則有關，Schleiermacher 與 Dilthey 雖然也努力尋求詮釋的客觀性，但是，他們和 Hegel 一樣，必須預設絕對精神的超驗存在。

Ricoeur 認為意識和無意識都一樣難懂，意識若是指自我理解最原初的點，則意識就可以作為我們確定理解與否的中介，但是，此同時也隱含著無意識便無法認知的危機（Changeux & Ricoeur, 2000: 99-102）。但是，詮釋學所論及的「意識」一詞無法像 Descartes 那般嚴謹的涵蓋感官經驗、想像、意志、理解等經驗的行為，也因此，詮釋學的意識比較偏向 Freud 所採取的觀點，即認為「無意識」的知識是無法認知的，此觀點肯定本文中個人對於教育活動中意識之理解的解說。

論及語言與理解就必須像 Ricoeur 一樣，考慮到指涉者（signifier）和被指涉者（或稱「所指」）（signified）的關係。St. Augustine（354-430 D. C.）早已提出指涉與指涉者之間的詮釋關係。所謂指涉者與被指涉者之間的關係，指語言或動作和其所代表的文字和姿勢之關係（Ferraris, 1996: 14）。此說明詮釋學的方法論一則可以從解釋「所指」出發，另一方面也可以從「指涉」本身為開展的據點。但是，若再考慮個人與社會的關係則需要再考慮歷史與社會變遷對於個人的影響，如此，才可以較清晰、較不被扭曲的解讀語言所表達或描述的意涵。

從 Kant、Husserl 到 Heidegger 一路走來，對於文化和社會變遷似乎都偏向於認定時空的形上特質，故不處理時空影響下的語言變遷與思想變革。質言之，此等觀點默認了結構的普遍性和超驗性本然存在，故歷史和社會變遷不會影響我們對語言意義的理解。然而，若此觀點為真，則如何解釋語言的約定俗成、衍生性語言，以及文法規則的變化？Wittgenstein 認為語言的此等改變所代表的意義不是理解，只是語言使用者自我表達或反應的方式，此等反應也可能基於被訓練出來者（Thompson, 1981: 119）。例如，兒童的語言可能只是被訓練出來的各種表達方式，無需顧及是否和其內在意向性相結合。因此，就教育研究而言，若承認語言或行動也可以不受制於意識，則瞭解組織文化和師生語言和行為也可以僅賴量化的數據便能有效的解釋，只是作量化研究之前必須先論證所欲解釋的語言或行為不是意識的產物，而是「訓練」出來的無意識行為，此無意識的行為既非教育活動，更非教育本身的目的。

上述 Wittgenstein 的解釋或許可以化解語言與文化或歷史變遷所造成之理解的困難,但是,本質上只是將語言與文化或社會變遷有關的問題視而不見罷了。因為當兒童學會某個語詞時,的確存在一段「試用」期,在該時期中,兒童可能將該語詞多元而隨性的表達,不會刻意的顧及他人是否可以理解,但是,兒童和成人均會慢慢的「修正」其對該語詞的用法,而逐漸達成一種該社群所可以理解的「共通意義」性語用。此時,語言的表達即可以無礙的被理解,所以語言與社會的變遷和文化的因素是無法分開的,除非個人所用的語言純粹只是「個人的獨白」。在此情況下,若他人欲理解此「獨白式語言」,則需要從挖掘該言語者的生活、思想和歷史方能獲得理解,甚至需要透過論辯或溝通的過程方能驗證彼此是否達到無誤的理解。教育研究的訪談或觀察亦然,雙方必須對於語言的表達有某種程度的共識存在,否則無法理解語言,不但無法溝通,更無法理解其所代表的文化。畢竟,「語言的形式即文化價值的表徵」(Wagner, 2001: 90)。

我們之所以承認口述歷史研究法的合法性,正因為認定語言所描述的背後預設不但是具有意義的「故事」,而且是被研究對象所處時代之生活和風俗習慣,乃至於生命的寫照。其實此過程也是一種解構與建構的辯證。Gadamer 與 Jacqes Derrida(1930-)的論辯所凸顯的也是建構和解構的問題(Ferraris, 1996: xv)。前者主張詮釋的「視域融合」觀,後者則強調詮釋過程的「解放」本質。質言之,Gadamer 強調的哲學詮釋學(philosophical hermeneutics)並非解釋哲學的文本,而是建立哲學的基本問題(Ferraris, 1996: 3),即從辯證之途返回對話(dialogue),再從對話回到日常生活的會話(conversation)(Ferraris, 1996: 181)。就此而言,哲學詮釋學無疑的為口述歷史寫下方法論之依據。

相對於 Gadamer 的哲學詮釋學,Derrida 所關心的是 Heidegger 以降之形上詮釋學的知識論問題,質言之,Derrida 所欲探討的是形上的超驗如何奠定詮釋學的合法性(Ferraris, 1996: 181-182)。他提出 "difference" 一詞,[10] 表

---

10 "differance"一詞本文暫且翻譯為「差異」,其實 Derrida 所以將英文的 "di-fference" 中間的 "e" 改為 "a",主要的就是要提醒讀者,其提出 "differance" 不是為

示可能的存在，卻未必真的或已經存在，而且也因此不屬於存在或不存在的本質或範疇（Derrida, 2003: 227）。此外，Derrida 也強調他所說的 "difference" 的重點在於指出超驗的真理並不存在，故實證主義的價值也非植基於合乎邏輯的語言或思考。一言以蔽之，只有「遊戲」的概念超越邏輯實證的思維，也使無理數統合了機率和必然性（Derrida, 2003: 228）。

若 Derrida 的觀點是正確的，則所有的語言或符號便不再能被理解，因為它們只是一種「再現」，而不是真正的存在；其次，對於社會、文化與語言之所有規範、風俗習慣、規約或規則等之權威也將被消解而蕩然無存。雖然 Derrida 此觀點有助於解構既存的威權，但也使得世界的結構支離破碎。Habermas 提出自我主體中心（subject-centered）和溝通行動之間的論辯以化解解構論的弔詭（Habermas, 1987: 294-326），並可以較中肯的讓 Derrida 的解構論彰顯其正面功能，又能消解其另類的「獨斷」。

三、「語言」概念對教育研究典範轉型的解構與重建

建基於批判理論之批判教育學包含實證分析、歷史詮釋和意識型態批判和解放三種方法論。就此而言，教育學的研究方法也可以分為描述性研究、實踐性研究，以及後設理論研究三種。描述性研究偏重規範的陳述，實踐研究則開展教育實踐活動中的互為主體的規範；後設理論研究則檢視上述兩種教育研究之思維方式（真理性）、權力運作（合法性）；以及共識基礎與過程的合理性課題。真理性以因果分析為研究方法的重點，合法性研究以規範建立的正義過程為訴求，合理性研究則訴諸實際經驗和人文陶成之實踐批判為主軸。

Habermas 認為生活世界中包括實證科學強調的「工作」，也涵蓋社會科學重視的「互動」，此觀點可能受到 Hegel 區分自我與他人之辯證活動觀點的影響。只是 Habermas 提出「普遍語用學」作為人與他人溝通的媒介，此可以彌補只從系統或概念加以理解的不足，而且，藉著普遍語用學

了建立形上學或神學的基礎，而是要提醒讀者注意每件事情其實皆只是策略，且充滿危機，因為並不存在所謂的「超驗的真理」。

的概念也可以揭露說話者的主體性。Habermas 的「普遍語用學」乃統合語言學的方法和其知識與人類興趣之理念所提出者，他希望能藉此更確立語言的認知、反省、表意 [11] 之功能，更何況此三種功能亦與其三大知識與人類興趣相呼應，故從普遍語用學的研究也可以掌握人類的知識和興趣。

　　語言理論與詮釋學方法論結合之後對於教育研究會產生何種解構？又會有何建構呢？首先，若詮釋學乃解經之學，則身為上帝子民的人類還需要詮釋學才能理解上帝或彼此理解嗎？然而就詮釋學的緣起和發展觀之，詮釋學已經從天上走向人間，甚至從王宮貴族走入平民百姓之家，而語言乃人類共通的「交通工具」，所以，詮釋學中的語言概念也成為人類彼此理解或溝通的工具。就此而推，理解教育活動需要語言乃天經地義，故對教育活動的理解自然也就離不開對語言的掌握。

　　於是接下來的問題便是，何種方法來處理教育活動的語言才適切的問題。由於語言涉及歷史和文化，也與個人的思想和行動有關，因此，教育研究也應該對教育活動的歷史和文化，以及教育活動的主體認知和行動有所探索。首先，教育文化是否存在普遍性？從民族的多元性和知識的客觀性言之，詮釋學仍未能提供我們一個足以說服人的普遍定位，這也使得今日從事教育文化研究和認知主客體研究的方法論無法定於一尊的主因。

　　Tom Reeves 將教育活動分為「分析－實驗－實證論－量化」（Analytic-Empirical-Positivist-Quantitative）、「建構主義－詮釋－解釋派－質化」（Constructivist-Hermeneutic-Interpretivist-Qualitative）、「批判理論－新馬克思主義－後現代－實踐」（Critical Theory-Neomarxist-Postmodern-Praxis），以及「折衷－混合方法－實用」（Eclectic-Mixed Methods-Pragmatic）等四大典範（Reeves, 2003: 1-4）。此四種典範的名稱相當複雜，而且看起來好

11　Habermas 的普遍語用學分別融合了 Noam Chomsky（1928-）、John R. Searle（1932-），及 John L. Austin（1911-）之語言理論所形構而成的。其中所稱的「locutionary」指的是語言中凡發出聲音者必也涵蓋其字之意義，也是語言必然的構成要件，故 Habermas 用來說明認知性的客觀語言；至於具有溝通能力的語言即指可以反省、驗證的語言，稱為 "illocutionary"；而 "perlocutionary" 則指說話者表達自我意向性的語言，故屬於表意的語言（Schiffrin, 2000: 51）。

像將所有教育的理念均收納進來，個人雖不是相當贊同 Reeves 教授的作法，但是其歸納應該有助於教育研究者於進行研究時思考自己所研究之課題的屬性、範疇和定位，俾能選用適切的方法，故仍於此加以介紹，並作為討論詮釋學方法論對教育研究何去何從的參照判準，但本文非教育研究法的文章，故不一一對上述典範所採用的方法加以分析和批判，只針對與詮釋相關的方法加以釐清。

「分析－實驗－實證論－量化」典範其實就是行為科學所重視的那套認定物質乃真實的存在，且可以透過數學的量化分析而加以定義、解釋、預測、控制、推論或實驗之觀點，所以教育研究在此典範下將可以完全的物化教育活動的主客體。「建構主義－詮釋－解釋派－質化」典範，則幾乎翻轉了第一個典範的觀點和方法，因此，重視實地觀察以及對生活和歷史脈絡的掌握，乃詮釋典範研究的樣板。至於與此典範相雷同，只是偏重點不太一樣的是「批判理論－新馬克思主義－後現代－實踐」典範，兩者主要的不同在於後者特別重視「權力」和「被壓迫者」之間關係的探討和重新建構，嚴格論之，我們也可以將「批判理論－新馬克思主義－後現代－實踐」典範視為「批判詮釋學」的課題，尤其探討教育活動中意識型態宰制、弱勢團體、邊緣化文化之深層結構或意識的解放時，乃凸顯批判詮釋學的先破後立的解構和重建之辯證理念。最後，「折衷－混合方法－實用」典範其實借用了其他三種典範的方法，為的是解決教學上的問題，尤其是課程與教學設計上的問題時所採用的方法。

舉例言之，當我們欲理解如何建構一所優質學校時，研究的方法雖然很多，但是較為整全的研究需要瞭解該校的組織文化、在該社區、社會之歷史脈絡和文化的定位、師生、家長、行政人員等之人際互動、一般與特殊的文化或制度等，然後再透過觀察、訪談等方法尋求理想與實際之間的落差和問題之所在；繼之，進而思考問題可能的解決策略。就此而言，幾乎任何一個環節的瞭解皆有必要充分的掌握資料和瞭解主體與客體的傳統、歷史和文化對其所彰顯的意義，甚至個人生活和學校期待之間的權力關係，方可能較具體的掌握問題的核心並思解決之道。

在此研究過程中，量化的研究偏重對於假設的驗證，質化的研究則強調全面的理解，但是，我們是否能說量化研究的資料真的只需要「解釋」，而不必對考慮相關因素的理解嗎？個人不同意此觀點。雖然 David San Filippo 區分觀察法、現象學方法和詮釋學方法有不同的目的：觀察法只是蒐集、記錄和報告資料的工具；現象學方法則偏重描述主體的經驗，尤其確認個人經驗與其生活中的關聯性；詮釋學方法則在於解釋本質，以更深層的理解人類的經驗，所以，詮釋學方法必須佐以現象學的方法，並將被研究對象的生活脈絡納入理解的考量（Filippo, 2003: 1-4）。

然而，教育研究的目的就是為了解決問題，只是此問題的層面不同、原因不同，故所有有利於瞭解問題癥結和提出解決問題策略的研究方法均應該多元的採用。質言之，解決立即性的問題和解決本質性的問題是不同的。就上述優質學校的問題言之，書面和口述的文獻資料需要分析；透過觀察和訪問的資料也需要歸納整理；資料與資料之間的一致性和因果性更需要驗證和釐清；組織的結構需要瞭解；人與人之間的互動也要掌握；語言的表達需要理解；無言的行動也需要解讀；共通性的現象需要彙整；殊異性的現象也不可放過；不同時空脈絡下之各個層級的學校、家長、社會、教師和學生的文化皆需要清楚；個人的觀察記錄是理解的重要線索；其他人的手札和檔案也不可放過；團體的互動行動要顧及；個人的行為表徵也需要珍惜。就此而言，本文所探討的詮釋典範似乎從各種動態和靜態文獻的分析（解經詮釋學）、觀察（現象詮釋學）、訪談（存在、歷史或哲學詮釋學），到對資料和現象的反省、解放和批判（批判詮釋學）等均已納入詮釋學的方法論中。果如此，則教育研究應該可以放棄其他的研究典範或方法論了。但是，事實並非如此，本次研討會的研究方法論就不勝枚舉，而且還可能有些研究方法論並未被列入此次的討論中。

伍、結語

方法不同於方法論就如同廚房的工具不同於廚師的廚藝；廚藝卓越的

廚師可以選用適切的工具，並發揮其淋漓盡致之功。教育研究法之於教育研究方法論亦然。但是，隨著教育專業的分工趨於精細，也使得方法和方法論也隨之變得複雜和多元。雖然，就詮釋學方法論而言，也周旋於自然科學與精神科學之普遍與多元之間一直難以定位。Habermas 將人類知識分為三類的觀點，明確的點出自然科學和精神科學不是以「人」或「自然」來區分，而是理論與實踐之別。教育研究亦然。

再者，教育活動也不再局限於傳統的知識、技能、價值完全三足鼎立的局勢，教育理論與實踐之間的關係也不再是一元，而是多元的樣貌：依據 Wilfred Carr（1945-）之觀點，教育理論和實踐之間存在相互依存、對立和各自獨立三種關係，因此，教育研究者在選用方法時不但需要謹慎，也需要精確的瞭解所欲探討教育課題之本質。誠如 Heidegger 所言，若依據研究者或被研究者個人的信念和需求，去解讀人類的行為未必是適切的（Magee, 1987: 277）！畢竟，教育的面向是多元的，以語言為主軸的詮釋學方法更該精緻到區分精神性的宗教語言和世俗語言（Carr, 1999: 451），尤其在後現代思想的社會脈動中，我們更需要展現批判、自主的理解（Lovlie, 2002: 467），延續 von Humboldt 以降之 Bildung 的概念，從個人能力的發展到社群文化的陶成之轉變過程中，邁向不斷批判和辯證的福慧重建之途。

參考文獻

陳榮華（2000）。高達美論語言與世界的關係，**科學哲學與科學史**，3，125-155。台北：桂冠。

楊深坑（2002）。**科學理論與教育學發展**。台北：心理。

楊軒（2003）。**社會地圖學**。2003 年 4 月 1 日，取自 http://www.edu99.idv.tw/社會地圖學.htm retrieved on 2003/4/1.

潘德榮（1999）。**詮釋學導論**。台北：五南。

韓水法、莫茜（譯）（1998）。M. Weber 著。社會科學方法論。北京：中央編譯社。

Allen, D. & Eliade, M. (1978). *Structure and creativity in religion: Hermeneutics in Mircea Eliade's phenomenology and new directions.* New York: Mouton.

Carr, D. (1999). Spiritual Language and the Ethics of Redemption: A reply to Jim Mackenzie' in *Journal of philosophy, 33*(3)*, 451-461.*

Changeux, J. P., & Ricoeur, P. (2000). *What makes us think?* Princeton, NJ: Princeton University Press.

Demeterio, F. P. A. (2001). *Introduction to hermeneutics.* Retrieved March 27, 2003, from http://www.geocities.com/philodept/diwatao/introduction_to_hermeneutics.htm.

Derrida, J. (2003). Differance In L. Cahoone (Ed.), *From modernism to Postmodernism* (pp. 225-240). Oxford: Blackwell.

Ferraris, M. (1996). *History of hermeneutics.* (B. Somigli, Tran.). New Jersey: Humanities Press.

Filippo, D. S. (2003). *Dying & Death from an Observational, Phenomenological & Hermeneutic Perspective.* Retrieved March 13, 2003, from http://www.lutz-sanfilippo.com/1sfd &dperspectives.html

Gadamer, Hans-Georg (1985). Philosophy apprenticeships (R. R. Sullivan Trans.). *Philosophy apprenticeships.* London: The MIT Press.

Gadamer, Hans-Georg (1977). *Philosophical hermeneutics* (D. E. Linge Trans.). London: University of California Press.

Gadamer, Hans-Georg (1975). *Truth and method.* New York: Continuum.

Gur-Ze'Ev, I. (2002). Buildung and critical theory in the face of postmodern education. *Journal of Philosophy of Education, 36*(3), 391-408.

Habermas, J. (1979). *Communication and the evolution of society* (T. McCarthy Trans.). Boston: Beacon Press.

Habermas, J. (1987). *The philosophical discourse of modernity* (F. Lawrence Trans.). Cambridge, MA: The MIT Press.

Hahn, L. E. (Ed.). (2000). *Perspectives on habermas.* Chicago: Open Court.

Howard, R. J. (1982). *Three faces of hermeneutics.* New York: Routeledge.

Lovlie, L. (2002). The Promise of Bildung. *Journal of Philosophy, 36* (3), 467-486.

Magee, B. (1987). *The great philosophers.* New York: Oxford University Press.

Messer, S. B., Sass, L. A. & Woolfolk, R. L. (1990). *Hermeneutics and psychological theory.* London: Rutgers University Press.

Moran, D., & Mooney, T. (2002). *The phenomenology reader.* New York: Routledge.

Mueller-Vollmer, K. (Ed.). (1986). *The hermeneutics reader.* Oxford: Basil Blackwell.

Reeves, T. (2003). *Educational paradigms.* Retrieved March 23, 2003, from http://www.eductionau.edu.au/archives/CP/REFS/reeves_paradigms.htm.

Ricoeur, P., & Ihde, D. (Eds.). (2000). *The conflict of interpretations.* Illinois: Northwestern University Press.

Ricoeur, P. (1982). *Hermeneutics and the human science* (J. B. Thompson Trans.). Cambridge: Cambridge University Press. (Original work published 1981)

Ricoeur, P. & Kearney, R, (Eds.). (1996). *The hermeneutic aaction.* London: Sage.

Schiffrin, D. (2000). *Approaches to discourse.* Oxford: Blackwell.

Thompson, J. B. (1981). *Critical hermeneutics.* London: Cambridge University Press.

Wagner, P. (2001). *A history and theory of the social sciences.* London: Sage.

討論文章：

「詮釋典範與教育研究」

崔光宙

作者溫教授以〈詮釋典範與教育研究〉為名發表這篇論文，大致上可分為：詮釋學的觀念發展與詮釋典範的教育意義兩個部分。就結構而言，全文花費許多篇幅在詮釋學觀念的歷史發展，相對的它和教育研究的關係反而著墨較少。本文之討論則企圖補足原論文未暇處理的問題，也就是詮釋學方法究竟如何有助於教育研究之進行與發展。

如眾所周知，教育學術研究，明顯可分成「實證科學」和「詮釋學」兩種不同的典範。實證科學的方法論可溯源自康德的「純粹理性批判」，該書確立普遍客觀的知識必須具備形式與內容兩個條件，即構成知識基本元素的「先驗綜合命題」，一方面符合邏輯形式（即康德所謂「悟性先天形式」的十二範疇），另一方面命題中所涉及的概念內容必須來自經驗。故「邏輯形式」加上「經驗內容」，構成了實證論的兩個基本條件。對康德來說，數學和自然科學符合上述兩個條件，是知識的典型，形上學不符合經驗內容的條件，故非知識的範圍。隨後法國社會學家孔德，在其「實證哲學講義」中，以自然科學為實證知識的典範，提出「社會物理學」的「實證社會學觀念」。

另一方面，「反實證方法論」的代表人物是寫《歷史理性批判》的作者——狄爾泰，他從「唯有生命才能真正認識生命」的「生命哲學」出發，區分「自然科學」和「精神科學」。自然科學的方法是邏輯推論與經驗觀察，屬於實證科學典範；人文科學的方法則是「理解」或「體驗」（Das Vestehen），故要重新建立一套不同於自然科學研究的詮釋學方法，作為精神科學的方法論。故「詮釋典範」的提出，其實就代表「反實證」的立場，以及「自然科學」與「精神科學」的研究方法的對立。

回到教育研究的多元性質來看，教育研究向來兼有「量化」與「質化」、「理論」與「實際」、「自然」與「人文」、「思想」與「行動」、「邏輯」與「非邏輯」、「自然觀察」與「參與觀察」、「客觀性」與「主體性」……各種二元對立。但一個以解決實際教育問題為本務的教育研究者，總是不願意見到這種社會科學方法論上二元對立觀念的涇渭分明，導致教育學術研究理論上的割裂，或實際教育活動喪失其繼續性與統整

性，因此才有論文中所謂「辯證關係」的提出。

　　但就教育研究的實況來看，「質量並用」而成功的例子，卻是相當罕見，原因是兩者各有源遠流長的歷史根源、完全迥異的方法訓練，想要在短時間中將方法論的矛盾衝突加以整合，不論在研究觀念的基本假設上或研究者的方法訓練上，都不是那麼輕而易舉。故就教育學術界的實際運作上，質與量、實證與反實證、自然科學典範與精神科學典範，至今仍然是涇渭分流、各行其是，非但未建立並未達到「良性互動」的「辯證關係」，甚至很難相互接納「共享成果」。

　　分析過兩種研究典範在教育學術領域中實際情況之後，再就教育研究的方法論，來論述「詮釋典範」和「教育研究」各方法間應有的具體關係：

一、就教育的哲學研究而言，哲學研究不離教育思想和觀念的探索和釐清，哲學家思想的根源在經典著作，這些著作的文字，必通過詮釋學方法才能揭示真義與價值。故教育之哲學研究不離詮釋典範的方法論。

二、就教育的歷史研究而言，真正的歷史方法不外「考古學」與「考據學」。考古學是蒐集地下史料，以拼湊出某一時代人類的完整生活記錄；考據學則是分辨歷史文獻之真偽，以及其可進行歷史推論之限度。教育學者即使進行教育史的研究，既無法運用考古學方法蒐集地下史料，亦無能運用考據學方法辨明文字史料。故往往使用的是詮釋學方法，對既有史料提出不同於歷史學者的「教育觀點」。故教育之歷史研究亦不離詮釋典範的方法論。

三、就教育之參與式觀察研究而言，研究者直接進入某個教育現場，必須充分運用「理解」的方法去深度探索教師、學生的心境與處境，以及師生的互動關係。故教育之參與式觀察研究，必以詮釋典範的方法論為基礎。

四、就教育之實徵性研究而言，研究者之研究設計，必以某兩個或數個變項之關係（因果或相關）為主要之研究對象。這些變項成為研究者之

「關鍵概念」（key concept），這些概念或有學術界通用的意義，或是研究者另外賦予操作性定義。不論引證文獻的釐清、關鍵概念的界定或被觀察對象之行為意義解讀，均不離詮釋學方法之應用範疇，故教育之實徵性研究亦當要有詮釋典範的方法論基礎。

從上述教育質與量各種研究取向來分析，詮釋典範為各類研究方法不可或缺之一環。此結論在辨明「詮釋典範」與「教育研究」的關係，或更為具體而有說服力。

詮釋學理論與教育研究的關係
——以呂格爾的詮釋學理論為例

方永泉

壹、詮釋學與質的教育研究

現代教育研究的開始發展，約略是在二十世紀早期。教育研究最先是以一種測量科學（measurement science）的形式出現，其目的是在以經驗性的事實來取代一般的意見。隨著桑代克（E. L. Thorndike）於一九〇四年出版《心智與社會測量理論概論》（*An Introduction to the Theory of Mental and Social Measurements*）一書後──該書後來為當時美國大學教育研究課程中廣泛採用──統計分析很快地取代了歷史方法，加上那一時代對於數字的崇信，所以量化測量方式旋即成為教育研究中重視效度（validity）的代表（Lagemann, 1997）。這種對於量化研究（quantitative research）的重視，雖然後來歷經不同時期的發展，但其在教育研究中仍一直延續著。

量化研究的理論基礎是來自於知識論中的經驗論（empiricism）及邏輯實證論（logical positivism），其主張使用「科學的方法」來進行研究。這種科學方法具有控制、操作性定義、重複實驗及測試假等特點。基本上，量化研究者常認為自己的研究具有下列的優點（Gibbons & Sanderson, 2002: 8-9）：一、研究者是獨立於研究對象之外的；二、主張現象的描述應該是對於觀察結果的精確與無偏見的記錄；三、追求客觀性，擺脫相對主義及形上學主張；四、強調重複、預測與控制；五、依據某種哲學的決定論，認為所有事件的發生都是基於恆常法則，而人類行為則可視為某些先前環境中事件的結果。

不過，近年來愈來愈多的書籍及專文開始對於量化研究的理論基礎及所謂的優點提出了不同的批評與挑戰，這些質疑同時也削弱了量化研究在一般社會科學研究及教育研究中的主宰性。基本上來說，這些質疑主要是源自對於專門知識（professional knowledge）本質的看法和量化研究有所差異之故，我們可以將前者總稱為詮釋論者（interpretivists）。一般說來，詮釋論者常使用一些建構性的概念（constructs），如文化、社會脈絡及語言等，來重新建構人們的世界觀，他們認為社會實在（social reality）是受

到社會互動所形塑的（Smith, 1989: 74）。詮釋論者因而在知識論上的主張可說是一種社會建構論（social constructivism），主張知識其實是一種「脈絡中的意義」（meaning in context），產生於社會的互動中（Williamson, 2000: 30）。對詮釋論者來說，社會的知識並不是獨立在人身之外，而人們也不可能直接就獲得與實在有關的知識。基於詮釋論而產生的研究，其焦點是在人們的信念、感情和詮釋方面，而且也會關注人們如何地透過「意義」來瞭解這個世界（Gibbons & Sanderson, 2002: 9），通常與詮釋論有關的研究，我們統稱為「質的研究」（qualitative research）。而由於質的研究關注「意義」的問題（李奉儒等譯，2001：16），所以它們又與專門探究「文本」（text）之詮釋和理解的詮釋學（hermeneutics）有著相當密切的關係。詮釋學因而可說是質的研究中重要的一項理論基礎。

依筆者之見，雖然在社會科學的範疇中，量化研究與質的研究兩種研究取向都在探討社會運作的方式、都在試圖描述社會實在（social reality）、都在回答某些與特定社會實在有關的特定問題；但是兩者間最大不同就在於「解釋」與「理解」的差異上。簡單地說，量化研究較關注的是歸納自然或社會現象的客觀法則，並根據這些法則去「解釋」各種現象；而質的研究則更重視意義的「理解」，研究的主要目的則是在「理解」某些社會行動對於行動者或研究者的意義。

若將一般的研究粗分為自然科學研究及社會科學研究（或是精神科學研究）兩大類時，我們可以肯定地說，在自然科學研究中，實際上並沒有所謂量與質的研究差別，自然科學研究永遠都必須以量化的「數據」作為其研究成果的驗證及呈現方式。所謂質與量的研究之爭，主要仍是發生在社會科學研究之中的，揆其原因，這應是與社會科學研究的對象是與「人」有關之故。社會科學研究要探討的是「人們」說了些什麼與做了些什麼，而對於絕大多數的研究者來說，人類之所以「說」與「做」了些什麼，其實都是有「理由」（reasons）的。是以研究的最主要目的，往往是為了歸納出解釋這些「理由」的「理論」（theories），進而提供那些不是研究者或是不在場的人們作為理解他人社會行動的基礎。

根據史密斯（J. K. Smith）的說法，在社會科學的研究中所進行的「理解」，大抵可以分為兩類：一是，**發現理論**，形成詮釋的背景網路，以作為理解他人行動或表述的基礎；二是，透過已經存在的理論背景或意義網絡，來**詮釋**其他人的行動或表述（expression）。對於研究者而言，在研究的過程中要去理解他人及他們自己，就必須透過某些已有的理論或意義背景來詮釋人們的表述（Smith, 1993: 183，粗體字為筆者所加）。所以社會科學的研究，往往是試圖對於其他人進行的「理解」，有時研究者可以透過對於他人的「理解」來更加地理解「自己」；研究者本身因而也常常成為研究過程中的反思對象。史密斯即以為，詮釋學與質的研究中有著重要關聯的原因，主要在於質的研究者試圖去理解其作為探究者（inquirers）時，本身到底是誰以及做了些什麼，所以質的研究者必須和詮釋學之間取得協調（Smith, 1993: 183）。是以當研究反省的對象也擴及到研究者本身的時候，詮釋學理論或可提供研究者另一重要的靈感來源。

　　而在教育研究方面，質的研究的出現，基本上是為了克服量的研究在研究過程中所面臨的困境，甚至是為了補充量的研究之不足有關。根據一些學者的意見（Hopkin, 1992; Jordan & Yeomans, 1995; Vulliamy, Lewin, & Stephens, 1990），質的研究方法可以使得教育過程及教育事物中產生新的洞見，也可以提供其他與教育相關事物的理解；甚至於在教育研究中實可說已經出現「質的轉向」（qualitative turn），這種「質的轉向」使得當代的教育研究者在進行研究之前都無可避免地要先從「質的」觀點來予以考量。

　　檢視相關的文獻可以發現，學者注意到詮釋學對於教育及教育理論的可能影響，大約在一九八〇年代時量化研究與質的研究之爭時即已開始，那時已有部分學者從事相關的論述。例如羅蒂（R. Rorty）在其一九八二年發表的〈詮釋學、通識課程與教學〉（Hermeneutics, General Studies, and Teaching）一文中就曾論述過詮釋學與教育之間的關係，文中羅蒂嘗試運用詮釋學來「解構」傳統教育的概念，並試圖說明實用主義與詮釋學之間的相似之處（Rorty, 1982）。而艾特金斯（E. Atkins）也試圖根據詮釋學的一些概念來重塑課程理論（Atkins, 1988）。格拉弗（S. Gallagher）除了為

文探討詮釋學與教育研究的關係外，更寫成《詮釋學與教育》（*Herme-neutics and Education*）一書，專書論述詮釋學和教育之間的關係。另外，在德國的教育學者方面，則有達奈爾（H. Danner）於一九七九年發表《精神科學教育學的方法》（*Methoden Geisteswissenschaftlicher Pädagogik*）一書中，依據德國的詮釋學理論，提出了所謂「教育詮釋學」（Pädagogische Hermeneutik）的方法（梁福鎮，2000：229-230）。

不過霍金森（P. Hodkinson）分析了相關的文獻後，認為儘管詮釋學和教育研究之間有著相當密切的關係，但卻僅有一些文獻曾經詳細地檢視了教育研究與詮釋學之間的關係（Hodkinson, 1998: 563），這些文獻如古巴等人（Guba & Lincoln, 1989）曾描繪了某種源於詮釋圈（hermeneutical circles）的評鑑模式。此外，霍金森尚認為，有關教育研究與詮釋學間關係的解析，最徹底全面的仍屬史密斯自一九八九年開始所寫作的相關一系列專論。霍金森也提到，除了史密斯的相關著作外，許多有關詮釋學的文獻其實都是在一九七〇年代、一九八〇年代時出現的。近來的教育研究中，表面上詮釋學似乎已為後現代主義（postmodernism）與解構（deconstruction）等觀念所蓋過，但霍金森認為這其實是誤解了詮釋學中有關「全體一部分」關係的涵義，因而誤以為詮釋學是一種「麻煩的二元論」或「暴力的階層化」（violent hierarchies）之故（Hodkinson, 1998: 564; Stronach & MacLure, 1997）。其實詮釋學中的許多觀念在今日的研究中仍然有許多的啟發性。

承前述，詮釋學與社會科學及教育研究有著相當的關聯，特別是在質的研究方面。在今日的社會及教育研究中，過去研究依據的主要理論基礎——經驗主義及與其有關的邏輯實證論和行為主義（behaviorism）——已然受到了相當多的質疑，而有關「意義」的詮釋亦已逐漸為成為社會及教育研究的焦點。在當今的社會及教育研究中，研究的重點不再限於對於時空中某些外在運動的描述（description），而是擴及到人類行動及表述背後的意向、動機與理由及意義等（Smith, 1993: 184）。在這種情形之下，研究人類理解（understanding）及詮釋的（interpretation）的詮釋學自然成

為進行社會及教育研究時參照的最重要典範之一。

　　歸納言之，我們可以再將詮釋學與教育研究之間的關係撮述如下：一、詮釋學理論可說是教育研究中有關質的研究的重要理論基礎之一，它提供了質的研究重要的方法論來源；二、教育研究主要研究焦點還是在人類的社會行動上，而教育研究發展至今，已經有著所謂「質的轉向」的趨勢，這種趨勢使得研究工作者更重視呈現於教育工作中人類行動之意義的理解和詮釋。而將人類及社會行動當成「文本」來進行理解及詮釋，正是詮釋學的最重要任務；三、從廣義的「研究」意義來看，在眾多的教育研究方法中，哲學研究法向來也是一個重要的研究取向。「傳統上，科學的寫作是有意地使研究者隱匿不見，而哲學的寫作是試圖將此當成一個階段，進而使得整個研究過程都隱匿不見」（Bridges, 1997: 179）。一般來說，哲學研究常是哲學思索（philosophizing）的過程，而採取哲學研究的寫作常是哲學思索結果的呈現，因而研究過程並非其所刻意強調的重點。但是詮釋學作為一種哲學理論，它亦具有方法論的意味（儘管當代的哲學詮釋學或詮釋現象學是將詮釋學當成「存有論」或「本體論」來掌握）。與其他哲學研究方法不同的是，詮釋學反而凸顯研究過程中的種種關鍵性問題。從文獻詮釋的角度來說，詮釋學要探究的是理解過程中，作者、文本及詮釋者之間的關係；而若從研究的角度來看，詮釋學探究的則是研究者與研究對象之間，甚至有時還包括與研究成果著作之讀者這三者間的關係。因此，詮釋學作為一種哲學理論，不管是在存有論或是方法論的掌握上，都可以成為教育研究中的一個重要研究取向。

貳、詮釋學的發展及其意義之演變

　　由於詮釋學向來不是一種單一的思想運動或派別，事實上它在許多的領域，如哲學、神學、法律、文學及社會科學的脈絡都是一個「似曾相識」的字眼。甚至於「詮釋學」一詞在人類歷史中可說已有著長遠且複雜的歷史，這使得詮釋學具有許多不同的意涵。許多的評論者都指出「詮釋

學」有著「定義上的模糊性」（definitional vagueness）（Gallagher, 1992: 3）。對於某些學者來說，詮釋學可能指陳的是二十世紀的一種哲學運動——包括海德格（M. Heidegger）及嘉達美（H. G. Gadamer）；或是二十世紀的一種神學——包括布特曼（R. Bultmann）與所謂的「新詮釋學」（New Hermeneutic）。而對於大多數研究文學的學生來說，詮釋學可能是詮釋文學文本的特殊方法；但對於其他人而言，卻可能指的是相對於自然科學的人文及社會科學學科所運用的理解與詮釋的方法（Mueller-Vollmer,1986: ix-x）。

大體上，在本文中所稱的詮釋學所指的是「意義詮釋的理論或哲學」（Bleicher, 1980: 1）。在此意義之下，詮釋學可說是近來社會科學哲學、藝術及語言哲學、以及文學批評中的重要主題。基於這種意義的詮釋或理解，詮釋學的方法是「有別」於一般自然科學的研究方法。羅蒂甚至更激進地說，詮釋學的出現基本上是從反面立論的，「它是某樣『非』科學研究之物......傳統科學研究的理解方式是柏拉圖式的（Platonic）」。羅蒂認為，柏拉圖式的圖象認為人類擁有某種官能——理性（reason），這種官能可以使人們自然地分辨出現實與非現實、真與假（Rorty, 1982: 522）。但近代哲學家尼采（F. Nietzsche）卻對此種人類認識真理的理性有所質疑，羅蒂以為，「詮釋學」可說是我們掌握尼采以降人類智識運動的關鍵字，它有時甚至會成為「解構在場形上學」（deconstructing the metaphysics of presence）的一個口號。我們當然不必如同羅蒂一樣，將詮釋學與自然科學研究的差異推到極處，而使得詮釋學成為「非理性主義者」的武器，但是詮釋學的出現，主要是為了與自然科學研究方法有所差異，這應該是所有學者都會同意的看法。

現代意義詮釋學的興起，大部分學者應該都會將其歸到十九世紀的舒萊馬赫（F. Schleiermacher）（Giddens, 1977: 54; Mueller-Vollmer, 1985: xi; Rasmussen, 2002）。舒萊馬赫將詮釋學當作是進行成功詮釋的方法，奠立了現代詮釋學的基礎。然而，自舒萊馬赫以來的現代詮釋學，各個學者之間也是充斥著各種不同有關詮釋的論點。例如布萊契（J. Bleicher）在其《當代詮釋學》（*Contemporary Hermeneutics*）一書中，將當代的詮釋學

發展分為「詮釋學理論」（hermeneutical theory）、「詮釋學哲學」（hermeneutic philosophy）與「批判詮釋學」。其中「詮釋學理論」包括了古典詮釋學（classical hermeneutics）與貝提（E. Betti）的詮釋學理論，「詮釋學哲學」則包括了海德格的「存在－本體詮釋學」（existential-ontological hermeneutic）、布特曼的「神學詮釋學」（theological hermeneutic）與嘉達美的「哲學詮釋學」（philosophical hermeneutic）；至於「批判詮釋學」則包括了阿培爾（K. O. Apel）與哈伯瑪斯的理論以及「唯物詮釋學」（materialist hermeneutics）在內。而穆勒—沃莫（K. Mueller-Vollmer）則是將德國詮釋學傳統的發展分為兩期：文獻學的（philological）詮釋學與哲學的（philosophical）的詮釋學。其中前者包括了舒萊馬赫、亞斯特（Ast）、朵伊森（Droysen）、洪堡德（Humboldt）與波伊克（Boeckh）；後者則包括了狄爾泰（W. Dilthey）、胡塞爾（E. Husserl）、海德格與嘉達美等人。

史密斯在論述到詮釋學對於質的研究所形成的挑戰時，認為詮釋學其實有著許多不同的「版本」（versions），而在各種不同詮釋學「版本」中，至少有三種特別是質的研究者會感到有興趣的——確證詮釋學（validation hermeneutics）、批判詮釋學（critical hermeneutics）與哲學詮釋學（philosophical hermeneutics）。其中確證詮釋學的代表人物是赫許（E. Hirsch）與貝提，批判詮釋學的代表人物則為哈伯瑪斯，至於哲學詮釋學的代表人物則為嘉達美。史密斯分別論述了這三種詮釋學（Smith, 1993: 189-199）：一、其中確證詮釋學的中心主旨可以稱之為詮釋對象的自主性（autonomy）或獨立性（independence），認為詮釋對象有其客觀意義存在，所以可以從事客觀的研究。赫許區別了「意義」（meaning）與「涵義」（significance）的不同。在確認詮釋學中，「意義」被賦予的地位是一種限定的實體（determinate entity），因而基本上可以精確地描述；至於「涵義」則為隨著不同詮釋者的興趣及目的而有所差異；二、批判詮釋學認為確認詮釋學並沒有充分地解釋研究者為什麼會比作者更好地理解其作品或表述。由於作者本身可能就不自覺成為假意識（false consciousness）

與意識型態扭曲（ideological distortion）的犧牲品，所以他們本身反而可能會誤解其自身表述的意義。批判詮釋學認為其主要任務即透過對客觀歷史條件的理解，喚起實際的行動——包括賦權（empowerment）與解放（emancipation）；三、哲學詮釋學認為詮釋學並不是對於意義的精確描述，也不是透過客觀歷史條件對於意義進行的評估。相反的，詮釋學有其深層的存有論意涵，因為「理解」是人作為一種在世存有時的基本模式（primordial mode of being in the world）。除了對於理解進行存有論式的闡釋外，哲學詮釋學也認為，意義不是在彼處等著被發現的，而是透過理解的行動生成的，特別是要透過詮釋者本身的先見（prejudice）、傳統或影響史意識（effective historical consciousness）等重要的觀念，真正的理解才能產生。

艾維森（M. Alvesson）等則將詮釋學分為客觀詮釋學（objectivist hermeneutics）與真理詮釋學（alethic hermeneutics）兩種不同的取向。基本上，不同詮釋學取向間仍有共通處存在，那就是兩者都強調「直觀」（intuition）的重要性，也就是都認為知識並非透過推理等理性方式獲得的。但是客觀詮釋學的「直觀」和真理詮釋學的「直觀」卻有所不同。前者的「直觀」是要重現（re-enactment）文獻創作者或行動者的意義，它是對於「根本意義」的「理解」。後者的「直觀」則是將真理當成是一種「揭露」（disclosure）的行動，在這樣的揭露行動中，透過一個更原初的統一（unity），主體與客體、理解與解釋之間的對立被解消了。客觀詮釋學的企圖，是想要透過詮釋學的發展，將文化科學（cultural science）與自然科學置於相同的立足點上，他們將研究主體與研究對象之間作了嚴格的劃分，並重視主觀思考與客觀實在之間的符應關係。而真理詮釋學則關注的是某些隱藏之物的顯露，認為理解是每個人類的基本存在方式。艾維森等人又將真理詮釋學劃分了三個次領域（這三者間並無尖銳的區別）：一、以海德格為代表的「存在詮釋學」（existential hermeneutics）；二、以嘉達美為代表的「詩意詮釋學」（poetic hermeneutics），晚年的海德格對此亦產生興趣，後來呂格爾（P. Ricoeur）則對其有著進一步的開展；三、以

馬克思（K. Marx）、佛洛依德（S. Freud）與尼采為代表的「懷疑詮釋學」（hermeneutics of suspicion）（Alvessson & Sköldberg, 2000: 52-58）。

艾維森等進一步以「詮釋圈」觀念來說明客觀與真理詮釋學的不同。詮釋圈可說是詮釋學的基本概念，早期的詮釋學就已有著「『部分』的意義僅能從其與『全體』之間的關係來理解」的觀念，此外，我們還可再擴充言之：「『全體』也只能透過『部分』」來理解。如此便形成了一個「詮釋圈」如圖1：

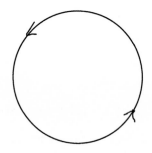

圖一　客觀詮釋學的詮釋圈
資料來源：出自 Alvesson & Sköldberg (2000: 53)。

上面的詮釋圈屬於客觀詮釋學。至於真理詮釋學的詮釋圈則是「先前理解」（preunderstanding）和「理解」形成的詮釋圈，如圖2：

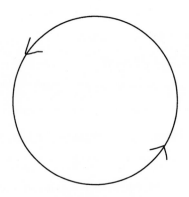

圖2　真理詮釋學的詮釋圈
資料來源：出自 Alvesson & Sköldberg (2000: 57)。

雖然詮釋學大體可分為前面兩種取向，但是這兩種取向之間並不一定不能相容的。例如前述的赫許就區分了原作者創作文獻的「意義」及對讀者而言的「涵義」，赫許雖然將分析的焦點放在前者，但也並未完全排除後者。史基納（Q. Skinner）亦認為作者的意向對於詮釋來說是必要的，但並未排除「涵義」的因素。至於詮釋學學者帕瑪（R. Palmer）雖主張真理詮釋學取向，但也認為兩者間不是絕對對立的，而是互補的關係（Alvesson & Sköldberg, 2000: 58）。基本上，艾維森等人承認兩個取向之間是可以統合在一起的，所以他們又加上了詮釋學的四個層面或要素（詮釋模式、文本、子詮釋、對話），將不同的詮釋學取向統合為下列的詮釋圈，如圖3：

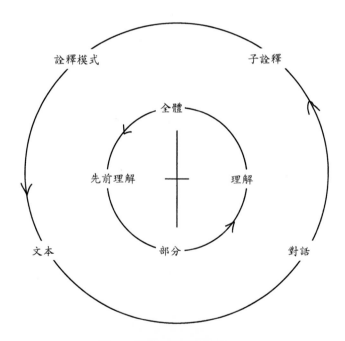

圖3　艾維森等的詮釋圈
資料來源：出自 Alvesson & Sköldberg (2000: 66)。

　　歸納言之，原先詮釋學的出現，是為了要進行經典文獻的詮釋與解讀，但是舒萊馬赫及狄爾泰等人卻將詮釋學轉化為人文或社會科學特有的方法論。這種方法論意義下的詮釋學追求的是「客觀的」理解，所重視的

是文本本身的客觀意義及其與原作者之間的關係，屬於艾維森所講的客觀詮釋學的範圍。再後來，由於現象學及存在哲學的出現，遂使得原先將詮釋學視為人文及社會科學方法論的客觀詮釋學產生重大的轉向。海德格與嘉達美等人嘗試由存有論的論點來重新闡述詮釋學的意義，理解成為人類存有的獨特模式，人類存有可以透過理解的活動得到更豐富的開展；在此意義下，不只是文本、作者仍舊為其關注的主題（特別是文本所在的傳統及歷史）之一，更重要的是，文本與詮釋者（讀者）的關係也成為詮釋學所探究的重要課題。

雖然當代詮釋學的發展歷經前述的演變，但對許多學者來說，兩者之間並不是非此即彼的絕對對立的關係，相反的，客觀詮釋學及哲學詮釋學（或艾維森所講的真理詮釋學）之間有無綜合的可能卻常常是其所關心的問題。大體來說，希望能將詮釋學兩種不同取向予以綜合的詮釋學有兩類，一是哈伯瑪斯等人的批判詮釋學，另一則是呂格爾的方法詮釋學。[1] 前者是希望藉由文本「之外」的客觀歷史及社會客觀條件的挖掘來保證詮釋結果的客觀有效性，所以主張與哲學詮釋學所強調的「傳統」保持批判性的距離。但這種對於「傳統」看法也使得哈伯瑪斯的批判詮釋學與嘉達美的哲學詮釋學分道揚鑣。至於呂格爾的方法詮釋學則是希望透過對於文本「之內」的敘事結構、隱喻（metaphor）、象徵（symbol）的分析，保證客觀解釋的可能。但另一方面，呂格爾則強調對於前述結構的解讀並不是唯一的，因而仍然維持對於讀者存在性理解（existential understanding）的重視。由於哈伯瑪斯的詮釋學屬於批判導向的理論或典範，所以本文在此不擬述。至於呂格爾方法詮釋學則持平地看待批判和「存在—現象學」取向的詮釋學觀點，試圖調解詮釋學的論爭，在當代的詮釋學發展中實有其重要的地位與代表性。著名詮釋學學者布萊契（J. Bleicher）因而以呂格

---

1 呂格爾將其所採行的思想進路稱作一種方法詮釋學，俾能由海德格與嘉達美的哲學詮釋學中區別出自己的哲學方法。沈清松先生認為，此一區分與其說是意味著兩者為全然相對的，毋寧稱之為一「方法論上的迂迴」，其最終所指向的仍同一哲學境界，也就是海德格與嘉達美所描繪過的存有與其真理。參見沈清松著（1994：342）。

爾的現象學詮釋學作為其《當代詮釋學》（*Contemporary Hermeneutics*）一書的總結（Bleicher, 1980: 233）。而湯姆森（J. B. Thompson）也認為呂格爾有關文本的概念及詮釋的理論提供了在詮釋學與批判理論的仲裁基礎，他的著作甚至建立了社會科學與哲學之間的緊密關係（Thompson, 1981: 66-68）。另外，普拉沙（A. Prasad）亦認為呂格爾試圖調和詮釋學詮釋中兩個不同的取向──相信的詮釋學（hermeneutics of faith）和懷疑的詮釋學（hermeneutics），前者基本上對於文本是抱持信賴的態度，後者則對於文本包持著批判和質疑的態度（Prasad, 2002: 23）。準此，有鑑於呂格爾詮釋學理論的重要性，在本文接下來的部分中，將進一步闡述呂格爾的重要詮釋學理論及其在教育研究方面的啟示。

參、呂格爾詮釋學在詮釋學理論發展中的地位及其要旨

承前述，呂格爾試圖在當代詮釋學的論爭中扮演調解的角色，他試圖在客觀詮釋學與存在性的真理詮釋學中找到一個統合的空間。呂格爾所採取的策略有兩方面，一是「將詮釋學嫁接在現象學之上」（grafting herme-neutics onto phenomenology）（Ricoeur, 1979: 3-6），另一則是「以存在─詮釋學的面向來補充李維史陀（C. Levi-Strauss）的結構主義架構（structuralist scheme）」（Bleicher, 1980: 219）。換言之，呂格爾所採取的調解當代詮釋學論爭的方式，是結合了詮釋學、現象學及結構主義的理論，形成了他的「現象學詮釋學」或「詮釋學現象學」。[2]

基本上，呂格爾的詮釋學思想仍延續了海德格以來的「詮釋學現象學」，亦即他將詮釋學奠基於現象學之中。呂格爾認為，將詮釋學奠基於現象學之中，有兩種方式：一是較短的捷徑，也就是由海德格所採取的

---

2 呂格爾的詮釋學中，詮釋學與現象學相互形成必然的前提條件，這種互為前提的講法，使得呂格爾的詮釋學被稱為「現象學詮釋學」，也有人稱他的現象學是「詮釋學現象學」（hermeneutical phenomenology）。兩種稱呼均可適用在呂格爾的詮釋學或現象學中。參見王岳川（2001：231）。

「理解的存有論」（ontology of understanding）的方式。這種方式之所以被稱為「捷徑」，主要是因為它與「方法」（method）的問題決裂，而試圖直接到達有限存在（finite being）的存有論層面，以便重新回復真正的「理解」。這使得「理解」不再只是知識的一種模式，而成為一種存有的模式。另一則是較為迂迴的途徑，也就是呂格爾本人所採取的方式，這種方式開始於語言學與語義學的考察，但與前一種途徑並不是截然對立的。呂格爾認為這種迂迴的路徑最終也希望能夠將「反省」（reflection）帶入存有論的層次，但其過程卻是漸進的（Ricoeur, 1979: 6）。

　　呂格爾並不認同前一種試圖跳過方法論的詮釋學捷徑，但他也肯定「現象學仍是詮釋學理論不可或缺的先決條件」。呂格爾列出了一些現象學對於詮釋學理論的正面影響（Bleicher, 1980: 221）：首先詮釋學理論只有透過理解本身所具有的語言性（linguisticality）才能闡釋詮釋學理解的條件；其次，現象學中所講的「存而不論」（epoche）可說是一種「間距化」（distantiation）的行動；第三，呂格爾肯定現象學中所講的經驗結構和「語言性」關聯的優先性；第四，現象學所講中的「生活世界」（Lebenswelt）與「此在」（Dasein）指出了「生活經驗中的剩餘意義」[3]（the surplus of meaning of life-experience），而這使得客觀化的與闡釋性的態度（objectifying and explicative attitude）成為可能。簡言之，呂格爾在將詮釋學嫁接到現象學的過程中，瞭解了語言在人類生活中的重要性。甚至於呂格爾之所以轉向詮釋學，有部分原因就在於他體認到海德格的「人即語言」，語言就是「此在」的開放性，並揭露了一種與存有的關係（Klemm, 1983: 45）。此外，呂格爾也瞭解到生活世界及此在如同文本一樣，都具有剩餘意義的成分，這使得人類的行動也像文本一樣可以成為被詮釋的對象。

---

[3] 在呂格爾的用法中，剩餘意義剛開始指的應該是整個指意作用（signification）與文字指意（verbal signification）之間的不對稱關係。呂格爾早期會追問：「文字指意就是全部的指意嗎？」「在語言分析之外，有沒有剩餘意義存在？」之類的問題（參見 Ricoeur, 1976: 45）。而詮釋學之所以可能，就在於有所謂「剩餘意義」的存在，才有其詮釋的空間。

雖然呂格爾的理論基礎最先始於現象學，但呂格爾卻認為客觀詮釋的重要性是要先於存在性融攝（existential appropriation）。呂格爾受到法國結構主義者的影響（特別是李維史陀），肯定了結構分析在理解人類表述（human expressions）過程的重要性。他認為結構分析不只是「合法的」，甚至是必要的，因為透過結構分析，我們可以建立人類表述的內在運作邏輯（inner logic operative）（Bleicher, 1980: 223）。對於呂格爾而言，海德格固然完成了「理解」典範的轉移，但這仍嫌不夠，是以他在接受結構主義語言學和分析哲學的影響後，又增加了對於文本之語言結構的考量，其中更注意到語言中的結構面，例如敘事文中的的情節（plot）與型構（configuration）。呂格爾說明，針對文本，不能只講理解，還需有解釋（explanation）。這種解釋不是自然科學中的因果解釋，而是應該轉變為「結構的解釋」或「結構的提出」，亦即是對於文本結構、對於敘事情節的掌握（沈清松，2000：82）。不過，呂格爾在提出結構的解釋時，也考慮到結構分析可能會有如同本質現象學（eidetic phenomenology）的問題，因而會導致對於意義之存在面向的排除（Bleicher, 1980: 222），所以在他的詮釋學中試圖將結構的分析以及存在性理解兩方面予以結合。

　　簡要分析了呂格爾在當代詮釋學發展過程中的地位，以下再進一步說明呂格爾詮釋學的要旨：

一、文本論（textualism）

　　文本論可說是呂格爾詮釋學的中心議題。呂格爾在其《詮釋學人文科學》（*Hermeneutics and the Human Sciences*）一書中，將詮釋學定義為是一種「與文本詮釋有關係的理解之運作理論」。呂格爾認為詮釋學是文本導向的詮釋（text-oriented interpretation），他深信「沒有自我理解（self-understanding）不是透過記號、象徵與文本而中介的」（Madison, 1990: 92），「若未能掌握『書寫』（writing）的問題時，沒有詮釋理論是可能的」（Ricoeur, 1976: 25）。所以文本或書寫在理解的過程中是絕對必要的。對於呂格爾而言，文本不只是主體間進行溝通的特例，它更是溝通中

「間距化」（distanciation）的典範（Gallagher, 1992: 326）。

從字面上來看，「文本」代表的是人類書面的、寫下的言語，它是一種論述的作品（work of discourse）。而呂格爾之所以將文本視為詮釋學的主要對象，因為文本所具有的「書面」的隱喻性格。書面的「寫的」言語（文本）與口頭的「說的」言語（對話）是不一樣的。在後者中，說話者的意向與其言語意義常是重疊的、同一的；而在前者中，說話者的當下性不復存在，只有文本本身的意義，文本成為獨立存在之物。再來，在「說的」言語中，聆聽者是預先由對話的脈絡關係所決定的，而「寫的」言語，則是面對求知的讀者，潛在地面向任何能閱讀的人，因此文本和產生它的社會歷史條件無關，人們對它可以有無限多樣的閱讀方式，唯文本與其讀者又非完全疏離。又加上，文本沒有口語指稱那樣明確，這使得文本世界在解釋過程有許多的可能性（王岳川，2001：233-234）。呂格爾之所以使用「文本」這個隱喻作為詮釋學的主要對象，就在於文本雖然仍是語言性的，但由於它消弱了語言的脈絡因素，所以文本本身在產生之後就有其「自主性」（autonomy），由於有了自主性，它與作者的關係似乎就不再那麼重要，真正重要的是反而是文本與讀者的關係。因著文本有它的自主性，所以文本可以說是在受到限制的人類真實生活世界之中創造了自己獨特的話語世界，它不再只是反應時代的「鏡子」，而是更開啟了一個孕育其自身的「新世界」（王岳川，2001：236）。

呂格爾後來還將文本的範圍進一步擴大，文本不僅限於書面的表述，更涵括了人類行動（human action）在內。在他的詮釋學中，呂格爾試著去發現人類行動中的可讀性格（readability-characters），也企圖更進一步去形塑有關解讀（reading）之適切的方法論（Gallagher, 1992: 326）。

二、詮釋理論（theory of interpretation）

前述的文本的觀念以及關於論述（discourse）的看法可說是提供了呂格爾詮釋理論的發展基礎。基本上，呂格爾的詮釋理論企圖以一種建構式的辯證方式（a constructive dialect）來統合「解釋」與「理解」成為一種系

統化的社會科學方法論（Thompson, 1981: 53, 160）。呂格爾這種關於詮釋的看法形成了有別於傳統詮釋學「詮釋圈」的「詮釋弧」（hermeneutic arc）。透過詮釋弧的觀念，呂格爾將解讀（reading）視為是意義的回復（recovery）。基本上，呂格爾的詮釋弧包括了兩種不同的詮釋學運動：一是，由存在性理解向解釋方向的移動；另一則是，由解釋向存在性理解方向的移動（Amdal, 2001: 2）。在詮釋弧中，結構分析可說是介於表面（surface）與深度（depth interpretation）的一個階段。湯姆森分析，詮釋弧中詮釋之辯證運動在應用至社會行動時，包括了兩種運動：第一種是猜測行動作為一種整體時的意義，而且這種猜測應該要經過確證（validation）的過程；第二種運動則是一種深度的詮釋，這種深度的詮釋唯有透過結構分析的解釋方法才能獲得（Thompson, 1981: 180-181）。

艾木多（G. Amdal）更具體分析呂格爾詮釋弧的詮釋學運動的內容（Amdal, 2001: 3）：在前個運動（由理解到解釋）中，主觀的猜測是要予以客觀地確證，在此處，理解是與形成假設的過程對應的，而形成假設的基礎則是在類比（analogy）、隱喻（metaphor）和其他產生「先見之明」的作用等。由於假設的範圍很廣，這使得詮釋之途徑也因而有著許多的可能性。而在後者的詮釋學運動（由解釋到理解）中，呂格爾又將文本的指涉功能分為兩種：主體的取向及結構的取向。主體的取向是一點一滴地建構了文本背後的世界，但必須仰賴詮釋者先前理解中的世界觀，雖然此一建構的世界可能會隨著文本的詮釋愈多而愈發接近原作者的世界，但詮釋者本身的主體性終究不能完全地克服。而結構取向的詮釋則是同時帶出一種表面與深度的詮釋，其中深度的詮釋並不是決定於作者溝通的意向，而是受到該文本指涉的決定。這種深度的詮釋並不強加任何固定的詮釋，而只是從某個方向來約制（channels）思想。簡言之，呂格爾的詮釋理論是在詮釋學的現象學基礎上，融入了由詮釋者透過結構分析所建構的文本內在的指涉模式，這使得他的詮釋學具有了某種程度的客觀性。

不過呂格爾的詮釋學其實不是終止在對於文本中世界的理解上，他又試圖在詮釋學與哲學反省（philosophical reflection）間建立進一步的連結。

在呂格爾的用法中，「反省」所指的是一種與人類存在努力有關的融攝（appropriation of the effort to exist），這種「存在的融攝」只有透過對象與行動、象徵與記號的反映才能掌握（Thompson, 1981: 54-55）。是以儘管理解文本中的記號與象徵，在呂格爾的詮釋學中有其重要地位，但是它仍然只是自我理解（comprehension of self）的預備工作。理解作為一種詮釋的辯證過程，自我理解是必要的階段，甚至是最高的目的。呂格爾有言：「如果意義不是自我理解的一個片斷，那我就不知道它還是什麼。」（Thompson, 1981: 56）。

三、詮釋學的目標是在解譯象徵（deciphering symbols）

呂格爾從文本的角度來定義詮釋學，可說是其較晚期的成熟思想，透過這樣的定義，呂格爾將詮釋學與日常語言的一般問題連結在一起。但在呂格爾較早期的作品中，詮釋學常常被定義為「一種理解的工作，其目的在解譯象徵」（Klemm, 1983: 174; Ricoeur, 1976: 45）。什麼是「象徵」？呂格爾的定義是：「它是任何指意的結構（structure of signification），在其中，一個直接、原初、字面的意義，額外地又指陳了另一個意義。後個意義是間接的、引申的或是比喻的，它只有透過前個意義始能被領悟」（Ricoeur, 1979: 12-13）。象徵具有字面與比喻的雙重意義，因而能夠產生詮釋的空間，構成詮釋學的領域。

由於象徵是詮釋學的主要領域，所以「詮釋」也與象徵有關。「詮釋是一種思想的工作，它包括了去解譯表面意義（apparent meaning）之中的潛在意義（hidden meaning），開展字面意義中原先所內含的意義層次。」詮釋的目的是為了挖掘語言所具有的潛在意義，讓字面的意義獲得更豐富的開展。所以詮釋學的工作也屬於語義學的領域。在呂格爾看來，關於象徵的語言分析工作包括了兩項工作，第一項是要盡可能地列出各種象徵形式（symbolic forms），這些象徵包括了宗教現象學所使用的「宇宙整體的象徵」（cosmic symbols）、心理分析中所揭露的「夢的象徵」（dream symbolism）、詩人所使用的「文字創新」等；第二項工作則是提出判準學

（criteriology）作為第一項工作的補充。判準學的目的是為決定相關形式如隱喻（metaphor）、諷喻（allegory）和明喻（simile）的語意構成（semantic constitution）。判準學主要問的問題是：類比（analogy）在「意義遷移」（transfer of meaning）的主要功能是什麼？一個意義和另個意義之間的關係，除了類比外還能有什麼？佛洛依德所發現的夢的機制可以融入象徵的意義中嗎？等等這類問題。呂格爾認為，象徵的表述和詮釋運作的領域常是相互定義的，因為象徵有各種不同的形式，所以這也反應到詮釋的方法常是不同的，甚至彼此之間常是對立的。判準學的目的就在避免象徵的「過度決定」，它是依據象徵自身的指涉架構來轉譯「象徵」。判準學的主要工作在顯示，詮釋的形式是相對於我們目前正考量之詮釋系統中的理論架構（Ricoeur, 1979: 14）。

除了「象徵」的強調外，呂格爾也肯定了「隱喻」在詮釋學中的重要性。呂格爾稱字面意義朝向比喻意義的開放過程為「隱喻的過程」（metaphoric process）。什麼是隱喻？簡單地說，它就是一種語句（sentence），在這種語句中，字詞之間的常用意義產生了激烈的扞格，這使得我們如果還堅持這些字詞的日常用法時，整個語句就會顯得相當荒謬（Amdal, 2001: 34）。傳統修辭學對於隱喻的看法，是認為兩個不同的字詞之間有著某種相似性，所以隱喻的功能是代替性的，它並無法提供新的資訊。但呂格爾卻不認為如此，他更重視隱喻中的張力與生產力。呂格爾認為，隱喻是一種語義的創新（semantic innovation），透過隱喻我們可以發現關於現實的更多新的資訊，就像我們創造出新的語言意義一樣（Klemm, 1983: 95-96）。相較於平凡的隱喻，呂格爾更重視新奇的隱喻（novel metaphor），因為新奇的隱喻不易通過普通的聯想而理解，所以更需要詮釋。這種真正的隱喻會使人躍入新的意義層面中（Amdal, 2001: 39）。

綜合言之，呂格爾關於文本的理論與其關於隱喻及象徵的理論有著密切的關係。「如果隱喻理論可以用作象徵理論的預備性分析，那麼象徵理論也將可以讓我們不僅可將文字的雙重意義包括在內，也可將非文字的雙重意義包括在內，進而使我們能夠擴展我們的指意理論」（Ricoeur, 1976:

46）。我們可以這樣說，文本理論揭示了語言的存在－現象的功能，也就是文本規劃了（projecting）一個世界；至於隱喻則是關於一種特定文本型式的策略－詩意的（poetic）文本。所以隱喻的理論就是詩意作品的理論（Amdal, 2001: 42）。詩意的文本（或是文學的文本）固然可說是一般文本的特定型式，但是透過這類文本的創造性闡釋，我們卻可以將其應用到一般性的指意理論中，更加豐富一般文本研究的內涵。

四、呂格爾關於敘事（narrative）的觀點

人是行動的存有（acting beings），也是歷史的存有（temporal beings），這使得我們在理解人類存有時，不能將時間與行動分開來看，一方面時間是人類行動的面向，另一方面時間又只有透過行動才有意義。所以任何追尋存在意義的詮釋哲學，都無可避免地去系統反省文學文本和歷史敘事（historical narrative）以及兩者之間糾結的關係，這也是為何呂格爾在後期會將其研究焦點放在時間與敘事這兩個主題上，而寫成《時間與敘事》（*Time and Narrative*）三冊書之故（Madison, 1990: 98）。事實上，呂格爾在這三冊書中的論述可說是有史以來關於「敘事」的最完整闡釋。

在呂格爾的敘事理論中，他將敘事視為是我們關於時間之經驗的基本結構（Rankin, 2002: 2），而人的生命則是由敘事所構成的（Erben, 1993: 17）。「如果生命尚未被詮釋的話，那它就僅是一種生理現象」（Ricoeur, 1991a: 27-28）。所以人類生命是需要被詮釋的敘事性文本，也唯有在人類生命形成一個具有情節的「說故事」敘事形式後，才能獲得進一步的詮釋與理解。在呂格爾看來，真實的生命、歷史與小說一樣，其實都具有「說故事」的形式，也就是「情節化」（enplotment）的形式，透過情節化，人類的存有才能與時間性作出有意義的串聯，彼此原先不相連的事件（events）才能串聯在一起，形成有意義的故事。呂格爾跟隨著亞里斯多德「情節即是對於某個行動的模仿（mimesis, imitation）」的看法，認為以文字來模仿某個行動就是提供對於某個事件的一種詮釋，在這樣的觀點中，即便是因果關係都會被視為某個情節的一種形式（Brown & Roberts,

2000: 654）。依照呂格爾的說法，「情節化主要包括了那些被重述之事件及行動的選擇與安排，情節化將話題（fable）視為一個完整的故事來解，這個故事包括了一個開頭、中段與結尾」，所以情節化只是講故事者的組合活動，目的是在將事件串聯成為故事（Madison, 1990: 98）

另外，三層擬現過程（threefold process of mimesis）的理論可說是呂格爾最重要但又充滿爭議的敘事理論。所謂的第一層擬現講的是，世界以一種前構的（prefigured）、前敘事的（pre-narrative）或是語言的形式被知覺到與接受，有些類似「先前理解」的意思，但這個「先前理解」是經過語言形式化的；第二層擬現講的則是，前敘事的知覺與接受透過「情節化」的過程而形成敘事的形式；第三層擬現則是「應用」，因為敘事又會改變了我們關於世界的概念（Rankin, 2002: 4）。在第三層擬現中，讀者會藉著閱讀的行動，再把故事讀回去，因而從故事中建構出一個世界來（沈清松，2000：114）。在三層擬現中，最重要的環節還是「情節」（plot）的生成，因為只有透過「情節化」的行動，我們才能設計出一時間序列的系列，讓我們可以透過對時間過程的沈思，對於「過去」進行分析（Erben, 1993: 18）。

依沈清松的歸納，呂格爾關於敘事的看法有下列的重要意義（沈清松，2000：106-108）：㈠所有敘事皆有一由其自身內在結構所決定的涵義，透過提出結構的歷程，我們可以對於文字進行解釋；㈡所有敘事均有其指涉。呂格爾的敘事理論與結構主義最大不同處，在於後者只停留於涵義的層面，全然忽略了指涉的層面，但呂格爾的存在性詮釋卻將敘事重新整合於言說（discourse）中，並且將之視為一種溝通方式；㈢重新發現敘事者及其所具有的歷史性，這使我們會更關注的人的歷史性問題。簡言之，呂格爾敘事理論可說是其後期再度嘗試結合結構分析及存在性理解的努力。在其敘事理論中，呂格爾認為，使得人類行動可解的不再是自主的「結構」，而是人們所創造出來的「情節」；正是敘事中的「情節」，使得對於人類行動的進一步理解成為可能。呂格爾的敘事理論，固然標示了人的歷史性與時間性，但似乎也同時肯定了敘事者本身的自主性與創造性。

肆、呂格爾的詮釋學理論在教育研究上的應用

　　一般來說，大部分的學者都肯定詮釋學理論對於教育研究有著重要的啟發及意義，唯眾多學者的探討大都集中在哲學詮釋學（特別是嘉達美的詮釋學）與教育或教育研究的關係上。固然在格拉弗的分類中，呂格爾的詮釋學及嘉達美的詮釋學同屬於中庸的詮釋學（moderate hermeneutics）（Gallagher, 1992: 9），這似乎表示了呂格爾及嘉達美在對於「傳統」、「語言」及「視野交融」等看法上的接近，而實際上根據沈清松的看法，呂格爾也的確承接了嘉達美的「傳統」及「影響史」概念，並賦予它們更精確的概念，一種書寫與敘說的方法，也就是「敘事」（沈清松，2000：84）。不過在看法相近的同時，這兩者間仍然有著顯著的差異。例如嘉達美承繼了海德格的存有論詮釋學，重視詮釋學的存有論意涵，但相較之下，呂格爾則企圖重新回復詮釋學在方法論上的意涵，在強調「理解」重要性的同時，也不忘卻客觀詮釋——「解釋」的可能性。至於在與文本的關係上，嘉達美強調的是「對話」與「視野的交融」，但是呂格爾卻不認為詮釋者與文本之間的關係就是詮釋者與作者之間的「對話」，而強調文本在作者完成之後的自主性及內在結構。詮釋者並不企求與文本之間的應答，重要的是如何開啟文本內在的世界，並且在閱讀的同時，能夠將對文本的理解納入自我的理解中，形成一種「存在的融攝」。在筆者的看法中，將詮釋學視為一種探究文本的方法論，其實更與我們一般人對於「研究」的看法相容；而且詮釋者必須透過文本的本身內在結構來理解，這種朝向於客觀詮釋學的理解，似乎也比嘉達美所說的「和文本之間的對話」要更具體而更能為一般人所想像。因此，論述呂格爾詮釋學對於教育研究的啟發，應該是件不亞於論述嘉達美詮釋學的重要工作。

　　不過由於呂格爾的著作相當龐大複雜，加上呂格爾試圖從事的是調和當代詮釋學論爭的艱鉅工作，這使得要能在有限篇幅裡精確掌握呂格爾的詮釋學要旨洵非易事，本文所作的也僅能部分地掌握呂格爾詮釋學理論要

旨。在文本的最後部分，筆者擬根據前述對於呂格爾詮釋學要旨的歸納，並參考相關文獻，將呂格爾詮釋學在教育研究上可能的應用，列舉下列幾方面：

一、從呂格爾的觀點來看，教育作為一種有意義的人類行動，所以教育也是一種文本。當我們肯定教育即文本（education as text）的看法時，教育這項人類行動應該包括了下列的特徵：㈠成為文本，意味著人類行動可以脫離事件（event）的層次，這表示它的意義可以被固定、被銘刻下來；㈡人類行動像文本一樣能夠脫離其原作者，發展出自己的結果，而這個結果可能是作者原先未能預想得到的；㈢人類行動會在隨後的情境中發展出某些意義來，但可能與其原初出現的情境無甚關聯；㈣要判斷一項行動，最初目睹的人可能並不是特別重要，而後人在判斷時也未必比同時代的人不利（Gordon, 1988: 430）。

而從前述的特徵來看時，「教育即文本」至少在教育研究上有著下列的意義：㈠它代表了教育文本有著某種程度的自主性，特別是不只重視文本與作者的關係，文本與讀者的關係也受到了重視。一方面我們對於教育文本的詮釋有可能脫離其與作者的關係來進行，另方面也表示了讀者更有其自主的空間進行詮釋與理解；㈡教育的文本化，代表的是關於教育的研究可以用文本的詮釋與解讀作為其範例。研究者與教育活動的關係不再是如同自然科學研究中研究人員與實驗及操弄對象之間的關係一樣，而是詮釋者與文本之間的關係。但是不同於哲學詮釋學的論點，文本不是和詮釋者對話的主體，卻是一個有待詮釋者深入探索的新天地。而詮釋者正是透過理解文本這個曲折的過程，上升到自我反省的層次，能夠更加理解自己；㈢所有的教育文本都具有原作者所未意欲其發生的「潛在意義」（hidden meaning），如同詮釋的目的一樣，教育研究的目的也可說是要去發現教育文本的「潛在意義」。從呂格爾的觀點來看，所謂要去發現「潛在意義」其實並非指去尋找那些在文本「背後」的意向，其中真正重要的是那個「在文本面前開展的世界」（Gordon, 1988: 428; Ricoeur, 1981: 93）。高登（D. Gordon）沿著教育文本的「潛在意義」的理路，按照呂格

爾將記號系統區別為「符號的實體」（semiological entity）和「詮釋的實體」（hermeneutic entity），[4] 將「教育中的潛在」（educational hiddenness）分為「符號的潛在」（semiological hiddenness）與兩種「詮釋性教育的潛在」（hermeneutic educational hiddeness）共三類。其中「符號的潛在」指的是去發現那些原先不明顯的相關性，較與語言以外的現實無關，所以它不是我們一般所謂的「潛在課程」（hidden curriculum）。而「詮釋性教育的潛在」則可被視為一般用法中的「潛在課程」，兩種「詮釋性潛在」的不同處在於對原始閱讀（original reading）的不同看法。第一種認為原始閱讀具有不同的地位，第二種則認為沒有什麼不同（Gordon, 1988: 438）。高登因此認為，呂格爾的詮釋學可以提供我們在分析「潛在課程」及其理論發展歷史時的許多洞見。

二、從呂格爾對於詮釋學計畫的擴展來看，呂格爾一方面承認狄爾泰式的真理之「漸近理論」（theory of approximations），但他也強調說通向真理之路不可能是終極的，而且必須透過曲折的方法達成──也就是透過「詮釋的迂迴」（hermeneutic detour）。這條迂迴之途一方面顯示真理的接近必須透過不同的文化產物──如社會學、文學批評、經濟學、歷史、藝術、科學等，也表示了沒有任何一個解釋系統可以獨占所有詮釋的權利（Erben, 1993: 17）。換言之，理解真理的途徑，其曲折之處在於它必須透過各種不同領域的文化產物或文本來達成；它之所以迂迴，是在於我們不可能永遠停留在單一的解釋系統之中。由於呂格爾詮釋學的出現，使我們更重視文化記號在詮釋過程中的重要性，「象徵」及「隱喻」過去被視為理解文學文本的重要關鍵，在我們理解教育行動及其他人類行動時，現在也占有了一席之地。呂格爾的詮釋學，似乎為人文學科及社會科學研究方法的結合，開展了極大的可能性。

在教育研究中，雷諾斯（W. Reynolds）的《閱讀課程理論：新詮釋學

---

4 「符號的實體」指的是一套封閉的、自足的語言記號系統；而「詮釋的實體」則是與一個語言以外的現實有關，它通常「說」了一些有關外在現實之事物的事情。

的發展》（*Reading Curriculum Theory: The Development of a New Hermeneutic*）即依據呂格爾的作品，運用了文學理論、自傳和詮釋學等，以試圖完成一種高度的自我理解與對這種自我理解的理解。雷諾斯所採取的方法，則是透過對於課程理論領域中主要文本進行詮釋性的思索（Pinar & Reynolds, 1992: 242）。

簡言之，透過呂格爾的詮釋學可以瞭解到，教育研究不能從自然的層次一躍到反省的層次，教育研究中所進行的理解當然仍應以促成研究者的自我理解為其理想，但是這種理解必須透過對於文本的理解與解釋，它不是一蹴可及的，而且對於教育文本的理解與解釋的方式也應該結合了科學以外的其他各個重要智識領域的研究成果。

三、呂格爾的詮釋學不僅在研究態度方面對於教育研究工作者有著重大的啟發，而且他的詮釋學觀點甚至也更具體地影響到某些研究方法。其中他的敘事理論即對於當代的傳記研究影響甚大（Erben, 1993）。呂格爾認為，關於人類的自我，下列幾個假定似乎是可行的：㈠自我的知識即是一種詮釋；㈡在對自我詮釋的過程中，透過其他的記號與象徵，會進而發現敘事其實是一種特殊的沈思；㈢這種敘事式的沈思係借用自歷史和小說，因而使得生命故事（life story history）成為一種小說歷史（fictive history）或是歷史小說（historical fiction）。此外，呂格爾又說：「人類的生命不是透過人們所講述的關於他們自身的故事，而更變得可讀嗎？所有這些『生命故事』不是當其應用到敘事模式　情節（借用自歷史與小說）時，才變得更加容易理解嗎？」（Ricoeur, 1991b: 73）。對於呂格爾而言，人類的生命就像是一系列的情節，人類生命的意義似乎只有透過情節的生成才能夠領略。敘事對關於人類「生命故事」的研究因而顯得特別重要。

從呂格爾的觀點來看，進行書面的傳記研究就像進行一個敘事性的論述一樣，它不只是確定年代時間的正確與否，而是要透過情節化的行動來建立一個關於過去的敘事，將傳主的生命歷程予以敘事化而成為具有情節的故事。基本上，想像虛構的敘事與歷史及傳記的敘事兩者是有所不同

的，在後者的研究中，撰寫傳記者除了必須進入傳主的敘事之中，也必須進入所謂的後見（hindsight）敘事中，亦即他必須使用一些當時社會科學的分析技術，來辨識是哪些社會力量在主體的周遭環境發揮影響。此外，要解釋一個傳記或傳記的素材，我們也必須提出結構，而這個結構就是一種「依存的內在關係，構成了文本的靜態面（statics）」。但是不可忽略的，詮釋不僅是加諸在文本之上的行動，詮釋就是文本的行動，所以詮釋者所說的其實只是重新活化文本已經說的，將之再說一遍」（Erben, 1993: 18-19）。由於呂格爾的詮釋學對於敘事有著相當完整的闡釋，而敘事與傳記研究間又有極密切的關係，故而我們可以說呂格爾的詮釋學提供了傳記研究最完善的背景（Erben, 1993: 17）。

此外，由於「書寫」本身在更新自我理解方面即是一個關鍵性工具，在研究者書寫的過程中，其所寫作的敘事也會隨著研究者本身的反省而有不斷更新的可能性，甚至會進而形成研究者自我理解的一部分。事實上伴隨著反省性實務研究者（reflective practitioner research）工作所產生的書寫，都表達了實務工作者在某一段時間所特別關注之事，也因而會揭示出研究者本身想要訴說之故事的某些層面。從呂格爾的角度來看，敘事在記錄時間過程時有其關鍵的角色；至於研究則被理解為我們將自身間距化與歷史化時，進行改變過程中出現的機制（Brown & Roberts, 2000: 655, 658），這些都使得敘事的書寫對於實務工作者所進行的研究格外地有意義。

最後，我們再引用一些呂格爾對詮釋學的看法作為本文的結尾：「詮釋學的任務......就是重建整套的運作過程，透過這些運作過程，作品將自己從生命、行動與痛苦經歷的晦暗深層中抬高；透過這些運作過程，作品由作者贈給讀者，後者接受了作品，因而改變了他的行動」（景海峰，2002；Ricoeur, 1984: 53）。詮釋學的目的是在凸顯文本的地位，讓讀者在理解文本的同時能夠改變其實際行動。這種由文本朝向行動的詮釋學發展，這一方面固然顯示了呂格爾將詮釋對象的擴大（由書面文本擴及人類行動），另方面卻也代表了呂格爾的詮釋學理論雖然重在方法論的意涵，

但其最後的理想卻仍是存有論的，他希望透過詮釋學的理解過程，讓個人的行動及自我能夠有所轉變。事實上，這樣的轉變在詮釋過程的剛開始即已存在，「詮釋學是一種謙遜的姿態，它不是開始於一種理論的解釋，而是開始於坦白地承認我們尚未理解。」（Carson, 1992: 113; Ricoeur, 1973）唯有坦承自己的無知，才能讓我們真正進入文本所開展的新世界中，這也許是所有研究者（包括教育研究內在）都應該具備的研究態度。

參考文獻

王岳川（2001）。**現象學與解釋學文論**。濟南：山東教育。

王文科（譯）（1997）。S. Schumacher 著。**質的教育研究法**。台北：師大書苑。

李奉儒、高淑晴、鄭瑞隆、林麗茵、吳芝儀、洪志成、廖清田（譯）（2001）R. C. Bogdan & S. K. Biklen 著。**質性教育研究：理論與方法**。嘉義：濤石文化。

沈清松（1994）。**現代哲學論衡**。台北：黎明。

沈清松（2000）。**呂格爾**。台北：東大。

景海峰（2002）。**中國哲學的詮釋學境遇及其維度**。2003 年，取自 http://www.confucius2000.com/poetry/zgzxdqsxjyjqwd.htm

梁福鎮（2000）。詮釋學方法及其在教育研究上的應用。載於中正大學教育學研究所（主編），**質的研究方法**。高雄：麗文文化。

楊洲松（2000）。**後現代知識論與教育**。台北：師大書苑。

Alvesson, M., & Sköldberg, K. (2000). *Reflexive methodology: New vistas for qualitative research.* London: Sage.

Amdal, G. (2001). *Explanation and understanding: The Hermeneutic arc.* Unpublished doctoral dissertation. University of Oslo, Canada.

Atkins, E. (1988). Reframing curriculum theory in terms of interpretation and practice: A hermeneutical approach. *Journal of Curriculum Studies, 20*(5), 437-448.

Bleicher, J. (1980). *Contemporary hermeneutics: Hermeneutics as method, philosophy and critique.* London: Routledge & Kegan Paul.

Bridges, D. (1997). Philosophy and educational research: A reconsideration of epistemological boundaries. *Cambridge Journal of Education, 27*(2), 177-189.

Brown, T., & Roberts, L. (2000). Memories are made of this: Temporality and practitioner research. *British Educational Research Journal, 26*(5), 649-659.

Carson, T. (1992). Remembering forward—Reflections on educating for peace, In W. Pinar & W. M. Reynolds (Eds.), *Understanding curriculum as phenomenological and deconstructed text* (pp. 102-115). New York: Columbia University Teachers College Press.

Erben, M. (1993). The problem of other lives: Social perspectives on written biography. *Sociology, 27*(1), 15-25.

Gallagher, S. (1992). *Hermeneutics and education.* Albany, NY: State University of New York Press.

Gallagher, S. (1997). Hermeneutical approaches to educational research. In H. Danner (Ed.), *Hermeneutics and educational discourse* (pp. 129-148). Heinemann: Thorold's Africana Books.

Gibbons, T., & Sanderson, G. (2002). Contemporary themes in the research enterprise. *International Educational Journal, 3*(4), 1-22. Retrieved from: http://www.flinders.edu.au/edcation/iej

Giddens, A. (1977). *New rules of sociological method: A positive critique of interpretative sociologies.* London: Hutchinson.

Gordon, D. (1988). Education as text: The varieties of educational hiddenness. *Curriculum Inquiry, 18*(4), 425-449.

Guba, E. G. & Lincolh, Y. S. (1989). *Fourth generation evaluation.* London: Sage.

Hodkinson, P. (1998). The origins of a theory of career decision-making: A case study of hermeneutical research. *British Educational Research Journal, 24* (5), 557-572.

Hopkin, A. G. (1992). Qualitative research methodologies: A cross-cultural perspective. *Compare, 22*(2), 133-141.

Jordan, S., & Yeomans, D. (1995). Critical ethnography: Problems in contemporary theory and practice. *British Journal of Sociology of Education, 16*(3), 389-408.

Klemm, D. E. (1983). *The hermeneutical theory of Paul Ricoeur—A constructive analysis.* Lewisburg: Bucknell University Press.

Lagemann, E. (1997). Contested terrain: A history of education research in the United Stated, 1980-1990. *Educational Researcher, 26*(9), 5-18.

Madison, G. B. (1990). *The hermeneutics of postmodernity.* Bloomington, IN: Indiana University Press.

Mueller-Vollmer, K. (Ed.). (1986). *The Hermeneutics reader.* Oxford: Basil Blackwell.

Paul, J. L., & Marfo, K. (2001). Preparation of educational researchers in philosophical foundations of inquiry. *Review of Educational Research, 71*(4), 525-547.

Pinar, W., & Reynolds, W. M. (Eds.). (1992). *Understanding curriculum as phenomenolo-gical and deconstructed text.* New York: Columbia University Teachers College Press.

Prasad, A. (2002). The contest over meaning: Hermeneutics as an interpretive methodology for understanding texts. *Organizational Research, 5*(1), 12-33.

Rankin, J. (2002). What is narrative? Ricoeur, Bakhtin and process approaches. *Concrescence: The Australasian Journal of Process Thought, 3*, 1-12.

Rasmussen, J. (2002, April). *Textual interpretation and complexity—Radical hermeneutics.* Paper presented at the American Educational Research Conference, New Orleans. Retrieved from: http://www.udel.edu/aeracc/papers/02/RamussenHermeneutics02.pdf

Ricoeur, P. (1973). The task of Hermeneutics. *Philosophy Today, 17*(2/4), 112-128.

Ricoeur, P. (1976). *Interpretation theory—Discourse and the surplus of meaning.* Fort Worth, Texas: The Texas Christian University Press.

Ricoeur, P. (1979). *The conflict of interpretations—Essays in Hermeneutics.* In D. Ihde (Ed.), Evanston: Northwestern University Press.

Ricoeur, P. (1981). *Hermeneutics and the human sciences.* Cambridge: Cambridge University Press.

Ricoeur, P. (1984). *Time and Narrative. (Vol.I)*, (K. McLaughlin & D. Pellauer, Trans.). Chicago: University of Chicago Press.

Ricoeur, P. (1991a). Life in Quest of Narratvie. In D. Wood (Ed.), *On Paul Ricoeur —Narrative and interpretation.* London: Routledge.

Ricoeur, P. (1991b). Narrative Identity. *Philosophy Today, 35*(1), 73-81.

Rorty, R. (1982). Hermeneutics, general studies, and teaching. In S. M. Cahn (Ed.), *Classic and contemporary readings in the philosophy of education,* (pp. 522-536). New York: McGraw-Hill.

Smith, J. K. (1993). Hermeneutics and qualitative inquiry. In D. J. Flinders & G. E. Mills (Eds.), *Theory and concepts in qualitative research—Perspectives form the field* (pp. 183-200). New York : Teachers College, Columbia University.

Smith, J. K. (1989). *The nature of social and educational inquiry: Empiricism ver-seiInterpretation.* Norwood, NJ: Ablex.

Smith, J. K. (1995). The ongoing problem of criteria. In T. Tiller et al. (Eds.), *The-qualitative challenge: Reflection and educational research.* Bergen: Caspar Forlag.

Smith, J. K. (1990). Alternative research paradigms and the problem criteria. In E. G. Guba (Ed.), *The paradigm dialog.* London: Sage.

Smith, K. (1989). *The nature of social and educational enquiry: Empiricism verse interpretation.* Norwood, NJ : Ablex.

Stronach, I., & MacLure, M. (1997). *Educational research undone— The postmo-dern embrace.* Buckingham: Open University Press.

Thompson, J. B. (1981). *Critical Hermeneutics—A study in the thought of Paul Ricoeur and Jurgen Habermas.* Cambridge: Cambridge University Press.

Vulliamy, G., Lewin, K., & Stephens, D. (1990). *Doing educational research in developing countries.* Basingstoke: Falmer Press.

Williamson, K. (2000). *Research methods for students and professionals: Information management and system.* Wagga Wagga: Charles Sturt University Centre for Information Studies.

討論文章：
「詮釋學理論與教育研究的關係—以呂格爾的詮釋學理論為例」

林安梧

這篇文章用了相當多的篇幅去闡述教育研究方法論的變遷，而它的寫作目標則是探索「詮釋學」與「教育研究」的「關係」，並且落實在呂格爾的詮釋學理論上來作一例示。

壹、詮釋學與質的教育研究

作者清晰的論述了教育研究方法的變遷，指出桑代克（E. T. Thorndike）於一九〇四年出版《心智與社會測量概論》（*An Introduction to the Theory of Mental and Social Measurements*）一書所標誌的「量化研究」之意義，進而作者極簡要的闡明了量化研究所涉及的知識論基礎。之後，作者對比的指出教育研究「質的轉向」，並帶出「詮釋學」所扮演的重要角色。當然，作者這些敘述是以美國為主要脈絡的。

貳、詮釋學的發展及其意義之演變

作者概述了詮釋學的發展，對於海德格（M. Heidegger）、嘉德美（H. G. Gadamer）、布特曼（R. Bultmann）、阿培爾（K. O. Ape）、哈柏馬斯（J. Habermas）、舒萊馬赫（F. Schleiermacher）、朵伊森（Ast、Droysen）、洪堡德（Humboldt）與波伊克（Boeckh）、狄爾特（W. Dilthey）、胡塞爾（E. Husserl）、呂格爾（Paul Ricouer）多有所及，並且提出了幾個不同的分流方式，而作者大體採用了艾維森（M. Alvesson）的分流闡述方式，對於詮釋學有了一總體而清晰的理解。就我所知，作者這些論述是簡要大略的，只是我還是以為他大可以集中在艾維森等的詮釋圈，深入論述，或者會更好。

參、呂格爾詮釋學在詮釋學理論發展中的地位及其要旨

作者綜述了呂格爾現象學詮釋學理論的地位，並進一步指出他的要旨，他說「呂格爾所採取的調解當代詮釋學論爭的方式，是結合了詮釋學、現象學及結構主義的理論，形成了他的「現象學詮釋學」或「詮釋學式的現象學」。之後，他對於呂格爾詮釋學所涉及的要旨，做了概述：包括文本論（textualism）、詮釋理論（theory of interpretation）、解譯象徵（deciphering symbols）、敘事（narrative）等等。

肆、Ricouer 的詮釋學理論在教育研究上的應用

一、從 Ricouer 的觀點來看，教育作為一種有意義的人類行動，所以教育也是一種文本。

二、從 Ricouer 對於詮釋學計畫的擴展來看，強調說通向真理之路不可能是終極的，而且必須透過曲折的方法達成——也就是透過「詮釋的迂迴」（hermeneutic detour）。

三、Ricouer 的詮釋學強調自我的理解與詮釋，認為詮釋不僅是加諸在文本之上的行動，詮釋就是文本的行動。詮釋學的目的是在凸顯文本的地位，讓讀者在理解文本的同時能夠改變其實際行動。

總的看來，這是一篇寫得相當用心的文章，文字流暢，敘述明白，值得肯定。但我總覺得全文概括的敘述太多，想表達的東西往往就在看起來極為豐富的文字中，表象上就滑過去了，而沒有機會深入探研。再說，這篇文章似乎完全離開了台灣地區乃至華人地區的教育研究方法論的意識，一方面，它徹底的從我們的時空中抽離出來，而另方面則又全幅置入了西方教育（美國教育）的方法論意識之中。這麼一來，就作為一個閱讀者來講，便免不了是掛空的；對於極帶文化傳統與本土性格的「教育學門」來說，這不免是一極為可惜的事情。

我總以為「資料訊息」是重要的，但「知識構造」則更為重要，「智慧彰顯」則又更更重要。如何由「資料訊息」的深入而進到「知識構造」之中，並調適而上遂，上達於真理之源，因之而有「智慧的彰顯」。「資料訊息」只是一「外在的他者」，而「知識構造」才能將此「外在的他者」轉為與自家知識脈絡密切關聯在一起的「內在的他者」；進一步，植根於我人的「生活世界」與「歷史社會總體」之中，才能生根吐芽，才能發榮滋長，進到「智慧彰顯」的境域。

至於文中所舉對於當代詮釋學的區隔與分析，大體是清楚的，但原先所舉的一些對於整個詮釋學發展的綜述方式未必妥當，但因為作者花了許多工夫在概括上，因而就沒了時間去深入探討此中的問題了。舉例來說，

像用「客觀的詮釋學」與「存在性的真理詮釋學」為詮釋學的兩端對比的名稱，便不甚恰當；而用「客觀詮釋學」與「主觀詮釋學」作為對比兩端的名稱，則更不恰當。當然，這並不是作者自己創的闡析，但我要說這些名詞雖亦能表意，但至少是容易被誤解的。我倒以為文中所徵引的沈清松先生的理解講的較為準確。又呂格爾的特點在於重視到了文本意義詮釋的存在性、歷史性、結構性、總體性。

其他，像涉及於教育文本論題時，所謂的「『去脈絡化』與『去作者化』，教育文本因而有著客觀詮釋的可能性」，這須要進一步釐清，否則容易引生誤解。其實，呂格爾強調的是不要固著在既成的脈絡，既成的作者；而不是客觀主義的要去脈絡化，去作者化。

其實，近二十年來，我一直嘗試著想讓我們文化傳統中的話語能得釋放出來，進到廣大的生活世界中，與我們的生命覺知相互滲透，進而與西方的學術話語有一和會融通，而轉譯成一新的現代的學術話語，使它既具有本土性，又具有國際性；既絫根於自家的文化土壤中，又發榮滋長於國際，能展開東西文明大國的對話。畢竟，我們已處在一政治的後威權年代，處在一文化的後殖民年代了，我們應該有更大可能的。

須知：「理論是很實際的，實際是很理論的」，「沒有理論的實際是盲雜的，沒有實際的理論是空洞的」。讓我們面向社會總體，體察生活世界，深入覺知，交互對話，邁向一新的可能。

第四篇

批判典範與教育研究

批判研究方法的架構及其在教育與心理研究上的應用

何英奇

壹、前言

台灣最近幾年來的教育改革，雖然解構了原有的威權體制，有了一些成果，但也顯露出嚴重的脫序亂象，有些問題（如升學壓力）卻愈改愈嚴重，陷入進退兩難的困境，有待透過批判方法來加以檢視及改善。教育研究之所以需要批判方法，乃基於人類的特質：知識、權力使人傲慢與腐化，絕對權力絕對腐化。而教育牽涉到資源分配與公平正義原則，其中權力的運作是否符合正當性、合法性、合理性，會妨礙公平正義社會的實現。由於權力與知識、意識型態和社會結構間的關係很複雜，要釐清其對教育的影響，正是批判研究最有興趣探討的問題。

懷疑是批判的基本態度，西方思想中的三層次懷疑包括：一、一般性懷疑：對事務、現象的懷疑，如 Socrates；二、方法論的懷疑：把懷疑的方向拉回主體，如 Descartes、Husserl；三、徹底的懷疑：從基礎、根源懷疑。而批判的基本方法為辯證法，如 Hegel 的矛盾與統一、Marx 的辯證法，及批判理論學者的否定辯證法（引自蔡維民，2001）。在批判理論中，辯證、批判、與否定三個概念互相扣聯而且交互運用（黃瑞祺，1996）。由於批判取向研究深受批判理論的影響，因此批判辯證法是批判取向研究不可缺少的方法。

教育與心理研究的典範受社會科學方法演進的影響，已由單元的實證論典範演進到後實證論、結構主義、詮釋學及批判理論等多元典範（黃光國，2001），這些都是歷史上不同學者們採取批判的態度與方法所累積的成果，這也顯示批判方法不能單純視為一種方法。因此，批判取向研究方法應是多元典範、多元的方法、策略與技術的綜合運用，從實證→詮釋→批判→反思→對話→意識察覺→賦權增能（empowerment）→到行動的一序列過程研究，才能建立實踐性理論，並進一步改造社會。

國內教育與心理研究典範仍以實證主義的量化研究法為主流，雖然近年來質性研究法也漸被接受，但質性研究中的批判研究法並不多見，特別

是在心理學的研究領域更少。基於研究生學習的需要，本文提供一個批判研究方法的架構，首先精要的介紹其理論根源、假說、概念、要素、關注議題、分析技術及效度問題等架構。其次，介紹批判研究方法在教育與心理研究上的四項應用實例包括：一、就主體性的喪失、理論與實踐之落差、自由與責任、意圖倫理與責任倫理等概念，對台灣當前教育改革爭論性議題進行批判反思；二、IQ、性向與學力等測驗是否符合公義的批判分析；三、教育的隱喻分析；四、圖像的解構與建構分析。最後，就批判方法之運用進行反思及提出建議。

貳、批判研究方法的架構

茲將批判方法（critical research methods）的根源、假說、主要概念、要素、關注議題、分析技術及效度問題分述如後：

一、根源

有關批判取向的研究方法，其思想來源是多方的。黃瑞祺（1996）指出批判社會學的來源，可追溯到 Hegel 的辯證思想，以及 Marx 的辯證唯物論。此外，佛洛依德（S. Freud）的心理分析強調潛意識的解放意向也提供另一來源。其後法蘭克福學派繼承上述思想，以及受 Kant、Schopenhauer、Nietzsche、Husserl、Heidegger 等人的哲學影響，而成為「社會批判理論」。社會批判理論主要人物則包括 M. Horkheimer、T. Adorno、H. Marcuse、J. Habermas 等，針對科技理性、法西斯主義、官僚社會主義、及後期資本主義的流弊進行批判。Habermas 更提出理性溝通，解放意識型態的宰制。

批判取向的社會研究之其他思想來源包括：新馬克思學者如 H. A. Girous 的批判教育學、L. Althusser 的意識型態的國家機器理論和 A. Gramsci 的文化霸權理論；後結構主義學者如 M. Foucault 的論述分析與 J. Derrida 的解構主義；後現代主義者如 J. Lyotard、J. Baudrillard 和 R. Rorty 等對傳統主

體哲學的批判；還有巴西的批判解放教育學者 P. Freire，以及法國女性主義學者如 Irigary、Kristeva、Cixous 等強調對父權宰制的社會進行批判與改造（張建成，2002；Cuff, Sharrock & Francis, 1998; Fairclough & Wodak, 1997; Gibson, 1986; Kincheloe & McLaren, 1994; Hammersley, 1995; Morrow, 1994）。

二、假說

批判取向研究並非價值中立，它持有一些基本假說（Kincheloe & McLaren, 1994; Prilleltensky & Fox, 1997; Stevens, 1989）：

㈠所有的思想基本上是受社會與歷史建構的權力關係所影響。

㈡社會情境不應被詮釋為自然而持續的，它們是由特殊的歷史局勢所創造的。

㈢事實永遠不能從價值領域中被隔離出來，也不能從一些意識型態形式中加以移除。換言之，它們是交織在一起。

㈣概念與事物間之關係，及意符與意旨之間的關係永遠不是固定的，通常是藉資本家生產與消費的社會關係來調節。

㈤語言是主體（意識和潛意識的覺察）的核心構造。

㈥壓制的社會結構關係普遍存在於現代社會中，而且受主流文化的宰制不斷地複製。

㈦不論是神話、宗教、科學、實用的或是政治的現狀詮釋，都是人們質疑與批判的對象。

㈧除非人們從受壓制的社會結構中得到解放，否則無法自我實現其潛能。

三、主要概念

批判取向研究的核心課題是「正義」，為了追求正義，特別重視下列概念的分析與運作（Harvey, 1990; Stevens,1989）：

㈠壓迫與宰制：二者相互為用地用來指陳「深植於社會基本結構與功能的不平等權力關係。」

㈡矛盾：事物或結構間的衝突對立現象，例如 Marx 指出勞資的矛盾。

㈢迷思：如意識型態一樣，未經檢驗與質問的信念、想法。

㈣啟蒙： 揭露社會生活中的衝突與宰制，以瞭解個人和團體的真正利益所在（Gibson, 1986）。

㈤解放：解除社會結構的壓迫宰制，並回歸人的自由與主體性。

㈥教條與意識型態：是指宰制及威權的思想體系，以及那些未經檢驗與質疑的假設與前提。

㈦批判（critique）的過程：1.「揭露」哪些會宰制人的意識型態；2.「反思」什麼條件能夠使知識與行動免受權威宰制；3.「分析」在溝通與行動上有什麼限制；4.「對話」以獲得相互理解。

㈧對話：指雙方互動的行為，藉著澄清、確認、整合「歷史、社會、政治及經濟的社群經驗」來提昇集體意識。

㈨意識察覺（conscientization）：學習如何察覺「社會、政治及經濟上的矛盾情境」，並要構想如何抵制權威的行動。

㈩賦權增能（empowerment）：透過自我覺醒與團體的分享、對話、支持、學習等，使自己產生價值感、勝任感。

(十一)行動：藉著體驗受壓制的感覺，在自我覺醒與團體的分享、支持後產生信心與力量，並進而喚起群眾的集體行動，引發社會變遷。

四、要素

批判取向研究的過程是一種解構及再建構的辯證過程，其重點在穿透社會表象，深入揭發壓迫的社會結構，發掘矛盾，挑戰迷思和分析知識的形成過程等。因此，除了上述主要概念的分析與運作之外，批判研究非常重視下列要素的分析（Barker, 2000; Harvey, 1990; Parker, 1992; Po-tter, 1997; Winter, 1989），其中許多要素，源諸後結構主義與後現代主義，例如解構（deconstruction）、反基礎論（anti-foundationalism）、反本質論（anti-essentialism）與反再現論（anti-representation）。

㈠概念分析：批判研究分析概念如何被使用？解開界定此概念本質之潛在

結構是什麼？及探討此概念被視為理所當然的支撐物是什麼？

㈡整體性：批判研究認為社會現象是交互關聯的整體，不能將之切割進行分析，因此要以社會整體作為批判對象，將實徵細節關聯到一個結構的或歷史的整體來加以分析。

㈢本質（essence）：批判研究重視「本質」這一基本概念，它指的是可作為解構過程中解開社會的鑰匙。例如 Marx 用「商品形式」之鑰匙來解析資本主義。

㈣實踐（praxis）：實踐是指實務的反思性活動，透過實踐可改變世界。知識變遷不只是反思的結果，而是行動的結果。我們依知識生活，並且透過我們的行動來轉變它。換言之，透過行動來建構知識。

㈤意識型態：它是指未經檢驗的封閉信念，例如性別、階級和種族等各種壓迫都可被意識型態合法化。因此，批判研究重視對意識型態的解構與再建構。

㈥結構：結構指的是社會機構存在的條件，它會使某些事物發生，同時也賦予這些事物一些限制。例如家庭結構內的小孩可以依賴父母，但也要受父母的限制（Smith, 1998）。結構被視為一組複雜的相關聯元素，彼此是相互依賴的，只有在完整的整體（結構）時才能被適當地瞭解。批判研究很重視部分與整體間之辯證關係，以及社會結構和意識型態間的關係。例如社會結構（家庭、學校）通常透過政經權力的運作而被維護著，而此權力係透過意識型態加以合法化。

㈦歷史：批判研究認為歷史是詮釋與再建構的過程，歷史的再建構與結構分析同步發生，二者相互啟知。歷史和結構之關係在於：1.社會關係是歷史特定的；2.結構關係在那歷史潮流內運作；3.歷史特定結構和特定現象組型有交互決定的本質。

㈧解構與再建構：批判研究重視對事物現象的解構與再建構，它是一個辯證性分析歷程，包括在抽象概念和具體資料間、在社會整體和特殊現象間、在當前結構和歷史發展間、在外表與本質間、在反思與實務間，不斷來回穿梭，檢查其間的矛盾和迷思，以對立方式將原優勢的位置顛

覆，並重新建構合乎正義的觀點。

㈨主體性（subjectivity）：主體性指的是成為一個人或成為自己的條件與過程。依 Foucault 觀點，因為主體性是由主體位置所構成，而此位置是透過論述使我們占有，因此主體性被視為論述的效果（Barker, 2000）。批判研究重視對工具理性、資本社會、文化工業、意識型態等的批判，旨在闡明現代人主體性消失的危機。再者，批判研究反對主客體對立，主張互為主體性（intersubjectivity）的溝通。

㈩知識與權力：批判研究重視知識（真理）與權力的交織關係的分析，特別是權力如何建構知識，及如何運用知識（真理）來維護權力（Foucault, 1977; Gaventa & Cornwakk, 2002）。

㈠修辭與隱喻：分析文本、論述或圖像中所使用的修辭與隱喻，藉以闡明其運作方式及效果，例如是否隱藏權力宰制關係（Gill & Whedbee, 1997）？

㈡辯證性批判：批判研究對社會現狀採取不斷的批判、否定，而使社會朝正義方向發展。

㈢反身性（reflexive）批判：指研究者能不斷自我覺察、反思與監控自己的獨特性（角色、身分、背景、經驗、價值觀、意識型態等）對研究的理論和方法、研究對象、研究歷程及研究結果所造成的影響。其目的在使研究過程及結果透明化，以避免不當的宰制或操縱（Gough & McFadden, 2001; Pillow, 2003）。

㈣反基礎論、反本質論與反再現論：所謂「反基礎論」是認為沒有一套標準、基礎或邏輯原則可仲裁知識的確定性。知識基礎不是單純存在那裡，而是必須被建構；知識有不同的建構系統，而且也會崩塌（Potter, 1997）。所謂「反本質論」依後結構主義的觀點，指在語言之外，沒有真理、主體或認證體（identities），語言沒有穩定的具體事物表徵，因此也不能表徵真理和認證體（Barker, 2000: 20）。而所謂「反再現論」是指理論或心靈內容不再反映世界或再現世界存在的方式（楊深坑，2002：290）。顯然三者皆認為沒有所謂的客觀真理存在。

(圭)理論與實踐的關係：社會批判理論認為理論與實踐是交互的關係，理論經由主體而轉化為有意義的行動，而在行動中強化或修正理論。Schön（1983）提出專業知識（理論）和專業行動（實踐）間的關係，主張透過行動才能建構知識，但二者間需有反思，包括「行中思」和「行後思」。由此也可看出理論與實踐間之主體之反思的重要性。

五、關注議題

由於批判研究特別關心公平、正義這個課題，因而特別重視資源分配與權力關係的正當性、合法性、合理性的問題，並進而檢視下列各議題中是否潛藏壓迫與宰制現象（Gough & McFadden, 2001; Harvey, 1990）。

(一)性別：女性與男性間是否有不平等及宰制？

(二)階級：上階級對低階級或資產階級對勞工階級是否有壓迫？

(三)年齡：例如兒童和老年人是否成為被忽視或歧視的對象？

(四)弱勢族群：例如原住民、同性戀者、愛滋病者或其他邊緣人是否被歧視？

(五)種族：強勢族群對弱勢族群是否有歧視或壓迫？

(六)政治經濟或國家：強權政治經濟或國家是否壓迫弱勢者？

(七)文化：主流文化是否歧視或宰制弱勢文化？

參、批判研究法之新方向——批判論述分析的興起

近年來批判論述分析的興起，已成為批判研究方法不可或缺的一環，故有必要加以介紹。批判論述分析的理論架構源自 L. Althusser 的意識型態理論、M. Bakhtin 的文類（genre）理論，及 A. Gramsci 和法蘭克福學派的哲學傳統；此外，M. Foucault 也是另一重要來源。現代著名的批判論述分析學者如 N. Fairclough、R. Wodak 或 T. van Dijk 等三位，都是承續批判語言學的傳統（Fairclough & Wodak, 1997; Titcher, Meyer, Wodak & Vetter,

2000）。

批判論述分析把語言看作一種社會實務（social practice），特別關心權力、歷史與意識型態等三個概念，其目標就是要把隱藏在語言或制度中的權力、主宰、歧視、控制揭露出來。批判論述分析並不局限於對言語（聲音或文字）本身的分析，符號、圖像或動畫，甚至音樂也被納入為分析的對象。

批判論述分析關注兩個面向：一為，論述作為權力與控制的工具；二為，論述作為建構社會真相的工具。它們共同關心的問題包括下列四項（Wodak & Meyer, 2001: 11-12）：

㈠什麼構成知識？

㈡在社會制度中論述是如何建立的？

㈢意識型態如何在社會制度中運作？

㈣人如何在社會中獲得以及保有權力？

在批判權力運作的關係時，可以質問：㈠研究者的價值觀、意識型態、知識論假設、文化與權力背景為何？這些會對研究產生什麼影響？㈡研究者與研究對象之關係為何？是一種上下、操縱、宰制的關係（白老鼠），還是平等尊重，並促進福祉的關係？㈢研究結果是促進社會正義或不義？對少數人有利還是大多數人有利？是否在維護社會現況？如以學校課程為例，則可以質問：學校呈現誰的知識？課程的內容（知識）是誰決定的？他／她為何有權作決定？做決定的過程合法、合理、正當嗎？

事實上，批判論述分析不只如前述具有批判的功能，它更可透過進一步之論述行動，來發揮增權益能及促進機構、社會改革的功能（Fairclough & Wodak, 1997; Willig, 1999）。

肆、批判研究的分析技術

批判論述分析方法會因所要強調的重點不同而有差異，以下將幾種重

要方法介紹如後：

一、沈清松的批判方法

沈清松（1988）提出詮釋學的方法，包括解釋、理解與批判的過程。當針對某一符號系統進行批判時，就是用化隱為顯的方式，指陳出決定該符號系統之產出的個體的慾望與信念，和集體的價值觀與社會關係，使其不再在潛意識（無論個體或集體）的層次來決定符號系統之產出。

二、Gozzi 之隱喻分析的方法

使用隱喻可強調某些層面，但也會隱藏其他層面，這隱藏的部分可能有宰制關係，需要加以分析。其方法如下（Gozzi, 1999）：

㈠辨識隱喻；㈡探索隱喻的意涵；㈢提出另類隱喻；㈣誰使用這些隱喻？哪些人從中獲利？

三、Parker 的解構步驟

Parker（1988）提出解構（deconstruction）的方法，其步驟為：㈠辨識文本中概念的反面或端點，以及找出正反兩方中誰具有特權；㈡指出有特權的一方是依賴另一方的，而且沒有後者，前者無法運作；㈢對反方進行再解釋，及產生新概念。

另外解構的方法亦可包括：㈠解構對象除文字文本外，尚可包括圖像、符號、事件等。文本的分析亦可從未言、沈默或間隔、空白的部分作探索；㈡拆除二元對立，因二元對立限制其他可能性；㈢找出分裂、不一致部分，分析其間的意義，例如佛洛依德式的失語，思緒不完整或逆轉，都有其意義。

四、Parker 的批判論述分析步驟

論述（discourse）就是「一套系統的陳述，組織成客體（object）」。處理不同論述分析的層級除七個主要規準外，另加三個輔助規準，每個標

準都對研究者正在使用的理論框架提出疑問，而每個規準的研究步驟如下（Banister, et al., 1994: 92-107; Parker, 1992: 7-20）：

㈠論述是在文本中實現

步驟一：將我們研究的客體（object）轉成書寫形式的文本。

步驟二：運用自由聯想探索文本隱藏的意涵，最好可以和其他人合作探索。

㈡論述和客體有關

步驟三：詢問文本中有提到哪些客體（對象），然後描述它們。

步驟四：將談話當作客體（論述）來加以討論。

㈢論述包含主體（subject）

步驟五：詳細列出這篇論述中談到哪些類型的人（主體）。

步驟六：辨識每一主體的權利和責任。

㈣論述是一個有連貫意義的系統

步驟七：將共存在文本中的不同社會世界版本加以描繪。

步驟八：思考關於每一版本如何對抗彼此的宣稱。

㈤論述會指涉到其他論述

步驟九：在各種說話方式間找出對比。

步驟十：找出這些說話方式在何處重疊，及它們在何處以不同方式組成看起來是「相同」的客體。

㈥論述反映它自己講話的方式

步驟十一：和其他適切的文本相比較以闡明此論述。

步驟十二：選擇適當的術語來標記這些論述，並對此術語進行反思。

㈦論述有時間性

步驟十三：檢察這些論述是何時從何處來，以何種型態出現。

步驟十四：描述論述是如何運作以使他們指涉的事物自然化。

㈧論述支持制度

步驟十五：找出使用某論述時，什麼制度被強化。

步驟十六：找出某論述出現時，什麼制度被攻擊或顛覆。

㈨論述重現權力關係

　　步驟十七：找出哪些類型的人因為運用這篇論述而獲利或遭受損害。

　　步驟十八：找出想推廣和想消弭這篇論述的人是誰。

㈩論述有意識型態的效果

　　步驟十九：揭示一個論述如何與其他論述連結來限制被壓迫者。

　　步驟二十：揭示一個論述如何讓宰制集團敘說他們過去的故事來合理化
　　　　　　　現在的情況，並且要防止宰制集團使用征服的論述去編造歷
　　　　　　　史。

　　上述 Parker 的步驟最為詳盡，但在實際運用上，則視所要批判之對象
的複雜程度，未必每一步驟都會用上，而且各步驟也非直線前進，如同質
性資料分析方法一樣，是可交互循環使用。

伍、批判研究的效度問題

　　對於社會真實（reality）的本質，實證主義認為它是事先已客觀、絕
對的存在，等待人們去發現其自然法則，但批判研究典範則認為它是充滿
了衝突，受隱藏的基本結構所宰制。因此，實證主義的研究所強調內在、
外在效度，並不適合批判研究法，而需另立判準。

　　在 Roland Barthes 提出「作者死亡」的詮釋觀點以後（Barthes & Heath,
1977），作者對其作品的詮釋，不再擁有絕對真理，不同讀者可以自由地
詮釋、批判。其次，後結構主義與後現代主義所主張的「反基礎論」、
「反本質論」、「反再現論」，基本上不承認有客觀知識、真理。因此，
當你對某一社會現象進行解構批判後，再行建構，而別人也對你的建構再
行解構，如此是否形成了批判研究是各說各話、莫衷一是的脫序現象？這
是否意味著批判研究的品質與效度很難有客觀一致的標準可供遵循？

　　由於批判研究包括啟蒙、解放、批判、對話、意識察覺、增權益能、
行動等一連串的過程，屬於質性研究典範，因此 Guba 和 Lincoln（1989）

提出「可信賴性」（trustworthiness）、詮釋循環周延性、與真誠（authenticity）等三準則作為質性研究的效度，頗具有參考價值。其中「可信賴性」準則用來取代實證主義的信度、效度。「可信賴性」的內涵包括以可信度（credibility）取代內在效度，可遷移性（transferability）取代推論，以可靠度（dependability）取代穩定信度，以可確認性（confirmability）取代客觀性。

其次，Guba 和 Lincoln（1989）從資料之詮釋循環是否周延來判斷研究的品質，也需加以重視。最後，他們依建構主義基本假設，提出真誠效度，包括：

一、公平性（fairness）：不同的建構及其內在價值結構是否公平、尊重地被呈現及檢核？

二、存有論（ontological）真誠：個人自己的內在建構不斷地改善、成熟、充實、精緻化的程度。

三、教育性（educative）真誠：個別的人對於其他人或團體的建構能理解和欣賞的程度。

四、催化（catalytic）真誠：激勵及催化行動的程度。

五、策略性（tactical）真誠：指相關人員及參與者被增權益能，因而產生行動的程度。

Anderson、Kathryn 和 Nihlen（1994）從教師行動研究者的角度提出研究的效度五種，可供我們檢視，包括：

一、民主效度（democratic validity）：研究者與相關人員合作的程度，或不同聲音被準確地表達的程度。

二、成果效度（outcome validity）：行動研究的結果，問題被解決的程度。

三、過程效度（process validity）：研究過程中能否以可靠、勝任的方式進行的程度。

四、催化效度（catalytic validity）：激發參與者去認識「真實」（reality），並引發行動的程度。

五、對話效度（dialogic validity）：不同觀點、背景的人之間的對話程
　　度，或接受同儕之評論的程度。

　　Reason 和 Bradbury（2002: 454）曾提出行動研究的品質有五項，頗具
有參考價值，包括：一、是「關係—參與」的實踐；二、是對實踐的成果
作反身性（reflexive）關懷；三、是包容多元的認知方法；四、是從事有
意義的工作；五、是能朝向永續性效果的漸進式探究。

　　Altheide 和 Johnson（1994）更提出多元的詮釋性（interpretive）效度概
念，包括：

一、文化是效度：研究者能否採多元觀點，進入不同文化脈絡？

二、意識型態是效度：研究能否檢視社會結構中的意識型態、社會權力、
　　合法性及假說？

三、性別是效度：研究能否檢視是否有性別歧視及宰制現象？

四、語言／文本是效度：研究能否檢視語言／文本之論述是否隱藏宰制？

五、鼓舞（advocacy）是效度：研究能否對弱勢者增權益能，產生力量？

六、標準是效度：研究結果是期待單一科學權威的支持，或是參照多元標
　　準？

七、反身性說明（reflexive accounting）是效度：研究者能否對研究者自身
　　及研究過程進行實質性反思。

　　綜合上述諸位學者所提出的有關質性的批判式研究效度的準則，頗多
重疊。其中我覺得自我反身性（self-reflexivity）效度居於關鍵地位，因為
它是使研究實務及知識再現（representation）是否合法、有效的方法學工
具（Pillow, 2003）。如果研究者從問題的提出、研究對象與工具之選取、
研究者與研究對象之關係與互動、資料之分析與詮釋、及知識的再現等，
皆能保持高度自我覺察，反思、監控自己可能造成的偏差影響，則這個反
身性批判歷程勢必包含前述 Guba 和 Lincoln（1989），Anderson、Kathryn

和 Nihlen（1994），Altheide 和 Johnson（1994）等人所提各種效度準則在內。

　　但是自我反身性是否能保證知識的合法性及有效性呢？Pillow（2003）指出反身性策略包括：一、反身性是認識身我；二、反身性是認識他者；三、反身性是真理：反身性背後顯示研究者追求真理的需求；四、反身性是超越：反身性想超越自身的主觀性與自己文化的脈絡，以避免錯誤再現。此時反身性變成自耽式「自白」，目的在使自己免於緊張、偷窺與族群自我中心的指責，亦即免除知識「再現」而被質疑時的不舒服。Pillow 認為這種舒服式的自我反身並不能當作方法學權力的工具，並不能保證研究的合於倫理性。因此，在進行質性研究時反身性必須是批判式的，必須朝向不熟悉、不舒服的實況，甚至去碰觸如語言與實務的困境。

陸、批判研究法在教育與心理研究上的實例

　　有關用批判方法對台灣教育問題進行批判研究的實例，可以在張建成（2002）之《批判的教育社會學研究》一書中看到豐碩成果。張氏在理論方面，從結構的壓迫、主體的解放、文化的生產進行理論批判；在實踐的反省方面，從班級歷程、課程規劃、教育機會、文化認同等進行實徵性批判，可謂鞭辟入裡。

　　由於教育問題錯綜複雜、經緯萬端、盤根錯節，有待進行批判的問題繁多。本文僅擇取四項研究實例的運用供初學者參考。

一、晚近台灣教改爭論性議題的論述分析實例

　　台灣自一九九四年四一〇教改大遊行以來，教改運動風起雲湧，至今餘波盪漾，舉凡多元入學、九年一貫課程、廣設高中大學、高中職社區化、師資培育多元化、校園民主化、教育本土化（含鄉土語言教學）、多元族群教育等教育革新大工程，均包括在內。十年來，雖有一些成效，但

普遍的感覺是：教改愈改愈亂，教育危機愈陷愈深（吳武典，2003）。

　　鑒於教改所帶來的危機，去年（2003）年七月「重建教育連線」發表萬言書，針對近十年來的教改方案或現象提出批判，包括：自願就學方案、建構式數學、九年一貫課程、「一綱多本」的教科書、內容空洞的「統整教學」、多元入學方案、補習班的蓬勃發展、學校教師的退休潮、消滅明星高中、廢除高職、廣設高中大學、教授治校等，期望「終結教改亂象，追求優質教學」（黃光國，2003）。

　　自從萬言書發表之後，教改集團立刻祭出「反改革」大帽子，質疑萬言書是「情緒多於論理」、「政治多於教育」，是「菁英主義」的科舉思想借屍還魂。黃光國（2003）認為：「教改集團的論點充分反映民粹本質——反智、媚俗。對社會問題不作深入分析、不對症下藥，只想藉助勢力，用一些虛幻美麗口號，欺騙社會。不但不反躬自省，反倒對發聲質疑扣上『反改革』帽子。」

　　上述教改集團對「重建教育連線」的反擊，反映出台灣教育環境缺乏開放、健全的公共論述空間的危機，使得教改議題落入政治性、意識型態之爭，無助益教育問題的改善與發展。以下從批判研究觀點，對台灣教改爭論性議題進行批判分析：

㈠教育主體性喪失的問題

　　教育主體性的喪失常是造成教育偏差問題的主要原因，包括三方面：

1.相對於政治及經濟，教育本身是否建立主體性？

　　教育一向脫離不了政治及經濟的干擾，甚至成為政治及經濟的工具。近年來教改以社會運動方式進行，在打倒「舊權威、舊體制」上有一定的貢獻。教改者掌握了主導權，並且建構出主流的論述，包括「改革就是進步」、「多元優於一元」、「新（建構）教學法優於傳統教學法」、「自由主義（市場經濟）優於管制主義」、教育鬆綁、教育即經濟、教育即消費、教育的商品化、教育的全球化、教育的本土化等，這些論述的實踐是否會使教育工具化，而迷失方向？

2.教育研究者（學者、教師）的主體性是否喪失？

最近的教改，為何大多數師範院校的教師學者，以及中小學基層教師都不發聲？他們是安於現狀，還是在「教改」的意識型態（教育的政治正確性）的口號壓力下，怕被指責為反改革、落伍與不求進步，因而噤若寒蟬？未來如何建構開放的論述空間，是重要課題。

3.文化主體性是否喪失？

前述教改的論述大都移植自國外理論，未能掌握國內的文化的脈絡，未能考慮教育實踐的關鍵人物，包括教師、家長與學生的實況，以及缺乏教育學者和相關體制內、體制外的人士等，共同合作進行對話與協商，當然無法建構較穩健的實踐方案。

4.學生的主體性是否被尊重？

粗糙的教改，往往使學生成為白老鼠，受害很深。例如建構數學、多元入學方案是否增加學生的壓力？學校行政人員、家長會、教師會三者間之權力爭奪，是否考慮到學生的主體性（受教權與學習權）？教學與研究倫理是否尊重學生的主體性？

(二)教育理論與實踐間之落差問題

教改受到的質疑與批判愈來愈強，教改龍頭卻強烈宣示「教改不能走回頭路」。問題是教改要走向何方？怎麼走？卻給不出答案。如果空有教改理想，但缺乏有效實踐方法，最後是否變成意識型態？這個問題牽涉到教育理論與實踐間之落差問題，有賴周全的教育研究來彌補這個落差。

由於前述主體性的喪失，無法建構開放的論述空間，及周全的教育研究與評鑑環境，導致「教改與教育脫了節」、「教改程序有問題」等。未來應建立多元典範與多元方法、策略與技術的研究，結合體制內、外有關人員，從實證→詮釋→批判→反思→對話→意識察覺→賦權增能→到行動等一序列的過程研究，才能建立實踐性理論，真正重建教育。

(三)自由與責任的問題

國內女性主義者提倡「情慾自主」、「援助交際」、「人獸交」等觀念，雖符合後結構主義與後現代主義的潮流，但其盲點卻有待質疑與批

判。對未成年人而言，教導性開放、情慾自主，有顛覆傳統單元價值觀的功能，其目的原在期望她／他們能獨立自主，不被情慾宰制。問題是只強調情慾自主，能保證他們不被情慾所宰制嗎？特別是未成年人，他們能負起情慾自主的負面後果嗎？如果不能？則需進一步反思。

從教育觀點而言，自由與責任是一體兩面的，教導自由時，也應教導責任。否則徒有解構（自由），而不能建構（責任），已違背女性主義的真正目標。陳漢瑛、何英奇（2001）在一項對台灣的大學生調查研究發現：愈持性自由開放態度者，愈有不願負起自由的責任的現象，值得深思。

㈣意圖倫理與責任倫理問題

當教改解構了權威體制後，卻無法建構符合公平正義、卓越的新體制，而紛紛受到質疑與批判時，卻無人願意承擔責任，形成所謂的「教改有理，犯錯無罪」的現象（何英奇，2000）。

德國學者 Marx Weber 曾區分出「意圖倫理」與「責任倫理」的不同。所謂「意圖倫理」就是施政者自認動機良善，只關心信念的堅持，行動所導致的後果則不在考慮之列。「責任倫理」是指施政者必須熟慮及預見施政引起的後果，並對施政的後果負責，不會自恃動機正確，將成敗之責任諉之於外在因素。

台灣近十幾年來教改所帶來的脫序問題，卻無人願意承擔責任的現象，正反映了主導教改之人士徒有意圖倫理，動機良善，卻缺乏責任倫理。教改行動反倒把「手段」變成了「目的」，為改革而改革，結果是「教改」被神聖化了。未來教改如未能建立責任倫理，問題將更形惡化。

二、IQ、性向與學力等測驗是否符合公義的批判分析實例

在批判研究法之教學上，我通常會以美國早期的《魏氏兒童智力測驗》內容為例子，以激發研究生對潛在意涵之察覺。其中有一題是口頭問答：

「當你的手指被割傷（cut）時，你要做什麼？」

「計分方法：貼上繃帶為 2 分；上醫院為 1 分；哭泣、讓它流血或吸吮傷口為 0 分。」

　　我會先問同學這一題測驗題公正嗎？有沒有什麼問題存在？同學們很少能察覺出其社會文化偏誤。接著我會提供歷史資料：根據研究發現黑人小孩大多得 1 或 0 分，而白人小孩大多得 2 分。為什麼會這樣呢？在我的鼓勵下，同學們開始檢視並提出質疑：會不會是黑人與白人小孩對「cut」語意之理解不同？例如白人小孩理解為小傷口，而黑人小孩理解為大傷口，因而導致得分不同。或者是大多數黑人小孩，家裡貧窮沒有急救箱，故很少答「貼上繃帶」，而白人小孩則反之。顯然，這個測驗題包含明顯的社會文化偏誤，對黑人或低社經小孩不利。

　　事實上，早期美國學校使用這一類 IQ 測驗來甄選智能不足學生，以便實施特教，結果大多數黑人學生被鑑定為智能不足而被安置在特教班，卻未得到適切的教育。因此，黑人家長告到法庭（1967 年的 Hobsen v. Hansen 訟案），結果法院判決學校敗訴，其理由為：對黑人學生使用有文化偏誤的測驗進行能力分班是不當的（何英奇，1999）。

　　在探討 IQ 測驗後，我再舉美國升大學用的 SAT 測驗中的「類比測驗」和台灣升大學的國文學力測驗等二個例子，供同學們批判：它們是否公正？為什麼？

例子

1. 美國 SAT 類比測驗題目

　　RUNNER：MARATHON =

　　(A) envoy：embassy

　　(B) martyr：massacre

　　(C) oarsman：regatta

　　(D) horse：stable

2.台灣九十學年大學國文學力測驗題目

中國理想的「生命之美」，往往不在感官的愉悦或際遇的騰達，而在追求一種超出外在現實限制，屬於內心坦然自在的安適。下列文句，表現此種生命情趣的選項是：

(A)飯疏食，飲水，曲肱而枕之，樂亦在其中矣

(B)結廬在人境，而無車馬喧。問君何能爾，心遠地自偏

(C)不以物傷性，不以謫為患，無適而不自快，無入而不自得

(D)文武爭馳，君臣無事，可以盡豫遊之樂，可以養松喬之壽

(E)自耕稼陶漁，以至為帝，無非取於人者。取諸人以為善，是與人為善者也

對於上述二個測驗題，同學們往往囿於成見，認為這些標準化測驗，乃是專家所編製出來，具有科學性、客觀性與效度的試題，怎麼會有偏誤呢？為了激發他們的敏察力，我會引導如下：上述 SAT 測驗內容是否屬於上階層社會有關之文化事物？如果是，它是否會有利於上階層子弟，而不利於低階層子弟？同樣的，台灣的國文學力測驗內容也包含明顯的社會文化偏誤，有利於中上階層的子弟。這些測驗結果反映出家庭及社會文化成本多寡，低社經家庭子弟比較不利。

最近台灣勞工階層提出反對提高大學（尤其是私立大學）之學費的訴求，主要原因是中上階層小孩大多數上學費較低、品質較好的公立大學；相反的，低階層小孩大多數上學費較高、品質較差的私立大學，而私立大學的高學費往往是低階層家庭的沈重負擔。事實上，教育機構及其考試內容往往扮演階級與文化「複製」的重要角色。

通常經過上述的批判方法之實例應用的討論與對話，同學們對於習以為常之客觀測驗裡竟然隱藏有文化偏誤，頗有恍然大悟之感。

三、教育的隱喻分析實例

使用隱喻可凸顯某些層面的特質，但相對也隱藏其他層面的特質。在

隱喻的使用下，往往隱藏著宰制關係或扭曲真相，極需要加以批判分析。近年來國內興起的教育論述，諸如「改革就是進步」、「多元優於一元」、「新（建構）教學法優於傳統教學法」、「教育鬆綁」、「教育自由化」、「教育即經濟」、「教育即消費」、「教育的商品化」、「教育的全球化」、「教育的本土化」等，大都使用了隱喻。這些論述如果無限上綱，就會形成意識型態，使教育工具化。

以「教育即消費」這個隱喻而言，教育消費化使得教育成為一種商品的販賣過程，知識即是商品，師生關係成為販賣者與顧客關係。然而，教育是一種成長，不是消費；教育不是知識佔有的轉換，教育是生命的相互擁有，是「我與您」而非「我與它」的關係（林安梧，1999）。在教育消費化下，導致師生關係變成疏離、物化，校園倫理淪喪，教育品質下降。

又如在「教育自由化」、「教育即經濟」之隱喻的口號下，台灣的師範教育制度被抨擊為封閉的、保守的、專斷的黨國教育、升學主義的製造源頭、教師工作權的獨占等，因而被解構及顛覆掉，變成了開放的師資培育制度，各大學學院不管其師資設備是否符合品質，紛紛開設教育學程。幾年下來，師資供過於求，今年終於爆發出嚴重人力資源浪費問題，教育部長估計找不到教職的流浪教師約有五萬人，可見問題的嚴重性。

當我們對上述二個隱喻的使用進行批判分析時，必須檢視：誰在使用此隱喻？此隱喻的意涵是什麼？此隱喻的行動化是否合理、合法？誰從此隱喻中獲利？誰在此隱喻中受到傷害？如何解構此隱喻，提出另類的適當隱喻？經由上述質問程序，隱喻所潛藏的問題即可被挖掘釐清。

四、圖像的的解構與建構分析實例

㈠一枚德國郵票的解構與批判的教學歷程

為了培養研究生解構與批判能力，我常採用圖像為例進行教學（如圖1），幫助同學們運用解構與重構法進行社會批判（何英奇、陳漢瑛，2002）。首先呈現圖 1 讓同學們觀察，它是一枚由德國聯邦郵局（Deutsche Bundespost）發行的五十芬尼幣額的舊郵票，郵票主題為「隨時當心」

（Jederzeit Sicherheit），我會先告訴她／他們德文字的中文意思。圖案為一隻高跟靴在上，靴下不遠處有一個小木塊，木塊中有一支穿透木塊且突起的大釘子。我要同學們仔細觀察，解讀它的潛在意義是什麼？

圖1　一枚德國「隨時當心」的文宣郵票

然後要他們發表觀察所得，結果發現極大多數同學缺乏解構與批判能力，只看到郵票符號的外顯意義，無法透視其所隱含的潛在意義。接著我們引介 Parker（1988, 1992）、沈清松（1988）的批判與解構方法，開始對郵票進行解構與批判分析，引導同學們發現潛藏的社會對立及宰制現象，包括：

1. 性別的對立與歧視：高跟鞋代表女性，是受害者，是弱者；而有釘子的木塊代表男性（因在工地易看到它，通常是男性建築工人留置的），是加害者，是壞人。

2. 階級的對立與歧視：高跟鞋代表上班族（上階層人士），而有釘子的木塊代表建築工人（低階層人）。它隱含藍領階級是加害者，白領階級是受害者。

3. 國家機器的監視與宰制：「隨時當心」的文宣意味國家機器的監視與控制，就如同台灣在解嚴以前，到處可見政府宣傳標語：「保密防諜人人有責，小心匪諜就在你身邊。」

首先，此郵票之外顯意涵──「政府對人民安全的關心」很快就被辨識出來。接著透過班級的討論、分享、對話之後，各種不同的潛在意涵逐一浮現出來。

去年（2003）我再以兩班六十二位研究生為對象，在班上進行解構與批判教學，並且課後要他們繼續反思、批判，俾使更多的潛在意涵被建構

出來。最後，請他們用四點量表，對此郵票之外顯意涵——「政府對人民安全的關心」的贊同程度加以評量，結果最大多數同意（含「非常同意」）（占 93.5%），其餘對大家所挖掘出之不同潛在意涵之贊同百分比高低依序為：1. 階級的對立與歧視（70.9%）；2. 性別對立與歧視（69.3%）；3. 國家機器的監視與宰制（58.1%）；4. 玩火女性會被男性陷害（53.2%）；5. 女性主義者要聯合對抗專制的男性（50.0%）；6. 女性位居高處易被忌妒而受害（38.6%）。其他較少數的觀點如「人生充滿危機」、「三思而後行」、「工業發展與生活危機」、「女性要隨時自我保護」、「女性要自救，求人不如求己」、「人生如踩鐵釘，要克服困難勇往前進」、「圖中 50 代表會不會踩到鐵釘的機率」......等。

㈡研究參與者對解構與批判方法教學之反思

上述透過對郵票觀察結果之分享及進一步解構與批判方法之啟迪與教學結束後，我請同學們對此次教學活動進行反思及發表感想。結果發現：大多數人都驚訝小小的一張郵票，竟然潛藏著對立及宰制現象而未察覺，因而感受到自己缺乏解構與批判能力。同學們也覺得這個教學活動有趣且深具啟發性，可以增進批判能力。以下是部分研究參與者的反思例子：

> 「蠻有趣的，又可以腦力激盪。」
>
> 「很驚訝小小的一張郵票，竟可推論出這麼多的詮釋。」
>
> 「潛在意識的解讀很可怕，或許真實本來就是殘酷的吧？」
>
> 「我覺得今天的觀察活動很有趣，同學及老師能從不同的角度切入去詮釋一件看起來簡單的圖象，有些想法是我完全沒想到的，結果大家都有不同的思維，我喜歡這種腦力激盪的方式。」
>
> 「今天的活動讓自己的觀點和別人作對照，引發個人的批判力，和彌補自己觀察的不足，很有意義。」
>
> 「透過和他人分享的經驗不僅可以衝擊自己的想法，也可加深加廣對於事物的觀察力及感受力，而這也是需要不斷學習補足的。」
>
> 「這是一種很特別的訓練方式，聽到一些同學透過仔細的觀察力及敏

捷反應，分析出許多有創意的解讀。而研究工作的確也需要這些特質，才能洞悉問題所在…這種開放式的問題可訓練人從不同角度來分析事物。」

「見徵知著，但萬法唯心造，體會很深。」

「自己的觀察、詮釋，和聆聽他人更深度之見解後，覺得受到『震憾教育』，深刻體會事物表面可能隱含更多的內涵。這種彼此腦力激盪的活動，真是受益良多。」

「這種可以啟發批判的活動，很有創造性和趣味，也發人深省。感謝老師給我們這個練習的機會。」

「今天的觀察的活動，覺得很有收穫，可以親自體驗一個觀察者面對觀察客體的時候，如何去描述現象，詮釋所看到的現象，謝謝老師作這樣的安排。」

(三)郵票之解構與批判研究之效度問題

上述透過實例進行解構與批判之啟迪與教學，有助於他們發掘潛藏之社會對立及宰制的現象。但對於這些後來才發掘之潛藏的社會對立及宰制現象，是否能建立共識？如何進行效度分析？

前述已指出對此郵票之外顯意涵——「政府對人民安全的關心」的贊同程度最高（占 93.5%），但對不同潛在意涵之贊同百分比高低依序為：1.階級的對立與歧視（70.9%）；2.性別對立與歧視（69.3%）；3.國家機器的監視與宰制（58.1%）；4.玩火女性會被男性陷害（53.2%）；5.女性主義者要聯合對抗專制的男性（50.0%）；6.女性位居高處易被忌妒而受害（38.6%）。其他較少數的觀點如「人生充滿危機」、「三思而後行」、「工業發展與生活危機」、「女性要隨時自我保護」、「女性要自救，求人不如求己」、「人生如踩鐵釘，要克服困難勇往前進」、「圖中50 代表會不會踩到鐵釘的機率」……等。由上述郵票外在及潛在意涵的統計，至少有六項達到半數以上人數同意，但顯然地，面對上述多元分歧意義的詮釋批判，仍無法完全獲得全體一性共識。因此我們面臨一個嚴肅問

題：這張郵票的真相是什麼？它的真相是唯一或多元？如果是多元？就如同後現代主義所主張的反本質論、反基礎論、反再現論，是否會形成過度詮釋、扭曲原意，製造更多矛盾而非釐清真意，甚至落入為批判而批判的另一權威宰制？

　　針對前述疑義，研究發現面對郵票多元分歧意義的詮釋批判，大多數同學能尊重不同的人有不同的看法。但還是有一些同學堅持郵票只有一個客觀的真相，就是以郵票原作者之想法為依據。以下是一些正反看法的例子：

1. 贊同郵票潛藏多元歧異的意涵

「同學及老師的分析都很有說服力及創意，所以贊同看法。」

「當同時許多人察覺相同之寓意時，可想你我之間仍有許多共同潛意識存在。」

「每個人對這張圖片都有不同看法，也都能說服我。」

「從不同的角度觀察事物，便會產生不同的論點。所以三人行，必有我師焉。我們應學習學著去用各種不同角度看待事物，也學習欣賞／批判別人的看法。」

「相同的符號表現卻有不同的想像與解讀，平時應廣泛聽不同的聲音。」

「每個人的看法和切入角度的確有極大的差異，有些人想法很不同，但也不能說錯。我們的社會必須要有管道讓不同的聲音宣洩出來。」

「平日平凡的事件、圖像其實隱含很多觀點，我們要有清楚的心智來思考四周的各種現象。」

「雖然我認為實在論最接近真實，但這個世界就是要多元才有創意、有趣。」

「很棒的感覺，由圖樣的刺激，來檢視自己潛意識、價值觀。」

2.贊同郵票的真相只有一個

「每個人的詮釋不同，如何取得研究效度？」

「也許創作者只是單純的意念表達，但我們卻能有各種解讀，不免有後人『擴張解釋』及『為賦新詞強說愁』的疑慮。」

「有時覺得人類真是不單純，常把簡單的事情複雜化。要處理得非常小心，才不會扭曲原意，製造更多矛盾而非釐清真意，勿落入為批判而批判的俗套中。」

「透過大家的詮釋，讓大家有新的啟發，但最終我仍是想知道原作者想表達的真正涵義。」

很多解釋因人而大不同，也許許多都犯了『過度推論』之弊。」

「以此郵票為例，我傾向於實在論，因政府發行此郵票有它想傳達的特定意義。」

「本班同學有豐富的想像力，對此郵票有不同的詮釋，但過度詮釋是好或是壞？」

「如何對資料取捨而防止過度詮釋？」

「潛在的分析要有依據嗎？否則是否會胡說八道呢？」

面對郵票的真相是客觀唯一或多元分歧，同學們各有堅持。在後結構主義和後現代主義時代，我個人對批判研究的效度是採取協商、共識性效度的觀點。共識性效度並不是存同去異（取交集），而是存同保異（採聯集）。大家透過對話協商可得到較多數的共識，但即使是少數相異的聲音，其觀點仍加以保留呈現。透過異質觀點不斷的加入詮釋循環圈（hermeneutic circle），可使意義之建構更周延、深入。

事實上，我在解構與批判教學過程中就是採取自由、開放、平等的溝通、對話、分享。雖然無法獲得全體共識，但很尊重不同的人持有不同的看法。根據Habermas的溝通理論，要打破意識型態、社會結構的宰制，必須創造無宰制溝通的環境，讓不同的聲音皆能自由表達。要做到這點，研究者之自我反身性批判非常重要。

柒、結語

　　國內教育與心理學研究的主流思潮仍舊籠罩在實證典範中，本文旨在為那些不熟悉批判研究方法者提供一個初步的架構，及其在教育與心理研究上的應用實例供參考，讓她／他們較易掌握批判研究方法，並進而能善加運用。首先，指出社會科學研究取向由單元的實證論典範演進到多元典範，都是歷史上不同學者們採取批判的態度與方法所累積的成果。因此，研究不能缺乏批判方法。

　　其次，介紹批判研究方法的理論根源、假說、概念、要素、關注議題、分析技術及效度問題等架構。這些都是批判分析的實例應用時必須掌握清楚的。

　　接著，介紹批判研究方法在教育與心理研究上的四項應用實例，包括一、就主體性的喪失、理論與實踐之落差、自由與責任、意圖倫理與責任倫理等概念，對台灣當前教育改革爭論性議題之進行批判反思；二、IQ、性向與學力等測驗是否符合公義的批判分析；三、教育的隱喻分析；四、圖像的解構與建構分析。在圖像的分析部分，特別就批判研究的效度進行反思，強調多元的協商、共識性效度的觀點。它的過程是採取如 Habermas 所提倡的無宰制的溝通環境，即自由、開放、平等的對話與分享，讓不同的聲音皆能自由表達。其結果是一種存同保異（採聯集）的方法。在研究歷程中，透過研究者之自我反身性批判，以確保批判研究的效度。

　　台灣近十年來的教育改革雖取得一些成就，但也顯露出嚴重的脫序亂象。鑑於教育改革是一項大型社會工程改造，有賴教育行政人員、教師、家長、教育學者的配合，以及教育機構和其他家庭、社會、政治、經濟等外在機構的共同運作，才能成功。因此本文強調教育與心理的研究除應加強批判方法之應用外，更要進一步採多方的協同、合作式行動研究，在對話、啟迪意識、賦權增能、實際行動的循環歷程中，建構出實踐性理論。更重要的是，批判研究更要隨時進行反身性的自我批判，採取開放的心

靈，健全公共論述空間，以免落入為批判而批判之反權威的對立面，而形成獨斷的新權威。

參考文獻

何英奇（1999）。IQ 是神話嗎？──歷史與社會批判觀點的分析。載於中國測驗學會（主編），**新世紀測驗學術發展趨勢**（頁 327-343）。台北：心理。

何英奇（2000，12 月）。**教改有理，犯錯無罪：台灣升學主義文化改革的迷思與困境**。論文發表於中央研究院民族研究所舉辦之「第五屆華人心理與行為科際學術研討會」，台北。

何英奇、陳漢瑛（2002，9 月）。**解構與批判能力之啟迪：以台灣研究生為例**。本文發表於九十一年度中國心理學會年會，台南。

沈清松（1988）。**當代西方哲學與方法論**。台北：東大。

吳武典（2003，8 月 13 日）。我們需要健康的教改止亂象。**中央日報**，「全民論壇」第九版。

林安梧（1999）。**台灣文化治療**。台北：黎明。

陳漢瑛、何英奇（2001，9 月）。**開放有理，性愛無罪？台灣大學生的性自由與責任觀**。中國心理學會第四十屆年會壁報論文，嘉義。

張建成（2002）。**批判的教育社會學研究**。台北：學富。

黃光國（2001）。**社會科學的理路**。台北：心理。

黃光國（2003）。**「終結教改亂象，追求優質教學」**。「重建教育連線」萬言書。取自 www.highqualityeducation.com。

黃光國（2003，8 月 6 日）。重建教育和政治劃清界限。**聯合報**，A15 版。

楊深坑（2002）。**科學理論與教育學發展**。台北：心理。

蔡維民（2001）。批判的反思與批判方法的建立。**哲學與文化，28**(2)127-143。

黃瑞祺（1996）。**批判社會學**。台北：三民。

Altheide, D. L., & Johnson, J. M. (1994). Criteria for assessing interpretive validity in qualitative research. In N. K. Denzin & Y. S. Lincoln (Eds.), *Handbook of qualitative research* (pp. 485-499). London: Sage.

Anderson, G. L., Kathryn, H., & Nihlen, A. S. (1994). *Studying your own school: An educator's guide to qualitative practitioner research.* Thousand Oaks, CA: Corwin.

Banister, P., Burman E., Parker, I., Taylor, M. & Tindall, C. (Eds.). (1994). *Qualitative methods in psychology: A research guide* (pp.92-103). Buckingham: Open University Press.

Barker, C. (2000). *Cultural studies: theory and practice.* London: Sage.

Barthes, R., & Heath, S. (1977). *Image, music, text.* New York: Hill and Wang.

Cuff, E. C., Sharrock, W. W., & Francis, D. W. (1998). *Perspectives in sociology* (4th ed.), London: Routledge.

Fairclough, N., & Wodak, R. (1997). Critical discourse analysis. In T. A. van Dijk (Ed.), *Discourse as social interaction* (pp. 258-284). London: Sage.

Foucault, M. (1977). *Discipline and punish* (A. Sheridan, Trans.). London: Allen Lane.

Gaventa, J & Cornwakk, A. (2002). Power and knowledge. In P. Reason & H. Bradbury (Eds.), *Handbook of action research: Participative inquiry and practice* (pp. 70-80). London: Sage.

Gibson, R. (1986). *Critical theory and education.* London: Hodder and Stoughton.

Gill, A. M., & Whedbee, K. (1977). Rhetoric. In T. A. Van Dijk (Ed.), *Discourse as structure and process* (pp. 157-184). London: Sage.

Gough, B., & McFadden, M. (2001). *Critical social psychology: An introduction.* New York: Palfrave.

Gozzi, R. Jr. (1999). *The power of metaphor in the age of electronic media.* Cresskill, NJ: Hampton.

Guba, E. G., & Lincoln, Y. S. (1989). *Fourth generation evaluation.* London: Sage.

Harvey, L. (1990). *Critical social research.* London: Unwin Hyman.

Hammersley, M. (1995). *The politics of social research.* London: Sage.

Kincheloe, J. L., & McLaren, P. L. (1994). Rethinking critical theory and qualitative research. In N. K. Denzin & Y. S. Lincoln (Eds.), *Handbook of qualitative research* (pp. 138-157). London: Sage.

Morrow, R. A. (1994). *Critical theory and methodology.* London: Sage.

Parker, I. (1988). Deconstructing accounts. In C. Antaki (Ed.), *Analyzing everyday explanation: A casebook of methods* (pp. 184-198). London: Sage.

Parker, I. (1992). *Discourse dynamics: Critical analysis for social and individual psychology.* London: Routledge.

Pillow, W. S. (2003). Confession, catharsis, or cure? Rethinking the use of reflexivity as methodological power in qualitative research. *Qualitative Studies in Education, 16* (2), 175-196.

Potter, J. (1997). Discourse and critical social psychology. In T. Ibanez & L. Iniguez (Eds.), *Critical social psychology* (pp. 55-66). London: Sage.

Prilleltensky, I., & Fox, D. (1997). Introducing critical psychology: Values, assumptions, and the status quo. In D. Fox & I. Prilleltensky (Eds.), *Critical psychology: An introduction* (pp. 3-20). London: Sage.

Reason, P. & Bradbury, H. (2002). *Handbook of action research: Participative inquiry & practice.* London: Sage.

Schön, D. A. (1983). *The reflective practitioner.* London: Temple Smith.

Smith, M. J. (1998). *Social science in question.* London: Sage.

Stevens, P. E. (1989). A critical social reconceptualization of environment in nursing: Implication for methodology. *Advances in Nursing Science, 11*(4), 56-68.

Titcher, S., Meyer, M., Wodak, R., & Vetter, E. (2000). *Methods of text and discourse analysis.* London: Sage.

Willig, C. (1999). *Applied discourse analysis.* Philadelphia: Open University Press.

Winter, R. (1989). *Learning from experience: Principles and practice in action research.* London: Falmer Press.

Wood, L. A. & Kroger, R. O. (2000). *Doing discourse analysis.* London: Sage.

Wodak, R. & Meyer, M. (2001). *Methods of critical discourse analysis.* London: Sage.

討論文章：
「批判研究方法的架構及其在教育與心理研究上的應用」

宋文里

在讀這篇文章時，我有個很大的疑問，就是：作者所強調的「反身性的自我批判」究竟能不能反身作用到他自己身上？

我不認為批判研究所要抗衡的對象只是實證論。在教育研究的圈子中，實證主義恐怕是寄託在一種更廣泛的肯定文化（affirmative culture）之下，才會讓實證主義以這麼長久的方式支配著教育研究，並使得批判／論述的研究不容易冒出頭來。這種肯定文化，依我長久的觀察，我認為叫它「教條主義」更為恰當。它是知識保守的典型，對於批判的知識要不是沒有發展，那就是只選擇了最安全的部分作了局部發展。本文所表現出來的結果，恐怕也是顯露了這些教條主義的症候群而已。

本文的主要用意，如作者所說，是要把批判研究當作一種新典範而「介紹」出來。在研討會中聆聽報告的主持人陳文團教授曾經很疑惑地問道：「這樣的文章要怎麼討論？」本來，這是一篇很遲來的介紹，我該為它歡呼才對，但在讀完全文之後，我卻開始發生懷疑：不是對於作者所列出的那些假說、概念和要素，而是對於第一節到第五節的那種要點條列的陳述形式——我想知道的是：這樣的寫法究竟能介紹什麼？還有，這種無法討論的文體究竟是對什麼讀者而寫的？

這篇文章的前五節是用我所說的「要點條列的敘述形式」所寫成的，而第六節則意圖提出幾個應用的實例。應用實例通常是研究者本人對此研究最真實的貢獻，因此我要先從三個實例談起，然後再回頭來談前面五節的介紹。

第一個實例談到「教改集團」和「重建教育連線」正在爭議中的教改論述。經過作者的「批判分析」，發現教改有四個基本問題：「教育主體性喪失」、「教育理論與實踐間之落差」、「自由與責任」、「意圖倫理與責任倫理」。作者的意思是說教改引起了這些問題，但我們都知道，台灣的教育一直都有以上的問題，譬如教育的主體無論在教改之前、之後都未曾落實在學生、教師身上，而教育行政部門之把持教育決策大計也一直是這問題的一貫結構。但作者似乎分析出教改集團應負此責的結論，所以，我在嘖嘖稱奇之餘，不得不再以更懷疑的眼光繼續讀下去。

第二個實例，作者試圖以一些性向測驗和學力測驗的題目來讓學生學到批判分析的方法。在原稿中，作者列出的一則 SAT 學力測驗題目同時呈現其英文原版與中文翻譯版。由於中譯文發生嚴重的誤譯，使題意變得不知所云，完全失去舉例說明的意義，所以作者後來把中譯文刪除了。但這麼一來，問題變得更加嚴重：在台灣的教學環境中，假若拿一個SAT的題目為例來討論，但題目中有許多字眼超過學生學得的字彙範圍，所以誰又能跨過這個障礙而竟能辨別哪些字眼的使用會帶有階級差異的意味？所以使用此一實例來介紹批判分析的學習，似乎只是適得其反。

第三個實例是關於一張郵票之圖像與文字訊息的「解構與批判分析」，作者帶著研究生一起解讀這張郵票，結果在討論後出現了許多種「潛在意涵」，但作者要這些學生表示對各種意涵的贊同程度——也就是以實證主義者最慣常使用的態度量表來測量學生的態度傾向。最後得出對各種潛在意涵分別有不同程度的贊同者。這個測量對於批判論述分析的意義何在？——93.5%的「多數」同意，和38.6%的「少數」同意，究竟代表了批判的什麼？較多贊同代表較易理解，而較少贊同代表較難理解嗎？批判知識和贊同的人數多寡究竟會有什麼關係？作者雖沒有加以解釋，但作為評論者的我卻看出這位研究的設計者對於批判知識顯現了近乎六神無主的理解狀態。

談過這三個相當不對勁的實例之後，我們更有本錢回頭批判作者對於批判與論述分析的「介紹」。

在作者引述的著作中，我對於其中一些英國論述心理學的作者如 Ian Parker、Jonathan Potter 都深為鍾愛（還包括其他一些人，如 Michael Billig、David Edwards 等），讀他們的著作常會獲得茅塞頓開的啟示，但在經過本文作者的介紹之後，我的感覺竟是「淡出鳥來」：好些重要而充滿鬥爭內容的概念被作者的條列敘述弄得一一消融。這就是我所要談的「討論文體」和「對誰而說」的問題。

本文第一節到第五節的寫法，嚴格說，不是能夠討論的 essay，其中並沒有提出可以討論的論證。依我看，這是屬於一種「講義文體」，而它所

隱含的讀者就是愛讀教科書的莘莘學子。這種講義文體的教科書寫法把極為複雜糾葛的概念變成一兩個簡單的詞彙，附以一兩句如同字典一樣簡單的說明，譬如：「本質」、「實踐」、「解構」、「辯證性批判」、「反基礎論」等等字眼都是。對於喜歡 K 書、背書的學生來說，對這些概念最好的教學，難道就是以這麼簡單的陳述來投其所好而已嗎？當困難的概念被簡單化到容易背誦，你說這不是在為教條主義推波助瀾嗎？

另外，把 Parker 的批判論述分析那二十個步驟一五一十地抄寫下來，這究竟是要對我們說明什麼？要奉它為圭臬嗎？任何人作批判論述分析都能遵循這樣的步驟嗎？作者提出的幾個實例又有哪些是根據這樣的「步驟手冊」而操作的呢？在作者所實施的教學中，有沒有哪些步驟方法是真正值得我們參考的呢？——這應該是我們更想知道的。

批判研究和論述分析本來是對治我們傳統的單向式權威主義教學的法寶，對於教條主義者而言更應能發生醍醐灌頂之效。但是，在急著想作一種無味的介紹之下，我恐怕這些法寶也會變得沒人相信了。

我以上所作的討論，就說是「愛之深責之切」也罷。

回應文章：

「蘋果vs.蘿蔔——知識與權力關係的實例分析」
對宋文里先生評論文的回應

何英奇

壹、緣　起

　　台灣師大教育研究中心於二〇〇三年五月舉辦「教育研究方法論：觀點與方法」學術研討會。我曾在會場上口頭發表文章，並於會後再增修成〈批判研究方法的架構及其在教育與心理研究上的應用〉一文。此論文即特別針對不熟悉批判研究法的讀者而寫，透過概念與方法之引介，並加上我個人多年來在「質性研究法」的教學經驗反思，把批判方法在教育與心理研究上的具體應用實例呈現，讓讀者可較容易進入批判方法的廟堂，有興趣的讀者也可進一步就文中所引介的文獻、書目再自行進行深入探究。

　　該場次主持人係台大哲學系陳文團教授，討論人係清大宋文里教授。本文係針對宋先生之評論文（以下簡稱宋文）作一回應，先就自身進行反思批判，然後再對宋文進行批判。如同批判辯證法，如把我的論文視為「正方」，宋評論文視為「反方」，我的回應則在提供讀者能超越正反對立，進行「統合」辯證。附帶的目的則是以宋文為材料，協助讀者對其論述背後的潛在知識意涵進行批判分析。

貳、回　應

一、對「知識保守的典型」和「教條主義」的批評的回應

　　正文的出發點，乃是基於國內教育與心理學研究的主流思潮仍舊籠罩在實證典範中的事實，故有必要引介批判研究方法，以拓展較周全的知識論和方法論。尤其身處實證典範更強的心理學界，我願意擴展我的視野，引介批判取向研究方法，當然我不可能是宋文所稱的「知識保守的典型」。其次，我認為批判方法不能單純視為一種方法。因此，指出「批判方法應是多元典範、多元的方法、策略與技術的綜合運用，從實證→詮釋→批判→反思→對話→意識察覺→賦權增能（empowerment）→到行動的一序列過

程研究，才能建立實踐性理論，並進一步改造社會。」再者，我舉的批判方法的應用實例，皆是針對台灣當前教育關鍵性、爭議性議題進行批判反思，似非如宋文所稱的「教條主義」。

二、對「這樣的文章要怎麼討論？」的回應

宋文提到在研討會中聆聽報告的主持人陳文團教授曾經很疑惑地問道：「這樣的文章要怎麼討論？」明顯地，宋先生故意拉攏主持人來附和其論點。對此，我甚感疑惑，一者是我在會場中並未聽到有此句話；二者是擔任主持人通常是持中立角色，不可能作偏頗的言論，故而求證於陳文團教授，終於弄清楚事情原委。由於我的文章是批判方法的教學分享，因此在實例部分曾對當前台灣教改所引發的亂象原因作出批判，並對教改亂象，以詩詞吟唱方式來表達我的感受（參見附錄：教改心聲），和與會者分享，藉以凸顯教改之理想與現實間，及理論與實踐間之落差所造成的問題。或許我用詩詞吟唱方式很另類吧！主持人陳文團教授就在我發表完之後，私下以開玩笑方式，小聲對宋先生說：「這樣的文章要怎麼討論？」，其意是「等一下你的討論是否也要用吟唱方式？」由於宋先生心中對我的文章早有成見，當然無法體察主持人的弦外之音了。這也顯示評論者如果未持開放心靈，常會歪曲事實，而作出錯誤的批判。陳文團教授曾與我分享他年輕時在國外發表論文的經驗，法國哲學大師 H. Gadamer，以親切和藹、提攜後進的態度來評論他的文章，顯現大師風範。我想這才是值得我們效法的！

三、對「教改集團」和「重建教育連線」路線之爭議的回應

關於文中第一個實例談到「教改集團」和「重建教育連線」正在爭議中的教改論述。宋先生認為我所提的教育四個基本問題是原有的問題，但他忽視近十年來教育改革所引起的脫序亂象更加倍以往。顯然宋先生的觀點和李遠哲院長的觀點相似，就是認為「台灣只有教育問題，沒有教改問題」。宋先生在大會上對我的批判教改，竟然說：「你在討好中小學教

師」。事實上，我既非中小學校長，與中小學老師沒有任何利益關係，何需討好他們？宋先生和原教改人士根本忽略教改的主體人物──教師和學生的聲音，這才是教改會出問題的重要原因之一。

若教改不能解決問題，反而製造出更多問題，則這樣的教改是需要檢討的。因此，我對教改的建議是建構開放的論述空間，結合體制內、外有關人員，運用多元典範與多元方法進行教育研究，結合理論與實際，才能真正重建教育。

四、對「以性向和學力測驗的題目不能讓學生學到批判分析法」的回應

關於文中第二個實例，我試圖以一些性向測驗和學力測驗的題目來讓學生學到批判分析的方法。在原稿中，我列出的一則 SAT 學力測驗題目同時呈現其英文原版與中文翻譯版。由於中譯文有誤譯，幸經宋先生指正，非常感謝。修正文中刪去 SAT 題目的中譯文，主要原因是假如台灣學生參加 SAT 考試，不可能附有中譯文，就如同和台灣的大學國文學力測驗題目並未附有白話文解釋一樣。美國 SAT 和大學國文學力測驗題目內容超出一般學生的字彙水準，包含明顯的社會文化偏誤，有利於中上階層的子弟。這兩則測驗題，透過教師的批判分析講解，同學們就很容易理解為何對於習以為常之客觀測驗裡竟然隱藏有文化偏誤，而成為「階級複製」的工具。

五、對「對於批判知識顯現了近乎六神無主的理解狀態」的回應

文中第三個實例是關於一張郵票之的「解構與批判分析」，我帶著研究生討論出郵票中有許多種「潛在意涵」，然後要統計他們對各種意涵的贊同百分比。不知宋先生是無意還是有意忽視我文章後面好幾段的分析批判，見到我用了百分比統計，就直接指責我是實證論者，並進一步攻擊我是「對於批判知識顯現了近乎『六神無主』的理解狀態」，這真是極大的

誤解。

　　事實上，我採用統計的主要用意就是要凸顯實證主義者使用量化解釋的困境。我在文中清楚指出對郵票之外在及潛在意涵的統計，實證主義的量化處理方法是「存同去異」（取交集），去除較少數的觀點，想得出普遍性看法，我認為這是「見樹不見林」的盲點。反之，我主張「存同保異」（採聯集）方法，透過自由、開放、平等的溝通、對話、分享，雖然無法獲得全體共識，但尊重少數者的聲音。透過異質觀點不斷的加入詮釋循環圈（hermeneutic circle），可使意義之建構更周延、深入。要做到這點，研究者之自我反身性批判非常重要，當然評論者也不能例外，否則就落入為批判而批判的另一權威面。

六、對「把 Parker 之批判論述分析步驟詳列的目的何在？」的回應

　　有關我在文中把 Parker 之批判論述分析的步驟詳列，其目的在提供教學參考，由於受到文章篇幅的限制，我並未舉出實例，讀者有興趣，可參閱文中所列之 Banister 等人（1994）和 Parker（1992）書中的實例。而且我文中也指出「Parker 的步驟最為詳盡，但在實際運用上，則視所要批判之對象的複雜程度，未必每一步驟都會用上，而且各步驟也非直線前進，如同質性資料分析方法一樣，是可交互循環使用。」宋先生顯然忽略此重要說明。

七、對「講義式文體與平淡介紹批判概念之指責」的回應

　　由於我的文章本來就是設定教學行動分享，是為不熟悉批判方法的讀者而寫，並且符合研討會所設定的目標——不同典範的分享與對話，而不必然是宋先生心目中的研究專論型文章。因此，宋文對我文章第一節到第五節的寫法指稱為「講義文體」，就不足為奇了。這種文體有其教學價值，並非我首創，讀者可參閱我所列的書目即可明白（Barker, 2000: 8-34; Fairclough, 2001; Gill, 2000; Gozzi, 1999: 70-74; Harvey, 1990; Parker, 1992;

Stevens, 1989）。

　　關於宋先生認為我對批判概念的介紹平淡無奇，感覺竟是「淡出鳥來」，這樣的字眼是否太情緒化了？其潛在意涵是什麼？我的文章既是教學行動分享，以簡要、平淡方式介紹，並輔以教師的啟迪，讓讀者容易掌握，怎麼可能會叫學生背教條呢？假如以宋文主張的充滿「鬥爭」方式介紹，反而讓讀者容易扭曲其原意。這二種方式何者較佳？那是見仁見智的問題，也可說是文章風格的偏好不同而已。例如以充滿戰鬥方式推展「女性情慾自主」、「援助交際」，卻沒教導「性責任」，對未成年人而言，能保證他們不會反過來被情慾所宰制嗎？

　　比較重要的是，如果我的文章能符合研討會主辦單位的目的，也對讀者有幫助，那麼就達到我原先設定的目標了。以郵票之「解構與批判分析」的教學為例，同學們大都覺得這個教學活動有趣且深具啟發性，可以增進他們的批判能力。

參、知識與權力關係的再分析（代結語）

　　綜合前面我對宋評論文的回應可發現，由於宋先生心中早已存其特定觀點，因此在作評論時，常忽視我文章的本意，而作出歪曲的批判，我已一一反駁或提出解釋。既然這篇文章是談批判研究法，由於批判分析的對象，常是其潛藏的意涵比外顯的意涵更重要，因此我的回應文想提供讀者去分析宋文論述背後的潛在知識是什麼？這樣的知識所建構的權力要展現的是什麼？

　　宋先生極為貶抑「講義式文體」，其背後所隱含的意涵就是「研究型文體」比較有價值，而「教學行動型文體」比較沒價值，這也正反映美國學界一直檢討的研究型大學「重研究輕教學」的弊病，可參閱 Sykes（1989）和 Kennedy（1997）的論著，後者有楊振富（1999）的中譯本。宋先生以「研究」範疇看待「教學」範疇，猶如拿「蘋果」看待「蘿蔔」，這樣的評論是範疇錯置了。事實上，二者各有其範疇和功能，不能

認為蘋果較高貴，而蘿蔔很粗俗。對於批判概念的引介，究竟採平淡式或戰鬥式，係見仁見智的事，端看讀者需求，不必強硬排斥一方。

宋文在結尾說：「我以上所作的討論，就說是『愛之深責之切』也罷」，加上前面之「六神無主」與「淡出鳥來」的情緒性用詞，以及有關的論述，其知識的潛在意涵是什麼？如何建構？這樣的知識所建構的權力要展現的是什麼？是想以「上駟對下駟」方式展現某種知識權威嗎？是拿「蘋果」看待「蘿蔔」嗎？只是為批判而批判以形成獨斷的新權威嗎？為何這樣說？說給誰聽？這樣的說對誰有利？另外從宋先生對教改的知識觀點來說，是對教改下的學生有利嗎？還是只是滿足教改者展現知識權威？——這些都是學習批判研究方法者想探究的。

宋先生學養豐富，不少論點獨特可供借鏡。可惜評論有「以偏蓋全」或「文不對題、範疇錯置」的現象，而且充滿情緒性字眼，誠屬遺憾！不過宋文恰好也提供了另一個極為特殊之「知識與權力關係」的批判材料，也算是遺憾中的意外收穫吧！

參考文獻

楊振富（譯）（1999）。**學術這一行**。台北：天下遠見。

Banister, P., Burman E., Parker, I., Taylor, M. & Tindall, C. (Eds.). (1994). *Qualitative methods in Psychology: A research guide* (pp. 92-103). Buckingham: Open University Press.

Barker, C. (2000). *Cultural studies: Theory and practice.* London: Sage.

Gill, R. (2000). Discourse analysis. In M. W. Bauer & G. Gaskin (Eds.), *Qualitative researching with text, image and sound* (pp. 172-190). London: Sage.

Gozzi, R. Jr. (1999). *The power of metaphor in the age of electronic media.* Cresskill, NJ: Hampton.

Fairclough, N. (2001). The discourse of new labor: Critical discourse analysis. In M. Wetherrll, S. Taylor & S. J. Yates (Eds.), *Discourse as data: A guide for analysis* (pp. 229-263). London: The Open University.

Harvey, L. (1990). *Critical social research.* London: Unwin Hyman.

Kennedy, D. (1997). *Academic duty.* Cambridge, MA: Harvard University Press.

Parker, I. (1992). *Discourse dynamics: Critical analysis for social and individual psychology.* London: Routledge.

Stevens, P. E. (1989). A critical social reconceptualization of environment in nursing: Implication for methodology. *Advances in Nursing Science, 11*(4), 56-68.

Sykes, C. J. (1989). *Profscam: Professors and the demise of higher education.* New York: St. Martin's Press.

附錄：教改心聲——說教改太沉重

（讀者如對〈教改心聲〉吟唱聲音檔有興趣，可來函索取，電子郵箱為 hoyc@cc.ntnu.edu.tw）

教改心聲—說教改太沉重
寄調「虞美人曲」

作詞：何英奇
作曲：李勉 訂譜

1=G 4/4
♩=60

（簡譜略）

歌詞：教改 教改何時了 開放 知多少 九年一貫 又多元 教改說不堪 回首 月明 中 聯考 惡夢應猶 在 只是 名稱改 問君教改 如何 走 恰似公平 正義 向東流

展望新時代的專業人員角色
——以醫學人文教育的理論架構為範例*

蔡篤堅**

＊本論文發表時得黃瑞琪教授非常具有啟發意義與支持性的評論，非常感激，然而文稿修改完成後因故未能再度向黃教授請教，實為遺憾，筆者對於左翼思想感興趣開始便受惠於黃教授的著作甚多，特地在此表達對黃教授的敬意與謝意，誠然筆者仍感才學不足，期見諒疏失之外，恭請諸位讀者務必不吝批評指教。
＊＊蔡篤堅為陽明大學衛生福利研究所與通識教育中心合聘教授，電子信箱為djtsai@ym.edu.tw

壹、前言

在目前醫學人文課程設計的努力中，嘗試打破過度專業的迷思，以前瞻的角度面對生物科技蓬勃發展，相關的研究一日千里的全新時代，是重要而嚴肅的課題。目前生物科技發展已經深深影響人類的日常生活，二十一世紀更被喻為生物科技的世紀，如此深受生物醫學發展所衝擊的醫病關係，是否意味著更大幅的醫療化趨勢呢？「醫療化」這名詞，伴隨著現代醫學的興起，提醒著我們現代科技導引的醫療技術有可能造成更為盲目的依賴，不僅病人的自主性消失，更重要的是會造成其他的身體傷害（Zola, 1990）。這種對於當代科技的單向度理性思考值得反省，以免一般人都得受盡新科技的剩餘剝削，淪落於經濟和身體雙重被剝削的境地。[1]

雖然要推廣這樣的反思並不容易，可是卻是勢在必行！因為今日的科技發展已然關注於非常細小的範疇，或機率發生微乎其微的病徵，為了這樣的範疇或病徵強迫尚稱健康的身體作細小的操控調節，可能造成整體宏觀機能的失調，更何況過度地使用健康追求手段所導致失去自由主體的後果，又何嘗不會因小失大，甚而造成身體意外的傷害（Waitzkin, 1991）。可是這樣的期待在台灣科技論述發展的趨勢之中卻不容易落實，原因在於大多數科普教育的讀物將科學絕對化了，使得台灣科普教育的主流身陷於工具理性的迷思當中，加上盲目抄襲歐美典章制度的教改風潮，以台灣知名大學為首，創造了「文化自我殖民」的當代台灣主流文化霸權（蔡篤堅，2001a；顏崑陽，2003）。這樣的惡質文化風貌當然是台灣學術界長期保持自身高高在上的身段，而與台灣社會疏離所造成的結果，而萬般皆下品唯有讀書高的文化認同模式，也創造了台灣社會對於所謂的教改菁英卑恭屈膝的態度，與崇洋媚外的文化自我殖民風潮。還好實際的社會生活經驗蘊涵著對空想的觀念主義反思的力量，事實上只要是實務取向的，必

---

1 關於剩餘剝削的概念，詳見 Marcause（1955: 16-17），而關於馬庫色對資本主義晚期工業社會批判的簡介，可閱讀 Macintyre（1970）。

須與台灣社會大眾接觸的學科領域，就有著結合本地歷史和文化脈絡界來發展知識的期待與執著。這樣的力量蘊涵著對專業主義和工具理性科普教育思想的質疑，希望由對權力不平等關係更為警覺的生命經驗出發，重新塑造台灣知識發展可能的座標。

目前部分從事醫學教育的人們就有著類似的主張，期待我們教育出來的醫師是個保障病人生命尊嚴和身體自主的媒介，而不要成為新醫療體系宰制人體的代言人。這樣的反省和思考，在風起雲湧的醫學人文教改浪潮中，掀起了對專業主義廣泛的質疑，嘗試打開專業人士高高在上的態度，進而由在校同學發展出「與病人為友」和「社區口述歷史」運動（陳炳仁，2002；陳景祥，2002）。這樣的運動打破專業知識具有普遍意義的迷思，進而嘗試謙虛地傾聽病人和社會一般大眾的生命故事，由此建立全新的專業角色和知識座標，成為目前醫學人文教改的重要特色之一。本文即建立在這基礎上，進一步以「媒介的醫病關係為核心」為理論基礎發展敘事認同取向的教學新典範，使醫療從業人員有傾聽和理解不同個人與團體敘事邏輯的能力，並以此發展出對當代醫療科技的自覺（self-reflexive），進一步以一般民眾和病友的敘事為基礎，培育增能（empower）的能力。以專業人員為增能的媒介，來扮演與弱勢社群共同開創知識的有機知識份子（organic intellectuals），和如氫彈之父歐本海默一般，能以專業知識捍衛公義的特殊知識份子（specific intellectuals）角色。

由這樣的角度來觀照台灣社會的發展，我們可以體會目前台灣學術界對於多元觀點的推動已然不遺餘力，誠如二〇〇三年四月台灣師範大學教育研究中心所舉辦的「教育研究方法論：觀點與方法」所揭示：「從不同立場出發的研究典範，對真理與社會實體的理解有所差別，此將影響研究者對研究對象和研究議題之詮釋與關懷」（台灣師範大學教育研究中心，2002：1）。可是如果由此局限於相對的觀點而缺乏對於既有權力關係的警覺，是無法扭轉當代文化霸權的風貌，而目前台灣社會人人尋求「文化自我殖民」的慣性也無從削減，反而是增添所有人的無力感，進而間接促成了主流視野的合理說辭。如何作到「一方面在借鏡國際經驗並融入全球

的脈動中，一方面則在積極凸顯台灣教育研究的獨特性並投入本土性研究……讓台灣學術環境得以負載更深層與更廣泛的教育議題，並提昇教育研究者對教育本質和現象的洞悉能力」，成為我們這個時代從事教育工作最大的挑戰（台灣師範大學教育研究中心，2002：1）。所以新典範的提出，必須蘊涵一個自覺的過程，所有參與的成員將以身作則，empower 醫學院為主的同儕與同學共同努力，以將心比心的方式，進一步以一般民眾和病友的情感和生活經驗為基礎，開創足以由下而上的豐富醫學人文學程規劃的機制，在行動中不只是培育未來醫療從業人員增能的能力，也應讓行動本身成為 empower 周邊環境的媒介。

我們也深刻地體會到，在一個不同學科專長領域未能得到相對尊重，而每個人的生命尊嚴有不受侵犯之權利還未受到充分保障的地方，單純地從事理念上的批判只會增添大家的無力感；事實上，成就新的體驗，才是真正足以扭轉文化霸權演變趨勢的力量。也因此新典範的提出不能對一切既存勢力採取對抗的態度，而應以因勢利導的方式，鑄造足以打破既存不平等關係的知識權力生產可能。本文倡議由個人的生活經驗出發，檢驗抽象的思想和理念，以同情共感的能力來化解生活周遭理念的歧見來達成溝通，藉此探索結構環境中蘊涵的可能發展，進而對主流文化思潮與促成「文化自我殖民」的趨勢採取批判反省的立場，以求解除主流文化霸權的魔咒，開創另類文化霸權形塑的可能。更重要的是，新的典範將透過願意扮演 empower 同學和同事的教師們，倚著社區營造具有創造平等知識權力關係的可能，從不同學校既有的努力出發，擴大目前醫學生所開創代表專業社群反思的「與病人為友」，和對整體知識生產具反省性質的「社區口述歷史」兩方面的課程規劃努力，採取對整體文化霸權流變更為自覺的方式，結合口述歷史的技巧、社區與社群營造的方法和專業知識的傳遞，透過以「媒介的醫病關係為核心」的理論架構的導引來發展具有 empower-ment 能力的創作性、實驗性的醫學人文課程規劃。為達此目的，本文將首先檢視台灣晚近台灣醫學人文發展的環境契機，探討台灣歷史文化脈絡中人文思潮的局限，由其中彰顯突破困境的新思潮演變，之後透過現代醫療

專業角色的時代反省，提出「以媒介的醫病關係為核心」的理論架構，結合新知識生產的實踐方法，據以開創展望未來的新趨勢。

貳、晚近台灣醫學人文發展的環境契機

探索晚近台灣醫學人文發展的環境契機時，我們應該瞭解受過西方醫學訓練的醫師在台灣不僅只是專業人員，更有著知識份子的傳承。這意味著過往的專業人員曾有著遼闊的世界觀和敏銳的同情大眾與理解社會的能力，才有機會塑造如此的時代風格，這也是今日我們發展醫學人文教育的重要期待和基礎。隨著社會民主化的快速轉型，我們有機會結合各醫學院不同取徑的努力，來豐富專業教育的內涵。如台大李鎮源教授領導的醫界聯盟、李鴻禧教授來陽明推動社會科學講座、黃崑巖創立的成大醫學院以武田書坊聞名、謝博生推動醫學人文教改、高醫校友組成的台杏醫學人文營、北醫首創醫學人文研究所、長庚設立人文與醫學講座、慈濟由醫學院發展成綜合大學、中國醫藥學院附設醫院成立具制衡原則的倫理委員會、中山醫學院禮聘醫療倫理學者出任通識中心主任、輔仁大學禮聘著重醫學人文教育的江漢聲教授出任醫學院院長，這些代表台灣醫學教育界面對時代變遷時，不約而同地展現前述知識份子風格傳承的努力。而由二〇〇二年十二月初由教育部醫教會主動邀約，藉由舉辦「醫學人文課程設計研討會暨教學觀摩會」來達成相關經驗的交流，增強過去普遍傳承於各校的零星堅持，為培育新世紀的台灣醫師而努力。

各醫學院校對於醫學人文的重視，尤其是受到這三年來醫學系教育評鑑的影響，而展現更加積極的趨勢。其實委託國家衛生研究院組成醫學院評鑑委員會辦理的醫學系教育評鑑，主要是協助國內各醫學系確立其發展方向與重點，期能促使各醫學院持續加強全方位醫學教育。這樣的評鑑措施不僅強化國內醫學教育的品質，也大幅提高了我國醫學教育的國際地位，也強化醫學系評鑑對各醫學院校發展方向的影響，使得原本進行中的醫學教育改革加速進行（醫學院評鑑委員會，2002）。在這樣的改革浪潮

中，如何矯正目前過度將醫學視為被動的、強制性質的、只注重技術傳授的教學方式，改變成激發同學主動學習的教學方式，成為最重大的變革之一。再者，主動的學習不僅局限於專業知識，更應該具有普遍的智能與人文關懷，這樣的理念，再度成為醫學教改的首要目標（大紀元，2002）：

> 除了醫學評鑑制度，當前台灣醫學教育也有必要進行大幅度改革，黃崑巖指出，台大醫學院醫學系目前已在研議將七年的修業時間改為六年，改制後將加強最後兩年的臨床課程。此外，國家衛生研究院院長吳成文、台大學醫學院教授黃伯超、台北醫學大學校長胡俊弘也一致認為，當前我國醫學院學生普遍缺乏人文素養，大一、大二課程亟待進行修正。

醫學系的評鑑使得我們更能理解：缺乏人文素養成為當前醫學教育重大的缺失，評鑑的結果也積極引導著國內醫學教育的改革方向。

醫學系評鑑也為國內醫學教育長久以來的積弊，帶來了改革的活力。如何強化一、二年級的醫學人文教育，融入符合醫療專業發展的生活體驗與教育過程，成為醫學教育評鑑對敦促相關改革進行的重要影響。長庚大學醫學系主任黃燦龍（2002）就具體指出：

> ……然而醫學教育評鑑制度及品質的確立，其更深層的意義是讓各醫學院校藉此能作更積極的品質提昇改革。例如：醫學教育課程中的人文素養、醫學人類及社會學，一向在各校是較被疏忽的，兩年的醫學生養成教育常被擠壓而縮水。良好的基礎及臨床醫學教育固然是培育一位好醫師所不可或缺，但構成良醫所另需的 EQ（情緒智商）及 MQ（道德智商）培育，恐將因人文通識課程及醫倫社會學的縮減而有欠缺。長庚醫學系已擬將成立「人文及社會醫學科」，即是將由此學科妥善安排完整的兩年醫預科教育，並將所有有關人文素養、醫學人類暨社會學、及醫學倫理和醫病關係等課程作非常完整的規劃。這種屬於國內醫學課程的創舉，實拜此次醫學教育評鑑之賜。

推動醫學人文教育，成為培育合適醫者特質的首要條件，醫學人文課程的充實，成為台灣醫學教育提昇首要面臨的重要挑戰。

環顧國內的醫療環境，面對健保的衝擊和醫病關係的惡化，如何在醫學教育中提振醫師養成過程的人文素養與關懷，成為各醫學院校早已開始努力的方向，也成就了相當的成果。然而當整個醫學院的大一、大二課程全面檢討逐漸成為共識，充實醫學人文課程將成為教改主要方向的時刻，各醫學院卻面臨教育經費普遍不足，各校師資均有限的困境，如何集思廣益，互相激盪，並以各醫學院之間優良師資互助合作的方式，透過院際合作全面提振我國醫學教育，充實醫學生的人文素養，落實「人性應該駕馭科技，科技要為人類服務」的根本價值，成為首要目標。

可是目前許多從事醫學人文教育的人們都發覺面對思想難以落實的重重挑戰。因為在人們追求現代化的過程中，呼籲自然學科與人文學科對話，甚至要求在追求科技文明的同時必須兼顧人文，可說是不遺餘力。然而弔詭的是，在這科學主義昂揚的時代，面對突飛猛進的醫藥研發、連生命都顯得渺小的基因科技、和一再模仿世界各國的全民健保改革方案，面對大環境轉變的此刻，倡言人文精神的重要性可說是日益艱難。尤其是 e 世代的到來，逐漸由高科技代言、甚至意圖透過技術操作改變的人性，蘊涵人文主義的倫理呼籲彷彿成了不具效率的訴求、欲振乏力的古老傳說（蔡篤堅，2001a）。知名的醫療倫理學教授戴正德（2002）就曾為文感嘆：

> 在人類精神文明逐漸式微的時代，提及倫理議題好像是退步趕不上時代的感覺，今天的世代已不以責任為念，而是「只要我喜歡有什麼不可以」的價值觀判斷，全然以利益為考量。放眼看我們的世界，精神文明的確已漸漸在破產當中，不但子弒父，母棄子的新聞時有所聞，連師生之間的情誼也蕩然無存。一個人為了自己的利益升遷名份，可以去毀謗破壞恩者兄長的培植與提攜。在教育界一有不順眼，學生也會一拳打來，更會告上法庭，醫生一有差錯，有時對無可救藥的病人

雖誠心盡力救助，也會惹來一身禍患。有的醫生則只為績效，不顧醫療品質拚命賺錢。

由此可見，晚近台灣醫學人文的發展，雖然有著不同取向醫學人文教育的推動嘗試，在專業教育中蘊涵知識份子風格傳承的契機，可是如何開創新視野與體驗來迎接與時俱變的環境挑戰，克服結構性的困境，仍有待努力。

參、台灣歷史文化脈絡中人文思潮的局限

要開創新視野，我們也必須具體檢驗現存思想的局限。話說從頭，關於倫理學、或我們這時代人文主義流逝的傷悲，並不僅止於對科技文明的讚嘆，台灣人文學科思想本身的局促，關鍵也是在重科技輕人文，其實這也是全球現代化過程的普遍現象。當我們探究自由平等博愛的想像，依某種人文主義的思潮來改革社會時，二十世紀的發展經驗讓身處第三世界的我們不禁質疑，究竟以人文精神籲求社會改革是仁者、智者勇氣的見證還是愚人的妄想？如果科技未臻昌明的過去人文思想都顯得局促，當今之世人們又如何藉由人文主義的視野維繫起碼的尊嚴呢？先別問這些難題如何解答，其實這些問題連吸引佇足日常生活中類似話語的目光都需心有所感，令人遺憾的是這樣的感受力正在消失中。而從關注文化流變可能的觀點進一步回顧過往，如此的感觸難以言傳，往往僅能將就於有限的知識及視野聊慰苦悶的心靈，或許這是志文出版社獲得許多醫學生投入翻譯如佛洛依德等西洋著作的原因（文榮光譯，1971；楊庸一譯，1975；廖運範譯，1969；賴其萬譯，1973）。結果，這些努力都無奈地蘊涵著由外國輸入的人文社會學科的理論及視野，不能全然符合現實的困境。其實這不僅是台灣本身面臨的問題，如果廣大第三世界國家由思想啟蒙導引創造自由平等境地的行動，都難逃思想本身猶如幻覺的意識型態指責，那麼思想和觀點的意義何在？難道只是在我們追逐現代化的過程中，無奈地屈居於被

工具理性奴役狀態自我嘲解的背景？

　　惡劣的情境不僅止於此，更令人驚訝的是人文思潮多麼容易被曲解為見仁見智的觀點而不被嚴肅對待，而所謂的「人文思潮」本身也值得反省。自台灣《現代文學》創刊以來，由《文星》和《當代》等雜誌所代表的輸入學理的努力，似乎意外地助長著人文思潮也有著類似普遍準則似的演進標竿，進而合理化單向度移植科技的態度。而在追求快速進步的考量之下，人文學科或許被本身實踐的模式局促到各個邊緣的角落。其實人文思潮在台灣未必無影響力，在極權統治的年代，許多思潮曾感動激勵許多年輕世代走出校園的象牙塔，投身社會、政治、及文化運動。然而馬庫色、科西、羅撒·盧森堡等等，這些名字在台灣的流行與消翳，象徵著台灣文化多變和易於追隨國外流行學術語彙的性質。可是不同時期流行台灣的語彙，儘管不能完全貼近台灣在全球化過程中的生活現實，卻意味著在彼時聊慰苦悶心靈的知識及視野，導引著存在大學校園內外的活動。可是今日追逐國際學術明星或思想流行的現象，曾幾何時已然將苦悶生命意義的探索，轉變為一種容易用神聖知識冠冕包裝、促進個人愉悅和慾望滿足的消費行為。遺憾的是，原本脈絡可循的西方思想於不同時期傳入台灣後竟成零碎的片段，同時喪失的是在台灣各時期伴隨相關視野的、由挫折和希望構築的生命意義探詢傳承（蔡篤堅，2001a）。回顧過往，盲目地向西學追風，也喪失了人文思想本身承載社會變革的能力，不僅加深了無力感，更促成了重科技輕人文的時尚，這是我們進行醫學人文教改之時也必須面對的時代困境，也肩負挑戰此困境的使命和責任。

　　從事人文反思之餘，我們更應提醒大眾，科技並非價值客觀中立的，而是流變文化意涵的載體。由科技的角度來看台灣社會對複製人所產生的期待與憂懼、對基因工程遺傳解碼的欣悅、及對模仿國外制度解決健保財務問題等等，相當容易獲得高度共識的情境而言，科技本身又何嘗不是蘊涵著某種社會想像呢？以共識為基礎、依附既存體制及主流文化霸權的台灣市民社會，依著模仿西洋的單向度思維，拉近了生命科技發展與人文社會思潮兩者的距離。令人憂心的是缺乏質疑、甚至超越既存體制的反思和

社會想像，彰顯了目前台灣科技想像與人文社會思想的貧乏。此刻再度提出攸關人文與科技思想內涵的困境，尤其是將基因科技扣連台灣社會發展，所強調的是科技發展與公共政策的規劃都涉及某種社會發展的想像，而局限於既存體制或主流文化霸權視野的發展想像，僅是促成單向度移植西洋典章制度的單向度思考。因此本文主張，台灣的思想啟蒙運動不應僅止於模仿西洋文明，更重要的是倡言：嘗試認知及超越為既存體制所奴役或拘束狀態的努力仍然可貴，著重時空與文化歧異的歷史的感受力、人類學的感受力和批判的感受力的社會學想像仍應繼續地導引我們的社會行動，進而開創符合台灣歷史脈絡和社會變遷的視野。[2]

只有這樣的感受力能夠導引我們邁向自由與解放，因為在現代社會中被強力誘導出來的消費慾望，加上人我間無止境的競爭，構成了現代社會生活中的持續奴役狀態。「在科技面紗幕後，更是在民主的政治幕後，人為的自由選擇使得代表社會真實的現況、全球性的奴役、人類尊嚴的喪失宛若常態」（Marcause, 1955: 14）。面對如此惡劣的時代背景，必須讓道德與美學成為基本的、攸關生命的需求，誠如當代反對工具理性不遺餘力的思想家馬庫色所言：「只要不再受制於生存鬥爭過程中無法克制的攻擊和壓迫，人們將有能力創造一個兼顧科技和自然的環境，而不會再助長暴力、醜陋、無知和粗野」（Marcause, 1955: 3）。可是這如何可能呢？我們又何嘗深切體認：「在不斷累積的商品和服務世界中，剝削得以宣稱其為合理的原因，在於受害者被視為通往幸福生活路上過度開銷的意外」（Marcause, 1955: 4）。而追求科技，又何嘗不是引誘在個人層次和在國家發展的層次，過度開銷的陷阱呢？這是需要激發前述具有歷史的感受力、人類學的感受力和批判的感受力的社會學想像才有可能避免的。

---

2 涵蓋歷史的感受力、人類學的感受力和批判的感受力的社會學想像，是瞭解許多社會分析和政治學理論的前提，如此的觀點也批判過度僵化和教條化的理論視野，直稱如此的抽象概念不僅毫無價值，也妨礙了人們發展合適社會學想像的可能（張君玫、劉鈴佑譯，1996）。

肆、突破困境的新思潮演變

　　前述社會學想像則將引領突破當前困境的新思潮發展，而激發社會感受力的首要關鍵，在於打破習以為常的，過於零散分割的社會分工迷思，因此台灣的醫師不僅要以醫界的使命為使命，更要以社會的使命為使命。和信醫院的黃達夫院長，就援引李鎮源（引自黃達夫，1993）院士創立台灣醫界聯盟的宗旨：「在於結合關心台灣前途的醫界人士，發揮醫界救人濟世的傳統，維護台灣民主及人權，以醫界專業知識，督促醫療、教育、環保等政策。倡導醫療倫理及文化活動，以提昇台灣人民尊嚴及生活品質」來抒發歸國行醫的感言，希望將李院士所代表的時代正義與內涵，豐富醫學教育並開創全新的動能，黃達夫認為（1993）：

> 我個人認為要真正落實醫學教育，不能只在體制內改革。我們必須要有如李鎮源教授廢除刑法一百條一樣的去突破。我們不可能在很短的時間內扭轉台灣的醫療體系，但是我們要即刻從小做起。也許我們可以從母校台大醫學院、醫院開始。最先我們要問母校全體教師們是不是有改革的決心？是不是願意為教育下一代付出，並作一些犧牲？

　　黃達夫勾勒出一九九〇年代台灣醫學教育所伴生的時代場景和所需下的決心。一九八二年黃崑巖回國主持成大醫學中心並創設成大醫學院，即認為醫學教育的目的是在培養知識人，在〈拓展醫學生視野〉文中，黃崑巖（1998a）談到自身從事醫學教育的理念：

> 人文教育與醫學教育是不可分割的兩面，醫師為病人解除病痛時，在醫術的應用上，真正需要的是犀利的眼光、聯想力與創造力、決定力，是點子！這些出現在腦際主意的多寡與好壞，端賴它是否經過教育、經驗以及閱讀的涉獵、知識是否廣博而定。閱讀要廣闊，才能為創造力、想像力提供成長的園地。而且，閱讀的領域，應該由本行漸漸擴展到遠

離本行的境界，愈廣愈好。醫學教育者的責任應該包括引導學生到這種境界。否則，我們培養的會是醫匠而不是醫生。是 technocrat（科技人員），而不是 intellectual（知識人）。

這樣的觀點並不孤單，在台大醫學院，謝博生院長自一九九二年，以提振人文精神為工作重點，「將人文重新放入醫學教育，在醫師培育的過程中將醫學專業與人文教育作密切的融合，讓人文滲透到各專業課程的教學中」，嘗試在台大建立科學與人文並重的教育模式。據謝博生的觀點，「人文學對於醫學專業態度的培養極為重要」，他認為「全人醫療的一個重要特徵是醫師基於關懷及同理心」，如此才能「深入去瞭解病人，協助病人解除生理上、心理上的痛苦」。謝明白指出：「具有這些能力的醫師知道何時應與病人疏離，何時應與病人接近，人文的洞察力正是發展此種敏感性所必須的」。更值得我們重視的是，如此的醫學人文觀點並不像目前多數國內學者局限於象牙塔內的經驗、或是盲目抄襲外國學理所產生的偏執妄想。謝博生非常自覺地瞭解思想的提出必須切合時弊，更重要的是針對當前主流思想的迷思提出具體的挑戰。謝博生挑戰的是「許多醫師認為醫學必須是科學的，人文是用來消遣、娛樂、舒散緊張的」，且進一步指出「持這種看法的醫師可能不認同人文學是形成醫師專業態度的一部分」。如此的觀點與戴正德（2002）將醫學倫理議題涵蓋整個人類關係的觀點相呼應：

> 整個影響人類關係與互動的因素都是醫學人文倫理應加以思考探索的問題，不過這個龐大的歷練豈是醫學院七年教育所能涵蓋？所以談起醫學倫理教育，我們就必須想辦法去修正台灣以升學、名利、權勢為主要思考的人生價值觀，把生命意義的教育從小學開始直到畢業後的繼續進修，一刻不能停止，而在醫學院則應加強醫學人文的訓練，來促使醫療人性化。

而促使醫療人性化的觀點，在醫學教育理念上也呼應著謝博生（1999:

77）的觀點：「就全人醫療而言，人文學可以均衡生物科學及社會科學的缺失，也有助於醫師專業的發展」。這樣的教育理念呼應涂爾幹著重集體良知的觀點，強調社會結構不等於個人的總和，認為應由公民道德（civil moral）來挽救迭遭損害的道德權威（moral authority）。專業倫理（professional ethics）即是於市民社會職業分工發展，專業團體形成之際，配合公民道德成熟，形成足以克服社會脫序危機，符合職業分工的現代社會集體意識（Durkheim, 1992/1957; Turner, 1992）。

可是依賴現有的大學通識教育課程卻無法達到醫學人文與專業倫理的教育要求，原因在於通識教育旨在彌補我國高中人文與理工分科過早的缺陷，而有限的學分數也為成效打了相當的折扣。科學哲學家林正宏（1988：123）就曾指出：

> 我國目前的高中教育，由於文理分組，產生許多弊端。按照目前的實際情況，多數文法科大專畢業生的科學知識只有初中程度，而理工科學生也極端欠缺人文及社會方面的知識與素養。目前教育部和各大學所推動的通識教育，多少可以補救這些弊病，但問題仍然存在。通識課程內容大多只作概括性的淺顯介紹，很難像正規課程那樣顯示出該學科的思考模式及基本精神。

所以整個一九九〇年代醫學人文教育發展的趨勢，除了強化醫學院已有的通識教育來提振醫學人文精神之外，另外加強醫學人文課程的設計，並將之視為醫學基礎教育的一部分，成為培育良醫的必修學分，可說是台灣目前醫學教育界的主要共識之一，也掀起廣泛的醫學人文教改運動。

伍、現代醫療專業角色的時代反省

醫學人文教改的任務，在於設計人本主義導向的，兼顧維護心理、生理、社會健康的醫療專業訓練課程，這其中不可忽略的是資訊／消費社會的興起，而醫療體系也逐漸由急性病醫治轉向慢性病療護管理的趨勢，僅

有務實的前瞻性醫學人文視野的開創，才有能力保障符合人本主義的醫療倫理實踐。也因此藉由描繪由傳統醫療、歷經現代醫學、而邁向 e 世代的整體社會與專業角色變遷，才有可能依人類文明演進的脈絡和前瞻性的專業角色調整。[3]

　　展望未來需要一種全面認知時代變革的同理心，除了承繼謝博生所言人文學的感知是理解社會科學和自然科學的重要基礎之外，更重要的是將同理心的範圍擴大到由過去、現在、邁向未來的整體歷史感的體會。如此的歷史感受力可體會由傳統社會進入現代的劇變，過去由部落田園景觀所組成的社區，有著天人合一的世界觀，隨地域的不同知識發展的可能也不同。人們倚著面對面的方式維繫整體的社群感，認同的形塑局限於個別的社群，醫者可說是社群信仰的代言人，也是為形成專業分工之前社群知識維繫的領袖，導引趨吉避凶儀式的進行。如此的社會依據道德與價值定義病患，靠著經驗與信仰實施治療，信仰儀式的引導者成為醫者與社會的主要關係。社會學家韋伯所言的實質理性成為界定倫理內涵的依據，文化意義導引科技的發展，甚至包括什麼樣的科技可以被接受，什麼樣的科技則不能。醫療道德可說是整體社群道德的附屬品，時代的挑戰主要在於全體道德的維繫，而未經歷現代化、標準化過程的洗禮，醫學教育主要是以師徒的方式傳承。

　　而現代社會則彰顯著人為主體的世界觀，知識發展的可能在於普遍的真理追求，城鄉不平等發展所構成的民族國家可說是社會的主要風貌。在這樣的現代社會中，大眾傳播媒體所構成的敘事，也就是小說情節般的故事呈現成為人們溝通的主要方式，形塑著藝術人文與科學具體區隔的時代感知，以單一民族文化為基礎的專業分工於是成為認同形塑的基礎。實踐普遍的、客觀的知識成為醫者主要的角色，以知識為權威方式的診斷和治療是醫病關係的常態，依著病理學定義病患，藥物與技術成為處方的主要內容。專業知識與秩序的指導者是醫者與社會發生關係的主要方式，強調

---

3 以下段落主要引自蔡篤堅（2002）的著作，主要的目的在於提供對於醫學領域不熟悉的朋友一個較為詳盡的背景說明。

成本效益的工具理性逐漸成為這時代倫理學的內涵，科技與人文被劃歸為不同的領域，專業領域中的內部規範成為醫療道德的主要形式。驗證累積實用知識被界定為這時代主要的挑戰，也助長了科技凌駕人文的風潮，而著重專業訓練的正規學校教育，是現代社會醫學教育的主要特徵。

以類似的方式，前瞻性的模擬 e 世代的社會風貌，可粗淺地預估多元、互為主體的世界觀將成主流，知識發展的可能將以尊重相對的經驗為主，全球化的資訊網路形成這個時期社會的風貌。主要的溝通方式將倚賴人造影音世界，多元領域的互動將打破現實的專業區隔，塑造另一種具世界整體感的時代感知，兼顧性別、民族、階級、世代等等多元文化經驗的角色扮演，有可能取代目前的民族國家意識，成為認同形塑的主要機制。在這過程中，醫者的角色將由知識權威的指導者轉變成促成自主知識的催化者，互助學習有可能成為醫病關係的新形式，實現社會生活機能成為定義病患的主要依據，高科技媒介與資訊將是處方的主要內容，於是促進特殊思辨能力發展與知識累積是醫者與社會產生關係的特殊形式。由足以體驗戶為主體之同理心所組成的感知理性，或許會發展成倫理的主要內涵，科技文化多元的關係將取代目前科技與人文對立的關係，醫療道德將在多元的生活互動經驗中形塑，符合人性並賦予人性新意的資訊管理與創意，將是 e 世代所面臨重要的時代挑戰，如果我們大致相信這些趨勢的演變，多元生活經驗與資訊交流中的務實知識開創與實踐能力，必須成為醫學教育的主要特徵。

由此設定醫學人文教育的議題，範圍應該涵蓋：互為主體的群己關係培養、尊重相對經驗的能力與意識、認識資訊網路全球化的趨勢、對於人造影音世界的思辨能力、培育跨越多元領域的人際互動能力、著重兼顧性別、民族、階級、世代等等多元文化經驗的角色扮演、促成培育自主知識的能力、依互助學習的方式實現體驗多種社會生活機能、培育能力掌握高科技媒介與資訊、促進特殊思辨能力發展與知識累積、具敏銳感知能力的理性思辨分析能力、瞭解科技文化多元關係、有能力於多元的生活互動經驗中形塑並實踐合適的醫療道德、培育資訊管理技能與創意、培育多元生

活經驗與資訊交流中的務實知識開創與實踐能力。

可是如何化繁為簡，協助未來的專業人員輕易地擴大生活體驗，掌握時代變遷的趨勢，進而成為所處時代風格形塑的媒介呢？雖然醫學人文教改近來已然成為各大醫學院校積極努力的方向，可是前瞻性的理論架構仍然缺乏。以台大近年來逐步推展教育改革為例，新課程及小班教學，以全人教育與專業教育兼顧、人格性情陶冶與專業技術訓練並重為施教原則，特別重視醫學人文教育與科學教育的均衡，希望學生涵養氣質情操，養成宏觀視野及前瞻眼光，成為具有中心信念及行事準則，並重視人性化醫療及全人醫療的良醫（謝博生，1998）。受這樣的趨勢影響，台灣醫學人文推動的領航人，嘗試由疾病的政治經濟學、攸關語言文化的身體比喻、生命倫理學教育、參與社會服務、醫學倫理的提倡、以及彌補「國內教育與生活嚴重脫節的現象」等等面向來勾勒出具體的醫學人文教育方向（台灣醫界聯盟基金會；李雅彥，1993；國家衛生研究院，2001；黃崑巖，1998c；陽明大學醫學院，2001；陽明大學醫學院，2002；陽明大學醫學院、教育部，2002；戴正德，1993）。可是這些努力卻隱含著憂慮，如同中國時報黃庭郁（2003）以「教室現場：醫學人文課，不打瞌睡也難」為標題的報導：

> 這些課都是必修。有的是專講台灣醫療史，從一八九四年台北平原開始教；有的則是西洋史，從理髮師充當外科醫師、煉丹師充當內科醫師的時代開始回溯。反正歷史、人文、倫理學全部都有，卻通通很難留住學生們的心。

這樣的報導反映著醫學人文教育改革的主流是也無法超越時代文化霸權的局限，其實在追求現代化的過程中，意圖單純地倚靠模仿西洋典章制度或是學說意圖成事的，不僅造成前文所稱「文化自我殖民」的現象，也加劇了台灣醫療界國家政策與市民社會衝突的殖民經驗宿命（Tsai, 1996）。而進行中的醫學人文教改風潮，也難以免除目前主流教改文化霸權所導引的菁英思維與崇洋媚外的態度，於是脫離現實生活經驗的理想道

德訴求自身反而成了敗德的最佳見證。醫學人文課程不受歡迎的現象提醒我們，許多人文課程多流於媚俗風潮，缺乏對於特定時代科技與人文關係反省能力的課程，僅是加深大眾對於科技凌駕人文的無力感，以這樣的方式來教育醫學生，僅是要他們被動的承認科技的必然之惡，自身就受禁錮的心靈將更不能成為保障病人生命尊嚴和身體自主的媒介。也因此，我們嘗試運用「以媒介的醫病關係為核心」的理論架構，來嘗試跳脫目前醫學人文教育遭逢的困境，並探尋自我解放和增能他者的可能。

陸、「以媒介的醫病關係為核心」的理論架構

以「媒介的醫病關係為核心」的理論架構原本是為陽明大學醫學人文教育設計的，這架構在醫病關係之間加入了媒介這概念，期待探討醫病關係時能兼顧社會常模規範與時代感知的變遷。這並不意味著舊時代的感知將在新時代消失；相反地，如何兼顧由過去到現代的時代感，由歷史傳承進而發展出前瞻性的視野，是以下理論架構最大的特色：

傳統社會──→現代／工業社會──→後現代／後工業／資訊社會
社會環境（醫療體系，健保制度，法律規範）國家／社會／個人的關係

↓

規範、常模

↓

（專業社群）醫師←媒介→病人（一般大眾）

↑

大眾傳媒所形塑的文化認同流變

↑

文化認知（風俗習慣，科技發展，認知改變）傳統／現代／語言溝通模式的轉變
民俗／傳統醫療→病源導向的急性醫療模式→功能導向的長期照護需求

圖1 「以媒介的醫病關係為核心」的理論架構

這架構以媒介概念為中心，強調媒介本身不具可預設的內涵，其內容意義必須在人際互動的網絡中產生。媒介具體地連結醫師與病人，也可說是專業社群和一般大眾的連結。更重要的是，這連結是透過由制度性面向所構成的規範、常模和透過包括科技和風俗共同支持之大眾傳媒所形塑的文化認同流變來構成。在常模規範的面向，有著經由傳統社會、現代／工業社會、到後現代／後工業／資訊社會所形成的社會環境關係，內容包括醫療體系、健保制度、法律規範等等國家、社會與個人的關係。而在大眾傳媒所形塑的文化認同流變面向，則描繪由科技和文化價值共同構成，由民俗／傳統醫療、經病源導向的急性醫療模式、到功能導向的長期照護需求的轉變，內容包括風俗習慣、科技發展、認知改變等等文化認知，蘊涵傳統、現代、語言溝通模式等等的轉變。依著這個媒介為中心的架構，我們希望在每個歷史的當下，都能建立具歷史和社會整體感的醫學人文感受力，使未來的專業人有能力開創符合社會環境變化的前瞻性視野，這可說是有機知識份子的衍生意義（蔡篤堅，2001b）。

　　透過「媒介的醫病關係為核心」的理論架構，消解了醫學與人文這兩個概念的互斥性質，而是在互動的人際網絡中與社會文化變遷的脈絡中，呈現醫學與人文兩概念彼此的關聯和各自的內涵意義。將這樣的架構用到對醫療專業的教學設計上，我們可將媒介的觀念擴大，包含整體醫療專業的內涵意義，而外在的環境仍然是由制度性面向所構成的規範、常模，和透過包括科技和風俗共同支持之大眾傳媒所形塑的文化認同流變來構成：

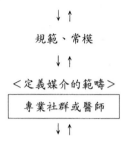

傳統社會────────→現代／工業社會────────→後現代／後工業／資訊社會

社會環境（醫療體系，健保制度，法律規範）國家／社會／個人的關係

↓↑

規範、常模

↓↑

＜定義媒介的範疇＞

專業社群或醫師

↓↑

大眾傳媒所形塑的文化認同流變

↓↑

文化認知（風俗習慣，科技發展，認知改變）傳統／現代／語言溝通模式的轉變

民俗／傳統醫療→病源導向的急性醫療模式→功能導向的長期照護需求

圖 2　專業社群成為媒介的理論架構

　　由這樣的角度來看，醫學與人文這兩個概念都是文化認知的一部分，與寓意某種生產模式之社會環境變遷共同影響著醫病關係媒介概念定義的專業範疇。以此衍生，以「媒介的醫病關係為核心」的理論架構規劃課程的主要意義，在於將每個蘊涵醫療科技的概念視為有待賦予意義的符碼，探討這些意義發展的來龍去脈，於特殊的歷史情境解構其本質性的、價值中立的預設，在生產模式的需求中探詢其所造成的人際關係可能，也就是將所有的生物醫療科技專業知識放到論述形成的脈絡中。這樣的方式，可以較為自在的方式呈現科技的純淨性為不可得，而對於科技所謂不言可喻的應用性質也有著相當的反省質疑能力，人文學的表現因而與科技概念相伴相隨，猶如羅蘭‧巴特的零度書寫，透過多元的二重表意作用來彰顯科技作品的多元歷史文化意義（李幼蒸譯，1991）。這也可能如傅科的考掘學與系譜學，透過器物和疾病概念分類意義的解讀，權力關係的彰顯而打破生物科學知識被視為理所當然的應用性質與支配關係（Foucault, 1975；林志明譯，1998，1977，1979，1991）。如此對自身擁有知識的質疑能力，可說是培育醫師或其他醫事從業人員成為保障病人生命尊嚴和身體自

主的媒介，而不是新醫療體系與科技知識宰制人體之代言人的關鍵。

柒、新知識生產的實踐方法

　　如果特殊知識的擁有者不應該扮演該知識代言人的角色，這樣的醫學人文教改運動蘊涵著重塑知識基本座標的企圖，希望將每一個人都視為知識生產的主體。著名思想家格蘭西（Gramsci）的名言：「人人都是哲學家」成為教育的基本價值，重新導引我們思考情感（feelings）、瞭解（understanding）和知識（knowledge）發展的序列關係。以「媒介的醫病關係為核心」為理論基礎發展敘事認同取向的教學策略，首先就要借重合適的方法，才能培育同學有傾聽理解不同個人和團體敘事邏輯的能力，並以此發展出對當代醫療科技的自覺（self-reflexive）。如此才能由將心比心的方式，進一步以一般民眾和病友的情感和生活經驗為基礎，培育未來的從業人員增能（empower）的能力。以這樣的方式選取方法學的目的，在於以專業人員為增能的媒介，重塑過去有機知識份子（organic intellectuals）和特殊知識份子（specific intellectuals）的角色，讓專業者的角色扮演傳承既有的知識分子風格，也讓身體政治的主導權回歸民眾和今日我們所謂的醫療求助者。為了落實如此媒介的角色，本文嘗試結合口述歷史的技巧、社區與社群營造的方法和專業知識的傳遞，來從事醫學人文課程的規劃。

一、口述歷史技巧的應用

　　其實藉由口述歷史來探訪社區，不僅是醫學院學生自發規劃課程運動的重要憑藉，也是新社會認同發展的基石。如陽明大學在石牌與天母地區所從事的社區口述史、台北護理學院所嘗試結合口述歷史與社區健康的推動、高雄醫學大學的同學以自發的方式進行旗津社區口述歷史的探究、慈濟大學的同學計畫在花東也以口述歷史的方式探索地區的醫療史等等，這些努力也成為本文理念落實的基礎。然而更重要的是，進行中的口述歷史

運動，也同時象徵著對於台灣本土歷史記憶欠缺的醒覺，本文在此進一步彰顯其所蘊涵重塑地緣認同內涵和知識生產座標的格局，這樣的格局攸關張炎憲（1993：27）所倡議台灣史學的新精神：「唯有從台灣民眾的立場、台灣各族群的利益、台灣和中國的互動、東亞海域和世界史的眼光看台灣，才有可能找到台灣史學的新精神」。這一段攸關認同的敘事，其中蘊涵史學的新視野，是積極實踐口述歷史的歸結，也促成新知識權力關係的發展。

在張炎憲的眼中，台灣史的精神須由多元和多重的立場與關係中錘鍊出來，而口述歷史則是接近民眾立場的重要媒介，受關切的不在於歷史學家或學界自身的未解之謎，而在於導引歷史學家發現庶民大眾所代表的台灣人精神。張炎憲（1993：300）以非常自覺的角度呈現歷史實踐隱含著現實社會的政治意義，據而倡議「必須接近民眾的想法，才能重建台灣領導階層和基層民眾的互動關係」。這種對權力不平等關係的警覺和對受訪者的同理心，於訪談中扮演著如義大利思想家葛蘭姆西所言為弱者舌喉的「有機知識份子」角色（單德興譯，1997；Gramsci, 1971）。以張炎憲（1995a）所從事的二二八口述歷史實踐為例，所呈現的不僅只是攸關該事件的創傷記憶，更在受害者不在的田野訪談場域中，對既存社會性別關係作出反省。張炎憲以二二八社群認同形塑為主題的探究，其獨特之處在於呈現未預先設定的社會類別，這展現口述歷史不同凡響的顛覆既存視野和理論預設能力。以同理心為基礎，由下而上的多元立場和多重的國際關係視野，足以支持歷史學家不預存偏見的視野，進而容許結合歷史文化脈絡的認同形塑可能，如此的認同形塑與歷史論述鋪陳方式，也意味著全然不同的知識權力關係發展可能（林立珩，1999；林賢修譯，1997；張炎憲，1995b）。如此的口述歷史實踐，可呈現不同於主流文化常模、或研究者預先設定的社會類別劃分與認同模式，而能夠與個別受訪者及其所屬認同社群獨特的生命經驗歷程密切扣連，呈現出被主流文化或研究者所受現代學科訓練排除，或經刻板印象過度化約後，極容易被忽略的情感元素與認知模式。

由此可發展對權力和認同形塑關係警覺的操作模式，導引我們必須發展無預設的、向受訪者自我生命詮釋開放的口述歷史技能。接著提出情感支持取向的口述訪談技巧導引，力求透過互動行為技術的掌握，開展出容許自在生命經驗陳述與情感流露的訪談技術，從而輔以教學的經驗，呈現訪談者也因有機會透過他者的對照，理解自身所處文化與所持立場的特殊性，帶著增能（empowerment）與自省的實踐便可由此展開，成就新的知識生產模式（蔡篤堅，2002）。其次藉由攸關現代學科知識發展的社群共識基礎、主體的界定、與反身性等三個層次來反省現代主義思潮中蘊涵的知識權力關係，如此倡議口述歷史的實踐，是立基於社群歷史文化特殊性的知識生產模式，也是動員社區、共同建立認同的操作媒介，有助於開創回歸社群與社區認同的科技論述發展，進一步促成台灣市民社會發展的可能。

二、社區與社群營造的方法

由此我們可呼應 Labonte（1997）關於社區的概念來界定對知識權力關係警覺的專業角色，其實不只是醫師、公共衛生、社區護理等醫療專業人員，包括所謂的歷史學家或社會科學研究者在內，我們都同時屬於多個不同的社區或社群，而社群或社區也因應認同的成形而存在，在不同的時空中有著不同的意義。據此，每個社區或社群想像都保持著高度的通透、互動和與時俱變的特質，與環境共同鋪陳認同形塑的情境空間。而我們推動口述歷史實踐的過程中，也開創了全新的社會參與和知識生產空間，質疑以下五個常見攸關社群與社區知識生產的可能盲點：

首先，質疑浪漫化的研究主題想像，尤其是將研究對象視為同質性的、無有效知識生產能力的、有待研究者透過學科專業知識啟蒙救助的團體，我們的口述歷史實踐方式顛覆了這樣缺乏反身性的研究者情懷。同一地區常由不同的社群組成，彼此間的認同也未必相似，也有著權力不平等或相衝突的情境，也因此知識生產的活動不是個介入某個地區的問題，而是充能在地達到認同形塑的連結過程。

其次，是對過度形式化學科紀律的質疑，尤其是對於制度面向的種種關於主體位置的思考。透過對於知識正當化場景和知識發現場景的反省與質疑，可見原先存在的由於形式化專業分工的知識生產形態並無法開創新的視野來面對變局。而更重要的是，任何嘗試以局限於形式化的專業技能來穩定某種社群認同的嘗試，很容易使該社群失去了因應環境變遷挑戰的機會。

第三，形塑另類文化霸權的努力，不應沈溺在盲從某種專業或反某種專業的情緒之中，專業在此並不代表形式上僵化的知識，而是有能力因應變局的創意。也因如此，依著社群為知識生產主體的概念，情感支持的口述歷史訪談導引形塑了在過程中強化研究者反身性的技術操演模式，專業成了襄助民眾充能（empowerment）的媒介，產生以訪問對象為主體的知識生產模式。

第四，即便以在地認同形塑為出發點，經營社群與社區發展，也不應在強調多元價值的前提下，專注於自身特色或需要的發揚，而忽略了宏觀的、具系統性的政治經濟不平等關係。不同的社區除了滿足自身所需外，也應形成集體的力量，挑戰現實世界的權力資源不平等關係。形成涵蓋整體知識權力關係流變的感知結構，成為研究者無可替代的任務。

第五，新知識權力關係的開展，不應局限於全球化和反全球化的思維，也不該強調特殊性而忽略普遍性的社群認同形塑處境，而應將人類生物本質的和資本主義政治經濟導引的普遍特徵，當作探詢特殊歷史文化經驗的媒介，藉由同情共感與理解等層次的知識生產過程，豐富以差異共同體為基礎的社群認同內涵，創造涵蓋全球視野的在地行動策略。

透過這樣的社群與社區經營反省，我們認為合適的台灣社會學想像，應包括感受時代體驗的能力，尋找施力的空間，倡議社群認同形塑的能力和彰顯差異分析詮釋主流文化的能力。如此與西洋當代理論為基礎的科技論述對話，更進一步將其細緻化的在地知識生產，不僅成為專業者本身社群認同形塑的基礎，也進而開創了全新的社區參與和知識生產空間。如此學術生產機制的基礎，不在於西洋理論的輸入，而在於區域文化認同流變

細緻的探究，而讓符合在地歷史文化經驗的社群認同與社會類別，成為形塑另類文化霸權的基礎。不同於傅科和薩伊德所倚的業餘者態度，我們主張台灣的專業人員應勇於成為參與者，以利發展行動的知識，而如此的行動知識也僅有本著差異，來挑戰主流文化霸權所具有的優勢，倡議開放被排除之認同形塑可能的另類霸權演變可能（蔡篤堅，2002）。有如此充能社群與社區的觀點，口述歷史可成為擴大病友團體和社區認同形塑的媒介，而專業團體也在此過程中，發展出具充能內涵的知識生產與專業認同內涵，得以塑造符合 e 世代情境的專業人員角色，落實有機知識份子的風格塑造。

三、專業知識的傳遞

本文不僅倡議結合口述歷史的技巧和社區與社群營造的方法，以專業人員為增能的媒介，為了讓身體政治的主導權回歸民眾和今日我們所謂的醫療求助者，我們更不能忽略既有專業知識傳遞的重要性。就專業知識傳遞而言，本文建議醫學人文課程的規劃應著重於與生物醫學科技相關的倫理議題探討，這方面首先應強調的是提醒同學建立宏觀的現代科技感知，於是類似「中西社會倫理對生物科技發展的影響」，扣連與所探訪社區或社群息息相關的當今生技發展的熱門議題「複製與道德」，成為首應授課的主題。而後針對當前不同社區或是病友團體相關的生物醫學科技項目，如特殊的手術與治療方式、試管嬰兒、和安樂死等等都可歸為由道德視角出發的授課議題。不過設計這些議題時，必須讓同學理解攸關本土科技論述發展的脈絡，也提醒道德發展往往也是立基於科技基礎之上，科技與人文因此存在著互動的關係。最後，屬於主流社會容易忽略的社會類別，或需要平衡既存權力不平等關係的議題，如「由性別的角度反思基因科技與社會倫理」也因適度融入課程之中，進而擴大視野涵蓋流行的次文化、人口變遷和環境生態等議題，如此的課程才能適當的導引同學發揮誘導科技論述「媒介」的特質，連結宏觀的文化社會環境流變，讓醫事從業人員運用生物科技新知時能有足夠反省警覺，以更自覺和保障人權與生態環境的

方式來導引科技與人文的關係（魏玏玲、蔡篤堅，2002）。用這樣的方式來傳遞專業知識，更有著培育專業人員能夠扮演特殊知識份子的效果。

結合口述歷史的技巧、社區與社群營造的方法、和專業知識的傳遞，我們透過以「媒介的醫病關係為核心」理論架構的導引來設計課程的構想，呈現科技議題本身就蘊涵人文相關的思維。這樣的理論視野導引，在於培育專業人員在掌握學科之事實，抱持一定程度的反身性，更期待我們教育出來的醫師不要成為新醫療體系宰制人體的代言人，而是足以保障病人生命尊嚴和身體自主的媒介。透過口述歷史的實踐使得媒介的概念得以落實，而社區與社群營造的方法則協助發展扮演有機知識份子的能力，至於專業知識的傳遞則讓同學有能力扮演特殊的知識份子角色。

捌、開創展望未來的新趨勢

近年來，醫學院校反省醫學教育在二十世紀偏重生物科學的知識傳授而忽略了人文的缺失，開始正視人文學科對醫師教養之重要性，進而設立醫學人文課程。這樣的時代背景使得有醫學和人文社會學科背景的學者得以結合，藉由國家衛生院積極的努力，開創了打破醫學教育過度僵化的結構，部分醫學院校的師生藉此興起自覺的醫學人文教改運動，形成橫跨北、中、南、東的醫學人文課程改革。本文以目前醫學生在醫院與學校鄰近的社區所開創的志工服務與口述歷史兩方面的課程規劃努力，提出以「媒介的醫病關係為核心」的理論架構，培育同學具有傾聽理解不同個人和團體敘事邏輯的能力，並以此發展出對當代醫療科技的自覺（self-reflexive）。在這樣的過程中，所有參與的教師將以身作則，empower 醫學院為主的同學目前進行規劃課程的努力，由下而上的豐富醫學人文學程的規劃。唯有如此的校園民主，才能號召同學由將心比心的方式，進一步以一般民眾和病友的情感和生活經驗為基礎，培育未來的從業人員增能的能力。因此，我們期待醫學人文教改運動能夠延請願意扮演 empower 同學和同事的教師們，依著不同學校既有的努力成果，來擴大目前醫學生所開創

志工服務與口述歷史兩方面的課程規劃努力，透過以「媒介的醫病關係為核心」的理論架構導引來發展進階的課程。扣連相關醫療專業論述發展場域及一般社區民眾生活經驗的實驗課程設計，本文期待藉由豐富醫學人文教改的基礎，據以建立對保障醫療人權和人性尊嚴具敏感度的參與式民主共識形塑模式。

可是在建立國內研究型大學和追求卓越的浪潮之下，前述的醫學人文反省事實上是在科技掛帥的新神權意識型態壓抑下，舉步維艱地進行著。透過培育同學具有傾聽理解不同個人和團體敘事邏輯的能力，並以此發展出對當代醫療科技的自覺，本文更期待所有參與醫學人文教改運動的教師能夠以身作則，empower 醫學院為主的同學目前進行規劃課程的努力，由下而上的豐富醫學人文學程的規劃。進而號召同學以將心比心的方式，進一步以一般民眾和病友的情感和生活經驗為基礎，培育目前的參與者以及未來的醫事從業人員增能的能力，扭轉教改論述的文化霸權。

而我們在地化的課程發展努力，也與全球化的普遍知識建構密切接合，進而導引市民社會發展與基因科技相關之社會共識的建立，而這一切的關鍵在於培育具有 empower 能力的特殊知識份子。以「媒介的醫病關係為核心」為理論基礎發展敘事認同取向的教學策略，首先就要借重合適的方法，才能培育同學有傾聽理解不同個人和團體敘事邏輯的能力，並以此發展出對當代醫療科技的自覺。如此才能由將心比心的方式，進一步以一般民眾和病友的情感和生活經驗為基礎，發展增能的能力。有了這樣的能力，相關課程規劃的目的不只期待如敘事治療一般將民主政治的共識形塑、建立在每一次的人際關係互動中，更激進地渴望權力不平等全面地翻轉，醫療或是教育的專業者成為主體昂揚的觸媒，不再扮演領航人或是代言人的角色。

進一步探討激進民主的演繹可能，我們不難發覺藉由民主程序的溝通達成共識的機制，是運作在互為主體之關係所決定。本文倡議以兼顧微觀（micro）到鉅視（macro）的、專業社群到一般社區的、進而意圖涵蓋整體社會的課程設計實驗方式，建立參與式民主的台灣社會基因科技發展共

識可能的應用模式。這樣的醫學人文教改運動將塑造具民主參與精神的台灣市民社會新價值，並將成果落實到跨校園和科技領域的研究團隊組成與具有政策形塑（policy making）意涵的校園社區化教學設計。如此的運動，蘊涵著全新的民主實踐可能，而串聯起來的，不僅只是醫學院校內部的師生網絡，社區的民眾與組織，加上共同參與此一運動的醫療機構與病友團體，都是參與式民主連結的可能對象，也是形塑不同於具宰制性質之科技文化霸權的另類文化霸權發展基礎。

參考文獻

文榮光（譯）（1971）。S. Freud 著。少女杜拉的故事。台北：志文。

台灣師範大學教育研究中心（2002）。「**教育研究方法論：觀點與方法研討會**」企劃書。台北：作者。

台灣醫界聯盟基金會、陽明大學醫學院（2002，6 月）。**醫學人文課程規劃研討會——以學生為主體的課程規劃運動研討會手冊**。台北：中國民國農訓協會。

李幼蒸（譯）（1991）。R. Barthes 著。**符號學原理**。台北：桂冠。

李雅彥（1993）。台灣醫學教育研討會海外成員聲明。載於黃伯超等（主編），「**台灣醫學教育**」研討會專輯。台北：台灣大學醫學院。

林正宏（1988）。科技整合的一個面向——各學科間方法的互相借用。**伽利略‧波柏‧科學說明**。台北：東大。

林立珩（1999）。**由勞工意識看女工從就業至關廠的歷程經驗**。國立陽明大學衛生福利研究所碩士論文，未出版，台北。

林志明（譯）（1998）。米歇爾‧傅柯著。**古典時代瘋狂史**。台北：時報。

林賢修（譯）（1997）。E. Marcus 著。**當代同性戀歷史 1945-1990**〔美國經驗〕㈠。台北：開心陽光。

陳炳仁（2002，12 月）。以「社區」為導向的校園行動嘗試。論文發表於陽明大學醫學院與教育部醫教會主辦之「醫學人文課程設計研討會暨教學觀摩會」，台北。

陳景祥（2002，12 月）。**與病人為友到希望彩蝶**。論文發表於陽明大學醫學院與教育部醫教會主辦之「醫學人文課程設計研討會暨教學觀摩會」，台北。

張君玫、劉鈐佑（譯）（1996）。C. W. Mills 著。**社會學的想像**。台北：巨流。

張炎憲（1993）。台灣史研究的新精神。載於張炎憲、李筱峰、戴寶村（主編）。**台灣史料論文精選（上）**。台北：玉山社。

張炎憲（1995a）。**二二八女性史研究的新路──台北南港二二八**。台北：吳三連基金會。

張炎憲（1995a）。**嘉義驛前二二八**。台北：吳三連基金會。

國家衛生研究院（2001，10 月）。**台灣醫學院校之生命暨醫療倫理教學座談系列──台灣醫學史的傳承與醫療道德演變**。論文發表於國家衛生研究院舉辦之「台灣醫療院校之生命暨醫療倫理教學座談會」，台北。

黃達夫（1993）。三年台灣臨床經驗感言。載於黃伯超（主編），「**台灣醫學教育**」研討會專輯（104）。台北：台灣大學醫學院。

黃崑巖（1998a）。載於黃崑巖（主編），**莫札特與凱子外交**（頁 238-239）。台北市：中華日報。

黃崑巖（1998b）。科技倫理的教育問題。載於黃崑巖（主編），**外星人與井底蛙**（頁 69-72）。台北市：遠哲科學教育基金會。

黃崑巖（1998c）。人體值多少？。載於黃崑巖（主編）。**外星人與井底蛙**（頁 15-17）。台北市：遠哲科學教育基金會。

黃燦龍（2002，3 月 19 日）。醫學教育評鑑獲國際認可之後。**自由時報**。取自 http://www.libertytimes.com.tw/2002/new/mar/19/today-o1.htm。

單德興（譯）（1997）。E. Said 著。**知識分子論**。台北：麥田。

曾孝明（2003）。回應「冀迷途能知返」──缺乏專業管理造成今日之噩夢。載於黃崑巖（主編），科技報導，（頁 253-254）。台北：科技報導。

楊庸一（譯）（1975）。佛洛依德著。**圖騰與禁忌**。台北：志文。

廖運範（譯）（1969）。佛洛依德著。**佛洛依德傳**。台北：志文。

賴其萬（譯）（1973）。佛洛依德著。**夢的解析**。台北：志文。

蔡篤堅（2001a）。生命科技、衛生政策、與市民社會：台灣醫療文化霸權移轉之倫理意涵。**台灣社會研究季刊**，**40**，181-223。

蔡篤堅（2001b）。**實踐醫學人文的可能**。台北：唐山。

蔡篤堅（2001c，6 月）。口述歷史實踐與台灣認同發展。發表於台灣歷史學會舉辦之「**邁向二十一世紀的台灣歷史學──反思與開拓研討會**」，台北。

蔡篤堅（2002，5 月）。由敘事認同重省知識權力的方法學初探。論文發表於國立高雄師範大學性別教育研究所等主辦之「**性別、知識與權力研討會**」，高雄。

謝博生（1998，6 月 23 日）。全人化醫療與人性化醫療。**聯合報**。

謝博生（1999）。**醫學人文教育**。台北：國立台大醫學院。

戴正德（2002，4 月 14 日）。談醫學倫理教育。**自由時報**。

戴正德（1993）。醫學教育、醫學倫理與社會責任。載於黃伯超等（主編），「**台灣醫學教育**」研討會專輯。台北：台灣大學醫學院。

魏玎玲、蔡篤堅（2002）。以「媒介的醫病關係為核心」的生物醫學科技與人文對話課程規劃構想。**應用論理研究通訊**，**21**，52-58，一月。

醫學院評鑑委員會（2002）。**國家衛生研究院醫學評鑑委員會完成赴美答辯使命國內醫學院評鑑制度首度獲得國際肯定與世界接軌**。2002 年 7 月 5 日，取自 http://www.nhri.org.tw/nhri_org/pr/newspage/20020704.htm。

顏崑陽（2003，3 月 28 日）。文化自我殖民。**聯合報**。

Durkheim, E. (1992). *Professional ethics and civic morals* (C. Brookfield, Trans.). London: Routledge.

Foucault, M. (1975). *The birth of the clinic: An archaeology of medical perception,* New York: Vintage Books.

Foucault, M. (1977). *Discipline and punishment: The birth of the prison.* London: Allen Lane。

Foucault, M. (1979). *The history of sexuality (vol.1) : An introduction.* London: Allen Lane.

Foucault, M. (1991). Governmentality, In G. Burchell, C. Gordon, and P. Miller (Eds.), *The foucault effect: Studies in governmentality with two lectures by and an interview with Michel Foucault.* Chicago: The University of Chicago Press.

Gramsci, A. (1971). *Intellectual, in selections from the prison notebooks.* New York: International Publishers.

Turner, B. S. (1992). Preface to the second edition: Interpreting Emile Durhkeim. In *Professional ethics and civic morals.* London: Routledge.

Labonte, R. (1997). Community, community development, and the forming of authentic partnerships: Some critical reflections. In M. Minkler (Ed.), *Community organizing and community building for health.* New Brunswick, NJ and London: Rutgers University Press.

Macintyre, A. (1970). *Herbert marcuse: An exposition and a polemic.* New York: The Biking Press.

Marcause, H. (1955). *Revolution and revolt.* Toronto: Beacon Press.

Tsai, D. (1996). Transformation of Physicians' public identities in Taiwan and the United States: A Comparative and historical analysis of ambivalence, public policy, and civil society, Unpublished doctoral dissertation, University of Michigan, Ann Arbor.

Waitzkin, H. (1991). *The politics of medical encounters: How patients and doctors deal with social problem.* London: Yale University Press.

Zola, I. (1990). Medicine as an institution of social control. In P. Conrad & R. Kern (Eds.), *Sociology of health and illness: Critical perspective* (pp. 398-408). New York: Palgrave Macmillan .

討論文章：
「展望新時代的專業人員角色」

黃瑞祺

一、首先我想對整個會議的安排說幾句話。這次教育研究方法論的研討會是按照實證典範、詮釋典範、批判典範三部分來安排的。我曾發表過一篇論文〈社會學的三大傳統〉（原來發表在《台灣大學社會學刊》，卷15，頁39-62，1982；現在收錄在《批判社會學》，三民書局，2001）將社會學區分為上述三大傳統。我的意見大體上沒有什麼改變，只是「實證」一詞含有貶義或意識形態，我現在比較傾向於用「經驗」一詞。不過在這裡我要強調兩點：第一，「經驗」、「詮釋」和「批判」並不是三個選項，「批判」其實不是一個單一選項，三者應該是健全之社會研究（包括教育研究）的三個環節（moments）。所以批判研究必須包含經驗分析和意義詮釋，否則批判就是空洞的了。其次，在社會科學中人不僅是認知者，同時也是參與者，而且由於人的自反性（reflexivity），人會根據新的資訊或知識，來調整自己的行為，所以社會研究的對象無可避免地會是變動不居的。社會科學的知識不是隱密的知識，而是準備提供給其對象取用，從而觸發其對象改變的知識。知識是觸發變遷的媒介（觸媒），這種知識也就是批判性的知識。因此社會研究由於其對象的性質應該要是批判的。

二、在當代科技（包括生物科技和醫學科技）與人文如何溝通、如何互補（或所謂「會通」）是個大問題。蔡篤堅教授的論文討論的醫學院的人文教育，就是醫學和人文的會通問題。醫學界的人常說「先當人，再當醫生」，醫學教育永遠需要人文教育。再者，當代生物科技突飛猛進，尤其是基因科技，因此試管嬰兒、複製羊都出現了，複製人呼之欲出，人要取代上帝的地位來製造人。這時候如果不同時加強倫理道德教育，這些生物科技將可能危害到人類價值，乃至於人性本身。醫學倫理乃至醫學院的人文教育因而益發重要，故蔡教授等人近年發起醫學院人文教改運動是很適時的。

三、作者批評當代台灣「文化自我殖民」，希望醫學人文教育能落實於本土。作者提出「以媒介的醫病關係為核心」的理論架構，並提出兩種知識生產的實踐方法：口述歷史以及社區與社群營造的方法，或許可以概

稱為「社區口述歷史」，以社區為知識生產的主體和對象。這個觀念基本上是很好的，也和知識社會學的觀點吻合。這兩種方法可以打開民眾日常生活中的集體記憶，讓民眾來參與知識的生產。這似乎和民主的理念十分吻合，可說是一種「民主的知識生產方法」。而且這種方法紮根於本土，可以生產本土性的知識（local knowledge），這是社會科學本土化的一條重要途徑。不過口述歷史的內容只能說是知識的原料，需要經過一個嚴謹的程序（包括查核、比對、系統化等）才可能發展成為客觀公共的知識。

批判理論及其在課程研究上之應用

莊明貞

潘志煌

壹、前言

自從德國法蘭克福學派發展迄今八十多年以來，批判理論及其相關流派仍然企圖挑戰既有教育體制現況。雖然它始終有忠誠的擁護者，但也有持若干強烈敵意的責難者，從其兩極化的反應中可知批判理論爭議的本質。而教育研究以批判理論的脈絡為其研究架構，產生對社會制度的顛覆性與威脅啟蒙運動以來的真理性，本質上它即是一種亟求創新的一個知識體系。

由於過去幾十年來對於典範轉移的廣泛討論，經常是聚焦在科學典範過度實徵量化的質疑，而對科學工具理性過份強調量化方法所產生的反動思潮，則明顯地激發許多變通性研究典範的興起，例如批判理論與建構主義典範等即是（Guba & Lincoln, 1994; Short, 2000）。然而，對於在加強批判理論的探究和理解這些反實徵觀點的質性研究典範之際，則有必要慎重地探究它的方法論發展的立論基礎，並對此方法論做一後設評析。

本文嘗試運用批判理論所引發的批判典範方法論，來論述多元開放的社會中，追求對抗使個體屈從於歷史發展的社會盲目服從傾向，以及尋求使人類被禁錮的心靈得以解放的教育研究價值。首先探究批判理論中批判方法論的理論淵源，並探討該理論的哲學基礎，及其理論發展的應用意涵，本文也企圖探討批判探究近期與後現代主義融合，所產生的方法論問題，在探討目前實際運用批判探究的課程研究方法之際，是有必要謹慎地檢視其在方法論上信、效度觀點可能的限制與誤解，值因對方法論的限制與誤用問題，可能潛藏對課程研究的挑戰；並論述批判理論與課程探究的關係，以及在課程研究的實踐步驟。其次論述目前運用批判探究在本土課程研究的實踐現況與其可能的困境，最後評析批判探究應用可能性的實踐途徑。

貳、批判理論的發展淵源

「批判」（critical）的概念，是批判理論的核心思想。而學者對於其定義，有諸多不同的觀點。Smith（2000）認為「批判」乃是十八世紀啟蒙運動以及 Aufklarung 或闡明被啟蒙的理性條件之工程的產物（引自郭洋生譯，2000：161）。而其基本的態度是「反向思維」，對萬事萬物作「抗拒式思考」，目的在避免思考本身陷入單向思考模式。Smith 並認為法蘭克福學派（Frankfurt School）的「批判」還意味著關心可能的知識的條件與形成該知識的約束力之間的關係，而前者是 Kant 的「純粹理性批判」所著力解決的問題，而其關注的重點是，我們到底怎樣逐步將世界作為一個有秩序的地方感知，而其答案是感知力的作用正在將萬物秩序化。以下將介紹批判理論的歷史淵源與其近期發展，及其所面臨的方法論問題。

一、批判理論的歷史發展

對於「批判理論」（Critical Theory）發展歷程的探究，得先回顧德國法蘭克福學派的發展淵源。「法蘭克福學派」一詞，是一般對於德國法蘭克福學派的批判理論之通稱，事實上，它源自於一位猶太裔的左翼知識份子霍克海默（Max Horkheimer, 1895-1973）在一九二三年成立隸屬於德國法蘭克福大學之社會研究所，此研究所試圖以瞭解社會生活之整體為目標，從經濟基礎到各種制度，乃至於思想觀念，而此派學者立場則自稱為「社會批判理論」（The Critical Theory）或逕稱為「批判理論」（Critical Theory）（黃瑞祺，1998；Agger, 1992；McLaren & Giarell, 1995）。

批判理論一詞常遭受誤解，通常它指的是由一群在法蘭克福大學社會研究機構的法蘭克福學派所發展的理論，沒有一位法蘭克福學派的學者聲稱已發展一完整體系的文化批判。從一開始，Horkheimer、Adorno、Marcuse 啟動對德國傳統哲學與社會學的思考，特別是有關於 Marx、Kant、Hegel 與 Weber，從這些曾在第一次世界大戰中失去政府的批判理論家觀

點，世界是亟需要重新詮釋，當意識到生活世界的不公平與壓迫，他們蔑視馬克思主義，將焦點放在改變資本主義的性質，早期的批判理論學者著重分析這種支配的關係（Giroux, 1983; McLaren, 1989）。

在法蘭克福學派建立的十年後，納粹統治德國，法蘭克福學派中猶太學者如 Horkheimer、Adorno、Marcuse 紛紛離開德國落腳於美國加州，他們受美國文化所震驚，並被美國許多社會科學研究者視為理所當然的實證主義感到憤怒。由於他們被迫表態，同時有感於美國習稱的平等主義但卻存在著種族階級歧視的衝突，於是在避居美國期間出版許多重要的著作。一九五三年的 Horkheimer、Adorno 回到德國重整社會研究機構，Marcuse 仍然留在美國，在一九六〇年代，他的聲名因學生運動而遠播，批判理論特別是 Marcuse 在情感與性的解放的著作中，為新左派提供了哲學的聲音。關心心理的、政治學及文化改革，新左派則鼓吹 Marcuse 式的政治解放的基調（Gibson,1986）。事實上，每個批判理論學者都各有其獨特的特色，意即他們的個人色彩都非常濃厚，所涉獵的範圍亦非常廣泛，而這也表現在批判理論的豐富內涵，晚近，此派重要代表人物 J. Habermas 更是建立範圍廣博的理論體系，其範圍涵蓋了英美學界的語言哲學、科學哲學及社會學理論，而成為法蘭克福學派重要的代表人物（Giroux, 1988; McLaren,1989）。

因此，從其理論發展的歷史背景來看，此學派的思想淵源是相當多元的，同時批判理論學者對於其所涉獵的任何領域理論思想，悉採批判的態度，並試圖要超越一時一地的現實，放眼於人類的整個歷史，將社會作一整體的概覽，而以人類的基本價值為其理論發展的依歸。

事實上，我們不能視所有批判的傳統皆來自法蘭克福學派的激發，歐陸社會理論學家如 Foucault、Derrida，拉丁美洲的批判教育學者 Freire，法國後現代女性主義者 Irigaray、Kristeva、Cixous 或蘇俄的社會語言學家 Bakhtin、Vygotsky 在當代的批判理論的參考文獻中都可以見到他們的蹤影。

有些論者以為批判理論不應視為公式化策略的革命性思想，他們選擇較廣泛的定義（甚至包括批判思考教學），此舉將讓許多名為批判學派的

人感到疑惑，因此本文所採立場是將重點放在這些學派共同的想法上。我們將批判者定義為企圖運用其作品作為社會及文化批判的形式，並接受一些基本假設的研究者或理論家；這些假設為：所有的思想皆由社會及歷史所建構的權力關係所傳遞，這個關係離不開價值及意識型態，而概念與物體、指涉及被指涉間的關係絕非固定的，並由資本主義的生產及消費的社會關係所調節。語言是主觀（意識及非意識的覺察）形成，社會中某些群體支配著弱勢他者，究其原因，乃當被支配者無法避免地接受他們在社會中的地位，壓迫就被再製了。壓迫的型式有許多種，主流的研究大都放在階級、種族、性別壓迫的再製觀點（Kincheloe & McLaren, 1998）。

同時，批判理論也常與其他社會理論展開方法論和本體論的爭論，其中最值得注意的是對「實證主義辯論」的觀點，在這些方法論辯論中，他們批判關於社會理論中較重經驗和數量的方法，為自己具思辨性和批判性的社會理論進行辯護。由於提出了「完全被支配的社會」或「單向度社會」的理論，並批判科學實證主義將人類行為降格為工具理性主義的單向度中，把人類置於控制與安排的單向度的社會規律中，批判理論並試圖打破「價值中立」的神話，而此種理論的發展則是有系統地闡述了資本主義在一切社會生活所日益增長的非理性力量，同時它也有系統地闡述了新的社會控制新形式的發展（Habermas, 1973）。

在論述批判理論的發展過程中，雖然其理論內涵是由各種不同學者的理論鬆散地連接在一起，然而，批判理論學者們都持「跨科際整合的社會理論」之觀點，也因此他們對於社會批判和社會重建產生了濃厚的興趣。批判理論學者傾向於對經驗主義的、量化的社會理論進行一系列的批判，並且也更贊同重建理論、社會批判和社會變革。德國法蘭克福學派在歷經八十多年的理論發展之後，其批判理論的傳統精神仍然是企圖要瓦解並挑戰既有社會的宰制現況，意即試圖揭開或透視隱藏在社會生活世界的意識型態（Kincheloe & McLaren, 1998）。

八十年代初美國許多學者也加入了批判理論的陣營，由於受挫於後啟蒙文化滋養下的資本主義所出現的支配型式，這些學者視批判理論為能夠

從權力關係解放的一種不二法門，他們對於批判理論知識的社會建構的論調尤感興趣，也開始發表社會與歷史脈絡的權力關係的論述（如表 1 所示）。這種批判教育學「可能性論述」（language of discourse）的知識－權力及文化政治等論述，隱藏在這些企圖引導社會邁向更平等與民主的學者們所建構的社會經驗中。與馬克思主義相較，後結構主義者對於人類身份認同及主體性的概念及他們認為兩性至少能部份決定自己的存在，這些也提供了教育解放研究的契機。例如，Giroux（1983）和其他的批判教育學者對馬克思學派的再製論者 Bowles、Gintis 提出批判，與 Bowles、Gintis 的決定論相較，認為學校是希望的場域，經由師生在解放的教育架構中努力，學校能夠成為抗拒霸權和民主可能發展的所在。Giroux（1988a）也曾特別指出學校所傳遞的知識、價值與社會關係是為了賦予學生批判的能力。

而法蘭克福學派各階段時期的主要成員，其中尚包括美國批判教育學派，及其重要理論的探究趨勢，可歸納整理如下表一所述：

表1　批判理論各階段的主要成員及其理論探究趨勢

階段時期	主要成員	理論探究趨勢
1923-1930	Grunberg Horkheimer Pollock	多樣化探討方向，不局限古典的馬克思思想，分析資本主義的支配關係。理論發展趨勢為跨學科的唯物主義社會理論。
1930-1950	Adorno Marcuse Fromm Benjamin	引進黑格爾主義的批判理論，哲學成為研究重點，並加入心理分析學，使批判主義更具多樣性。理論發展則趨向一種社會批判理論。
1950-1970	Habermas Schmidt Negt	理論發展達到顛峰，對社會科學發生重大影響，成為新左派指導理論。
1970-1990	Habermas Wellmer Offe	屬後法蘭克福時期，學派漸失去原有風貌，並漸脫離古典馬克思主義，並受到新馬克思主義挑戰。
1970-迄今	Freire Apple Giroux McLaren Pinar	屬於美國的批判教育學學派，此階段漸面臨許多不同思潮的衝擊：政治理論、女性主義、新馬克思主義、現象學、後結構主義、後殖民主義思潮、文化研究、新實用主義等理論相繼影響，關注權力、文化政治、認同政治、官方知識、性別、種族、階層及市場化教育政策的批判等議題。

資料來源：整理自 Kincheloe & McLaren, 1998。

瞭解上述批判理論傳統會知道不同階段的持續發展產生不同的後批判理論學派如：新馬克思傳統的大將如 Horkheimer、Adorno、Marcuse、Foucault 的系譜學系統的寫作；Derrida 的後結構理論的解構；及 Derrida、Foucault、Lyotard、Ebert 等後現代思潮。尤其是批判的民族誌受到上述這些觀點也產生不同的影響。跟隨批判理論的沿革，研究者繼承對科學及工具理性的強力批判，特別是 Adorno「否定的辨證」（negative dialectics），表述概念與物體不穩定衝突的關係。從 Derrida 開始，研究者學會了對客觀事實予以解構，此被稱為「存在的形上學」（the metaphysics of presence），對 Derrida 而言，一個字的意義是持續地衍義，因為唯有在一個特定的語言系統中，它與其他字的差別下才能產生意義。Foucault（1980）並提出研究者需探索論述隱藏在權力關係中的方式。

　　瞭解批判理論取向研究最好放在教育研究中個人增能賦權的脈絡加以審視。能夠喚為「批判」的研究它必是企圖對抗社會中某部份的不公平，並無懼被貼上政治的標籤喚起解放的意識。當傳統的實徵研究者固守中立的立場，批判的研究者大聲疾呼為創造更美好的世界努力。傳統的研究者為了描述、詮釋一部份事實，批判研究者將呈顯不公平的政治性行動列為首要。Horkheimer（1972）提到批判理論和研究並不滿足於僅僅增加社會研究的知識。

　　批判理論的蓬勃發展，試圖為這個因科學實證導向所形成的工具理性社會，尋求解放的可能性。人類原本欲藉由科學力量或手段來控制自然或社會現象，及尋求有效性地解決問題，然而，它卻演變成為受到控制、安排，使人類失去了原有的主體性與自由性，也因為過度地崇拜科學實證方法，而神化了工具理性所帶來的技術性成功所營造的表象，並刻意地忽視了控制與宰制所可能引發的非理性災難，意即因過度工具理性所產生出來的非理性力量，徹底摧毀了人類尋求過美好生活的理想。

　　因此，相對於科學實證、工具理性研究方法所欲解決的社會現象與問題，以及可能延伸的非理性行為，此時變通性的研究典範乃因應而生，而人類對於科學實證研究方法的反動，則明顯地表現在許多後實證研究典範

的興起（Guba & Lincoln, 1994）。

接下來將從批判理論探究反傳統的實徵研究立場討論起，並介紹批判理論與後現代主義、文化研究逐漸整合後的近期發展，及其所面臨的方法論問題，特別是在研究信、效度的考量。

二、批判理論的探究與後現代主義的整合

批判理論探究指出傳統實徵研究的限制，因為實徵探究嚴格的方法論通常將研究者及研究對象的詮釋能量排除在外，實徵的觀察無法補充理論的分析及批判的反省，批判探究的研究不只是事件的再現而是將研究做為意識型態的實踐，實徵的分析需要不斷被質疑以揭發敘事中的衝突與對立。批判的研究者主張經驗或觀察的意義不是不證自明的，它需要依賴對經驗的詮釋與定義。

Kincheloe（1991）因此認為研究者分析及詮釋實徵的資料需要理論架構的規範，同時也需要研究者本身意識型態的假設，任何研究的實徵資料不應視為無可反駁的事實。它們是潛藏的假設，如 Einstein、Heisenberg 所言：「我們所看到的並不是我們真的看見的，而是我們所理解的。」存在世界的知識必須由世人加以詮釋，我們所知道的往往是人們判斷的理解，從批判的觀點，判斷的行動即是詮釋的行為。詮釋的理論，批判分析學者所努力的就是理解個殊的與整體的、主體與客體分析的關係，而反對傳統實徵將理論視之為客觀資料的分類（引自 Kincheloe & McLaren, 1998）。

批判理論探究重要的理論發源地乃設立在英國 Birmingham 大學當代文化研究中心（CCCS），企圖與日常生活經驗的特殊性聯結，CCCS 研究人員提出所有的經驗都受制於意識型態，同時，排除日常生活經驗的理論化過程會導致決定論的理論。CCCS 傑出的代表人物 Paul Willis 一九七七年出版《學習成為勞工：勞動階級小孩如何獲得勞工階層工作》（*Learning to Labor : How Working Class Kids Get Working Class Jobs*），對於民族誌批判取向的探究加以重新定義並觸動許多研究者投入批判探究的行列。

伴隨在 Willis 作品之後的是批判的女性主義研究，包括《女性議題》

的詩集（*Women Take Issue*）（CCCS, 1978），在一九八五年 Christine Griffin 出版《典型女孩》（*Typical girl*？）是 CCCS 第一個出版的女性主義研究，分析成年女性所知覺的父權社會下的世界。從此，批判理論的探究對於階級、性別、種族的分析愈形重要。後現代主義指涉的權力不只是社會的一個面向，更是社會的基礎，因此婦女要對抗的父權制度不是獨立的概念，它包括所有形塑女性社會及情意的所有面向。

West（1991）將批判探究進一步推展為多元文化的範疇，當她關注女性、第三世界和種族時，採用了新馬克思後殖民主義批判理論及文化研究，她更關注到日常生活中權力的運作。

此外在 McLaren（1986）〈學校教育是儀式操練〉一文中，他也運用批判的民族誌整合了後結構及後殖民的批判主義理論，使用後結構觀點的理論分析，指出指涉物與被指涉物的聯結是隨意的，是歷史、文化、經驗的力量所造成的。學校生活的文化描述是學生對於學校次級文化（如街頭流行文化與街頭知識）邊緣化的抗拒。McLaren 分析學校是充滿符號資本的文化場域，學校教育是儀式操練的表現，研究者了解自己或他者必須考量到其種族、階級及性別的差異，因此學生的流行文化是有別於教室中教導的抽象知識，一般教師甚至會認為它們威脅到學校課程中的普遍性及以歐洲為中心的高級文化。

當批判研究者追求批判理論與後現代主義的整合之際，也面臨到後現代主義對於民主在多元及差異概念的批判意涵再定義的問題。傳統的社會打著啟蒙的價值口號統一異己，後結構主義將這種統一大夢視為是政治的無能現象，因為他們無視於差異的存在。女性主義研究者提出對早期批判教育的評議後，批判理論藉著後結構主義進行再概念化，女性主義並倡議差異政治學，使長期處於歐洲中心束縛的族群能夠獲得尊重，被研究的客體也終能獲得其主體性的展現。

做為後現代化的批判理論，它更適切地探究受壓迫者的特殊性，也了解到這種特殊性是無法靠抽象的政治理論或文化系統來加以解釋。同時，將特殊經驗放在父權及資本主義中檢視的整體概念卻不被社會所揚棄。許

多性別、種族研究者也提醒批判理論者在強大的社會力量衝擊著個人及其所在之場域，這種衝擊常是隱晦不明的。然而批判理論提供性別、族群研究的有力影響是在「批判意識」的提昇，另外則是批判優勢男性的知識論體系，是不爭的事實。

　　傳統解放的批判概念在多元文化中需要再定位，在此我們仍然認為需要解放的論述，但它絕非決定論的鉅型敘述，它需要在特殊的脈絡中持續加以對話，在制度與社會結構中它是非決定性的。再者，批判的研究者了解個人的身份及主體性是在糾結不清的師生關係中形成。因此，若缺乏謹慎的立場，任何批判理論容易傾向變成理性主義，發展成脈絡邏輯的未來路線。Foucault（1980）將邁向解放之路中最後的後現代障礙放在「權力與論述」的關係上，他認為權力本來就存在論述結構中，因此他特別關注消除權力關係的烏托邦思維。假使歷史來到解放及統一的社群中，那麼主體性就會變成一致性的。後現代批判的觀點並不贊同這種單純統一的主體觀。因此現代性的批判解放概念被視為社會政治生活的救贖，當它使用「解放」一詞時，就面臨質疑：它永遠無法擺脫西方啟蒙理性下的鉅型敘述，並補充及超越後現代強調的社會與文化的特殊性（引自 Kincheloe & McLaren, 1998: 282）。

三、後現代批判研究：在信度、效度的幾項思慮

　　誠如 Giroux（1983）所主張：方法論的正確性並無法保證資料的效度，也無法顯示研究資料中存在的利益糾葛。傳統的研究觀點認為產生有效資訊的唯一途徑是運用嚴謹的研究方法論，也就是說研究者必須遵循客觀嚴謹的程序，在過程中研究者與研究對象是分離的。因此社會研究的探究追求效度最短的捷徑是「嚴謹」的控制，傳統的現代觀點研究太注重方法嚴謹而忽略了生活世界的動態，更別提追求社會正義。

　　Habermas（1971）與 Marcuse（1964）皆主張後啟蒙的科學關注研究的方法及形式，忽略研究的實質內容。因此社會探究流為一種技術，它將人類化約為理所當然的社會產物以維持既存的權力關係。

後現代批判探究不刻意尋求所謂的研究效度。一如前面 Giroux 所言方法論正確並無法保證資料的效度，然而研究者又如何決定其資料的效度？傳統的效度是依據合理的證據，而批判的質性研究觀點通常依據研究田野參與者的反應及情感而定。一些批判研究分析者認為在批判探究的情境中，效度不是很適當的詞彙，它只是反映出實證哲學家所接受的一種概念。傳統研究中將內部效度定義為研究者的觀察與測量的準確程度；外部效度則是指這些描述能夠推衍至母群體的程度；而信度檢驗在批判探究情境中使用則比較適當，因為它比效度更能指出研究目的的不同假設，可延用檢驗批判研究的信度規準。

其一規準包括建構的事實中所描述的信實度。批判理論研究者不贊同內部效度，它是基於可觸摸的、可知的因果關係的真相存在的假設，所以研究能正確描述真相存在的假設。批判研究者贊同信度，只有在當建構者所建構研究是可行的，然而研究者能夠發現壓迫結果，這些結果往往是被研究者所看不見的。因此測量批判研究的信度是非常困難的，因為根本無法發展所謂的信度係數。

批判研究信度的第二個規準是「可預期的調適」（anticipatory accommodation），批判的研究者不贊同外部效度的看法，要使研究的結果具有推論性是接受單一面向且普遍性的想法，Kincheloe（1991）指出傳統研究需要確保可轉移性，係認為教室中的特殊事件能夠類推至其他的事件中，許多批判研究者認為傳統的外部效度的概念太過單一化，假如類推性能成立，那必須確認類推的情境也是相同的。Kincheloe 舉 J. Piaget 研究的認知過程是具有教育性的。因為他認為在每天生活的情境中，男性與女性不會運用外部效度的類推方式。換言之，經由研究者對不同情境的理解，研究者才可能展開比較不同情境的相同性及差異性。

當批判研究者超越研究中對於知識論效度的立場時，他們會提醒自己的批判行動是一種超越經驗類化的企圖，揭露自我意識型態的掙扎，努力面對人類意識構成中的權力再製。在這些訴求下，Lather（1991）便提出了轉化效度（catalytic validity）的概念，它是指研究者利用它所研究的現

象，去理解世界及它所形成的方式，以便能轉化它。從事實徵研究者或許會發現轉化效度是個很奇特的概念，研究擁有轉化效度並不是只展現研究過程中事實（變項）的變化而已，它也指出這類型研究所產生的衝擊是獲取研究參與者的自我瞭解及自我抉擇。事實上，當研究者在批判探究中決定自己的研究主題時，通常也就帶出了研究倫理議題。

最近批判探究者企圖轉移西方人類學傳統對客觀性及文化帝國主義下殖民主義的凝視，例如 Fuch（1993）觀察到最近發展反省性的民族誌寫作受到嚴重的挑戰，這些挑戰：諸如認知的主體（研究者）如何理解他者（被研究者）？研究者又如何尊重他者的觀點並邀請他者來發聲？

雖然最近發展趨勢，民族誌寫作是企圖將所謂「報導人」視為參與者以避免落入他者的客觀性（通常指的是西方的人類學家面對非西方的文化），但這仍然具有危險性，即是當研究者揭露殖民與後殖民的支配結構時，會無意中承認並強化這樣的結構，就像透過種族中心主義宣稱的自由價值一樣。Fuch（1993）警告研究者若應用這些研究取向時，會導致「自我世界的他者化」（othering of one's own world），這樣的企圖往往無法質疑目前民族誌方法論，當進一步討論研究的客觀性時，也無法說明其效度的適用性。

Foucault（1980）在處理這種難題的方式是藉由批判傳統哲學及社會理論，使它從本身文化的知識論中抽離出來，不幸的，Foucault 落入以本體論來支持他自己方法論述的陷阱中，抹煞了內在觀點的重要性。

後現代的民族誌從許多相關研究成果中抽析出共同的概念，沒有一個民族誌研究成果是非政治的、非意識型態的，民族誌的文本是否賦有政治性的問題並不重要，重要的是要質問在什麼樣的社會，政治的關聯是與個殊的民族誌文本有關聯的。

Newton 和 Stacey（1992-1993）認為目前的後現代民族誌文本的試驗，給了文化後殖民範疇重新創造民族誌的契機。現代的民族誌所建構的文化霸權的論述不僅樹立了西方民族誌研究者對於他者的知識權威，也間接支持西方的殖民主義觀點。他們認為民族誌研究者應該極力逃避這種殖民的

民族誌寓言的文體——田園詩人的、懷舊的文本，讓原始的文化在西方征服者的歷史記錄中瀕臨滅絕。而救贖文本的敘事結構將原始文化描述成真實的故事，卻是一種值得鼓勵的書寫方式。

Kanpol（1997）認為後現代民族誌寫作面臨個別經驗重生的挑戰，毫不批判地讚揚文化的差異（包括民族誌研究者本身文化的差異），我們所稱的後現代主義研究典範雖能夠協助質性研究者對抗傳統知識論及建立普遍效度的觀點，但卻也犧牲了個殊的知識的觀點。

基於此，本文立場並不是要在現代主義及後現代主義方法論及寫作風格之間做選擇，而是討論未來在課程探究是否要跳脫傳統研究的既有方法論規範。

參、批判理論及其課程探究形式

對於哲學的思辯歷程和分析，可以幫助我們進一步反思及辯證在日常生活中，習焉不察並視為理所當然的觀念，也可以作為理論的發展方向和行動的參考依據，並協助我們釐清在理論發展歷程中，屬於本質性的問題，以邁向更精緻化的思維方式和問題解決的途徑。而為了要掌握批判理論研究典範的重要思維內容及其發展，就必須要從其哲學的思辯歷程來探討，以下援引 Guba 和 Lincoln（1994）在質性研究的變通典範中論及批判理論的方法論，Guba 和 Lincoln 嘗試從本體論、認識論與方法論三個哲學的基本信念來加以評析批判理論研究典範的立場，以作為進一步理解批判理論，以及實踐理論的行動參考依據（如表 2 所示），本節並將討論批判理論的課程探究形式。

一、批判理論研究的典範

㈠本體論

在哲學上的本體論問題是指什麼是實體的形式與本質？關於實體有什麼是可以被瞭解的？例如，假如一個真實的世界是被假定的，那麼就可以

知道關於「這些事件是如何地真實存在『和』這些事件是如何真實地運作」。

批判理論的本體論主張實體被假定是可被理解的，是人為的，是一種被社會的、政治的、文化的、經濟的、種族的和性別的因素所塑造的，然後被具體化為一系列的社會結構，而此一結構目前則被視為是歷史的「真實的」。就所有實踐的意圖而言，這些結構是「真實的」，是一種事實的或歷史的實體。

(二)認識論

在哲學上認識論的問題是指介於認識者與什麼是能夠被認識二者之間關係的本質是什麼？這個問題可能的答案是，沒有任何的關係是可以被假定的。例如一個真實的實體被假定，然後認識者的態度是為了要能夠發現到「這些事件是如何真實的」，以及「這些事件是如何被真實地運作」，就必須是要成為一個客觀超然，或是價值中立的認識者。

批判理論的認識論主張研究者與被研究的客體被假定為相互連結在一起，並且研究者必然地會主觀地影響到此探究。因此，研究的發現往往是價值調和。這個立場有效地挑戰了介於本體論與認識論在傳統上的差異；意即什麼是可以被理解，它事實上是糾纏在一起，介於一個個別研究者與一個個別的客體或團體之間的互動辨證關係當中。

(三)方法論

在哲學上方法論的問題是指研究者所相信的是如何能夠被理解到？這個問題可能的答案是，沒有任何的方法論是適切的。例如，一個「客觀性」的探究者，當他在研究一個「真實性」的實體時，他會要求控制所有可能混淆的變因，不論這個方法是質性，例如觀察研究；或是量化，如共變數分析。相反地，實驗研究法意味著能力是客觀的，以及真實世界也是客觀的。

批判理論的方法論主張批判探究的本質，是指需要一種介於研究者與被研究的客體之間的對話關係，這種對話在本質上必須是辯證的關係，試

圖要轉化無知與誤解,使其成為更明確的共識。意即 Giroux(1988)所提出的:「作為轉化型的知識份子,以揭露及挖掘出這些歷史的與壓制的知識類型,以及連結歷史的理解,並賦於批判與希望的要素當中。」

表2 不同研究典範的基本信念

項目	實證主義	後實證主義	批判理論等其它	建構主義
本體論	單純的實在論:「真實的」實在但可理解的	批判實在論:「真實」實在,但只有部分和可能的理解	歷史實在論:真實性的形成是依據社會的、政治的、文化的、經濟的、族群的以及性別價值;具體化超越時間	相對論:區域性的和特殊建構的實體
認識論	二元論/客觀主義者;發現是真實的	修正的二元論者/客觀論者;批判的傳統/社群;發現可能是真實的	相互的/主觀論者;價值媒介的發現	相互的/主觀論者;創造的發現
方法論	實驗的/操作性的;假設的驗證;主要是量化方法	修正/實驗的/操作性的;批判的多元論;虛無假設;可能包含質性方法	對話的/辯證的互動/對話的	詮釋的/辯證的

資料來源:Guba & Lincoln(1988: 203)。

二、批判理論的課程探究形式

探討批判理論取向的課程探究,必須要將批判理論典範中蘊涵的意識型態作一梳理,並認識意識型態本身的意涵及其應用。其次,批判探究本身具有強烈的社會改革的實踐行動取向,運用此項研究取向,應瞭解理論本身的反思性實踐內涵,始不至流於「空口說白話」的形式探究而已。

㈠批判理論的課程探究之意識型態

「意識型態」(Ideologie)一詞,源自於法國學術界在十八與十九世紀之交,受英國經驗主義與法國啟蒙運動的影響,出現了名為「意識型態者」(Ideologues)的新學派,為此學派的領袖塔西(Antoine Destutt de Tracy)所首創,他賦予該詞「思想科學」的意義,此為意識型態一詞的原

始意義（Drucker, 1974）。

　　如果意識型態係如 Althusser（1971）所描述般的處於無意識層面，那抗拒就不可能存在。從批判理論的角度加以分析，課程重建過程在運用意識型態時，必須重新理解；課程改革者所欲掌握的意識型態總是被內在的矛盾或某些知識體系所排除，而使得意識型態潛藏於改革者的意識以致習焉不察符應理論。

　　此外，在符應理論（correspondence theory）的觀點下，社會重建論者易將意識型態當作扭曲現實或為支配秩序的虛幻意識，認為克服虛幻意識需要藉由客觀真理的批判方法和多元民主來達成。與上述觀點不同的是，後結構論者認為，意識型態是由論述（discourse）過程所形塑（McLaren, 1988）。教育體系的政治意涵在於保留或變更了論述的獨占性，知識或權力也交織於此論述中。從此觀點看來，意識型態不只扭曲了真實，它也正當化社會某些形式的「真理」。如果意識型態是產生於論述中，它就意味著可以呈現許多不同觀點的真實，而不能因此說此種的呈現是虛假的。因此，意識形態不能只化約為一組關於真理的信念，它也同時是一種生產人類主體性行為的實踐，它也總是存在任何文化的基本成份內。意識型態同時有著正面和負面的作用，它也包含著烏托邦的層面，指引吾人朝向更美好的生活型態。

　　批判理論的課程探究，雖然是針對社會關係中扭曲與宰制的意識型態作批判，但此種課程研究方法，本身也是一種意識型態的運用，而此種課程研究方法論雖然是一種意識型態，但本文作者認為此種意識型態應該是較屬於塔西（Antoine Destutt de Tracy）所首創的原始意義，它是較傾向於「思想科學」的意義，塔西原始意義的意識型態是正面肯定性的。因此，批判理論典範的課程研究，意指「非運用科學實證量化的研究方法，而採取以質性研究之批判理論的脈絡，作為其課程研究方法的架構，而此種方法本身意圖在顛覆及解開不合理的課程制度之制訂模式與歷程，以及揭露、凸顯其隱藏背後的意識型態。」批判理論的課程研究本身，也因此負有顛覆、揭露、解放的意識型態任務，而此項意識型態的任務也應該是成

熟性的、正面性的、肯定性的、積極性的與建設性的。

　　此外批判探究者最關注的是對「社會中宰制的規範性結構」進行批判，並以教育機制進行批判作為手段（Apple, 1975）。另外，無論探究的內容是課程、學校行政或是科層管理，探究模式通常是以教育政策市場化或是以教師勞力市場的原貌出現，另外，學校教育和課程總是以一種壓迫的形式運作著，且其行動反過來限制了學校教育的民主與解放。因而揭露課程運作中非正義的社會運作是促進學校彰權賦能的第一步。Apple（1982）與其他批判研究者的工作，也藉由進行學校教育中的政治、經濟與文化分析，詳實地解析出，在潛在課程之中所隱含的意識型態比我們想像更多。

　　另外，還有 Paulo Friere（2000）所提出的《受壓迫者的教育學》（*Pedagogy of the Oppressed*），以及 Gadamer、Habermas 與 Paul Ricouer。這些批判傳統研究者特別強調批判理論能夠彰顯人類追求並創造知識的旨趣。他們也聲稱，科學的興趣在於控制，而批判理論的旨趣則在於解放（Macdonald, 1988: 107）。這些批判探究對課程研究最重要的貢獻是具體論證課程無法自政治與社會的意識型態中抽離出來，而成為中立的。這樣的貢獻，也使得邇後的課程研究再無法忽略這樣的理念。

　　MacDonald（1988）指出，數個世紀以來，學校教育的目標一直都在理想主義與現實主義的衝突與矛盾之中，而在二十世紀以來課程史的重要轉振點，是以人類自由為訴求的課程研究觀點，而不是以形塑行為或控制行為，或者是以了解課程本身為最終目的。這些批判理論取向探究者之關切，無非是「知識無法與人類的利益分離」（MacDonald, 1975: 286），亦即知識無法置身於其所創生的社會、文化的形式或規範之外而存在。

　　批判傳統的研究，研究者常企圖覺察意識及認識論的假定，此舉使研究者覺知他們的研究主體性及互為主觀與倫理規範的要求。當批判研究者檢視這些假定，多數人不會懷疑他們所持有的認識論及政治包袱。經過批判分析後，這些假定可能會因研究者知覺到無法導致解放的行動而改變。解放行動的來源包括揭露主流文化視為不可侵犯的衝突表象。例如，學運

裡的學生絕食抗議行為，我們不會認為它是社會病理學中個人的病態行為表現，而應將視之為對政治與社會結構的抗拒，這也指出大多實務工作者隱藏在日常教室生活之下的「政治無意識」，它其實可能與族群、階級、性別壓迫有關。

(二)實踐取向的課程探究

批判理論應用於處理社會現象的實踐取向上，其本質上是辯證的、是經驗論的、詮釋性的、深思熟慮的、反省的、實踐性的以及行動導向的。因此，在應用上，要形塑一種課程研究具有批判性，就必須要直接挑戰潛在於社會中的利益與意識型態，這種挑戰是基於外顯的規範性動機，也是基於社會正義的承諾——「公平理想」的追求（Sirotnik, 1991）。

然而，若為了要爭取社會正義——「公平理想」，卻不受任何的批判與檢視的研究方法，那可能會流於狹窄的意識型態，而導致另一種宰制的意識型態。因此，在運用批判探究於課程問題的研究上，必須要釐清此項研究方法的特殊性及掌握有意義與成熟的意識型態，來凸顯批判探究的價值與目的。

本文所關注的批判探究，應就批判理論中所蘊藏的「實踐取向」，作為一種成熟及有意義的意識型態來加以討論其應用的範圍。這也反映批判理論的實踐取向精神，在於尋求跨學科的社會理論，將社會作一整體的通觀，以人類的基本價值（理性、自由、幸福等）為其理論發展的依歸，而批判理論也是由訴求「解放」的動機所激起的，它是一種從事於「為未來而抗爭」的社會實踐哲學。批判理論始終是努力於實踐「關於未來社會理想」的理論性行動。因此，批判理論探究應用在課程研究上，它其實並沒有真正的終點站，本質上，它即是課程研究本身自我更新的一種動態歷程，它並非是要形成一個研究的結果以供特定教育決策者參考，它更強調的是教育實踐者「實踐哲學」的行動觀點。

(三)溝通取向的課程探究

從批判理論的觀點來看，批判的課程探究，重點在於要掌握其對話性、辯證性以及深思熟慮的批判本質，並且要把這樣的研究方式轉變成為

專業生活的方式，讓課程探究的基礎和教育實務問題能夠更專業化。而為了要讓從事批判探究者能夠積極有效，培養有能力的溝通方式和互為主體性的對話、辯證關係，溝通取向則是進行課程批判探究的一項重要前提。

㈢有效能的溝通

批判探究是一種對話性的、辯證性的。更確切地說，研究者可以經由一種內在的、對話的獨白，獨自從事批判探究的歷程（如批判性敘事探究）。然而，過去課程研究較少關注在實務者的個別反省經驗，而是比較關注在實務工作者群體的集體反省（Sirotnik, 1991）。

教師或研究者在學校複雜的組織環境中教學或工作，探究複雜的教育問題與課程改革議題，將不僅僅是一種單一個別事件而已，事實上，研究的問題或事件本身是處於相當複雜的情境脈絡，課程決策如何決定，以及利益的介入與否，是超越任何個別的研究面向。因此，批判探究作為一種理解及改善學校教育進行課程重建，研究者們或與研究參與者之間必須要有對話的、辯證的溝通關係，並且是一種介於教育社群之間有能力的溝通歷程。

學者 Sirotnik（1991）更進一步指出，有效能的溝通歷程是批判探究的研究品質保證，然而，卻也因此可能成為批判性探究的最大阻礙。畢竟，要做到充分及有效能的溝通歷程，是不容易達到的，因為沒有一個人能與他人能達到充分溝通的良好歷程，即使是要做到理解，都有可能產生誤解與曲解。因此，批判理論的重要代表人物 Habermas 曾提出所謂的「理想的言談情境」（ideal speech situation）來促進有能力的溝通成為可能，而理想的言談情境是要有四個基本條件，茲分述如下：

1.易理解性（comprehensibility）

發言者的言詞要被理解：在進一步有能力溝通之前，要把誤解澄清、舉例證明、闡明等等以凸顯出來。

2.真誠性（sincerity）

說話者必須要誠實，而聽者必須信賴說話者的動機：雙方都要經由他們的行動來表達出良好的信任關係。

3.真確性（fidelity）

　　所有可取得的和相互辨識的訊息，必須要有發言的真實性：探究的方法不是要受限制在傳統的實驗性技術上，而是要擴展到包含現象學方法的多樣化，以及要對所有的資訊做批判性的評價。

4.可辨證性（justifiability）

　　言論必須由所有參與者來確證，而不僅是對說話者取得正當性或合法性而已。更重要的是，要適切的以外顯道德與倫理加以約束。因此，批判探究是具有外顯的準則性，以及關注於潛在課程的價值、信念、利益與企圖等等。

　　基於以上的有效能溝通的四個理想言談情境條件來看，概括而言，有效能的溝通是出現在相互信任的環境中，而信任的關係或內涵，不僅僅是介於人與人之間的關係而已，它還包括了觀念、事實、價值，以及分享他們在行動中的共同利益。其次，所謂有效能的溝通則必須是要有「理性」作為溝通的前提，而批判理論在作為反制工具理性所導致的非理性力量上，著實地釐清身為現代人不應放棄過去啟蒙時代的人文理性精神，而這也預示了「理性」仍是人類面對未來生活與發展所必須要重視和延續的本質。

㈣批判課程探究乃互為主體的關係

　　批判理論的價值在於透視及解放社會行動背後之不合理的社會關係。而在課程研究的實踐取向上來看，研究者或教師在從事課程實踐的研究上，是需要所有教育工作人員參與在一種互動關係的社會實踐中。因此，從事批判性探究的課程研究，其背後是隱含了社會互動關係的存在。

　　批判性課程探究的互動關係，應該是誠如學者 Habermas（1995）所主張的互為主體的互動關係，因此研究者與研究對象是一種對等互惠的互動關係而非相互宰制或階級的關係，Habermas 並認為參與溝通的雙方，為尋求合理性的共識，則必須要透過互為主體性的溝通行動來達成，而互為主體性的溝通則是意圖在使所有在田野中的研究參與者，都必須要有均等的

機會來參與或作為發聲的主體。

㈤批判課程探究的步驟

　　批判課程探究，有其特殊研究的造型，依 Sirotnik（1991）所提，大致上可以分成以下幾個步驟加以進行：

1. 界定與釐清問題：經由研究問題釐清與認定的過程，使參與者能認知到問題的存在，彼此間亦能對問題持有某種共同的知覺，確信本身與探究對象皆有改善的可能。例如批判教育學者如 Aronowitz 和 Giroux（1985）即提出知識社會學的研究問題：例如何謂知識？學校知識如何組織？這些知識的結構符碼為何？學校知識又如何傳遞？學生如何獲得這些知識？文化系統如何讓學校知識合法化？控制的過程為何？學校知識為哪些利益團體合法化？這些知識系統有何意識型態等問題。

2. 分析問題的歷史脈絡：在此階段必須發展出互為主體意義與對價值的詮釋理解情境，提供研究參與者更具批判性的論述空間，使問題之社會、政治和經濟的特性更加凸顯。

3. 發現是誰的利益隱藏在研究過程：透過此議題的反省與相互辯證，揭露由特定利益與意圖所建構的社會結構，瞭解其如何壓制個人的行動與如何形塑個人的理解，其代表何種特定利益的意識型態，如何從社會歷程中加以區辯。

4. 整合可用的知識與資料：參與研究者可依各種立場，將不同的知識與資料帶入討論，包括其他領域的知識，以及科技整合的運用。資料的獲得乃取自謹慎的調查、訪問、觀察，以及對文獻的閱覽等。

5. 決定現在該做什麼：批判探究為實踐導向的探究模式，故經過參與者充分辯證後，除了可破除參與者「以往的錯誤意識」，由客體變為主體，增進新的認知與自我意識外，進而考量如何面對教育情境中的兩難困境，以及採行何種政治行動以改變現況等問題。基本上，此乃涉及組織或結構的新歷程，也是一種永無結束的研究歷程。

肆、批判理論探究在本土課程研究應用的評析

　　由以上分析看來，本土九年一貫課程改革背後的意識型態，乃從官方知識——統編本教科書，下放到區域知識的發展，即學校本位課程發展。基於對社會控制的反制，民主開放所形塑的烏托邦意識型態，是否真能解放教師常久的依賴套裝知識，而能發揮課程自主性，抗拒知識結構的文化偏見或社會階層的再製？是值得進一步加以探究。長久以來，本土國中小學教師早已習於分科課程教學，並且習於將教科書當作唯一的文本，甚少自行進行課程探究，又加上傳統社會對中小學教師的規範期待，已使得教師形成牢不可破的教學規範；教師全天和學生朝夕相處早已習於孤立的教學環境，更常依戀於熟悉的日常教學規律中，中小學教師是否能如新左派的批判教育學者如：Apple、Giroux、McLaren、MacDonald 等人所論述地去檢視潛藏於學校教育規範中關於意識型態所產生的性別、種族、階層再製不平等，或關切課程重建論述的社會新興議題，並加以適時融入教學，以達轉化課程之目的，是值得進一步加以檢視（莊明貞，2001a，2001b）。

　　事實上，本土學校層級課程探究的現況，因為課程內容包含了一些教育資源，例如知識結構——分科與統整、領域課程學科時間的重分配、評估技術——能力指標的轉化和課程資源分配的問題，其實是充滿了對教師傳統知識假定和既有意識型態的挑戰。此外課程統整間蘊涵的進步主義觀點作為中央層級既定課程政策，也忽視了大多數教師與家長仍持精粹主義的價值觀，更低估教師抗拒課程改變的潛力。如果對於學校層級課程發展之社會關係視為是理所當然的而不去深入探究，那很容易就將學校本位課程發展視為是絕對化、神聖化的意識型態。因此，本文最後將討論批判理論探究在本土課程研究的實踐，然後論述其實施時可能遭遇到的困境，以謀求解決實踐困難的未來可能途徑，並評析批判理論探究在本土課程研究上的應用可能性。

一、批判探究在本土課程研究應用的可能困境

本土批判探究的課程研究，隨著近年來的課程改革所產生的學科知識與權力的改變，或課程政策所產生文化政治等問題，在在都撼動原本的學校文化，也逐步開展，但仍有以下發展的可能困境：

㈠缺乏充分對話與辯證互動的歷程

誠如前述，有效能的溝通是指個體經由四個條件充分對話與辯證互動的歷程，而這也是批判探究的品質證明，同時這也可能成為批判課程探究最大的障礙及實施的困境。有效能的溝通將是出現在相互信任的環境中，而進行溝通的雙方彼此間要建立包括觀念、事實、價值的信任關係，並共同分享他們在行動中的合理共識與利益。

儘管批判探究者心中持有這些規範與理念，但是實際從事批判的課程研究仍有某種程度的內在或外在的困境。外在層面，可能會因為目前學校的教師文化或外在環境，欠缺理想的言談空間和環境，允許教師做充分地有效能溝通，並且課程改革所引發學校教育現況的複雜性，也妨礙了有能力溝通的進行，無法有效促進能力溝通可能性的轉變。而內在層面，由於過去教育場域中工具理性所強調的績效責任制，為求學生卓越成績的表現，教師已習慣於關起教室門來在祕密花園教學，教師也是教室內唯一的權威來源，教師已習慣於上對下（學生）的溝通方式，因此，教師也可能缺乏和其他學校成員之間的有能力溝通之訓練，另外教師也並不習慣與課程發展會議成員和其他學校課程領導人員進行平等互惠的溝通方式。因此，為克服這些溝通的障礙，為使批判探究成為課程的研究的方法之一，學校本身的環境條件中，有一些改變是必須要的，這包含主管教育行政機關或學校教育決策權力應該重新做實質的下放，並且修改教育績效責任的實務與概念，以及重建教師工作環境中平等對話狹隘限制的條件。

㈡過度強調「工具理性」及「績效責任」的導向

其次，批判探究在學校管理層面運用的困境，是指過度強調以「工具理性」及「績效責任」導向作為工具理性的意識型態，來控制及影響學校

課程的發展，尤其是指學校教師在參與學校課程研究時，是否能察覺到此種績效責任意識型態的宰制？或者為統整而強拉知識結構，假使學校課程的發展和研究，仍跳脫不出工具理性的宰制，那麼賦予地方或學校本位課程決策的精神將只會流於學校日常形式的儀式操作而已。因此，解決此困境的可能途徑就在於透過同儕間批判探究的辯證歷程，來喚醒教師們自覺的意識。

二、批判探究在本土課程研究實施的可能性評析

本文試圖將某些批判理論的概念應用於批判探究課程研究，並將此方法論運用於學校課程發展的實務層面上，讓從事教育的工作者在整個學校課程發展、設計、研究、改進與評鑑的歷程中，能夠察覺使自己變得更具反省與自我意識覺醒。

學者Freire（1977）最早開始將批判理論轉變到批判實踐上，儘管他的研究工作是以兩難情境和批判質疑的方式來進行批判實踐，雖然他的研究主要是在發展教室層面的批判教育學，但是它同樣也是攸關於學校教育的組織層面。本文最後試圖以學者 Freire（1977）批判教育學的概念，並摘要其五種一般性問題，來應用批判探究目前本土學校本位課程發展，介於實質的議題、歷史、新舊知識、意識型態和人類利益的課程研究，而在實踐行動之間，則要使批判探究的歷程充分地維持在一種對話與辯證的關係狀態下。本文提出以下課程探究的實踐途徑：

(一)在學校課程探究的實際情境脈絡下，確認和理解問題的所在

課程發展不能離開學校所處的情境脈絡，不論是什麼樣的議題，例如學生實作評量、有效率的教室經營運用、協同教學、教職員的溝通、學校行政人員的課程領導等等，它們都必須是要在實際的情境脈絡下來加以確認和理解。

所有學校層級課程發展委員會的參與者，在涉及到批判探究時，必須要辨別出問題的存在性，以及和參與成員共同去分享問題的一般性看法。而一般性的問題描述像是「學校知識如何合法化？學校知識形成受到何種

意識型態的影響？」為了要將學校本位課程發展所談的一般現象焦點縮到最小而傳遞給其他人，則必須要適當的運用時間，例如領域課程會議及教學研究會，在學校中充分地澄清什麼是學校知識結構的符碼等的問題。

㈡學校課程問題不會突然地發生，問題有其歷史和其情境脈絡

學校本位課程的問題，例如「是如何組織這樣的學校知識？」這類問題可以用來架構批判探究的一部分。藉由觀察學校課程問題的歷史性，學校課程探究的參與者佈置了一個更具批判性討論的舞台，在這個舞台上，使得社會的、政治的以及經濟的議題的面貌變得明朗化。例如，在學校本位課程發展上，學生學習評估的問題可能反映及引發出關於國定課程測驗績效責任議題，更為深層的思考，以及學校教育的目的；而關注於各學習領域時間的有效運用與安排，則可能是相關於學科知識與權力的重要問題；而在學校本位管理上，教職員間溝通以及各層級課程領導的實施困境，則可能是圍繞著各層級權力分配、專業權力，以及教育者專業責任等議題上。

㈢從事批判性探究的參與者，必須遭遇到重要教育議題的政治面，以及辨識和滿足於埋藏在自身的價值、信念與認知興趣

這裡所指的是，在學校本位課程發展的歷程中「是反映誰的利益，以及經由何種的方式而沒有被提供到？」，在運用課程批判探究時，其對話與辯證是處於一種坦白的、社會正義的道德承諾以及倫理責任的狀態，且遵循著保證公平機會的進入和獲取，以及在民主社會對所有學生的教育卓越承諾。像是這樣的承諾，決不可脫離了對話溝通。事實上，批判探究協助我們澄清如何將行動導向規範性的探究，和承認重要教育議題的複雜性。例如什麼人會在學校本位課程決定的歷程中獲益呢？什麼人又喪失利益呢？而在實務上與我們所認定公立學校應該要提供的是否達到一致性的學校教育功能呢？關於國定課程基本學力測驗的內容又是什麼呢？測驗的目的又是為了什麼？誰的利益被提供了？什麼樣的人類學習潛能概念，可以構成基本能力指標評量參考的依據？學習能力指標測得的是人類學習的潛能，還是只反映出文化不利的階級意識宰制呢？例如英語課程學習所反

映的雙峰現象，或鄉土語言學習所呈現的本土意識為何？這些概念能讓教育產生反省意義嗎？這些都是值得我們運用批判性探究課程研究方法時所必須深思的問題。

(四)對於學校層級課程發展的知識論述立場，需要運用其它類型的知識來加以批判

從事批判探究的學校層級課程探究，研究的參與者要呈現研究報告時，在討論裡面要引進所有類型的知識來支持議題，引進所有的知識類型作辯證，避免被單一、狹隘的知識或方法所宰制。知識的取得，不僅僅是來自我們所標榜的教育領域，而且還要來自其它的學科和各學科間的根源，例如文獻、歷史、藝術、商業、經濟、政治性科學等等。資料來源也包含了書籍、期刊以及未出版報告中所刊載的研究結果，例如相關、實驗、民族誌、參與者觀察等等。同時也包括了在課程與教學的教育革新，以及在組織的領導與發展，這種知識的傳播，可透過在職專業研習活動的方式來進行。學校層級課程研究的訊息可能被慎重地產生，以作為探究歷程的一部分，必經由運用調查、訪談、觀察，例如透過教師群彼此相互觀察，以及重新探討課程方案，像是課程計畫、教科書和課程評鑑的工具。然而，在探究的歷程中，要牢記心中的問題是：「我們擁有什麼樣的訊息和知識，來支持這些課程創新議題呢？」換言之，研究報導者的主體性必須受重視。

(五)批判探究必須要藉由反思行動來實踐之

反思實踐的概念，係引進批判知識的概念來支持學校層級課程發展與實施的實務，同時也意味著承認學校課程的反思實踐的重要性，對於進一步增進批判知識是有正面的貢獻。更進一步來說，介於參與學校本位課程的實務者之間，大多數沒有經過充分的溝通以理解他們所處的歷史脈絡中有意義的問題。像複雜的組織如社區和學校，其組織改變和學校改進的理念往往是不一致的。而為了想要獲取解決複雜問題的方法，正是符合了批判探究慣例性的研究典範，意即採取課程實踐的行動取向。

然而，批判探究的原理與程序，要避免介於研究者與參與者、理論與

實踐、客體與主體的二分法。因為在批判探究的參與者自己本身就是理解者；也是課程決定的思慮者，他們必須在學校日常工作的情境脈絡中，去理解以及對課程實踐再理解，為避免二元的對立，並且持續自我批判，進而在課程發展過程中運用慎思取向。儘管在學校組織中的環境總是處於不確定性中，但是課程行動探究可能也必須要去試行、再檢查、修正、以及再檢查、修正、如此一再地重複。而在一次次的試驗中都要詢問一些價值假定的問題，意即「這就是我們想要的課程行動研究嗎？」以及「性別議題融入社會領域課程，可轉化學校知識內容嗎？」（林碧雲，2001）或「原住民學校如何建構族群認同的課程？」（張守仁，2002）、「教師敘事意識省覺的課程實踐如何可能？」（蕭又齊，2003）、「校長在領導學校課程重建行動研究要如何省察？」（謝明燕，2004）等議題。本土批判探究的課程研究雖已逐步開展，但有關轉化效度的議題仍在驗証階段，卻也帶出實務工作者在課程理解與持續自我更新的對話。

伍、結論

運用批判理論探究的觀點來瞭解本土課程研究所需要的研究架構，以解釋及理解目前實施九年一貫課程綱要（2003）後所產生的眾聲喧嘩課程現象及跳脫現代工具理性方法論羈絆是本文撰寫的目的之一。國內在經過近十年來一系列課程改革後，課程研究典範的轉移一直是相當熱門且具爭議的新興議題，由於學術界與中小學校教師對於九年一貫課程實踐的討論非常熱烈，國內的後實證與質性的研究也猶如雨後春筍般地潮湧而出，對於前述變通研究典範的方法論所評析的觀點，意即不僅要在運用量化實證性方式來尋找工具理性的問題現象與表面的數量描述，更要透視問題現象背後的意識型態，以批判和反省態度來加以釐清。換言之，要實踐這些變通研究典範，就必須對其方法論基礎加以剖析與辨明。

畢竟，當學校逐漸要擺脫原有中央統籌控管的課程決策模式，要建立及發展具有特色的學校層級課程，學校教師必須要能夠先瞭解及掌握其背

後所持之課程理論和方法論，尤其是本文中所提示的批判理論若是在本土課程研究的應用，宜避免在課程知識組織上產生文化再製（例如各校課程計畫的知識再製），而是以批判探究的本質，辯證的、詮釋性的、深思熟慮的、反省的、實踐的，以及行動導向的方式來進行自己學校及教室的課程研究和改革，並力求發展出具有獨特內涵的學校課程知識佈局。

本土課程研究實踐，就運用批判探究的方法論觀點而言，宜以自己目前現有的學校本位課程發展的文化歷史來從事課程實踐研究，意即以學校歷史發展取向的觀點來看待目前學校課程的實施，而其方法上的立場或可採用批判課程研究方法論。

雖然，長久以來本土課程研究者並不熟悉這種批判探究的方法論，或許是受強調倫理和諧的文化影響，相較於詮釋取向與建構主義取向的課程探究，它似乎也是晚近才發展。但當我們在思考日常生活的決定時，卻幾乎是每日都在這個反省—實踐歷程當中。更確切地說，在定義上與辯證方法運用上是有一定幅度的意義與形式，假使概括地詮釋辯證方法論作為是一種批判知識建構的歷程，在這個研究發展歷程中，什麼是可被理解的，它是不斷地經由質問、爭論、反向的爭論、反思、質疑、反駁、調解、修正、校正等過程，那我們就必須承認教育實務工作者在知識—生產實務情境脈絡中，其所生產出的實務知識是有價值的，而這正是反映出學校教師在課程自主實踐的特色和價值。

然而，學校畢竟是整體社會下的縮影，學校層級課程發展雖是以學校本身為出發點，但仍無法擺脫鉅觀的政治、經濟、社會層面的控制，在探究過程中，學校內教師參與校本課程決定意見多元分歧，而學校文化產生溝通互動不良的情況，也會導致削弱改革的力量。因此，以局內人角色運用批判探究的課程研究，在當前教育研究雖非主流的研究典範，但它能作

---

1 本文初稿曾發表於國立台灣師範大學教育研究中心主辦「教育研究方法論」學術研討會，九十二年四月十九日～二十日，並感謝評論人張建成教授的論文審查意見。

2 本論文第一、二、三節撰寫及全文潤飾主要由莊明貞負責，第四節初稿則由潘志煌負責撰寫。

為教師反思行動的指引參考，亦可改善參與成員之間的溝通互動的關係，使學校課程發展持續地保持在一種組織自我更新的動態歷程中，並經由批判探究產生及提供持續課程改革的力量，是值得倡導的一種教師更新及增權賦能的研究取向。

參考文獻

林碧雲（2001）。**轉化課程的試煉——兩性教育融入社會領域課程之行動研究**。國立台北師範學院課程與教學研究所碩士論文，未出版。

張守仁 （2002）。**原住民學校「族群認同」課程之個案研究：以一所桃園縣復興鄉國小為例**。國立台北師範學院課程與教學研究所碩士論文，未出版。

教育部（2003）。**國民中小學九年一貫課程綱要**。台北：教育部。

莊明貞（2001a）。當前台灣課程重建的可能性：一個批判教育學的觀點。**國立台北師範學學學報，14**，141-162。

莊明貞（2001b）。後現代思潮的課程研究及其本土實踐之評析。**教育研究，102**，27-39。

郭洋生（譯）（2000）。D. Smith 著。**全球化與後現代教育學**。北京：教育科學。

黃瑞祺（1998）。**批判社會學**。台北：三民。

蕭又齊（2003）。**我的意識覺醒：一個國小老師敘說社會事件融入社會科課程的故事**。國立台北師範學院課程與教學研究所碩士論文，未出版。

謝明燕 （2004）。**築夢踏實——一位國小校長領導課程重建的行動研究**。國立台北師範學院課程與教學研究所碩士論文，未出版。

Agger, B. (1992). *Cultural studies as critical theory*. London: The Falmer Press.

Apple, M. W. (1975) . The hidden curriculum and the nature of conflict. In W. Pinar (Ed.), *Curriculum theorizing: The reconceptualists. Berkeley*, CA: McCut-cham.

Aronowitz, S., & Giroux, H. A. (1985). *Education under siege: The conservative, liberal and radical debate over schooling*. South Hadley MA: Bergin & Garvey.

Center for contemporary cultural studies. (1978). *Women take issue: Aspects of women's subordination*. Birmingham, England: University of Birmingham. Women's studies Group.

Drucker, H. M. (1974). *The political use of ideology*. London: The Macmillan Press.

Foucault, M. (1980). *Power/Knowledge: Selected interviews and other writings*. In C. Gordon (Ed.). New York: Pantjeon.

Freire, P. (1977). *Educational for critical consciousness*. New York: Seabury Press.

Freire, P. (2000). *Pedagogy of the oppressed*. New York: Continuun.

Fuchs, M. (1993). The reversal of the ethnological perspective: Attempts at objectifying one's own cultural horizon. Dumont, Foucault, Bourdieu ? *Thesis Eleven, 34,* 104-125.

Gibson, R. (1986). *Critical theory and education*. London: Hodder & Stroughton.

Giroux, H. A. (1983). *Theory and resistance in education: A pedagogy for the opposition*. South Hadley, MA: Bergin & Garvey.

Giroux, H. A. (1988a). Critical theory and the politics of culture and voice: Rethinking the discourse of educational research. In R. R. Sherman & R. B. Webb (Eds.), *Qualitative research in education: Focus and methods*. Philadelphia: Falmer Press.

Giroux, H. (1988b). *Schooling and the struggle for public life: Critical pedagogy in the modern age*. Minneapolis: University of Minnesota Press.

Guba, E. G. & Lincoln, Y. S. (1994) . Competing paradigms in qualitative research. In N. K. Denzin & Y. S. Lincoln (Eds.), *Handbook of qualitative research*. Thousand Oaks, CA: Sage.

Habermas, J. (1971). *Knowledge and human interests*. Boston: Beacon.

Habermas, J. (1973) . *Theory and practice*. Boston: Beacon.

Habermas, J. (1995). *Moral consciousness and communicative action*. Cambridge: Polity Press.

Horkheimer, M. (1972). *Critical theory*. New York: Routledge.

Kanpol, B. (1997). Reflective critical inquiry on critical inquiry: A ethnoqraphic dilemma critical continued. *The Qualitative Report, 3* (4), 1-11.

Kincheloe, J. (1991) . *Toward as researchers: Qualitative paths to empowerment*. London: Falmer.

Kincheloe, J. L., & McLaren, P. L. (1998) . Rethinking critical theory and qualitative research. In N. K. Dezin & Y. S. Lincoln (Eds.), *Handbook of qualitative research*. Thousand Oaks, CA: Sage.

Lather, P. (1991) . *Getting smart: Feminist research and pedagogy with/in the postmodern*. New York: Routledge.

MacDonald, J. B. (1975). Curriculum and human interests. In W. Pinar (Ed.), *Curriculum theorizing: The Reconceptualists*. Berkeley, CA: McCutchan.

MacDonald, J. B. (1988). Curriculum, consciousness and social change. In W. F. Pinar (Ed.), *Contemporary Curriculum Discourses* (pp. 101-113). Scottsdale, HZ: Gorsuch Scarisbrick.

Marcuse, H. (1964). *One dimensional man*. Boston: south end.

McLaren, P. (1986). *Schooling as a ritual performance: Toward a political economy of educational symbols and gestures*. London: Rountledge & Kegan Paul.

McLaren, P. (1988). On ideology and education: Critical pedagogy and the politics of education. *Social Text, 19&20* (1-2) , 153-185.

McLaren, P. (1989). *Life in school*. New York: Longman.

McLaren, P., & Hammer, R. (1989). Critical pedagogy and the postmodern challenge. *Educational Foundation, 3*(3), 29-69.

McLaren, P. L. & Giarelli, J. M. (1995). *Critical theory and educational research*. Albany, NY: State University of New York Press.

Newton, J., & Stacey, J. (1992-1993) . Learning not to curse, or, feminist predica-
ments in cultural criticism by men: Our movie date with James Clifford and
Stephen Greenblatt. *Cultural Critique, 23*, 51-82.

Short, E. C. (2000). Shifting paradigams: Implcations for curriculum research. In J.
Glanz & L. S. Behar-Horenstein (Eds.), *Paradigm debates in curriculum and
supervision: Modern and postmodern perspectives*. Westport, CT: Bergin &
Garvey.

Sirotnik, K. A. (1991). Critical inquiry: A paradigm for praxis. In E. C. Short (Ed.),
Forms of curriculum (pp. 243-258). New York: Press.

West, C. (1991). The ethic of solidarity and difference. In H. Giroux (Ed.), *Post-
modernism, feminism, and cultural politics: Redrawing educational boundaries*
(pp. 83-99). Albany, NY: State University of New York Press.

討論文章：
「批判理論及其在課程研究上之應用」

張建成

拜讀莊明貞教授及潘志煌先生合撰之〈批判理論及其在課程研究上之應用〉一文，受益良多之餘，有兩點疑惑：一是何謂批判？另一是如何應用？想在此提出來作一討論。

壹、何謂批判？

教育領域之中，撇開教育哲學的傳統不說，目前大家較為熟悉的批判語言或較常聽到的批判聲音，最早大概來自一九七〇年代興起的左派教育社會學研究。三十年來，這類統稱之為批判理論或批判取向的教育研究，固然在課程與教學、甚或行政與政策的地帶，開拓了不少令人耳目一新的空間，但其批判的基礎或立場是否一致，卻頗啟人疑竇。

從理論的源頭來說，除了法蘭克福學派的諸多主張一直具有相當程度的影響外，更大範圍之西方馬克思主義（包括結構或文化馬克思主義）的想法、新韋伯主義的觀點、後結構與後現代的思潮，以及女性主義、後殖民主義、英國文化研究學派的見解等等，都有學者用以建構其所自稱的「批判研究」。然則，何謂「批判」呢？

就教育社會學的傳統來看，有關批判取向的研究，關注的是行動主體如何在既有的結構之中，獲得或展現充分的自由，因此「批判」一詞主要指的是一個拆解中心、抗拒壓迫、破除異化的辯證與實踐過程。可是，由於理論源頭不一，學者的立場出現了很大的差異。有些人比較在意結構的壓迫面，突顯文化再製的事實，有些人則比較注意主體的解放面，強調文化生產的可能。以美國的批判教育社會學研究為例，Michael Apple 及其所代表的陣營，比較注意社會以偏概全的一面，欲明其偏，不免致力結構壓迫力量的說明；而 Henry Giroux 及其所代表的陣營，則比較注意社會以同迫異的一面，欲彰其異，不免偏重主體解放力量的闡揚（張建成，2004：155）。兩派壁壘分明，互不相讓。試想，以這樣的歧異，我們能夠在哲學的本體論、知識論、方法論上，找到什麼樣的共同基礎呢？當有人（如Giroux）高聲疾呼教師必須成為轉化型的知識份子，而旁邊不斷有人（如

Apple）揶揄地提醒說：不要忘了新右派的滲透力量愈來愈強時，這樣各走兩端的批判論點，能夠共構一個穩定甚或強而有力的「批判理論」嗎？能夠合力幫助我們的全體學生，特別是那些處於社會邊緣的弱勢學生，獲得更充分、更徹底的自由嗎？

　　莊教授與潘先生的論文企圖將上述不同的理論觀點，共治於一爐，可謂用心良苦，但顯然力有未逮。例如，文中貳之二的地方，花了不少心思論及「後現代主義的整合」，可是在參之四呈現「批判理論的課程探究形式」時，有關意識型態、實踐取向、溝通取向、互為主體的說法，卻不見得關乎後現代主義亟欲「破」同的題旨，反而「明偏、求同」的成分居多。影響所及，全文的「批判」用詞，在邏輯上，遂不是那麼連貫而周延。

貳、如何應用？

　　莊教授與潘先生論文的第肆部份，提到「批判探究在本土課程研究應用的可能困境」，包括「缺乏充分對話與辯證互動的歷程」及「過度強調工具理性及績效責任的導向」，在語意上，令人相當不解。這些困境，其實是過去或當前課程發展的困境，而就作者撰寫本文的目的來說，這些困境應該是「批判探究」所要深入挖掘並提出解決之道的課題。如果這些課程發展的困境，也變成批判研究本身的困境，則本文談了半天的「批判」，到底有何意義？

　　最後，作者在討論「批判探究在本土課程研究實施的評析」時，並未有所評析，而只是提出五項「課程探究的實踐途徑」，包括：㈠在學校課程探究的實際情境脈絡下，確認和理解問題的所在；㈡學校課程問題不會突然地發生，問題有其歷史和其情境脈絡；㈢從事批判性探究的參與者，必須遭遇到重要教育議題的政治面，以及辨識和滿足於埋藏在自身的價值、信念與認知興趣；㈣對於學校層級課程發展的知識論述立場，需要運用其它類型的知識來加以批判；（五）批判探究必須要藉由反思行動來實

踐之。姑且不論這五項（非關評析的）實踐途徑是否符合「批判」的旨趣，其最大的限制在於：這些俱屬泛泛的理論性或原則性敘述，作者若能就本土課程舉一實例，如鄉土語言課程、國小社會領域課程等，實際演練一遍，或是提供一個完整而具體之經驗研究模型或結果，當更有助於讀者理解如何從事「批判的課程探究」。

參考書目

張建成（2004）。教育社會學的新視角：動態的文化觀。載於張建成（主編），文化、人格與教育（頁 153-180）。台北：心理。

第五篇

女性主義與台灣的

教育研究場域

性別觀點與量化教育研究

張晉芬

謝小芩

壹、研究重點

　　婦女與性別研究強調要凸顯女性的生活經驗，揭示女性受壓迫的共同處境，發展出具有性別觀點的研究立場與知識體系，並以尋求改進性別不平等的社會現況、促進性別平等社會為目標。由於傳統主流的量化研究往往以價值中立之姿，暗含男性中心的觀點與假設，其結果也經常是貶抑或歧視女性的知識。許多婦女與性別研究者因而對於量化研究特別抱著質疑的態度（如，周顏玲，1988），並且強調質性研究方法的重要性（De Groot & Maynard, 1993; Musil et al., 1992; Reinharz, 1992）。這些年來，婦女與性別研究蓬勃發展，質性研究取向亦有凌駕量化研究取向的趨勢。

　　在社會學領域中，性別議題主要是用質化研究的方法處理，這一方面是關乎主題的選擇，屬於方法論上的問題；另一方面則是屬於認識論層次上的問題（胡幼慧，1996；Milkman & Townsley, 1994）。的確，許多傳統社會學的量化研究並沒有顧及女性受訪者與男性不同的經驗，或是忽略了女性議題，其研究結論有時不只是無法反映出性別作用（例如女性被歧視）的機制，甚且簡化或扭曲真實的狀況（Harding, 1991）。

　　例如，許多量化研究指出教育對於薪資的影響。如果從而直接推論女性只要有與男性同等的學歷，在勞動市場上就可以得到相同的對待和報酬，就是忽視了職場中所存在的職業性別隔離現象；研究顯示，在性別隔離的職場結構下，具有同樣學歷的女性，仍然不易進入男性主導的職業。此外，上述的推論也隱含著男孩、女孩都有受同等教育機會的假設，而忽視了分流教育制度以及教育過程中，即使受教年數相同，男女兩性的受教經驗卻可能有著質性差異。

　　就教育學領域而言，以標榜性別與教育為主的學術期刊 *Gender and Education* 為例，在二○○一年與二○○二年間總共刊登了五十篇論文，其中只有五篇為量化研究。另一方面，量化取向的研究文獻，似乎也的確較少從性別觀點出發或以探討性別議題為主。以登載量化研究為主的期刊

Sociology of Education 為例，二○○一年至二○○二年間總共刊登了四十一篇論文（包含 2001 年的特刊在內），雖然許多篇論文都將性別納入分析的諸多變項之一，卻沒有仔細討論性別變項的作用與意義；而以性別為問題意識者只有三篇。

婦女與性別研究果真與量化研究相剋嗎？我們的答案是否定的。我們不否認，欠缺性別觀點的量化研究的確可能得出誤導或貶抑性別弱勢者、或扭曲性別權力關係的結論。然而，具有性別觀點的量化研究，不但有助於我們宏觀而深入地瞭解複雜的性別現象，其研究結果更可為促進性別平等的政策提供有力的證據。在許多女性主義社會學者的努力之下，以女性特殊境遇（women-specific concerns）為研究議題的本身，也逐漸出現在重要的社會學期刊中（例如 Budig & England, 2001）。

本文的目的有三：一、以國內部分已發表之以量化取向的論文為例，檢討其對於性別變項的處理，並提出一些可改進方向的建議；二、以國外學者的研究為例，說明統計數據有力的呈現教育的性別差異，並可指出深刻的理論或政策意涵；三、將以台灣的資料為例，提出研究教育成就性別差異的可能策略。

貳、國內量化取向的論文：問題與建議

關於量化取向教育論文可能忽略或扭曲性別議題的缺失，游美惠（2003）的論文已有深入討論，本文不再贅述。這一部分，本文嘗試從性別觀點，對使用統計方法的部分國內論文，提出一些檢討和建議。我們的選擇論文的判準為：在近三年內出版、與教育議題相關、主題或變項使用涉及女性或性別關係，和以量化分析為主要的研究方法。

一、性別為眾多人口變項之一：關於分析策略的建議

在用量化研究處理性別變項時，過去最常被詬病的作法就是僅將性別視為眾多變項之一，而未能凸顯女性特殊的經驗、性別關係或是影響機制

的差異等（Stacey & Thorne, 1985）。在我們所蒐集的國內文獻中，許多論文都出現類似的情形。林大森（2002）及黃毅志（1999：7）的論文都屬於這種類型。

林大森（2002）的〈高中／高職的公立／私立分流對地位取得之影響〉一文，使用「台灣社會變遷基本調查」（以下簡稱「社會變遷調查」）二期三次階層組的資料，以線性複迴歸模型，分析家庭背景、個人人口特徵和教育分流對受訪者教育成就的影響。作者在分析模型中雖加入了性別的變項，但並沒有解釋性別的分析結果。然而，根據薛承泰的研究（1996：75）可知，在高中／高職的分流過程中，男性較可能進入普通高中或專科，女生則較可能進入高職。林文中並沒有設計性別與教育分流之間的互動項，也就無法有效呈現這種差異對性別和不同分流選擇所造成的教育成就差異。

黃毅志（1999）在其關於〈職業、教育階層與子女管教〉的研究中，利用一九八四年「社會變遷調查」資料分析各種子女管教價值的影響因素。該文題目顯示，作者所關心的自變項為職業與教育背景，這意味著，性別並非其關切之所在，並隱然假設了父親和母親對於子女的管教價值是一致的。然而，父親與母親的管教價值是否一致，是教養品質與效果的重要關鍵，也是有待檢證的重要議題。因此，黃文中雖然包含了性別變項，且分析結果也顯示，性別對不同管教價值有著不同程度的影響，但卻並未多加討論；設若作者將性別影響納入探討，將可呈現關於父母親教養價值異同的豐富內容，殊為可惜。

由於許多量化研究所使用的調查都是一次性（one shot）的二手資料，研究者通常很難去追蹤其中性別的運作機制或是找到所有合適的變項。而在有限的資訊中，可以作的選擇就是盡可能在理論的指引下，創造性別和其他有意義自變項之間的互動項，呈現自變項運作的複雜性。就這點來說，鄭耀男（2002：604）的〈建構取向教學／指導教學對國小學童數學成績及學習適應之影響：以台南市為例〉則提供了一個值得參考的例子。鄭文在討論補習和數學成績之間的關係時，就引入了性別與補習之間可能

存在的互動效果。即使並沒有進行實際的分析，但此種討論也足以刺激讀者思考變項之間的相互影響。

二、性別變項的意涵：關於詮釋策略的建議

第二類論文則是在分析模型中加入了性別變項，但在討論分析結果時，僅僅報告了照統計報表性別係數的表面意義，而沒有更深入討論其可能因果機制。

例如，黃玉（2000）的〈大學學生事務的理論基礎——台灣大學生心理社會發展之研究〉，運用作者所做的全國性大專學生樣本，探討大學生心理社會發展指標（發展能力感、管理情緒、發展自主性、建立成熟人際關係、建立自我認定及發展目標）的影響因素。對於發現的說明和結論中，作者忠實的陳述這些結果，例如，「……與男生相比，女生與能力感發展成負向關係，亦即女生能力感發展低於男生」（p. 187）及「……與男生相比，大學經驗較不利女生能力感發展、情緒管理、自主性發展及目標發展」（p. 189）。

由於欠缺進一步的討論，這種簡單描述不啻再次實證了「女生不如男生」的性別刻板印象。然而，如果作者嘗試追問：「何以大學經驗相對地較有利於男生、而不利於女生的能力感發展？是女學生的問題，是大學教育的問題，抑或是問卷題目的限制？」則女性主義對於傳統大學教育偏重男性價值與男性經驗的批判觀點，便可能導引出不同的思考方向。此外，作者也可以更細緻地探討哪些因素影響學生能力感的發展。例如，曾經有擔任幹部的經驗或是經常受到父母鼓勵（如，父母親的教育程度或職業地位較高時）的女性，其自我認定的程度很可能就高於其他女性或甚至許多男性。

另外，有時也會發生對於影響機制討論的不足，或是樣本有限、卻推論過度的狀況。陳羿君和朱元祥（2002）〈台灣地區技術院校校長領導成熟度之分析研究〉中，樣本中只有一位女校長。這位女性校長對她個人的領導能力滿意度「非常的高」（p. 75），似乎也顯示出位置和個人自我認

定間的關係。在樣本偏頗的情況下，將很難對於性別差異和造成的原因作出有效的推論。此外，相對於男性，女性由於較常被教導要謙虛，這種馴化效果也有可能會影響填答的效度。總之，此處並非質疑作者對於結果報導的不忠實，而是提醒忽略性別的複雜性既會影響讀者關於實質因果推論的判斷，同時也可能再度深化男主動女被動、男性比女性有領導能力的刻板印象。

三、關於問卷題目選擇與分析策略的建議

在我們檢視的文獻中有多篇運用「社會變遷調查」的資料，或許是出於問卷題目的選擇限制，部分論文的分析結果並不能充分支持其結論。黃盈彰（2002）的〈中小學教師工作滿意度特性之研究——與高層專業人員等職業類別做比較〉也是其中之一。該文的研究主題是中小學教師的工作滿意度和解釋因素。在述及研究結果時，作者的說法是：「在工作特質上，男性所需的專業學識、技術層級道德評價及自主性上顯著高於女性，而且例行性也低於女性，但女性的工作舒適度則是較高」（p. 162）。作者的陳述及其模型設計似乎都仍有可以討論的空間。作者的發現很可能是反映性別間的職業隔離，而不是受訪者對於工作的真實感覺。既然主題是中小學老師的滿意度，作者似乎應該將研究樣本分成中小學老師和其他從業者兩類，再比較相同變項在這兩個不同群體中的顯著程度和係數大小。文章只是將中小學老師當作自變項之一，實無法顯現其作為研究重心的意義。而同樣是中小學老師，性別不同是否會有不同的工作滿意度也無法在本文中看出。

四、性別敏感的問題意識：關於提問方式的建議

最後，我們也發現有些研究如果在設計問卷調查時，如果能夠多一些性別敏感度，將可避免提問的本身即已預設了非中立性的答案，使得論文結果複製了性別刻板印象。我們以王琳、林美珍及陳皎眉（2002）和吳宜貞（2002）的研究為例，提出一些看法。

王琳等人文章的標題是〈母親教導衝突解決策略之內容與孩子知覺的關係〉，所使用的問卷有兩種，一份是孩子衝突解決量表，另一份是母親衝突解決量表。就第一份量表而言，研究者所問的題目包括「媽媽有沒有教過你，當你和小朋友在一起，……」，「要我照著媽媽的要求去做……」，「媽媽有沒有教過你要肯定自己的立場……」。而對於母親的調查，即改為「你有沒有教過……」，「你是否教過孩子……」。

首先，孩子衝突解決知覺的來源，不只母親教導一途，父親或其他重要他人的教導也很重要。而該論文的提問本身，就已經隱含了母親教導是孩子知覺的唯一影響源，並暗示教導小孩與人相處是母親的責任；這種提問方式似乎傳遞著強迫母職的概念與道德規範的壓力。其次，研究者基本上已假設教導小孩只是媽媽的責任，並不關切父親的參與或意見。然而，有時候母親之所以沒有教導，是因為父親已經教了。問卷填答的效度極可能因此受到影響。第三，由於本研究並未要求父親回答問題，那麼本研究的發現就只能推論到由母親單獨教導的家庭樣本；如果推論超出此一範圍，便有外部效度的問題。更何況研究樣本也排除了一些單親家庭子女作答的可能性，而可能對這群人造成了傷害。

吳宜貞（2002）探討〈家庭環境因素對兒童閱讀能力的影響〉，所使用的資料也是來自研究者所執行的問卷調查。其所設計的問卷大體上兼顧了雙親的狀況，例如同時問父、母親是否每天閱報或時常看書等。但在測量家庭的文化資本時，卻是用「母親在家裡為我安排適合讀書的環境」、「母親會帶我去參觀書展、畫展或資訊展覽」這兩個題目。對與前述一篇文章的評述類似，我們認為這樣的問法暗示了這些事是母親一人的責任；並排除了家人一起決定或父親作主的可能性。而這種排除性並不是合理的。

參、幾個國外研究的範例

這一部分，我們將以四篇刊登於《教育社會學期刊》（*Sociology of*

Education）及《性別與教育期刊》（*Gender and Education*）論文為例，展現量化研究如何深入探討性別現象以及女性受教經驗。

一、探討性別差異背後的文化與結構因素

Dumais（2002）的論文探討文化資本、性別與學校成就的關係。她運用美國一九八八全國教育貫時性研究（National Education Longitudinal Study, NELS）的資料，以其中八年級白人學生的樣本，討論文化資本對於不同階級與不同性別學生的課業表現的影響。她以學生是否在課餘時間學音樂、藝術或舞蹈、是否上圖書館、聽音樂會、參觀藝術展覽等文化活動，來測量學生所具有的「文化資本」。

分析策略上，她把男生與女生樣本分開來，用同一組變項進行迴歸分析，再比較同一個因素對女生和男生是否有不同的影響。結果發現，整體而言，高社經背景學生參與文化活動的比例高於低社經背景學生；但同樣社經背景學生中，女性參與文化活動的比例都高於男性。當家庭社經背景、能力以及對未來工作的期望都相同時，文化資本能顯著提昇女學生的課業成績，但對男生的課業成績卻沒有顯著的影響。如何解釋這樣的性別差異呢？

Dumais 認為，從性別社會化的觀點來說，文化活動是較傾向於傳統「女性化」的活動，社會文化與家庭都鼓勵女生多參與；而對於八年級的男生而言，參加這類活動，卻有被同儕視為「娘娘腔」的危險，因此比較不傾向參加這些活動，或參加了也不會多說。此外，作者並援引過去的研究指出，在學校場域中，男女學生的機會結構並不相同。當學校文化與師生互動都給予男生較高的關注時，男生並不需要文化資本來改善他們的優勢地位；但是對女學生而言，卻需要更多的文化資本來贏得師長的注意、建立自信，從而提高課業成就。家長們也可能認識到女兒要在學校與職場出人頭地，就要比男性更努力；參與文化活動、累積文化資本可能是克服結構性障礙的重要手段了。

Dumais 在論文的一個註腳中提到，她原本將男女生樣本合併在一起分

析，並以「性別」與「文化資本」的互動項來探測文化資本對課業成就的影響是否因性別而異。分析結果顯示「性別 ×文化資本」的影響力未達顯著水準。但她並不因此就斷言文化資本對男女學生課業的作用相同，而是再將男女樣本分開分析，比較同樣的自變項（如家庭背景、能力、文化資本）對於男生和女生課業成績的影響有所不同，並探測出「文化資本」在男生和女生的求學歷程中，所可能具有的不同意義與作用。此外，作者也很清晰指出其研究的限制，包括沒有考慮「族群」這個因素的作用，以及將「文化資本」概念操作化時的限制等，點出未來可繼續研究的方向。這樣的討論增加了研究的嚴謹性。

二、從「性別刻板印象」發展出問題意識

相對於文化活動的「女性化」傾向，運動與科學則常被認為是「男性化」的活動，女性的參與一向偏低。一般認為，運動強調競爭、求贏，重視體能組織、策略與團隊合作等特性，使運動員在許多其他場域也具有較高的競爭力。那麼，鼓勵女性參與體育活動與運動團隊，是否有助突破性別刻板印象，提昇女性的自信心，並對其課業與未來發展有所助益呢？Hanson 和 Kraus（1998）便運用美國教育部一九八〇年針對全國高中生樣本所做的「高中以上」（high School and beyond）調查資料，以高二學生為樣本，探討參加運動團隊對於女性學習科學的影響。她們同樣對男女學生樣本分別進行迴歸分析。結果顯示，在控制了家庭背景、學校特性與個人性向等因素之後，參與運動團隊明顯提高了女生，特別是高社經背景女生，對數理課程的興趣與修課的可能性，但是對男生對科學的態度與修課都沒有顯著影響。而參加啦啦隊則對男女生的科學態度與修課都有負面的影響。

Hanson 和 Kraus 認為，由於運動與科學都屬於傳統男性領域，社會原本就期待男性從事這些活動，因此男生參加運動團隊對他們修數理課程沒有加分的作用。相對的，女生參加體育團隊本身就已經突破性別刻板印象，運動訓練進一步加強了女生適應或掌握傳統男性場域的運作邏輯與文化，這些都有助於她們進入科學領域。相對的，啦啦隊可能因強化了性別

刻板印象，反而不利於女生進入科學領域。

　　這篇論文從傳統性別刻板印象發展出有趣的問題意識，其目的在探討突破性別刻板印象的途徑及其效果。其研究結果呈現出「參加運動團隊」對男女生的科學學習有不同的影響，使我們對學校歷程中性別邏輯運作有更深入的瞭解，並且也蘊涵了相當具體的教育政策意涵，如，家長和學校可鼓勵女生參加運動團隊、及評估啦啦隊的教育意義等。

三、如何詮釋女性不利的表現？學術研究與性別政策的關係

　　Rees（2001）的論文討論歐盟國家如何在科學領域中落實性別主流化政策。一般而言，以數理或科學訓練為基礎的工作，在勞動市場上享有較高的地位，薪資亦較高。理論上，鼓勵女性投入科學等傳統由男性主導的領域，應有助於提昇女性的社會地位；對社會而言，則能達到人盡其材的經濟效益，更能實踐社會正義的價值。有鑑於此，歐美各國從一九七○年代起就開始鼓勵大學女性學習科學領域。到了一九九○年代，許多國家男女大學生人數比例相當，有些國家的大學女生比例甚至超過 50%。女性在高等教育的參與率提高，其在科學領域的參與是否也同時提高了？Rees 參考「歐洲技術評鑑組織」（European Technology Assessment Network, ETAN）的調查報告發現，歐盟會員國科技相關學系的女生人數在大學入學階段約占 50%，但是隨著學術階梯的攀升，女性參與比例卻急速下降。女性占科技領域博士的 40%，長聘教授的 30%，以及正教授的 10%左右。該如何解釋女性在科技領域的嚴重折損情形？

　　傳統性別盲觀點可能就此現象推論女性天生不適合學科技，或證明女性科技能力不如男性。但是，同樣的現象也可以作不同的理解。Rees 從性別觀點進一步分析發現，在從博士晉升到助理教授時，是女性科技人員折損率最高的階段；那麼，是否是科學職場的聘用過程對女性不利？此外，這個階段的女性大都正值生育年齡，「學術年齡」與「生育年齡」的重疊也造成女性相對的不利處境。如此，女性在每一階段的晉升過程中，被系統性地排出科技領域。

這些困境能否突破？許多研究便致力於找出這些不利於女性留在科技領域的障礙，謀求改進之道，使女性科技人才不致流失。例如，美國立法要求大學將各級男女教授的薪資透明化。美國大學教授學會（American Association of University Professors）每年公布每所公立大學各級男女教授的薪資。統計顯示，女教授平均薪資低於同級男教授。一九九九年麻省理工大學十五位長聘女教授聯合申訴校方性別歧視，結果學校立刻將她們的薪水增加了 20%，並且提供她們更多研究經費與實驗空間，提供她們與男性同事公平的工作條件。瑞典、芬蘭等歐盟國家也針對女性科學家的處境，發展出有效的協助政策。

美國以及歐盟的例子顯示，性別統計與性別影響評估研究是督促大學與研究機構發展「積極性差別待遇」、落實性別主流化政策的有效工具。

四、如何協助女性回流學生完成學士學位？

如前所述，自一九九〇年代以來，許多國家的大學生統計顯示，女性人數比例已經超過 50%。如果只根據這個數據，很容易推論這些國家的大學教育機會已達性別平等，甚至女性還優於男性而有反向不平等之虞。

但是，Jacobs 和 King（2002）進一步分析學生性別與年齡組成，則出現了不同的景象。根據美國一九九五年統計，37.3%的大學部學生是超過二十五歲的「回流學生」（也就是十八至二十三歲期間曾唸過卻沒畢業、或根本就沒唸過大學者）；63.3%的回流學生不是全職學生（part-time students），且 60%的回流學生是女性。一旦扣除這些回流學生，十八至二十三歲大學學齡人口的女性就學優勢便消失了。

另一方面，大學校園裡的年長學生的畢業率也比一般學生低且要花更長的時間才能取得學位。Jacobs 和 King 進一步追問，何以如此？她們考慮到大多數回流學生是女性，便探討究竟是哪些因素影響年長女大學生的畢業率與修課時間。運用針對全美十五至四十四歲女性所作的「全國家庭成長調查」（National Survey of Family Growth）資料，採用事件史分析法（event history analysis）的研究結果顯示：不論對年輕或年長的女學生，

高中畢業後學業中段期間的長短、全職工作、半職就學，都是延長修業年限的最重要因素。一般以為年長學生之所以修業時間長或畢業率低，是因為記憶力或學習力不如年輕人、或因為不適應以年輕學生為主的大學環境的緣故。Jacobs 和 King 的研究結果推翻了這種看法並指出，女性為了兼顧各種其他角色而沒有全職修課，才是影響其畢業率與修業時間的主因。兩位研究者於是根據研究結果，建議提供更多經濟及其他方面的協助，讓回流學生盡量全職修課，是幫助她們完成學士學業的有效政策。

這個研究，從表面上顯示女性優勢的統計數據出發，追問學生性別與年齡組成、進一步分析不同年齡女性的畢業率與修業時間分布，以及其影響因素，層層深入。透過對大樣本資料作深入的統計分析，展現出與表象非常不同的美國大學教育的性別現象。

前述第一、二與四篇研究，都運用美國全國性大樣本調查資料。這些資料庫在建置之初，並不一定以性別議題為主要關懷。但其內容非常豐富，具有性別問題意識的研究者，可以就資料庫內容，找到相關或適合的資料來進行研究分析。上述幾篇論文都是很好的例子。

肆、教育程度性別差異的研究策略

在社會階層化的領域中，受教程度的差異性是重要的研究題目，學術期刊中不時都會出現關於性別的教育程度差異的新論文發表。以台灣而言，蔡淑鈴（Shu-Ling Tsai）的諸多論文（如，蔡淑鈴，1987；Tsai, 1987；Tsai, Gates, & Chiu, 1994）以及駱明慶（2001）皆是明顯的例子。由於使用樣本、依變項及模型的不同，台灣女性的教育程度是否確實已經與男性相當或甚至超越男性，似乎還有許多可討論的空間。本節將建議兩個研究策略，提供讀者參考。[1]

蔡淑鈴初期的文章，主要是以線性對數模型為主要的統計方法。該種

---

1 本節所使用的圖表主要出自范雲與張晉芬合著之論文：〈家無恆產，只有認真讀書：族群教育成就差異的再分析〉（尚未發表）。

方法較不易解釋變項的效果。晚近，Tsai 等人（1994）使用 ordinal logit models 為主要的分析方法，以「受訪者所完成的不同的教育階段」為依變項，探討其性別差異。分析結果發現，和男性相比，女性受教程度的不利地位是曲線發展的，在小學時最高，其次是大專和國中階段，高中階段則幾乎沒有差異。

駱文（2001）則以「受訪者子女是否正在就讀大學」為依變項，用 probit models 為主要分析方法，並發現已無顯著的性別差異。由於駱文所使用樣本包含的世代集中於一九六〇年和一九七四年之間的中年世代，分析的樣本其實是這些「子女」的父母（p. 132），而排除了尚無子女的年輕世代，以及子女早已長大、離家的較年老世代。因此其研究發現的有效推論範圍受到限制。

關於兩性教育成就的差異，我們也可以考慮用圖解的方式呈現。圖 1 是根據二〇〇二年台灣地區人力資源調查統計年報資料整理而成。從圖 1 可以看出，十五歲以上女性人口中不識字的比例遠高於男性（9%相對於 3%），但是女性人口在專科及大學的比例則低於男性（24%相對於 28%）。而由於高職的存在，使得女性的高中／職教育程度比例得以拉進。這對有人認為女性教育水準已經超過男性的說法提出了反證。我們需要從多變項分析結果才能進一步找出影響男、女教育成就的因素。

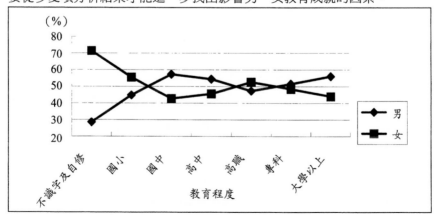

圖 1 2002 年台灣地區不同性別教育程度對照

資料來源：2002 年台灣地區人力資源調查統計年報，下載自主計處網站
（http://www.dgbas.gov.tw/census/four/yt3.xls#性別統計指標! a1:a33）

針對上述不同研究得出不同結論的現象，作者認為可以在統計模型和依變項的使用方面，作一些新的思考。首先，如果改為使用多項式邏輯迴歸（multinomial logit analysis），既可以找出影響不同教育階段的因素，也可以比較受訪者完成不同教育階段的機率和影響因素。作者利用「台灣族群關係的社會基礎調查」的樣本（王甫昌，2000），進行了一項初步的分析。這個樣本包含不同年齡層的受訪者。結果請看表 1。我們以擁有大專學歷者為參考組，呈現其與小學、國中及高中程度者間的對照結果。多項式邏輯迴歸的初步分析結果顯示，在控制族群、世代、父母親的社會位置，以及居住地等因素之後，性別的教育成就差異依然存在。和男性相比，女性擁有大專學歷的機率分別小於擁有小學、中學及高中學歷。從係數觀察，性別差異在小學與大專對照的階段，更為明顯。這個初步的結果說明了，關於性別間教育成就差異逐漸縮小的說法，還需要更多的檢驗。

　　另外一個呈現性別教育成就差異的作法是考慮輟學的機率。過去的相關研究多是根據已經通過各求學階段的樣本，分析決定的過程或是找出集體性特徵。如果要反映弱勢族群在個人教育生涯中的不利位置，一個更有效的分析策略應該是針對沒有完成特定教育階段的樣本進行分析。由於教育代表家庭對下一代的投資，可能影響這項投資行為的因素有兩個層面：一個是機會成本。也就是，小孩上學之後，對家中經濟生產的影響。於是，需要人手的農家或自僱階級家庭的子女，其中途失學的機率可能性就會高於不需要工作人手家庭的子女。

　　影響對子女教育投資的另一個因素則是家庭的經濟條件。經濟來源較不穩定的家庭，也最有可能因為突發的變故而中斷子女學業。因此，父母親為農人或勞工階級的子女其輟學的機率，也預期會高於資本家、專業人員或是白領階級。

　　最後，如果就學成本是影響性別教育成就差異的重要因素，用實施義務教育的前後作為對照或許也可以控制這個可能性（王宏仁，1999）。如果實施義務教育之後，仍然有輟學的狀況，教育支出的負擔或許就不是一個重要的因素，而可能是因為其他因素的影響，如對於子女求學的態度

表1 影響各階段教育成就之邏輯迴歸分析

	小學／大專	中學／大專	高中／大專
父親省籍 （客家=0）			
閩南	0.689*** （0.235）	0.321 （0.225）	0.085 （0.164）
外省	-0.559 （0.424）	-0.247 （0.341）	0.020 （0.210）
受訪者年齡 （54 歲以上=0）			
32 歲以下	-7.193*** （0.496）	-2.309*** （0.318）	-0.952*** （0.276）
33-53 歲	-3.387*** （0.274）	-1.319*** （0.295）	-0.700*** （0.269）
父親教育程度 （高中＝0）			
國小	1.936*** （0.484）	1.592** （0.342）	0.735*** （0.166）
國中	0.678 （0.569）	1.007*** （0.384）	0.445** （0.190）
大專	-0.172 （0.945）	-0.007 （0.567）	-0.359 （0.238）
母親教育程度 （高中＝0）			
國小	1.490 （1.068）	0.897* （0.508）	0.502** （0.218）
國中	-0.515 （1.311）	-0.249 （0.649）	0.332 （0.253）
大專	1.982 （1.709）	-28.582 （159）	-0.154 （0.422）
父親就業部門 （軍公教部門＝0）	0.649** （0.300）	0.204 （0.256）	0.495*** （0.167）
父親階級 （白領階級=0）			
資本家	-1.323** （0.569）	-0.678* （0.385）	-0.384* （0.226）
半專業人員	-0.078 （0.624）	-0.306 （0.465）	-0.192 （0.246）
小資產階級	0.331 （0.506）	-0.322 （0.393）	-0.085 （0.242）
農民階級	2.414*** （0.436）	0.861** （0.336）	0.102 （0.230）
勞工階級	1.661*** （0.417）	0.345 （0.308）	0.154 （0.193）
受訪者十五歲以前居住地			
都市	0.798** （0.361）	0.275 （0.299）	0.135 （0.186）
鄉鎮	1.084*** （0.314）	0.512** （0.253）	0.271* （0.156）
性別（男＝0）	1.173*** （0.148）	0.311** （0.141）	0.373*** （0.102）
常數項	-4.134***		
Pseudo R^2	0.261		
Log-likelihood	-2743.940		
N	2793		

*: P<.10；**: P<.05；***: P<.01

表2 各階段休學與否之邏輯迴歸分析（曾經休學＝1）

變項名稱	國小休學		六年國教後，國小曾經休學		國中休學		九年國教後，國中曾經休學	
	迴歸係數	勝算比	迴歸係數	勝算比	迴歸係數	勝算比	迴歸係數	勝算比
受訪者父親省籍（外省＝0）								
本省閩南	0.961* (0.523)	2.615	2.167** (1.014)	8.735	0.272 (0.365)	1.312	0.457 (0.624)	1.580
本省客家	0.405 (0.583)	1.499	1.434 (1.061)	4.194	0.213 (0.422)	1.238	0.271 (0.722)	1.312
受訪者父親是否任職於軍公教部門（軍公教＝0）	-0.113 (0.322)	0.893	-0.023 (0.388)	0.978	-0.238 (0.288)	0.788	-0.560 (0.467)	0.571
受訪者父親教育程度（高中及以下=1；大專＝0）	2.261*** (0.520)	9.591	1.967*** (0.523)	7.147	1.988*** (0.384)	7.298	2.601*** (0.750)	13.472
受訪者父親階級（農民與勞工階級＝1；其他＝0）	1.536*** (0.338)	4.645	1.669*** (0.401)	5.305	0.989*** (0.249)	2.689	1.116** (0.448)	3.052
受訪者十五歲以前居住地（台北市＝0）								
都市	-0.429 (0.519)	0.651	-0.423 (0.601)	0.655	0.294 (0.415)	1.342	-0.845 (0.782)	0.429
鄉鎮	0.678* (0.401)	1.971	0.674 (0.471)	1.962	0.550 (0.358)	1.733	0.372 (0.537)	1.450
性別（男=0）	0.540*** (0.161)	1.717	0.653*** (0.186)	1.922	0.384** (0.156)	1.469	0.956*** (0.283)	2.601
Constant	-7.537***		-8.886***		-5.733***		-7.061***	
Log -Likelihood	-591.529		-466.691		-616.024		-233.711	
Pseudo- R^2	0.130		0.141		0.094		0.139	
輟學人數	287		218		290		96	
N	2816		2613		2632		1752	

*: p<.10；**: p<.05；***: p<..01

#: 本表爲初步分析的結果，請勿引用表上的數字。

等。這些也都是過去的研究中未曾使用的作法。

　　作者也利用了前述的調查資料，對於受訪者進行關於輟學的研究。結果呈現於表 2。根據我們的初步分析，不論是在小學或是國中，女性輟學的機率都高於男性。即使實施義務教育之後也是如此，甚至機率還更高。或許我們還需要更進一步檢視分析的細節，但表 2 已提醒我們，關於性別間教育成就差異已逐漸縮小的說法，需要更多的研究加以佐證，才能成為「定論」。

伍、結　語

　　本文原則上支持過去關於女性主義和性別研究學者對於量化研究的批評，包括未能呈現女性生命經驗、將男性價值觀強加於女性樣本等。但是，我們並不需要因此迴避量化分析的使用，而是應該積極的讓量化分析方法為性別研究所用。當統計分析已是社會科學研究的重要工具、問卷調查資料已相當普及時，性別研究將這些棄而不用，將是喪失了與許多理論和研究發現對話的機會。

　　根據本文的分析，即使是使用二手的資料或是以性別作為自變項，如果作者具有足夠的性別敏感度，也可以發覺出一些性別的差異，或是透過簡單的操作，呈現出性別運作與其他變項之間的交錯性。此外在擬定問卷題目時，也應該避免使用傳遞性別刻板印象的假設或題目。在我們所僅知的一些例證中，發現許多的問卷題目是不假思索的延續過去國內外學者的問法，或是單純的依照某些學說忠實的應用。其實學術研究的突破或累積並不是來自於對過去研究的複製或學說的應用，而是來自於對現有研究或觀點的批判性。性別研究本身就是一個以批判起家的學科，我們應該更積極的嘗試發揮於量化研究中。

　　隨著對於性別議題的重視，台灣近年來也出現一些問卷調查，包含了豐富的與性別相關的題目。「台灣教育長期追蹤資料庫」即是一項「由中央研究院、教育部和國科會共同資助，並由中央研究院、社會學研究所和

歐美研究所共同負責規劃與執行的一項全國性長期的資料庫計畫。這個資料庫從二〇〇一年開始，對當年為國中一年級以及高中、高職和五專二年級之學生、學生家長、老師和學校，進行二至四次的蒐集資料」。[2] 資料庫已釋出第一波調查資料，供大眾使用。其中就有許多題目值得對性別與教育議題有興趣的學者參考及使用。此外，本文所提到的「社會變遷調查」四期三次性別組的題目，也在今年初公開。性別研究的學者在量化分析的領域中確實還有許多可以施展的空間。

參考文獻

王宏仁（1999）。一九五〇年代的台灣階級結構與流動初探。**台灣社會研究季刊**，**36**，1-35。

王琳、林美珍、陳皎眉（2002）。母親教導衝突解決策略之內容與孩子知覺的關係。**教育與心理研究**，**25**，221-250。

台灣教育長期追蹤資料庫（2002）。2002 年，取自 http://www.teps.sinica.edu.tw/

吳宜貞（2002）。家庭環境因素對兒童閱讀能力影響之探討。**教育心理學**，**34**，1-20。

吳嘉苓（1999）代理孕母之外——不孕科技與性別政治，**婦女新知 200/201**，17-20。

林大森（2002）。高中／高職的公立／私立分流對地位取得之影響。**教育與心理研究**，**25**，35-62。

周顏玲（1988）。婦女與性別研究的理論架構、方法及其中國化與未來發展。載於台大婦女研究室編（主編），**性別角色與社會發展學術研討會論文集**（頁 25-46）。台北：國立台灣大學人口研究中心婦女研究室。

---

2 以上引文摘自台灣教育長期追蹤資料庫（2002）。2002 年，取自 http://www.teps.sinica.edu.tw/

胡幼慧（主編）（1996）。**質性研究：理論、方法及本土女性研究實例**。台北：巨流。

陳羿君、朱元祥（2002）。台灣地區技術院校校長領導成熟度之分析研究。**教育與心理研究**，**25**，63-82。

游美惠（2003，4 月）。**從方法論的要求到女性主義方法論的追求：檢視教育研究期刊中的性別論述**。論文發表於國立台灣師範大學教育研究中心所主辦之「教育研究方法論：觀點與方法研討會」，台北。

黃玉（2000）。大學學生事務的理論基礎──台灣大學生心理社會發展之研究。**公民訓育學報**，**9**，161-200。

黃盈彰（2002）。中小學教師工作滿意度特性之研究──與高層專業人員等職業類別做比較。**教育與心理研究**，**25**，149-177。

黃毅志（1999）。**社會階層、社會網絡與主觀意識：台灣地區不公平的社會階層體系之延續**。台北：巨流。

蔡淑鈴（1987）。職業隔離現象與教育成就：性別之比較分析。**中國社會學刊**，**11**，61-91。

鄭耀男（2002）。建構取向教學／指導教學對國小學童數學成績及學習適應之影響：以台南市為例。**教育與心理研究**，**25**，585-613。

薛承泰（1996）。影響國初中後教育分流的實證分析：性別、省籍、與家庭背景的差異。**台灣社會學刊**，**20**，49-84。

駱明慶（2001）。教育成就的省籍與性別差異，**經濟論文叢刊**，**29**(2)，117-152。

顧燕翎（1996）。從移植到生根：婦女研究在台灣（1985-1995），**近代中國婦女史研究**，**4**，241-268。

De Groot, J. & Maynard, M. (Eds.). (1993). *Women's studies in the 1990s: Doing things differently?* New York: St. Martin.

Dumais, S. A. (2002). Cultural capital, gender, and school success: The role of habitus. *Sociology of Education, 75* (Jan, 1), 44-68.

Hannan-Andersson (1996). *Mainstreaming: Concept, strategies and methodolo-gies.* Stockholm: Swedish International Development Cooperation Agency (SIDA).

Hanson, S. L. & Kraus, R. S. (1998). Women, sports, and Science: Do female athletes have an advantage? *Sociology of Education, 71*(April, 2), 93-110.

Harding, S. (1991). *Whose science? Whose knowledge? — Thinking from women's lives.* New York: Cornell University Press.

Jacobs, J. A., & King R. B. (2002). Age and college completion: A life history analysis of women aged 15-44. *Sociology of Education, 75* (July, 3), 211-230.

Luke, G. (Ed.). (1996). *Feminisms and pedagogies of everyday Life.* Albany, NY: State University of New York.

Luke, G., & Gore J. (Eds.). (1992). *Feminism and critical pedagogy.* New York: Routledge.

Musil, C. A. (Ed.). (1992). *The courage to question: Women's studies and student learning.* Association of American Colleges and National Women's Studies Association.

Reinharz, S. (1992). *Feminist methods in social research.* New York: Oxford University Press.

Rees, T. (2001). Mainstreaming gender equality in science in teh european union: The 'ETAN Report'. *Gender and Education, 13*(3), 243-260.

Richardson, D. (1993). Introducing women's studies, In D. Richardson & V. Robinson (Eds.), *Thinking feminist: Key concepts in women's studies* (pp. 1-26). New York: Guilford.

Stacey, J., & Thorne B. (1985). The missing feminist revolution in sociology. *Social Problems, 32*(4), 301-316.

Tsai, Shu-Ling (1987). Status of women in taiwan: Educational attainment and labor force development, 1951-83. *Academia Economic Papers, 15*(1), 153-182.

Gates, H., & Chiu, Hei-Yuan (1994). Schooling Taiwan's women: Educational attainment in the mid-20th century. *Sociology of Education, 67* (Oct.), 243-263.

討論文章：

「Against Methods:不是反對方法,是反對方法獨霸」

羊憶蓉

一、這篇論文的主旨，表現於兩位作者的這句答問之間：「婦女與性別研究果真與量化研究相剋嗎？我們的答案是否定的。」為了對以上這句話提出證據，作者以國內若干量化取向的論文為例，檢討其對性別變項處理的不足之處（第四部分）；又以若干國外學者的研究為例，說明其統計數據亦可呈現性別觀點，並可能作出有力的詮釋（第三部分）。

二、我個人認為，作者在第二部分所舉國內論文缺失的例子，與第三部分所舉國外研究的「範例」，其間對比，有不盡公平之處。第二部分論文受到兩位作者的主要批評之處，多在於：「最常被詬病的作法就是僅將性別視為眾多變項之一，而未能凸顯女性特殊的經驗……」；「作者所關心的自變項為職業與教育背景，這意味著，性別並非其關切之所在」；或批評某些問卷設計「如果能夠多一些性別敏感度，將可避免提問的本身即已預設了非中立性的答案」。以上這些批評，多是針對那些論文「欠缺性別意識」而來。相對地，第三部分之國外範例，則多被兩位作者讚許為能夠「展現量化研究如何深入探討性別現象以及女性受教經驗」。很顯然，這兩大類型論文的優劣對比，在兩位作者的評價中，在於是否能夠呈現性別觀點；而並非方法論上的差異。誠如二位作者所言，性別研究與量化方法並非相剋，本篇論文第三部分的舉例已證明此點。然而，第二部分所舉論文的「缺失」，並非方法論上的失誤，也並不是量化方法的不足，而是欠缺性別意識而已。二位作者若針對此點有所批評，不宜衍生得出「國內作者在運用量化研究法時有所欠缺」的結論。此一議題，與二位作者始終強調的性別觀點有關，而與舉例論文中採用質化或量化研究取向無關（用白話來說：要批評就直接批評他／她們缺乏性別意識，不要藉著「量化研究」的帽子批評他們是量化取向作得不夠好）。

三、我認為，在今日社會科學的研究領域中，性別觀點的確已成為基本假設之一；本文第二部分受到兩位作者引述討論的論文，有些也的確顯得欠缺性別敏感度。但是，如果那些研究本來就只擬將性別視為「眾多人口變項之一」，或甚至作者根本無意分析性別變項，則性別研究者不該強人（其他研究者）所難，而只能提醒讀者以性別觀點來理解該類論文之限

制。畢竟，社會科學研究，有哪一篇能保證可將所有人口變項的作用皆分析殆盡？除非研究者有意偏頗或忽視某些已獲致共識的人口變項的作用，否則，每位研究者自有選取其所重視的、感興趣的人口變項的自由（舉例而言，性別研究者對族群背景變項的關注力和敏感度亦較有限吧？）兩位作者批評所引述論文的研究者「模型設計似乎仍有可討論的空間」、「似乎應將研究樣本分成……」，顯得將個人的研究興趣強加於他人的研究之上。

四、同樣的理由，二位作者基於本身的性別敏感度，對於他人的研究亦有作出過度推論之處。例如第二之四部分所舉例，王琳等人論文標題〈母親教導衝突解決策略之內容與孩子知覺的關係〉，張、謝二人對其批評為：「該提問本身已隱含了母親教導是孩子知覺的唯一影響源」；「研究者基本上已假設教導小孩只是媽媽的責任，並不關切父親的參與或意見」。王琳等人論文標題如簡化為「A 與 B 的關係」，張、謝兩位作者如何能推論出王琳等人之意隱含「A 是 B 的唯一影響源」？「唯一」二字實為張、謝所說，而非王琳等人所說。又為何僅指責該研究「並不關切 C（父親）的參與」？為何不指責該研究未關切 D（如祖父母輩）或 E（如老師）的參與？

五、兩位作者在論文第三部分所舉國外研究範例，對所有社會科學研究者都有參考價值。但若以兩位作者對「性別階層化」之敏感度作為標竿，則二人對學術界的「國內外階層化」之敏感度顯然不足。何以第二部分量化研究受批評的對象全部是國內學者？何以第三部分作為範例的對象全部是國外（美歐）學者？學海浩瀚，國外學者的量化研究豈全然沒有欠缺性別觀點的缺失？國內學者的量化研究豈全然沒有充分反映性別意識的優良示範？兩位作者難道不是在「複製刻板印象」？或許張、謝二位作者欲答辯：並未隱含此意，只是取樣使然。但在對於學術界「內外有別」現象具高敏感度的人眼中，這項偏誤亦反映二作者「預設了非中立性的答案」。

六、我對二位作者堅持性別觀點、推動性別意識的立場完全理解，並

表示佩服，也認為對改善女性處境具有重大貢獻。但我認為，個人所堅持的觀點儘可用來貫穿個人的研究，卻不能完全據以指責別人的缺失；尤其二人所指其他研究者的缺失，並非方法論的錯誤，而只是研究觀點（甚至可說是重點）的不同。Paul Feyerabend 有 "Against Methods" 之主張；他不是反對某種方法，他是反對任何一種方法（或觀點）獨霸。這項主張應有助於開拓學術研究的包容性。

從方法論的要求
到女性主義方法論的追求：
檢視教育研究期刊中的性別論述

游美惠*

---

* 本文作者感謝畢恒達老師給予本論文初稿寶貴的評論意見，同時也感謝研究生
黃貞蓉與易言嬡在資料蒐集與文字潤飾上的協助。

壹、前言

一九九五年行政院教改會將兩性平等教育議題納入教育改革的議程，是女性主義教育論述進入體制的第一步。而一九九七年教育部兩性平等教育委員會成立，「兩性平等教育」才算為教育體制所正式認可，成為國家教育政策（謝小芩、楊佳羚，1999）。經研究者的初步觀察發現：自教育部成立了兩性平等教育委員會，在各級學校的課程與教學或輔導活動等方面積極推動兩性平等教育，也間接的促進了相關的學術研究數量持續快速的增加。連帶的影響我們可以說台灣的性別教育學術研究在這十年之間較過往有明顯的進步。根據謝小芩、楊佳羚（1999）對於台灣性別教育相關文獻的初步檢視，發現在一九九〇（含）年以前和之後，期刊與研究論文之總量有明顯的增長。以研究論文為例，在一九九〇（含）年以前，各年出版的總論文數只有個位數字，在一九九〇年之後，則呈現七至八倍的成長。而根據研究者者之初步推估：在一九九七年之後，相關的學術研究數量一定更為驚人。洪淑敏（2003）在其研究的文獻探討部分，透過在「中華博碩士論文摘要資料庫」作「性別議題」、「性別角色」、「性別角色刻板印象」等關鍵字的交叉檢索國內教育相關系所之博碩士學位論文，發現自一九九一至二〇〇一年之間共有二十八篇碩士論文，一篇博士論文；其中大部分集中在一九九九年至二〇〇一年三年之間生產出來，佔了86.21%。因此聚焦在台灣性別教育相關主題的學術期刊論文作一番檢視，研究者預期是隨著時間之推移，會看到出版數量的顯著成長，但是品質與內涵部分，則仍有待本研究之探究分析。

本文將聚焦在教育類學術期刊的性別議題相關論文，從女性主義觀點分析其中所蘊涵的方法論與知識論相關議題。研究者將分析四種名列於「台灣社會科學引文索引」（TSSCI）[1] 期刊正式名單中的教育類期刊（即

---

1 行政院國家科學委員會（簡稱國科會）自一九九九年委託中央研究院社會科學研究中心建置「台灣社會科學引文索引」（Taiwan Social Science Citation Index,

《師大學報教育類》、《教育心理學報》、《教育研究集刊和教育與心理研究》）所出版的性別議題相關文獻，追蹤在這十年（自 1992 年至 2002年）來所出版的性別議題相關論文之量與質。進一步也可以追問教育研究生產了什麼樣的性別論述？發揮了什麼政治作用？形塑了什麼性別的認知與社會現實？而這種論述對於教育實踐又有何影響？

貳、女性主義方法論

一、方法論至關緊要

方法論的精煉與否，關係著研究的好壞成敗，何秀煌（1982：5）曾經對方法論有清楚的解釋：

> ……在任何學科裡頭，都有各自不同的技術、策略和程序；比如蒐集資料的方法，整理資料的過程以及採集資料的判準等等。這些固然都在方法論的範圍之中，可是通常只構成某一學科的「運作途徑」，而沒有構成它的理論基礎或理論骨幹。這是狹義的方法論。廣義的方法論在於探討理論的形成、理論的結構、理論的功能、理論的語言、理論的成立或核證以及此種證立的形式條件所用邏輯。

所以一個學術研究之中，研究方法的運用以及其中理論的語言、理論的成立或核證及使用邏輯等問題，都是要斟酌細思的。Stanley 和 Wise（1991:26）曾經為文探討女性主義研究中的方法、方法論與知識論的關

TSSCI) 資料庫，以提供國內學界相關的引用文獻與來源文獻等重要資訊以及各種量化指標。據稱，這些資訊與指標將使我們得以客觀評估國內出版之重要社會科學期刊的影響力，以及國內社會科學研究人員的研究績效。而由於 TSSCI收錄的對象僅限於國內出版的社會科學類「核心」期刊，亦即是他們所認定的學術水準較高、影響力較大，且出刊過程較嚴謹的期刊。所以，本研究乃選定列名在 TSSCI 的正式名單中之教育類期刊為檢視對象（相關訊息可參見 http://ssrc.sinica.edu.tw/ssrc-home/5-21.htm，由於 TSSCI 收錄名單並非固定不變，所以本文之分析對象乃是根據筆者撰寫初稿，2003 年 4 月當時列名在正式名單中之期刊）。

係，除了仔細鋪陳出相關的論辯之外，也有基礎概念的澄清，她們在文章之中明白區分出方法、方法論與知識論的意涵：

> 方法是指研究實務中的技術，例如問卷調查、訪談與民族誌（ethnography）等。方法論則是一種「觀點」，或者說是一個更廣泛有理論意涵的架構，例如社會學研究中的象徵互動論（symbolic interactionalism）或是功能論（functionalism），而其理論可能會（也可能不會）預設一個或一些「適合的」方法與技術。知識論則是一種關於知識的理論，會探討的核心問題包括誰可以是一個「知者」（who can be a "knower"）？什麼可被知曉（what can be known）？什麼構成了知識與使之成為有效的知識？而探知與存在（knowing and being）之間又（應該）是什麼關係？

而這三者（方法、方法論與知識論）之間的關係，根據 Harding（1986, 1987）的講法，知識論是方法與方法論的基礎。本文作者也將採納這種論點，將知識論視為一個研究之基礎，在檢視台灣主流教育期刊出版的論文的方法與方法論之時，最後將回歸到知識論的探討。

二、從女性主義方法論到女性主義知識的生產

女性主義方法論的相關專書與論文其實為數不少，Stanley 和 Wise 早在一九七九年就曾為文討論女性主義研究過程（feminist research process），引起了許多迴響，正負面的評價都有。[2] 事實上，光是「女性主義方法論」一詞，就曾引起許多爭議，可以說是莫衷一是，相較於有人之極力主張，也有人認為根本沒有所謂的女性主義方法論存在[3]，對這種分歧的現象，Stanley 及 Wise（1991: 26）認為問題是出在對「方法論」之意涵界定

---

2 Stanley 和 Wise 持續關注這方面的議題，不僅集結成專書 *Breaking Out*（Stanley & Wise, 1983），也在之後持續有相關論著（例如 Stanley, 1984; Stanley & Wise, 1991 等）。

3 而研究者本人則傾向認為是有「女性主義方法論」（feminist methodology），而非是有「女性主義研究方法」（feminist research method）。

上。而另一方面，我們也可以將這些爭議看待成是在展現出女性主義在知識生產的努力；要挑戰男性權威支配的知識世界，不論是對生產過程的議題深探或是生產出來的研究結果，都需要重新建構論述，包括在研究之中所提出的問題、所採用的方法、所分析的角度和所發現的結果，都是可以去質疑的。研究要求精進，方法論當然是至關緊要的。Stanely（1997）在專文〈方法論至關緊要！〉（Methodology Matters！）之中指出：我們必須再重新思考女性主義方法論的位置，方法論之所以重要是因為女性主義者要建立自己的知識系統，獨立作業發揮功用，並且真正改變男流學術界的氣候。女性主義方法論本質上改寫了學術訓練的意義和改寫了傳統上對於女人的簡化觀察。

方法論的探討，是為了要讓知識生產更能貼近女性的生命經驗與生活現實，讓知識能反映出女性認識世界的多樣方法與多重觀點，所以女性主義方法論不是要提出另一套「菜單」或「食譜」，也不是要另立一套遊戲規則或研究步驟，而是要從女性主義的觀點思索傳統研究法中所訂定與傳授的蒐集資料技術，在運用上之利弊得失，並提出一些獨特的、創新的方法論主張。所以我們可以將「女性主義方法論」理解成是有女性主義觀點與關懷的方法論主張；或者說，「女性主義方法論」是觀點與論見，而不是方法與技術。Eichler（1989）在《無性別歧視研究方法》（*Nonsexist Research Methods*）一書中曾經指出：整個研究過程中，包括研究設計、研究工具、寫作語言、政策評估與建議等，都可能存在性別歧視，包括男性中心觀點、過度推論、性別不敏感、雙重標準等。[4] 所以藉著一些關於方法論的基本主張，女性主義者希望能介入知識生產過程，為研究的進行加入

---

4 事實上，Eichler（1989）在這一本書中指出了七項研究之中所蘊涵的性別歧視問題，除了如前所述之男性中心觀點、過度推論、性別不敏感、雙重標準四項之外，她另外指出特別分析雙重標準所衍生出的兩種特殊問題形貌：一為，性別的適當性（sex appropriateness），另一為，性的二元對立（sexual dichotomism），這兩者也都是社會科學研究中普存的歧視問題；而性別不敏感這項問題也可以再延伸作「家庭主義」（familism）問題的探討，呈現出的問題是在研究之中老是將家庭作為一個最小的分析單位，並且預設其對每個個體都有相同的（正向或負向）影響效果。

一些新的元素和思索的議題。

就以訪談法為例，女性主義者關心訪談法的使用如何能避免將受訪者視為是吐出資料的機器，如何能讓受訪者在敘說的同時增能（empowering）也受益，達致互惠與互為主體的境界，這就是女性主義者所關切的關於「訪談法」的方法論議題。此外，對女性主義研究而言，「半結構式的訪談」（semi-structured interviews）是較為恰當的蒐集資料之方法（Graham, 1984: 112）；另外，根據 Reinharz（1992: 37）的說明，訪談若能是多次訪談則會比單一次的訪談要好，理由是可以有機會再追問其他問題並獲取受訪者對於前一次訪談結果的回饋資料，同時隨著時間的歷程，也能夠幫助研究者瞭解與進一步掌握受訪者之想法和處境脈絡之間的特定關聯。

總而言之，女性主義者發展方法論的論述，試圖介入知識生產過程，加入一些新的元素和思索議題，增進學術研究領域的新見解，也為女性主義研究發展增能的語言和有價值的科學研究，致力於將多樣化的女性主體經驗發揚出來。本文作者也將秉持相同的立場，檢視主流教育研究期刊中的性別論述，我在這篇研究將綜合整理 Cook 和 Fonow（1986）、Harding（1987）、Mies（1991）與 Stanley 和 Wise（1991）的論見，同時考量台灣的女性主義教育研究發展情形，[5] 擬以下述幾個檢視項目來檢視分析台灣的性別教育學術研究：㈠從日常生活與生命經驗出發，以性別反省作為關懷焦點；㈡拒斥實證主義「客觀性」的假說，主觀經驗不必然就是「不科學的」；㈢強調研究倫理，思索研究過程與書寫之中的權力運作；㈣把研究視為政治行動（political activity），並且努力以改善女人處境為目標。期能藉由本文的拋磚引玉，精進性別教育研究的方法論同時作為開展更多女性主義觀點的性別教育研究之基礎。以下先將本研究資料蒐集的過程作一說明，而後呈現分析結果。

---

5 不直接引述單一學者之論點的原因乃是由於它們的歸納之中，難免都有一兩項與台灣的性別教育研究相距太遠，例如 Cook 和 Fonow（1986）的論見，其中強調以意識覺醒作為「方法論的工具」（methodological tool），回顧台灣教育研究專業期刊已出版的相關學術研究，除了問卷調查統計分析的實證研究之外，就是西方理論的引述與回顧整理，離這一項「意識覺醒」方法論要求相當遙遠，所以我決定不將之列為本研究之檢視項目。

參、資料蒐集

　　研究者先搜尋列名為「台灣社會科學引文索引」（TSSCI）期刊正式名單中的教育類期刊 [6]，發現到有《師大學報教育類》、《教育心理學報》、《教育研究集刊和教育與心理研究》等四個刊物，其中前三者都是台灣師範大學所屬單位所編輯出版的，最後的《教育與心理研究》則是由政治大學所編輯出版。而後研究者決定以這四個刊物十年間（1992-2002年）所出版的學術論文為檢視對象來評析其中相關的方法論議題，原因是研究者推估性別教育研究在這十年之間，因為一九九七年教育部成立的兩性平等教育委員會，與一九九八年推動九年一貫課程 [7] 的因素，應該會有質與量的大幅提昇。經過初步的資料蒐集，總計有二十八篇論文是跟性別議題有所相關，依年代統計整理如下表 1；其中直接將性別 [8] 列入題目或關鍵字之中的有二十一篇，間接相關的性別議題（如婚姻、親職等 [9]）有七篇。茲將其作者、年代、研究方法等基本訊息另整理如下表 2。

表 1　TSSCI 四份教育類期刊性別議題相關論文出版數目統計表（依年代統計）

期刊 ＼ 年代	1992	1993	1994	1995	1996	1997	1998	1999	2000	2001	2002	合計
師大學報：教育類	0	0	0	0	0	0	1	0	1	1	0	3
教育研究集刊	0	0	0	0	0	0	6	0	0	0	0	6
教育心理學報	0	1	1	0	0	0	1	2	0	1	0	6
教育心理與研究	1	2	1	1	1	5	0	1	1	0	0	13
合計	1	3	2	1	1	5	8	3	2	2	0	28

6　如註 1 所示，本研究蒐尋資料所據 TSSCI 正式名單，乃是 2003 年 4 月寫作本論文當時收錄之期刊名單。

7　教育部於一九九八年九月三十日公布《國民教育階段九年一貫課程總綱綱要》，決議將兩性與資訊、環保、人權等議題融入七大學習領域之中（教育部，1998）。

8　含性別角色、性別差異、兩性或女性主義等關鍵詞其中有「性別」一詞者。

9　關於這部份之論文篩選，研究者會先初步先閱讀其中的研究問題與研究結果之分析與討論，檢視「性別」是否為該研究關注的焦點，不管是作為變項而已或是有實質的性別意涵之分析，均會將之納入；但若是其主題雖有家庭、婚姻、父母與子女等字詞，卻是分析完全沒有性別面向的，則捨棄之，例如：李良哲（1994，1999）；吳麗娟（1998）；許桂華、何英奇（1998）；陳惠雯、林世華、吳麗娟（2001）；黃芳銘、楊金寶（2002）等文。

表2 TSSCI 四份教育類期刊性別議題相關論文基本資料表（1992-2002）（依刊物類別）

期刊出處	年份	作者	題目	＊將性別列入題目或關鍵字 ＃間接相關的性別議題	＊量化研究[10] ＃其他	方法論的批判
師大學報：教育類，43(1)，87-119	1998	黃政昌 吳麗娟	準諮商員性別、督導員性別及支持程度對準諮商員知覺督導滿意度、接受督導意願及自我效能之影響研究。	＊	＊	性別作為研究變項，缺乏實質的性別分析。
師大學報：教育類，45(1)，61-82	2000	邱文彬	後形式思考信念發展之性別差異初探。	＊	＊	性別作為研究變項，缺乏實質的性別分析。
師大學報：教育類，46(2)，213-232	2001	洪久賢	教師性別教育專業成長之分析研究。	＊	＃	利用成長團體的互動與對話蒐集資料，屬於有性別意識的實踐式探究的行動研究。
教育研究集刊，41，1-15	1998	潘慧玲	檢視教育中的性別議題。	＊	＃	文獻探討，歸納整理既有論述，是少數將女性主義列為關鍵詞之論文之一。
教育研究集刊，41，17-51	1998	張珏 白慧娟 王舒芸	體檢國小教科書——小一道德與健康篇。	＊	＃	量化的內容分析輔以文本的分析，研究展現鮮明的性別意識。
教育研究集刊，41，53-71	1998	張怡貞	國小男女學童知覺父母對其教育關注與期望調查。	＊	＊	性別作為研究變項，缺乏實質的性別分析。
教育研究集刊，41，73-101	1998	陳惠娟 郭丁熒	「母職」概念的內涵之探討——女性主義觀點。	＊	＃	論述引介，是少數將女性主義列為關鍵詞之論文之一。
教育研究集刊，41，103-118	1998	張如慧	如何創造多元文化的兩性平等教室。	＊	＃	文獻探討與歸納整理，實質的性別分析不足。
教育研究集刊，41，223-257	1998	謝臥龍 方德隆 張鈺珮	國中教師對兩性平等教育課程的態度影響之研究	＊	＊	性別作為研究變項，性別分析的部分缺乏結構觀。

10 含問卷調查與實驗研究法。

表2　TSSCI 四份教育類期刊性別議題相關論文基本資料表（1992-2002）（續）

期刊出處	年份	作者	題目	＊將性別列入題目或關鍵字 ＃間接相關的性別議題	＊量化研究[10] ＃其他	方法論的批判
教育心理學報，26，23-51	1993	蘇建文 黃迺毓	幼兒與母親間依附關係與其學校社會能力表現之研究。	＃	＊	客體化母親，雙重標準沒有性別意涵之分析。
教育心理學報，27，1-33	1994	蘇建文 龔美娟	母親的依附經驗、教養方式與學前兒童依附關係之相關研究。	＃	＊	客體化母親，雙重標準沒有性別意涵之分析。
教育心理學報，30(1)，73-90	1998	蔡秀玲 吳麗娟	不同性別大學生的依附關係、個體化與適應之關係。	＊	＊	性別作為研究變項，缺乏實質的性別分析。
教育心理學報，31(1)，37-62	1999	邱文彬 林美珍	大學生發展成熟的人際關係中親密性能力的發展：自我揭露與自主性之年級與性別差異的探討。	＊	＊	性別作為研究變項，缺乏實質的性別分析。
教育心理學報，31(1)，63-88	1999	吳秋月 吳麗娟	子女知覺父母婚姻暴力經驗、社會支持和共依附之關係。	＃	＊	對父母與子女分別作性別差異統計處理，然而卻未有實質的性別分析與相關結論。
教育心理學報，32(2)，45-70	2001	葉碧玲 葉玉珠	國中生性別、年級、父母教育程度、批判思考與情緒智力之關係。	＊	＊	性別作為研究變項，缺乏實質的性別分析。
教育心理與研究，15，259-276	1992	詹志禹	年齡與同理心的性別差異（英文）。	＊	＊	性別作為研究變項，缺乏實質的性別分析。
教育心理與研究，16，413-458	1993	黃幸美 林美珍	母親的兒童學習信念及其與兒童學業成就相關之探討。	＃	＊	客體化母親，沒有性別意涵的分析。
教育心理與研究，16，475-500	1993	周祝瑛	學術獎酬制度中性別差異之研究——以台灣地區大學教師之收入為例（英文）。	＊	＊＃	性別作為研究變項，以統計分數字為主，沒有呈現訪談的敘說資料。性別歧視的批判分析僅在結語之中含蓄提及。

表 2 TSSCI 四份教育類期刊性別議題相關論文基本資料表（1992-2002）（續）

期刊出處	年份	作者	題目	＊將性別列入題目或關鍵字 ＃間接相關的性別議題	＊量化研究[10] ＃其他	方法論的批判
教育心理與研究，17，455-476	1994	莊淑芳 陳彰儀	已婚職業婦女知覺之夫妻性別角色及成就差異性與其成功恐懼的關係	＊	＊	性別作為研究變項，性別分析的部分缺乏結構觀。
教育心理與研究，18，287-311	1995	林宜旻 陳皎眉	愛情類型、嫉妒與關係滿意度之相關研究	＃	＊	性別作為研究變項，性別分析的部分缺乏結構觀。
教育心理與研究，19，169-196	1996	李良哲	大台北地區已婚者婚姻衝突因應行為之年齡與性別異研究。	＃	＊	性別作為研究變項，缺乏實質的性別分析。
教育心理與研究，20，141-180	1997	李良哲	國內中年人關心的生活課題之探討研究。	＊	＊	性別作為研究變項，缺乏實質的性別分析。
教育心理與研究，20，181-201	1997	黃正仁 鄭英耀	理情團體學習課程對中年家庭主婦非理性觀念與健康狀態之影響。	＊	＊	客體化中年家庭主婦，沒有缺乏性別意涵的分析。
教育心理與研究，20，243-270	1997	郭至豪 郭靜晃	台北市單親家庭青少年生活壓力、福利服務介入與其心理健康之研究	＃	＊	性別作為研究變項，缺乏實質的性別分析。
教育心理與研究，20，271-296	1997	孫世維	親子依附與分離——個體化：大學時期的發展。	＊	＊	性別作為研究變項，缺乏實質的性別分析。
教育心理與研究，20，355-398	1997	徐富珍 陳皎眉	她們覺得不公平嗎？——女性工作者社會比較歷程之探討。	＊	＊	性別作為研究變項，分析部分有結構觀與性別觀點。
教育心理與研究，22，355-386	1999	張明麗 黃國彥 楊國賜	退休成長團體對女性教育人員心理適應之影響。	＊	＊	客體化女性教育人員，沒有性別意涵的分析。
教育心理與研究，23，285-312	2000	陳建志	台灣地區科系、職業性別隔離與收入性別差異之變遷。	＊	＊	性別作為研究變項；分析與討論的部分有結構觀與性別觀點。

肆、資料分析與研究結果

女性主義者所發展出的方法論主張，可以簡而言之將之歸納為是：研究應以性別反省作為探究的出發點，認為主觀經驗不必然就是「不科學」的，並且主張要進一步拒斥實證主義「客觀性」的假說，強調研究倫理並思索研究過程與書寫之中的權力運作，並且把研究視為政治行動（political activity），以改善女人處境為研究的目標。以下的分析就將分四點來進行本土教育學術研究期刊論文的女性主義觀點作方法論上的檢視分析：一、從日常生活與生命經驗出發，以性別反省作為關懷焦點；二、拒斥實證主義「客觀性」的假說與追求，主觀經驗不必然就是「不科學的」；三、強調研究倫理，思索研究過程與書寫之中的權力運作；四、把研究視為政治行動（political activity），並且努力以改善女人處境為目標。要說明的是：以下各標題呈現的是女性主義者對於研究之主張，然而各標題其下之討論內容，則將以本土研究的論述形貌和實例與對應的女性主義主張作檢視分析。

一、以性別反省作為關懷焦點

如前表 1 所列資料顯現出的結果，在數量上的呈現，的確如作者之預期，在一九九七年（含）之後，相關的學術研究數量有二十篇，占了77%。不過值得注意的是：其中一九九八年就有八篇之多，占了全部論文總量的三分之一（30.77%），原因除了是由於一九九七是一個關鍵年代之外，教育研究集刊編輯了一個兩性教育專題，就貢獻了其中六篇，但是同一刊物在之前或之後均未發現有性別議題之相關論文，這其中顯然有值得檢討探究之處。性別議題在教育學術研究之中被探討的樣態是：點的呈現研究成果，而非是線的議題貫穿或面的滲透與改變。若說性別權力關係是無所不在的在日常生活實踐與結構設計之中運作，那麼教育體系當然也有性別政治之運作（游美惠，1999），但是我們卻發現這些素具聲望與好評

的教育學術期刊中的教育論文的呈現與社會現實可以說是脫節甚多。

　　除了出版數量與頻率的面向之外，研究者也發現到關於研究主題之選擇有一個大問題存在。加拿大女性主義社會學者 Smith（1987）在其有名的論著之中《日常生活世界作為問題意識》（*The Everyday World as Problematic*）批判社會科學研究通常是從文本媒介的論述（textually mediated discourse）中，尋找一個觀點作為研究的起點。所以經驗與經驗主體都落在文本之外或之後，以致社會學論述過於抽象，對於女人的工作視而不見，正說明了社會學論述的組成與她所謂的「統治關係」（the relation of ruling）是共謀的。Smith 對於社會學研究提出的這項批判論點，值得我們援引來思索教育研究中的方法論議題。舉例來說，當一份探討婚姻衝突因應行為的研究得到的結果是：「女性比男性採取較多爭執的因應行為，但使用較少自我興趣的因應行為」（李良哲，1996：185），而後解釋為：

> **這個結果與筆者以美國成年人為研究對象所得到的結果相一致。**已婚女性在面對婚姻衝突時比已婚男性會反映出繼續衝突、批評、諷刺與報復的行為，**這似乎反映出傳統文化結構中夫妻衝突時「要求─退縮」**（demand-withdraw）**互動模式所造成的結果**（李良哲，1999：188）。[11]

　　於此我們便可發現 Smith（1987）所指出的問題：當一份研究從文本媒介的論述中，尋找一個觀點作為研究的起點（依筆者之見，同時也是研究的終點），所以經驗與經驗主體就都落在文本之外或之後，以致研究所生產出的是過於抽象的論述，女人的行動與經驗就都被視而不見了。顯然的，這位為文探討婚姻衝突的研究者，關心他的研究是否與既存文獻吻合的程度，遠遠高於他對面對婚姻衝突已婚女性的關心。

　　其他很多的教育研究，其內在的基本構成性價值（指其嚴謹程度與問題定義資料解釋等之科學價值）的確是沒有什麼大問題的，但是由於攸關

11　本段引文中的強調粗黑體字為本文作者所外加的，引文當中略去原作者所引用的以夾註標示出的中西文獻。

性別議題，研究的脈絡情境性價值就應受到檢驗，抽象的論見如何能將之關聯到行動者的生活脈絡與經驗？這是個重要的問題。但是我們在一些討論內容應該是對性別差異深具啟發性理念的學術研究之中，未能看見作者在這一方面有所發揮。舉例來說，邱文彬（2000）發表的〈後形式思考信念發展之性別差異初探〉一文，其中對於後皮亞傑派學者對後形式思考的特徵之闡述，例如：「瞭解到知識之相對性本質」、「接受矛盾為真實的一部分」、「矛盾、衝突的統整與綜合」等，讓我們會聯想到女性主義知識論的一些看法，例如 Belenky、Clinchy、Goldberger 和 Tarule（1986）探討女人探知的方式 [12] 一書，然而可預期到的，作者當然是沒有將討論關聯到這一方面，因為女性到底是如何思考的根本不是這位研究者所關心的（其實精確的說，男性的後形式思考信念是如何發展的，也不是他真正關心的），他只關心「性別差異」有沒有（統計上的）顯著而已，他也只關心他的研究結果跟過去那些人作的研究一致或不一致。[13]

　　邱文彬（2000：76-77）這篇研究在性別方面所作的討論也是相當粗淺而不深刻的：例如他提到中、老年女性比男性更需要後形式思考來解決照顧工作所帶來的責任與角色衝突，所以女人是後形式思考者的比例相對高於男性，作者就沒能更進一步作結構性因素之探討，或是將抽象的「後形式思考」更具體關聯到生動豐富的女人工作的經驗，這篇研究所展現出的抽象論述正好驗證了 Smith（1987: 55）所說的：在階級社會之中，「心智生產」變成了一種特權，是那些擁有與能夠支配生產工具同時又占用心智生產工具的階級所擁有的，以致社會學論述變成只反映出組織者的經驗，而組織者又多為男性，於是男性處置、管理、組織或控制場面的經驗成為一組強迫人們接受的知識範疇，羅織並強加於日常生活世界之上，成為思考與想像這一個世界的工具。

　　男性能夠將抽象的論述當成實際發生的事情，但是女性的觀點卻能讓

12　原書名是 *Women's Ways of Knowing*，中譯書名為《對抗生命衝擊的女人》（蔡美玲譯，台北：遠流）。

13　參見該文第 75 頁之討論。

研究以被壓抑的日常工作世界為出發點，從個人對於日常生活的運作知識著手，讓女人一向都在做的、為抽象概念賦予具體形式的實際活動能被看見，據此，相應要求的研究取向就應該是要「去闡明、描述與分析一組關係叢結，從特定人（們）的日常生活是如何組織起來的問題作為起始點，而非作抽象性的思考」（Smith, 1987: 150）。這是 Smith 所提出的「組織民族誌」（institutional ethnography），她稱此為女性主義研究的策略，也在其專書之中有相當詳細的闡述，但是台灣探討這個研究方法和運用此研究取向所作的經驗研究似乎仍舊不多。

從以上所舉出的幾個本土研究實例，可以發現 Smith 在十多年前所提出的這個深具洞察力的論點是十分適合放在台灣的性別教育學術研究上的。根據研究者的檢視，以上表 2 所列的期刊論文之中，有許多篇都是在探討依附關係的，也有前述所言的從文本媒介的論述中，尋找一個觀點作為研究的起點與終點，抽象討論概念與研究所得，跟行動者的實際活動脫節等問題，此處也就不再一一列舉了。

二、拒斥實證主義「客觀性」：從性別差異的變項分析到有衝突觀點的理解剖析

女性主義方法論強調要拒斥實證主義「客觀性」的假說，但是我們從主流教育期刊的方法論設計層面去分析，發現到性別幾乎在其中都只是一個人口變項，研究者藉此變項分析比較出男女之差異，而後用三言兩語的常識性話語或是既有性別迷思加以搪塞充作是解釋與討論，例如：

> 本研究發現男性的嫉妒程度與關係滿意度呈顯著負相關，但是在女性的部分則發現嫉妒程度與關係滿意度並無顯著相關。**其原因可能是一般人認為嫉妒是非常女性化的情感**，若女性將嫉妒適度的表達出來是可以被接受的。就因為社會觀念賦予女性將嫉妒抒發的權利，使得她們不致於因壓抑嫉妒而減低關係滿意度（林宜旻、陳皎眉，1995：303）。[14]

---

14 本段引文中的強調粗黑體字為本文作者所外加的。

研究者以為如此的解釋，很難令人滿意，有循環論證（tautology）之嫌：先發現女人的嫉妒似乎未對關係滿意度產生顯著影響，而後引用常識性的性別刻板印象自圓其說，再回頭肯定研究之發現是沒錯的。若是從女性主義的觀點來詮釋：我們也可以說大部分女性擅長處理情緒，且一向被教養要識大體，不會將嫉妒情緒全面無限擴散以致影響關係品質或滿意度。更何況，本研究取樣只限於一百二十六對特定年齡範圍（18-36 歲之間）的未婚男女，推論上就更不能泛泛以「嫉妒是非常女性化的情感」及「男性羞於表達嫉妒情緒」來作為解釋之基礎；因為年幼的男性女性、不同族群背景的男性女性、受過不同性別社會化的男女性可能都對嫉妒的表達有不同的認知、態度與行為。

類似的循環論證問題，在蔡秀玲、吳麗娟（1998：84）的論文之中也可以發現：她們先預設女性的關係需求較強，然後再依統計處理的結果詮釋說親子的依附關係或同儕的依附關係都不能真正滿足大學女生的情感需求，「所以其心中仍缺乏安全感，而有情緒適應的困擾」，引用常識性的性別刻板印象作為論證的起點以便合理化統計處理的結果，這是相當有問題的！我們由以上的分析不難發現：「性別變項」幫助了研究者完成了一篇篇學術論文，女人的處境卻未獲得任何改善，性別刻板化之現象仍然長存，甚至被一再複製。

Acker（1994）從女性主義觀點檢視一九六〇年至一九七九年間英國教育社會學的研究，她用「沒有女人的園地」（No-Woman's-Land）來指稱女性在英國教育社會學研究中被忽視的情形，回顧台灣的相關教育類研究，研究者將學術期刊論文題目或所列出之關鍵詞中有「性別」一詞挑選出來作一番檢視，發現這些論文都是有名無實：雖有性別之名卻無性別分析之實。[15] 性別主體經驗在其中完全不被討論，造成性別差異的原因也是敷衍以數言作為自圓其說的搪塞之詞，昧於既存父權社會結構運作現實者更是比比皆是，舉例來說，張怡貞（1998：67）文末的討論就出現「……

---

15 這些研究詳如表 2 所列，限於篇幅，將不再作細部舉證分析。

是否兒童本身性別差異，男孩較不興趣於閱讀課外讀物所致？在本研究調查的結果並不能確知」。既然不能確知，為何要用「兒童本身性別差異」來作暗示性推論？而什麼又叫作本身的性別差異？真的是男孩生下來就不喜歡讀故事書等課外讀物？我覺得這都是生物決定論的遺緒（或說餘毒）。另舉一例也是生物本質論的說法：

> 國內中年女性對個人死亡的關心程度比中年男性來得高，這可能是由於女性**天生**對身體疾病較為敏感與在意有關（李良哲，1997：175）。[16]

性別差異在此處被建構成是因為「天生」因素，所以之後的推論便可能是：這差異是不可逆的自然事實，只有因應調適，不可能改變之！這其實便是一種性別政治的運作。性別差異之被探討，只是因為性別是一項天生的人口學統計變項，且只是二分，方便比較與討論。Eichler（1989: 9）曾經指出研究之中所蘊涵的性別歧視問題包括「性的二元對立」（sexual dichotomism）一項，原因就是這種二元對立的思維有時候讓男性的知識生產者誤以為如此就是留意到或解決了性別不敏感（used as a "cure" for gender insensitivity）的問題。在本文所檢視分析的這些期刊論文之中，性別作為變項則似乎無關於 Eichler 所言的學術研究者是否想矯正研究中的性別歧視，充其量我們只能說那就是研究者們在缺乏性別意識的情形下所作的一項「便利的選擇」罷了！

另外一個值得探究的研究範例就是黃政昌、吳麗娟（1998）的研究，他們在研究論文中將準諮商員性別與督導員性別作為研究的主要變項，試圖探知準諮商員對督導的滿意程度，後來結果呈現出高低支持程度的督導方式也許比用「性別適配性」更有解釋力。這其實就是將天生性別拿來「大作文章」的一個例證，若我們明知性別是社會所養成與建構出來的，且會與階級、城鄉、族群、年齡、性取向、個人性格等因素交纏互動，如何還只是在研究中求取「一時方便」來「本質化」與「二元對立化」男女

---

16 本段引文中的強調粗黑體字為本文作者所外加的。

之別？而作者對此並無反省，還在研究建議中提出要將支持程度變項控制之後，才能準確解釋督導者與受督導者性別之間的適配性關係。他們仍不瞭解這中間的問題癥結是在於：即使研究者能控制所有變項（事實上在社會科學之中是很難到幾不可能！），性別差異的內涵或說性別所產生的影響效果也不是用組合配對的形式組合（即指男督導配女諮商員或女督導配女諮商員等）即可涵蓋或掌握妥當的！潘慧玲、梁文蓁、陳宜宣（2000：162）回顧與檢視教育領導碩博士論文也發現同樣的問題：性別雖進入研究者之視域，但作為探討的變項時，通常僅具附加價值，研究者常忽略檢視自己所用的理論是否具有多元觀點的正當性之一，使得女性聲音隱而不彰。事實上，筆者以為行動者的生命經驗與能動性也都在如此的研究之中被忽視，「男人」與「女人」都只是被研究再現成為可以任由研究者操弄的稻草人！

　　以上所述的問題在 TSSCI 期刊正式名單中的這四本教育類期刊之中，尤以教育心理類的兩份期刊（《教育心理學報》與《教育與心理研究》）更為明顯，其中十七篇的性別議題研究之中只有一篇是質量研究取向均採（但是這份論文之研究結果的呈現也是重視量化分析卻明顯輕忽質性資料詮釋結果），其餘 94.12%的論文均是清一色的實證主義研究派典（positi-vist paradigm）下之產物。[17] 而相應的分析，有些研究只在論文的資料處理一節以兩三句話交代其所使用的電腦套裝軟體與統計分析方法，而研究過程中非常重要的實質資料的呈現，即系統化的資料整理分析與說明闡釋卻付諸闕如，便逕下結論；似乎以為統計套裝軟體和統計考驗與分析便是萬靈丹，只要在研究中加以運用了，便可為所有的研究問題尋求解答；「不言自明」的謬誤結語處處可見，而其所謂的結論也僅僅是統計報表上的數字轉化成文字說明，做研究欲探討的終極問題──「為什麼」（why）及

---

17 關於這四個刊物整體的文章屬性為何，研究者根據「國內教育學門學術期刊評比研究」國科會專題研究計劃小組所發出的問卷調查表上的資訊發現：這四個刊物的實證性文章百分比依高低順序分別為：《教育心理學報》100%，《師大學報教育類》79.5%，《教育與心理研究》75.0%，《教育研究集刊》22.8%，其中只有一份刊物《教育研究集刊》是以論述性文章為主。

其解釋反倒不見蹤影。稍微好一些的教育研究，能就量化資料之分析，精確的分析出其中所反映出的實情，回答研究所提出的待答問題。但是基本上將這些跟性別議題相關的研究發現關聯到性別權力運作或是父權結構來談的，幾乎全無。教育過程的複雜性需要有相應的脈絡取向、開放性格局、詳細的經驗性描述及精細的分析來探討，教育問題的解決一定得超越出前測後測的解決模式（Wilcox, 1982: 477-478），性別教育的研究當然也是如此；然而，實證取向的教育研究者試圖營造出一客觀科學的概論來描述實體，卻常造成去脈絡化（decontextualization）的結果，將研究的客體從其脈絡中移除，以致意義也因而從研究的知識資訊中流失，知識訊息與意義常常因而分離（Fausto-Sterling, 1989）。而人本關懷的研究終極目的也常常在這主客體截然對立的研究過程中被揚棄或湮沒了！

三、強調研究倫理，思索研究過程與書寫之中的權力運作

　　教育研究領域之中，其實也早就出現過相關的異議觀點，例如 Gitlin（1990）檢討教育研究（educational research）之中所牽涉到的政治議題的專文之中，就試圖用強調對話（dialogue）取向的另一詞「教育性研究」（educative research）來挑戰傳統教育研究之中所蘊涵的方法論問題，而這波爭辯的核心議題其實也就牽涉到研究者與被研究者之間權力差距之問題。而若是論到女性主義陣營從性別面向所提出的挑戰性觀點，女性主義研究者強調從研究女人（on women）、由女人來研究（by women）到為女人來研究（for women），這個轉變的過程就是個知識的突破。研究之中所蒐集、引用與分析的主觀經驗不必然就是「不科學的」，反而是要藉由經驗的敘說讓行動主體之經驗能被貼近，研究者努力要在研究中達成「互為主體」（inter-subjectivity）的目標，主體經驗當然是一絕佳途徑。但是在本文所檢視的論文研究之中，幾乎很少見到行動者敘說的經驗資料，而且由於這些已出版的論文幾乎都是問卷調查或是實驗性質的研究成果，質性研究取向所強調的研究倫理，作者的反身自省（reflection）之相關書寫文字，當然也就沒有現身與立足的餘地，筆者先前檢視本土教育研究的專

文，就曾經提過相似的論點（參見游美惠，1997），在台灣近五十年來的教育研究中，罕見在研究之中披露研究者自身的定位處境，好似研究者是個超然的隱形透明人，對研究結果與研究對象是毫無影響的。此種預設立場其實是相當值得質疑與挑戰的。研究的貢獻不在誇耀彰顯知識本身，而應該是在關懷被研究者的利益或是改善其處境，所以在研究過程中反身自省研究者自己的（種族或族群、階級和性別、性取向）社會位置與發言位置並思考批判，也是不可或缺的。

針對研究過程與書寫之中的權力運作問題，研究者發現在所檢視的學術論文之中將母親與已婚婦女客體化與問題化的研究為數不少，舉例來說：張明麗、黃國彥、楊國賜（1999）用實驗法與問卷調查法探討女性教育人員退休後的心理適應問題，在緒論之中引述了一些西方研究說明女人比男性在退休前態度較不正面、要較長的適應期間、會有較高的焦慮、寂寞、憂鬱、沮喪、較低的士氣、心理上比較沒有幸福的感覺，先將退休的女人問題化而後為自己的成長團體實驗合理化成是有研究價值的。然後在文後的建議部分卻完全沒有性別的分析與討論，似乎多位研究者們也全都忘了要回歸到女性教育人員的經驗部分來作探討。[18] 前述的女性教育人員退休前後的「問題」是真的存在嗎？是否有所改善？我們無從得知。我認為這份研究中的女性就是被等同為實驗研究中的「白老鼠」。

另外一個也是以實驗處理方法在探討中年家庭主婦非理性觀念與健康狀態之影響的研究（黃正仁、鄭英耀，1997：195），呈現出的問題不同於前，作者在文末「討論」之中提到「本研究所有量表之填答皆是中年家庭主婦本身主觀的認知，……並不一定經由醫師檢查診斷後的實際客觀結果」。其實我們可以質疑：中年家庭主婦本身主觀的認知若是以言語來表達是否會更貼近他們的真實感受？量表是研究者的概念與工具，也許方便量化與系統分析，但失去的、或是未捕捉到的，也許更彌足珍貴。因為是

---

18 作者對於成長團體的課程提出活動時間與課程內容的建議，對於退休教育人員要「滿懷感謝，時時關心」，希望教育行政單位和學校要妥善運用這些退休教師之特長與主動聯絡他們，讓他們覺得被重視，完全是針對退休教師在作泛論。

研究者中心，因為對象是無權（力）的中年家庭主婦，所以用科學客觀的工具來作測量是最佳的？

另外一個研究是探討母親的兒童學習信念，將其與兒童的學業成就關聯來作調查研究（黃幸美、林美珍，1993），作者在緒論、文獻探討與結語之中幾乎都是以「父母親」來談論兒童的認知發展與學業成就相關問題，卻是為何抽樣對象只限於學童母親，是因為母親填寫問卷配合度高？還是研究者自己的性別意識型態認為兒童的學業成就是母親的責任？抑或是父親根本沒有所謂的「兒童學習信念」？如果今天研究題目改為「父親的兒童學習信念及其與兒童學業成就相關之探討」，難道研究就作不出來嗎？為何不會有這個研究問題產生？這當然跟既存的父權結構有關，但是我們看不到這一篇研究論文之中，有任何的隻字片語反省到自己的問題意識或是討論的過程中有這一方面的性別敏感度！

如上所述的這類問題，Eichler（1989）以「性別的適當性」（sex appropriateness）來指稱之，意指將人們養育小孩（child rearing）的能力與女人生殖（child bearing）的能力混為一談，後者才有性別特殊性（sex-specific），前者則是人類不分性別都擁有的能力（human capacity）。我們在台灣本土性別教育相關的經驗研究之中就發現了這一類實例屢見不鮮，本文所蒐集的論文之中，蘇建文、黃迺毓（1993）和蘇建文、龔美娟（1994）所著的關於母親與幼兒的依附關係相關研究，就都是不以為疑的將母親與幼兒的表現或教養問題作連結，完全排除父親的角色與影響力，也不在論文的探討之中考量父權結構或意識型態之作用。如 Eichler（1989）所言：用一套所謂「適合的性別角色」[19]（appropriate sex roles）來框限女性，造成性別不平等的雙重標準的偏誤存在於研究之中，我們在此就發現了許多明證可以呼應之。

在另一方面，女性主義研究希望擺脫將研究對象客體化的缺點，努力

---

19 Eichler（1989）其實也討論到一套所謂「適合的性別認同」（appropriate gender identity）同時也在研究之中發揮類似的作用，研究者認為，或許我們也可藉此理解為何同志議題在這些學術期刊之中完全沒有論述空間的情形。

朝向互為主體的目標，希望研究者對於性別偏見能敏銳察覺並解構之，不再如過往實證研究忽視被研究者的所思、所需、所愛與所惡，讓研究本身對研究雙方均有增能的效果。至於書寫本身所蘊涵的權力問題，除了前述所提的抽象語言、量化數字之外，在結論之中只與傳統既存的研究文獻比照（常常只是說明是否結果一致，連對話也都省了！），忽略要回歸到社會現實或是研究主體上，這是一大問題。成虹飛（1999）用寫信的比喻來談質性研究的書寫；希望對於書寫本身，能起一些批判效果並另開新局，促成研究者更積極主動去思考研究倫理的問題。我覺得這提供了一種改進的可能，值得考慮或進一步加以實現。

四、政治行動取向的性別研究

以上表 2 所檢視分析的論文之中，只有一篇研究是實踐取向的（洪久賢，2001）；而研究者的另一觀察就是「女性主義」一詞在這些研究之中尚屬稀有名詞。所以女性主義研究強調要有婦女運動的意涵，這個目標似乎跟這些在論文中提及「性別」的研究相距遙遠；當研究者只記得在研究的結論之中，提及「（未）達顯著水準」或是「（不）因個人基本變項的不同而有差異」，我們真的很難期待那些研究會對女性處境，或是性別教育有何改善的建議或啟發。

例如一篇探討已婚職業婦女的性別角色、成就差異與成功恐懼之關係的研究中，該名研究者將已婚職業婦女二分為「具備現代性別角色態度」與「具備傳統性別角色態度」，這除了有客體化與簡化女性經驗之嫌，作者在「討論」之中的論述更只是指出：「具備傳統性別角色的婦女仍以家庭為重，一旦全心投入工作，追求事業成功，可能會使自己在工作與家庭兩方面無法兼顧，帶來很大的困擾，……但在面對家庭與工作的抉擇時，婦女常被迫放棄此一發展機會是顯而易見的」（莊淑芳、陳彰儀，1994：473），這份研究依我的評估，便是缺乏政治意涵，不挑戰現狀，不剖析潛藏其下的權力政治，只在研究建議中指出：「婦女個人之性別角色態度會影響其成功恐懼程度。因此，諮商輔導工作者應可協助具有成功恐懼傾

向之婦女解決多重角色間的調適問題，以及在追求事業成功時之自我設限，幫助其解除在自我發展上的心理障礙」，又「丈夫之性別角色態度亦是影響婦女成功恐懼之重要因素。因此家庭治療及婚姻協談都是不可忽視的，藉由夫妻間的溝通及對雙方性別角色態度的重新建設，均有助於解除婦女成功恐懼之重要因素」（莊淑芳、陳彰儀，1994：473）。這種個人化的思維模式，早就被社會學者 Johnson 批評為太狹隘，會使得我們看不清事情與社會體系的來龍去脈（成令方、林鶴玲、吳嘉苓譯，2001：20）。然後只限於在性別角色態度上思索問題，更將性別這種攸關資源分配、權力支配的問題化約成只是人際溝通或是個人心理調適的困擾，對於堅持主張「個人的就是政治的」之女性主義者來說，是沒有說服力、並且也可以說是沒有研究效度的學術研究。

吳秋月、吳麗娟（1999）同樣在研究建議之中提出「諮商員可從……」、「諮商員需要瞭解……」，以及「父母不在子女面前爭吵……」類似主張，問題其實都是出在「去政治化」（de-politicized）上；不是不能將研究延伸的實務或理論意涵關聯到諮商工作或任何個體，但是需要留意的是不能「停留在個人的層次，甚至有時會以此來反挫女性主義所呼籲的結構性改變」（趙淑珠，2001）。而且此研究同時還存在著一個如 Eichler（1989）所言的「家庭主義」的問題，預設家庭對每一個個體的影響力都是相同的，浮現二元對立的比較，父親與母親的肢體和語言暴力之影響、婚姻正常與父母離婚、不同性別之子女知覺等差異，這都是有待再深入探討的議題。

關於研究的政治行動取向，另外有一篇周祝瑛（1993）的研究，探討國內大學教師收入的性別差異，雖然在文末結語之中提到了「性別歧視」（gender descrimination）的問題，卻只是三言兩語的以多數受訪者不願承認有此問題而草草以「答案未知」作結，依筆者看來，這就是在迴避性別政治的議題，為何不能在論文的稍前分析部分多作深入探討？這種對於性別權力結構之批判只能以如此淡化處理、欲言又止的形貌出現，也許正就是反映出學術制度中的另一個問題。

Longino（1989）在討論研究之價值中立（value-neutrality）的問題時，曾經主張要將研究之內的「基本構成性」價值（"constitutive" value）與「脈絡情境性」價值（"contextual" value）區分開來，前者指的是決定方法規則的基本價值，後者指的是在精確科學研究實務之外的、受到社會與文化所影響的價值，兩種價值密不可分，其實沒有所謂的「壞科學」（指內含有脈絡情境性價值的科學研究），因為所有的研究都包含有這兩種價值在其中。但是我們可以延伸此論點來思考教育研究中「建議」部分所蘊涵的問題。儘管提出具體的建議或可行的改善之道是實證取向的教育研究責無旁貸的研究任務之一，但若其建議與研究發現無關，只為虛應文章或擴充研究報告的篇幅，則難免有客體化研究對象的嫌疑。研究若是被當作累積文化資本的晉升階梯，那麼「理論常與實踐異化，學院的學術研究亦常與教學實踐疏離」（林瑞榮，1997），便是可預見的結果了！在研究者所蒐集來的這些期刊論文之中，雖是一篇篇標榜「性別」議題的研究，建議的部分卻常只是關心研究的工具可以如何再精進、可以再將同一套研究方法與步驟施加在那些人身上、研究對象可以再如何被操弄以便達到更佳的實驗或測量效果等問題，那些教育研究專家似乎毫不關心其研究中的女性──也許是學童的母親、青少年的媽媽、先生的配偶或是退休的女性教育人員，連基本的關懷都談不上，更別期望其研究會有什麼政治行動的取向了。

伍、知識論的議題：看見女性的存在經驗與發言立場

本研究之分析僅聚焦於主流教育期刊中標題或關鍵詞中有性別相關詞語的學術論文進行檢視，希望未來的女性主義觀點性別教育研究能在這些期刊之中有更多露臉現身的機會；當然也同時期待有更多的教育研究論文，不論主題是不是性別，都能夠從性別的觀點來思考與反省。根據以上的分析，我們可以發現到：不論是就研究進行的嚴謹程度與問題定義資料

解釋等之科學價值來看，或是針對政治立場與經驗事實之間的價值辯論，的確是呼應了 Stanley（1997）為其文章所下的標題——方法論至關緊要，但是在這裡筆者更要補充說到：知識論更不容忽視！在一九九七年筆者曾經在一個師範院校學術論文研討會中發表一篇探討教育研究與教育改革的文章之中，申論知識論之重要性：「到底是什麼構成了教育學（研究）的知識？在過去台灣的教育知識建構的歷史過程中，誰是研究者？誰又是被研究的對象？誰握有詮釋界定問題的能力？誰又是被詮釋界定的客體？」（游美惠，1997），如果只是要求方法論之精進而不思索知識建構所牽涉到的權力問題，研究只是一個異化的生產勞（活）動，研究只是能將探究技術與理論觀點操弄精確的知識／權力論述遊戲。謝國雄（1997：311）探討社會學研究進行的相關議題時曾經指出，在建構研究對象的具體操作上，首先是要「對問題、對象與思考工具作社會史的考察，亦即：對社會建構的歷史作考察。問題是如何逐漸被建構成形的？亦即探討：經由鬥爭、競爭等集體運作，用以讓這些問題被知道、被認為是正當的問題，亦即：被允許、可出版、公開的、合法的」。延伸這樣的看法來思索教育研究的問題，我們可以思索性別議題在過往的教育研究是如何的被建構——只是由於生物本質的基礎延伸後而有的一個人口學變項？或只將女人視為是方便探究與實驗的對象？而我們當今的性別教育研究如何經由女性主義方法論與女性主義知識等論述實踐，讓性別政治在教育場域的運作被知道、被認為是正當且值得認真對待且嚴肅探究的研究問題。

父權體制下的研究法，不但排除女人的經驗，更會成為壓迫女人的幫凶（Mies, 1983: 118），也就是說，女性主義者也漸漸發現到：不能只是爭取接受知識、受教育的權利，更要積極地成為知識的創造者。此外，Ollenburger 和 Moore（1998）也指出，不斷發展的女性主義研究，有許多的議題需要被審慎注意和再檢驗。我們需要挑戰許多傳統學術的研究歷程，包括什麼是被歸為合法的研究方法、什麼研究主題的該被選擇，而關乎女性生命的重要議題又為了什麼被忽略。傳統學術上父權式、去意義化的語言一再被運用，也是我們務必挑戰的重點，當我們在高喊教育改革並

期望能劍及履及的有建設性的變革出現之時，研究領域若昧於現實不求精進，則恐怕會成為實務改革的絆腳石或成為另一個有待改革的對象罷了！

　　本文運用女性主義方法論的主張來檢視這些名列 TSSCI 名單上素具學術聲望的期刊論文，研究本身所呈現出的單一霸權觀點（不論是問題意識、研究取向或是書寫上），整體而言是讓人不滿意的。可能造成的衍生結果之一就是：正因為主流教育界不重視性別議題，所以具有性別意識的教育論文並沒有選擇在主流教育期刊上發表，而會去選擇對於女性主義較為友善、或討論較為深刻的非教育類期刊；或者我們也可以換個角度來說：希望在期刊評比之考量項目之中，能考量這類性別政治的議題，讓教育學術期刊不是性別意識的絕緣體。當我們學術研究者在從事知識之生產時，一方面我們自我提醒要不盲從客觀指標的權威，另一方面我們也無意要激進地全盤推翻學術社群應有一套規準之存在價值，但是在既有的性別化的學術生產過程的把關下，以及知識論上的性別盲點未曾被言明挑戰的情形下，女性主義性別教育研究的存在與發言在這套主流的學術研究價值評價系統中，是否能突破重圍，有出人頭地的境界？這是值得持續觀察的！

參考文獻

成令方、林鶴玲、吳嘉苓（譯）（2001）。A. Johnson 著。見樹又見林。
　　台北：群學。

成虹飛（1999）。報告書寫的困境與可能性——寫給愛好質化研究的朋
　　友。新竹師院學報，**12**，27-42。

何秀煌（1982）。從方法論的觀點看社會科學研究的中國化問題，載於楊
　　國樞、文崇一（主編），社會及行為科學研究的中國化（頁1-29）。台
　　北：中央研究院民族學研究所。

李良哲（1994）。個人、社會支持、婚姻變項與婚姻衝突因應行為之相關
　　研究。教育心理與研究，**17**，391-424。

李良哲（1996）。大台北地區已婚者婚姻衝突因應行為之年齡與性別差異研究。**教育心理與研究，19**，169-196。

李良哲（1997）。國內中年人關心的生活課題之探討研究。**教育心理與研究，20**，141-180。

李良哲（1999）。維繫婚姻關係重要因素的成人期差異初探。**教育心理與研究，22**，145-160。

林宜旻、陳皎眉（1995）。愛情類型、嫉妒與關係滿意度之相關研究。**教育心理與研究，18**，287-311。

林瑞榮（1997）。**國小鄉土教育理論與實踐的對話**。論文發表於國立台灣師範大學教育學系主辦之「多元文化教育的理論與實際」國際學術研討會，台北。

周祝瑛（1993）。學術獎酬制度中性別差異之研究——以台灣地區大學教師之收入為例。**教育心理與研究，16**，475-500。

吳秋月、吳麗娟（1999）。子女知覺父母婚姻暴力經驗、社會支持和共依附之關係。**教育心理學報，31**（1），63-88。

吳麗娟（1998）。父母自我分化、教養態度對青少年子女自我分化、因應策略及適應影響之研究。**教育心理學報，31**（1），91-132。

邱文彬（2000）。後形式思考信念發展之性別差異初探。**師大學報：教育類，45**（1），61-82。

邱文彬、林美珍（1999）。大學生發展成熟的人際關係中親密性能力的發展：自我揭露與自主性之年級與性別差異的探討。**教育心理學報，31**（1），37-62。

洪久賢（2001）。教師性別教育專業成長之分析研究。**師大學報：教育類，46**（2），213-232。

洪淑敏（2003）。**國小低年級學童性別角色觀及性別刻板印象之研究**。國立中山大學教育研究所碩士論文，未出版，高雄。

徐富珍、陳皎眉（1997）。她們覺得不公平嗎？——女性工作者社會比較歷程之探討。**教育心理與研究，20**，355-398。

孫世維（1997）。親子依附與分離—個體化：大學時期的發展。**教育心理與研究**，**20**，271-296。

教育部（1998）。**國民教育階段課程總綱綱要**。台北：教育部。

許桂華、何英奇（1998）。父母獲取順從策略及其影響因表之質性研究。**教育心理學報**，**30**（1），195-220。

莊淑芳、陳彰儀（1994）。已婚職業婦女知覺之夫妻性別角色及成就差異性與其成功恐懼的關係。**教育心理與研究**，**17**，455-476。

郭至豪、郭靜晃（1997）。台北市單親家庭青少年生活壓力、福利服務介入與其心理健康之研究。**教育心理與研究**，**20**，243-270。

陳惠雯、林世華、吳麗娟（2001）。婚姻衝突、家庭界限與青少子女適應之相關研究。**教育心理學報**，**32**（2），143-166。

陳惠娟、郭丁熒（1998）。「母職」概念的內涵之探討——女性主義觀點。**教育研究集刊**，**41**，73-101。

陳建志（2000）。台灣地區科系、職業性別隔離與收入性別差異之變遷。**教育心理與研究**，**23**，285-312。

黃正仁、鄭英耀（1997）。理情團體學習課程對中年家庭主婦非理性觀念與健康狀態之影響。**教育心理與研究**，**20**，181-201。

黃幸美、林美珍（1993）母親的兒童學習信念及其與兒童學業成就相關之探討。**教育心理與研究**，**16**，413-458。

黃芳銘、楊金寶（2002）。國中生家庭階級影響偏差行為模式之研究。**師大學報：教育類**，**47**（2），203-230。

黃政昌、吳麗娟（1998）。準諮商員性別、督導員性別及支持程度對準諮商員知覺督導滿意度、接受督導意願及自我效能之影響研究。**師大學報：教育類**，**43**（1），87-119。

張玨、白慧娟、王舒芸（1998）。體檢國小教科書——小一道德與健康篇。**教育研究集刊**，**41**，17-51。

張明麗、黃國彥、楊國賜（1999）。退休成長團體對女性教育人員心理適應之影響。**教育心理與研究**，**22**，355-386。

張如慧（1998）。如何創造多元文化的兩性平等教室。**教育研究集刊，
41**，103-118。

張怡貞（1998）。國小男女學童知覺父母對對其教育關注與期望調查。**教
育研究集刊，41**，53-71。

游美惠（1997）。**教育研究與教育改革：知識論與方法論的反省**。論文發
表於教育部主辦，花蓮師範學院承辦之「八十六學年度教育學術研討
會」，花蓮。

游美惠（1999）。性／別平權教育與女性主義的社會學分析。**兩性平等教
育季刊，7**，32-51。

詹志禹（1992）。年齡與同理心的性別差異。**教育心理與研究，15**，
259-276。

葉碧玲、葉玉珠（2001）。國中生性別、年級、父母教育程度、批判思考
與情緒智力之關係。**教育心理學報，32**（2），45-70。

趙淑珠（2001）。性別意識：對諮商員的反省與提醒。**兩性平等教育季
刊，16**，96-109。

潘慧玲（1998）。檢視教育中的性別議題。**教育研究集刊，41**，1-15。

潘慧玲、梁文蓁、陳宜宣（2000）。台灣近十年教育領導碩博士論文分
析：女性主義的觀點。**婦女與兩性學刊，11**，151-190。

蔡秀玲、吳麗娟（1998）。不同性別大學生的依附關係、個體化與適應之
關係。**教育心理學報，30**（1），73-90。

謝小芩、楊佳羚（1999）。**教育研究中的性別論述：十年來台灣性別與教
育的文獻回顧**。論文發表於台灣社會學社主辦，東吳大學社會系承辦
之「跨世紀台灣社會與社會學研討會」，台北。

謝臥龍、方德隆、張鈺珮（1998）。國中教師對兩性平等教育課程的態度
影響之研究。**教育研究集刊，41**，223-257。

謝國雄（1997）。田野的洗禮，學術的勞動。**純勞動：台灣勞動體制諸
論**。中央研究院社會學研究所籌備處專書第二號。台北：中央研究院
社會學研究所籌備處。

蘇建文、黃迺毓（1993）。幼兒與母親間依附關係與其學校社會能力表現之研究。**教育心理學報，26**，23-51。

蘇建文、龔美娟（1994）。母親的依附經驗、教養方式與學前兒童依附關係之相關研究。**教育心理學報，27**，1-33。

Acker, S. (1994). No-woman's-land: British sociology of education 1960-79. In *Gendered education: Sociological reflections on women, teaching and feminism.* Philadelphia: Open University Press.

Belenky, M. F., Clinchy, B. C., Goldberger, N. R., & Tarule, J. M. (1986). *Women's ways of knowing.* New York: BasicBooks.

Cook, J., & Fonow, M. (1986). Knowledge and women's interests: Issues of epistemology and methodology in feminist sociological research. *Sociological Inquiry, 56,* 2-29.

Eichler, M. (1989). *Nonsexist research methods.* Boston: Allen & Unwin.

Fausto-Sterling, A. (1989). Life in the XY corral. *Women's Studies International Forum, 12*(3), 319-331.

Gitlin, A. D. (1990). Educative research, voice, and school change. *Harvard Educational Review, 60*(4), 443-466.

Graham, H. (1984). Surveying through stories. In C. Bell & H. Roberts (Eds.), *Social researching: Politics, problems, practice.* London: Routledge & Kegan Paul.

Harding, S. (1986). *The science question in feminism.* Milton Keynes: Open University Press.

Harding, S. (1987). Introduction: Is there a feminist methodology? In S. Harding (Ed.), *Feminism and methodology* (pp. 1-14). Milton Keynes: Open University Press.

Longino, H. (1989). Can there be a feminist science? In A. Garry & M Pearsall (Eds.), *Women, knowledge and reality.* Boston: Unwin Hyman.

Mies, M. (1983). Towards a methodology of feminist research. In G. Bowels & R. D. Klein (Eds.), *Theories of women studies.* London: Routledge & Kegan Paul.

Mies, M. (1991). Women's research or feminist research? The debates surrounding feminist science and methodology. In M. M. Fonow & J. A. Cook (Eds.). *Beyond methodology: Feminist scholarship as lived research.* Bloomington, IN: Indiana University Press.

Ollenburger, J. C., & Moore, H. A. (1998). Schooling and women. In *A sociology of women: The intersection of patriarchy, capitalism & colonization* (pp. 117-158). Upper Saddle River, NJ: Prentice-Hall.

Reinharz, S. (1992). *Feminist methods in social research.* New York: Oxford University Press.

Smith, D. (1987). *The everyday world as problematic: A feminist sociology.* Boston: Northeastern University Press.

Stanley, L. (1984). How the social science research press discriminates against Women. In S. Acker & D. W. Piper (Eds.), *Is higher education fair to women?* (pp. 189-209). London: Nelson.

Stanley, L. (1997). Methodology matters ! In V. Robinson & D. Richardson (Eds.), *Introducing women's studies* (pp. 199-219). New York: New York University Press.

Stanley, L., & Wise, S. (1979). Feminist research, feminist consciousness and experiences of sexism. *Women's Studies International Quarterly, 2,* 359-74.

Stanley, L., & Wise, S. (1983). *Breaking out: Feminist consciousness and feminist research.* London: Routledge & Kegan Paul.

Stanley, L., & Wise. (1991). Method, methodology and epistemology in feminist research processes. In L. Stanley (Ed.), *Feminist praxis* (pp. 20-60). London: Routledge.

Wilcox, K. (1982). Ethnography as a methodology and its application to the study of schooling: A review. In G. Spindler (Ed.), *Doing the ethnography of schooling: Educational anthropology in action* (pp. 456-488). IL: Waveland Press.

討論文章：

「從方法論的要求到女性主義方法論的追求」

畢恆達

游教授這篇論文係以近十年來名列 TSSCI 的四本教育學術期刊上有關性別教育的論文作為分析對象，分別從性別反省、科學／客觀性、研究倫理、政治實踐等四個面向進行討論與解析。這四個分析面向事實上就很清楚反應女性主義方法論的特質。傳統的主流研究方法很少談倫理，不談研究者，也把政治實踐排除在科學研究之外。然而女性主義拒斥客觀主義，強調研究者的自我反省。我同意游教授的看法，女性主義方法論是觀點不是方法或技術。Reinharz（1992）的女性主義方法一書中，包括了實驗、問卷、訪談、參與觀察、行動研究、民族誌等許多不同的研究方法。所以真正能夠區別女性主義研究的是方法論／知識論，而不是方法或技術本身。就像是質性或量化研究的爭辯，量與質的研究其實並不必然與實證／詮釋（建構）論有一對一的對應關係。但是不同的知識論立場卻會對於訪談、三角檢證（triangulation）、說謊等現象有截然不同的解釋與應用。如果就大的研究方法分類也是如此，不過我們還是可以從方法操作的具體內容出發來討論知識論或女性主義。例如標準化問卷訪談，將訪談視為刺激反應的過程，為了確保給受訪者完全相同的刺激，一個理想的訪員其實是一個機器人。Smart（1984）認為當女性訪員訪談握有權力的男人時，會受到雙重壓迫，因為女人不可以插嘴、訪員不可以亂問問題；結果女性訪員的沈默又加強了社會中既存的性別歧視。Eichler（1989）在《無性別歧視研究方法》一書中，也指出整個研究過程中，包括研究設計、研究工具、寫作語言、政策評估與建議等，可能存在的性別歧視，包括男性中心觀點、過度推廣、性別不敏感、雙重標準。這些觀點也許可以作為游教授修改論文時的參考。

　　回到游教授的論文本身，針對十年四個教育學術期刊相關論文的分析顯示，有關性別／教育的研究論文數量仍偏少，而其中性別又大都只是研究變項，而不是一種研究觀點。這清楚反映了主流教育學界對於女性主義的漠不關心，雖不令人意外，仍為人所不樂見。只是會不會還存在其他可能性，正因為主流教育界不重視性別，所以具有性別意識的教育論文並沒有選擇在主流教育期刊上發表，而選擇對於女性主義較為友善、或討論較

為深刻的期刊呢？我嘗試經由國家圖書館的「中華民國期刊論文索引影像系統」查詢同時有「教育」與「性別」二個詞的文章，如果查詢所有欄位這十年來就有約四百篇左右，如果只查詢篇名，也有約一百二十篇。扣除游教授所分析的四本教育期刊以及非學術性的期刊雜誌（如《輔導季刊》、《兩性平等教育季刊》）之外，還有很多出現在其他教育相關學報（如新竹師院、台南師院、屏東師院），以及《婦女與兩性學刊》、《調查研究》、《歐美研究》、《經濟論文叢刊》、《東吳社會學報》、《新史學》等學術期刊的相關論文。當然我並沒有對這些論文進行任何的分析，不過游教授本人就在二〇〇二年在女學學誌上發表〈身體、性別與性教育：女性主義的觀點〉（游美惠，2002）這篇論文。游教授可能是刻意凸顯教育學術界主流的現象，不過如果能夠加入其他期刊的相關論文，不知道會不會讓我們較為樂觀，得到較大的鼓舞。如果我的假設為真，則這個現象本身也是一個值得深入分析的學術現象。

本篇論文第二個分析向度是：客觀性。許多量化研究都會自然而然將性別視為理所當然的變項，然而一方面性別只分為男與女二種（忽略其他跨性別的可能性），另一方面研究者不見得有性別理論支持。於是就會出現游教授所說的循環論證，亦即用常識（很可能就是性別刻板概念）來解釋性別差異。我也曾經讀過一篇關於婚姻同質與婚姻適應的研究（林松齡，1998），研究者一方面排除妻比夫高（年齡、收入、教育程度等）的樣本，一方面沒有對婚姻滿意度或夫妻同質性的量表進行深刻的反省，以致於會出現婚姻關係中「夫唱婦隨」、妻子對丈夫尊重與仰慕者，其婚姻適應或滿意度較高這樣的發現與結論。同樣地，在一篇〈少年食用早餐與偏差行為之調查研究〉（許春金、馬傳鎮，1994）中，作者發現母親的教育程度為研究所、母親不在家做早餐的家中小孩，偏差行為相對較多。上述這些論文，把研究發現視為對於既存客觀事實的「發現」，忽略了其實研究結果乃研究「建構」的結果。再者這些分析往往忽略了社會脈絡或社會結構層面的分析，因此作者對於研究發現的呈現與對於研究脈絡討論的沈默，可能正應和了主流的性別意識型態。少年食用早餐的研究中，作者

發現早餐吃米食的小孩比吃麵食的小孩偏差行為較少，而很湊巧的，這個研究的支助單位是糧食局。

在第三與第四個分析面向中，游教授則分別從研究倫理與政治實踐的觀點指出，研究應能讓女性發聲，而不是將學術語言強行加在女性的生活之上；研究也應該能夠讓女性得到能量（empower），進而能採取行動以改變社會的性別現狀。一個小建議，作者談到研究書寫的議題，也許可以針對所有的論文分析有哪些的論文使用「我」來指稱研究者；有哪些論文除了作者姓名之外，透露了作者的性別；有哪些論文寫作清楚地討論與反省研究者的研究角色。

談到如何消除性別歧視與壓迫，建構一個性別平等的社會，我們經常會寄望於教育，然而如果教育的主流研究者以及研究論文是如此的沒有性別意識，那真是令人憂心。游教授這篇關於教育研究期刊中性別論述的分析，可以是一個起點與鞭策，期待有更多的教育研究論文，不論主題是不是性別，都能夠從性別的觀點來思考與反省。

參考文獻

林松齡（1998）。**婚姻同質性與婚姻適應**。國科會社會組專題計畫成果發表會論文集。台灣社會學社、中央研究院社會學研究所籌備處。

許春金、馬傳鎮（1994）。**少年食用早餐與偏差行為之調查研究**。台北：中央警官學校。

游美惠（2002）。身體、性別與性教育：女性主義的觀點。**女學學誌：婦女與性別研究**，**14**，81-117。

Eichler, M. (1989). *Nonsexist research methods.* London: Allen & Unwin.

Reinharz, S. (1992). *Feminist methods in social research.* New York: Oxford University Press.

Smart, C. (1984). *The ties that bind: Law, marriage and the reproduction of partriarchal relations.* London: RKP.

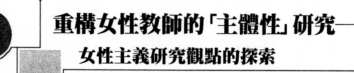

重構女性教師的「主體性」研究——
女性主義研究觀點的探索

卯靜儒

壹、前言：性別意識覺醒的再探索

閱讀國內有關女性教師或性別關懷的研究論文（如林昱貞，2000；黃燕萍，2000；游美惠，1999 等），女性教師性別意識的覺醒與批判能力，通常被認為是進行性別平權教育的首要途徑。因為檢視反省個人教學中可能存有的性別偏見，需要先提昇個人性別意識的識覺能力。其假設是：如果女性教師能具有性別意識覺醒，那麼無所不在、滲透的性別偏見才能被察覺，察覺之後才能有所批判與行動。我也覺得性別意識的覺醒很重要，但問題就在「覺醒」二字。什麼樣的經驗、思考與轉化，才得以被視為是一種性別意識的覺醒？誰來定義哪一種經驗、思考與轉化才叫覺醒？覺醒的過程又是如何？在覺醒的論述中，抗拒又是如何被對待？為何會有抗拒？抗拒什麼？

我們往往會把性別當作討論的起點，因為它很容易取得共識——我們都是女人，女人共同的經驗就成為我們討論的起點。但對於女人這個概念的形成，或女人經驗的差異性等，卻鮮少進一步探索，或開發反省批判的空間。固然，沒有單一的女性主義理論可以解釋所有女性經驗上的差異，也沒有一種世界共通性的「女人」這個類別，可以包容所有女性的差異。但是，解構研究中女人這個類別概念，卻是研究者重構女性教師「主體性」研究的再出發。

這篇文章，主要嘗試探索「女人」這個類別概念，在不同女性主義理論下是如何被建構的？而第三波女性主義又是如何解構「女人」這個類別開始？位置性的概念如何解釋女人之間的差異？它提供怎樣的反省空間，讓我們重新檢視傾女性主義（pro-feminist）的研究者對女性經驗、知識、發聲……等的詮釋觀點？研究者可以如何超越這些研究觀點的局限，開發可能的研究視野與空間，以豐富女性主義研究的知識庫？

貳、第三波女性主義：解構「女人」這個類別！？

女性主義一詞源自十九世紀法國，意指婦女運動，但後來被廣泛使用，也被賦予不同的意義。至今一般人傾向把女性主義視為是以政治行動爭取性別平等的企圖和慾望（謝小芩譯，1999）。在爭取性別平等的企圖和慾望過程中，對於性別的定義，或女性／男性的定義也持不同的看法，這些看法上的分歧也導致性別研究取徑的不同，和政治運動策略上的分歧。Yob（2000: 387, 403）曾將美國女性主義發展的歷史區分為三期，其中各代表對性別平等的不同看法和理念。Yob 認為美國第一波的女性主義是在一九二〇年代為了爭取女性的選舉權。第二波則是在一九六〇年代的民權運動中，女性主義運動者所訴求的墮胎權、教育機會和工作機會均等權，法律平等權......等，這些權力的訴求並不是孤立的，而是與人們性別態度上的轉變、對自我的瞭解，以及新形式的性別知識的形成等皆有關。其中包括相信所有的女人都會因其女性的身分而團結起來。但是「姊妹情誼力量大」[1]（sisterhood is powerful）的信念，在第三波的女性主義運動中受到挑戰。對於姊妹情誼的重新思考、「身為女人等於受害者」的論述批判，和如何重新處理女性之間的差異問題成為第三波女性主義[2]的主要特徵。

不同於 Yob 將女性主義的發展以權力訴求和時間的向度所作的區分，Alcoff（1994）也曾經將女性主義理論發展的潮流區分為自由主義女性主義，文化論女性主義，和第三波的後結構主義的女性主義。其主要探討的

1　「姊妹情誼力量大」這句經常重複的口號，依照 Patricia T. Clough（夏傳位譯，1997）書中的說法，認為其最早出現在一本編選的女性主義文章選集書名。見 Robin Morgan (Ed.) *Sisterhood Is Powerful: An Anthology of Writings From the Women's Libertion Movement*（New York: Vintage Books, 1970）。

2　也有人將第三波的女性主義稱為「後女性主義」，其源於法國的女性主義。相對於英美的女性主義目標要改變家庭和工作領域的社會結構，進而顛覆父權體制，法國的女性主義企圖在論述空間中打造女性空間，從而顛覆父權力量。

方式是將「女人」（women）這樣的概念問題化（problematize），因為它是女性主義理論形成的核心概念。Alcoff 認為當今女性主義理論學家面臨的主要困境是女性主義者作為自我定義的主要概念——「女人」，正是需要被解構與去本質化的。自由主義的女性主義者認為女性應該跟男性一樣穿著西裝進到男人的世界，但文化論的女性主義者強調女性內在特質的正面性，認為自由主義的女性主義所提倡的女人定義，還是以男性為主體的觀點下所定義的，它和女性的觀點不同，也不能代表女人的利益。

Alcoff 認為文化論女性主義者也沒跨越多大的腳步，事實上他們並沒有挑戰女性的定義，他們只是挑戰被男性定義的女人特質。她認為文化論的女性主義者也逐漸朝向一種非歷史、本質論的女人概念。後結構主義者認為，文化論女性主義所提出來的性別差異，強調女性內在特質的正面性，這樣的觀點雖然一方面可將被視為是「受害者」的女性特質，轉變成「力量」的來源（Yob, 2000: 385）；但另一方面，這種女性陰柔特質的建構，有時也會陷入性別的本質主義，認為男女的性別認同在生理、心理與社會層面上是固定不變的或是被決定的，這樣的本質主義觀點，無法關照任何改變的可能，而會陷入強迫性的母職，以及缺乏身體的自主。

後結構的女性主義，藉由 Derrida 的語言解構（參考 Culler, 1982; Derrida, 1976）和 Foucault 的權力論述（參考 Foucault, 1973, 1984），指出女人這個類別的虛構性。後結構的女性主義認為文化論女性主義所提出來的性別差異，其實也只是凸顯 Derrida 所言的男女二元對立的一個差異結構。而在這個對立關係中，其中一個詞總是比另一個詞受重視，例如在男女二元對立的詞中，男性優越於女性。女人意符（實體要素，女人的發音或符號）和女性意指（精神要素，女人的概念）之間的關係並不是任意獨斷，而是被啟動的（motivated）。Derrida 認為西方思想的基本驅力，就是要將真理裝在一個單一、最終極的源頭上，因此西方哲學總是在尋找穩定的基礎，如基準、邏輯性原則或核心概念，而這些就是所有思想探索、表述與陳述的根基，這就是 Derrida 所謂的西方的 Logocentrism。而西方社會對於女性／男性的看法，就是在獨尊陽具的 Logocentrism 啟動之下（又稱之為

Phallogocentrism），而建立的性別關係，它並不是任意獨斷的。

對後結構主義的 Foucault 而言，他的權力系譜學則是要解構所有一切被建構的「非中心」（off-center）的主體。Foucault 的權力系譜學提供女性主義研究者一種性別規訓的觀點，探討規訓的社會是如何形成一種規範和控制的自我合法化的系統，使得人們屈從於性別系統的規格，並配合社會而自我管制（Foucault, 1977, 1978）。

藉由後結構主義的理論，它解釋了為何「作為女人」並不會讓女性自然連結在一起。「作為女性」本身就是一個高度複雜、由科學論述等社會運作所建構的範疇，而這些建構機制是需要被挑戰的。過去女性主義假設所有的女人都會因其女性身分而團結起來，並沒有考慮其他的差異對於「作為女人」這樣認知的影響。把差異普同化的結果，卻是抹煞了所有的文化差異。Alcoff 認為受到 Derrida 和 Foucault 思想啟發的後結構主義對女性主義理論發展的貢獻有兩方面：一、後結構主義的解構性，為女人的自由創造更大的論述空間；二、它超越了文化女性主義和自由女性主義，而看到女性「主體性」這個議題的複雜性（Alcoff, 1994: 105）。

後結構觀點的女性主義去本質化（de-essentialize）女性的定義，賦予性別論述更大的空間（參考 Bulter, 1999: vii-xxvi）。但這樣的解構，也有其弔詭之處，因為如果跟隨著 Derrida 和 Foucault 的腳步，女性主義的實踐最後會變成完全負面的，解構所有一切，拒絕一切被建構的東西。這樣完全負面的女性主義是不是會變得完全沒有政治立場可奮鬥，因為他們的政治立場就是拒絕所有一切有限的、結構的、被定義的，其中包括女性主義所仰賴的核心概念「女人」這個類別。

參、位置性概念重構女人的主體性

一如前面所討論的，解構女人這個概念，一方面開拓女性主義研究的論述空間，但它同時也創造了女性主義理論發展的困境。假如性別只是一種社會建構，那麼女性主義者能為女人做什麼？如果女人這個類別是不存

在的，那麼女性主義的理論知識如何發展？這不只是女性主義者的實踐困境，也是理論知識發展的困境。Alcoff 為了解套這樣的困境，提出了位置性（positionality）的概念。Alcoff 的位置性概念，強調每一個人的位置開始於其現存的物質的、文化的、歷史的所處自我。女人的天生本質是被給予的，女人之所以被定義，並不是因為其特定的一組特性，而是其所在的特定位置，而且外在的環境也會決定其相對的位置。在每一個處境中，這樣的位置總是繼續不斷地跟著她。因此，性別的認同也需要位置性的定義。Alcoff（1994: 116-117）說：

> 當「女人」這個概念不是被一組特定的屬性所定義，而是被其特殊的所處位置所定義時，人的內在特徵就不會像人所處的脈絡情境那般常被指涉。外在的情境決定一個人的相對位置，就像棋盤中的卒棋一樣，它的安全或危險，強或弱，都得視其與其他棋子的關係而定......關係性的定義讓女人的認同是相關於一個持續轉變的情境，以及包含了他人、客觀的經濟狀況、文化和政治機構、以及意識型態等等，女人的位置是相對的，不是天生的。但是她也不是無法被決定的......我認為主體性本身（或身為女人的主體經驗）和女人的認同是建立在女人的位置（position），但是這樣的觀點，不該被暗指為「女人」的概念是受外在因素所決定，女人只是被動的接收者，而她的認同是被外在力量所創造出來的。相反地，她自己本身也是歷史的一部分，流動的，對於能描述她位置的外在脈絡，她自己也主動貢獻了一部分…因此，所謂位置性的概念包含兩個重點：第一，女人的定義是一個關係性的詞，只能在一個持續不斷變動的情境中被指認。第二，女人發現自己的所在位置，它可以積極被用來當作建構意義的地點，或者一個地方，在這裡意義可以被發現（女性的意義）（the meaning of femaleness）......所以當女性變成女性主義者時，重要的不是她們學得有關世界的新事實，而是她們已經從不同的位置重新看待這些事實，也就是她們的主體位置。

Alcoff 提出位置性的概念，除了主要是為性別的認同政治運動提出一條出路，並再建構女性主義理論在認識論上的基礎，以及主體發聲的位置（Code, 1991: 292-293），但其位置性的概念，對於女性教師的研究，也提供了反思的空間。首先，她的位置性概念讓我們重新看待女人之間的差異，其中包括研究者和參與研究者同為女性之間的差異關係。[3] 其次，在位置性的概念之下，女人的經驗如何成為知識？如何被研究者解釋和所用呢？再者，研究中，所謂的女性教師的發聲又代表什麼？到底是誰的聲音在發？主體的發問位置何在？以下將就這三個問題，探討女性教師性別意識研究中，差異的意義，對知識建構的影響，以及跨越的可能。

肆、研究關係中的差異：如何跨越與溝通？

研究中，研究者與被研究者是一種關係，但研究者與被研究者皆是女性時，她們之間的差異也是一種關係。這樣的關係並不是固定不變的，端視其所處在現存文化和社會網絡中的哪一個位置，以及外在客觀環境的改變。即使同樣是女性，存在文化與社會網絡中不同的位置，其經驗也會不同。在大學校園中與女性教授或女研究生談女性主義或從女性的觀點分析事情時，很容易得到迴響。但同樣的論述，場景轉移到中小學時，迴響比較小，倒是抗拒不少。在研究場域中，我常被基層女教師質疑：因為你們是大學女教授，享有比較大的工作自主權，和較大的社會空間，「我們」跟「你們」不一樣，請不要告訴我該如何作一個女人。那種抗拒不是軟弱、或沒有性別意識，那種抗拒是在告訴我，即使同樣是女性，我們所處的位置不同，生存的策略也會不同，如果你能先瞭解這一點，也許我願意

---

3 當然，女性研究者並不必然比男性研究者對於研究女性更具有知識、經驗或方法上的權威。只是，以目前國內研究女性教師的研究者而言，大部分還是以女性研究者為主，而這也構成了本研究所關心的問題——當研究者和參與研究的人同為女性時，其間的差異，如何反過來影響研究文本的形成。這樣的提問可以說是更去深化性別的問題。一如 Bulter（1999）所言，性別問題不只是女性另外一種聲音（in a different voice）對抗男性主流聲音的二元對立問題，它應該是多元主體差異的問題。

聽聽你在說什麼。

　　這樣的情形讓我想起 Ellsworth（1992）曾經寫了一篇非常強而有力的批判論著——"Why Doesn't This Feel Empowering?"文中主要批判「批判教育學」雖然強調要 empower 學生，挑戰壓迫性的社會型構，但很諷刺的是在批判教育學的教室中，當教師試著要將批判教育學文獻中所強調的增權（empowerment）、學生的聲音、對話、甚至批判等理念付諸實行時，卻更加再製了批判教育學所要反對的歐洲中心主義、種族主義、性別主義、階級主義和填鴨式的教育，而形成教室中一種宰制的關係。Ellsworth 認為要批判什麼？從什麼立場？為了什麼？也許教師們可以說理說得頭頭是道，但是畢竟這樣的說理，仍忽略了處在不同社會位置的學生經驗之差異與相互的矛盾，以及個人有意識、無意識的評估教室中的權力關係和位置上的安全性，以決定要不要使用沈默或發聲；如果發聲，要用什麼方式？這些境況都是複雜的「知」與「被知」的政治協商（a highly complex negotiation of the politics of knowing and being known）。

　　在研究過程中，其實就是一種「知」與「被知」的協商過程。當女性教師成為研究對象，要「被知」（被研究者研究）其「知」（女性意識覺醒）的過程中，她選擇用怎樣的方式來呈現自己對於性別（女性）意識的看法？而她的看法又是如何被解讀的？以下是一篇〈女性教學者女性意識轉化及其教學實踐之研究〉（鄭潓妏，2001）[4] 論文其中一段訪談一位女教師的內容：

> ……我覺得自己現在比較不是女性意識，而是自我意識。也就是說，
> 當妳拋開一些東西，妳才慢慢有自我意識的呈現，而在自我意識中有
> 很多事情可以重新再想。好比說，我為什麼要帶班？（教學）……在
> 這個過程我已經脫掉女性意識的東西，而走到自我意識。但是我覺得
> 一般女性在開始的時候，可能會經由女性意識的覺醒，而走到自我意

4　在這裡我需要特別強調本文所引用的皆僅是碩士論文，代表年輕學者進入學術研究領域前的練習作品。

識。但是我也懷疑是不是每個人都要通過女性意識才能走到自我意識。其實我也在懷疑（鄭溙妏，2001：77）。

　　這位女教師表現自己懷疑的說法，有一部分間接質疑了研究者認為「教學者藉由女性意識的覺醒而實踐在其教學上」的假設。這一段話也隱約指出了她不認為她的「知」可以這樣「被知」。在分析的標題上，研究者框架她的這一段話為──「女性意識的反思」。研究者解釋受訪者的意義為：「我們可以看見在性別意義結構上，（受訪者）認為自己已經超越原來的女性意識，而轉化到人的自我意識。另一方面，女性是否都要通過女性意識的成長，才能夠真正發展到自我意識，她則是抱持保留的態度」（Ibid.）。僅以保留的態度作結語，不知是研究者不知如何解釋？或刻意迴避？當女性教師所敘說的經驗無法輕易放進研究者的女性意識轉化理論形式或框架中時，身為研究者的我們如何面對女性教師的「原始敘說」（raw narratives）（Fine, 1994）？迴避？扭曲？不管是迴避或扭曲，它顯現了女性主義研究中權力協商的問題，它關閉了研究者與被研究者之間性別意識的「知」與「被知」的協商空間。

　　基層女性教師對於性別議題的抗拒或沈默，有可能是在有意識或無意識的評估了社會中的權力關係和位置性的安全之後，所展現的一種「知」與「被知」的政治協商。這樣協商的空間如果沒有被女性主義研究者充分覺知以及尊重，所謂性別意識覺醒的論述，也極有可能成為另一種壓迫的來源，讓被研究者覺得被誤解，也可能變得沈默或抗拒以對。

　　Ellsworth（1992）也提到"A pedagogy of the unknowable"這樣一個概念。其實，每一個團體所擁有的壓迫經驗與敘說都只是片面的，所謂的片面就是在排除了他者的聲音之後的一種自我利益導向和自我預測，它永遠是不完全的、也無法自我證明的，覺知了這一點，所謂跨越差異／遊移邊界就變成一種策略，在溝通性別議題時，我們需要的就像 Ellsworth 所提的一種跨越差異的溝通：

　　假如你跟我說話的方式，可以顯現你知道你對我的瞭解，對世界的瞭

解，以及所謂「什麼才是對的事」都只是片面的，興趣導向的，甚至可能潛在壓迫性，而且假如我也能同樣做到，那麼我們就可以一起形成或再形成一種聯盟，建構一種可以讓學生成長成功的環境。（Ellsworth, 1992: 115）

Ellsworth 所提的跨越差異的溝通理念，雖然是基於其在高等教育的教室中，所提出對師生關係在批判教育學的教室中的看法。但她跨越差異的溝通理念，也提供我們在研究關係中，思考一位傾向女性主義立場的研究者，如何與（也許不是傾女性主義立場的）研究參與者（基層女教師）溝通性別意識？在研究過程中，研究者留有多少「性別意識的協商空間」得以包容女性之間的差異呢？

伍、經驗：是知識的來源與權威？或解構的對象？

經驗在女性主義的研究中是相當重要的一部分（Harding, 1987; Thayer-Bacon & Bacon, 1998: 129-144）。經驗通常被當作是既存的、自我證明的一種概念。它通常被指向感覺、情緒、個人的、人格特質，主體性......等等（Skeggs, 2001: 431）。Dorothy Smith 曾提到經驗是一種說話的方式，女性藉由述說經驗來發聲，它通常是女性主義研究相當依賴的意識覺醒的策略之一。Smith 認為當女性可以開始和其他女性說話，他們身為女性的經驗也就變成是女性運動的基礎（引自 Skeggs, 2001: 432）。也因為如此，我們可以看到許多女性主義的研究都著重女性經驗的敘說研究。女性的經驗通常被當作研究所蒐集到的實徵資料，被擺在研究報告中，女性經驗變成女性主義知識生產的基礎。然而，研究者卻很少解釋這些經驗是如何產生的，從哪裡產生的，權力關係如何作用其中而產生這樣的女性經驗，這些女性經驗又是如何被選取和編輯的......等等。這些經驗文本形成的過程都被忽略（或避而不談）。

另外一種藉由敘說經驗所產生的研究文本，則是將經驗敘說者的認同分門別類，放在不同的 categories，繼續再製社會類別而不是挑戰。Scott（1992）有一篇文章提到這種經驗的權威性只是簡單反映擁有經驗的個人之歷史位置而已。我們只知道男女的「經驗」有差異，卻無法解釋這樣的差異是如何被相互建構。Scott（1992）認為研究需要注意歷史的過程中，藉由論述，個體的經驗如何產生，她說：「不是個人擁有經驗，而是藉由經驗，主體如何被建構」（It is not individuals have experience, but subjects who are constituted through experience.）（Scott, 1992: 25-26）。

　　經驗有其物質層面，也有論述的特性。而論述的特性往往是我們研究女性經驗所忽略的。例如在一篇研究女性教師生命史的論文中，一位女校長陳述其身為校長的經驗，說到：「在校長的人際圈中，流傳著『當校長要七分霸氣、三分流氣』這樣一句話，但我的個性裡既不霸氣也不流氣，似乎自己完全沒有當校長該具有的氣質……」（引自師瓊璐，2000：42）。這位女校長藉由這樣的陳述，敘說自己如何努力證明自己而成為一位校長的經驗和過程。但在這樣經驗敘說中，所謂「當校長要七分霸氣、三分流氣」的這樣一句話所呈現的是以男校長為主的「校長論述」，這樣的論述反過來是如何建構了這位女校長的經驗，因為她必須證明自己不會「因為自己身為女性，就要求有特別優待……女性自己要爭氣，不斷的進修，努力上進，別人才不會看輕……」（師瓊璐，2000：41-42）。

　　Collins（1990）提到邊緣團體（以女校長為例）的觀點是其認識論上的優勢，因為只有那些有被壓迫經驗的人才能說出經驗，這些人的經驗就被視為一種權威。因此讓女性來敘說其經驗，也成為是很多女性教師研究的重點。只是經驗的敘說，就像 Scott 所說經驗只是經驗，並沒有被問題化，沒有被研究者問題化的女性經驗，它的呈現也只不過再製性別的分類和論述中所帶有的權力／知識。個人的經驗必須先轉換成一種觀點之後，才能變成立場（Skeggs, 2001: 432）。女性經驗的敘說，除了呈現男女經驗的差異外，研究者需要討論與分析的是，怎樣的權力和結構設限了我們所能知道（或被我們認知）的經驗。從經驗的呈現，差異的解釋，觀點的成

立，到立場的浮現這正是意識覺醒的過程。意識覺醒不會只是個名詞，它是充滿了歷史性、脈絡性與複雜的權力／知識關係下的個人掙扎痛苦的「經驗」。而我們的研究是否「做」到了揭示經驗底層的複雜面向？或我們「做」了別的？

陸、聲音與發聲：到底誰才是發問的主體？

女性經驗的敘說研究另一個重要的訴求是書寫女性的聲音，為女性發聲。Belenky 等人（蔡美玲譯，1995）在其 *Women's Ways of Knowing: The Development of Self, Voice, and Mind* 一書中，說到她們沒有料到，「聲音」並非只是一個人觀點的學術簡稱。「這些女性受訪者敘述她們的生命過程時，常常用到與『聲音』、『沈默』相關的字詞……女性一再使用聲音的比喻來形容她們智力上和道德上的發展；我們也發現，聲音、心智和自我的發展，其實是緊密相連的」（蔡美玲譯，1995：24）。從女性的聲音，Belenky 等人建構了五種女性認識論的觀點：

> (1)沈默：女性在這個認識的位置上是無心、無聲的，只臣服於外在驚人的權威；(2)接收式認識觀：女性在這個階段，認為她們只會接收或重複外界教她的一切知識，她不會自己創造知識；(3)自主式認識觀：女性認為真理和知識是自己主觀的認識或直覺；(4)程序式認識觀：女性投入學習，並運用客觀的過程去獲取知識，與人作知識交流；(5)建構式認識觀：女性開始以整體性的觀點看待知識，能創造知識，同時看重自主和課觀的認識策略（蔡美玲譯，1995：20）。

知識是否被當作天生原有的、接收的、主觀的、程序的或建構的，是會隨著個人與世界的關係，以及個人所處的說話者的社群（a community of speakers）有關，同樣地，不同的認識方式，也影響個人的日常操作行為（discursive practices）、在世界的位置、如何解釋和介入她的周遭環境。女性主義者使用「聲音」這個字，其所代表的意義是，個人試著去創造和

修飾意義，堅持立場，與他人協商的一種個人的掙扎。藉由說者的改變，聲音確認一個人跟他人和跟世界的關係（Britzman, 1991: 12）。在研究中，當我們要傾聽聲音，讓女性說話時，Reinharz 提醒：

> 處理聲音時，我們也在影響權力關係。傾聽別人時，也是在賦予她們權力。但是如果你要聽聲音，你就需要走出去聽，在她們的空間，或者在一個安全的空間。當你可以聽到任何值得聽的內容時，你必須檢視空間和社會行動者的權力動態關係。再者，你必須成為別人願意訴說的對象，你必須要創造一種別人可以說，而你可以聽的情境。這表示，我們必須要研究我們是誰，以及我們和研究對象的關係。最後，你必須願意聽別人所說的，即使她們所說可能違反你的期待或威脅我們的研究興趣。換句話說，你必須讓別人說她想說的，而你必須聽她說的。（引自 Fine, 1994: 20）

聽聲音是一回事，假設我們也都能做到，然而，解釋聲音卻又是另一回事了。當我們在解釋被研究者的聲音時，也有可能會導致另一種聲音的發展。「再現他者的聲音所代表的不只是記錄他們說的話。它是需要解釋的工夫，因為被研究者所說的話，總是表達了一種關係，更大的脈絡，代表了某種存在意圖（what is intended）和意指（what is signified）之間的張力」（Britzman, 1991: 13）。聲音就像 Scott 所說：「（聲音）是一種解釋，它同時也是需要被解釋的」（an interpretation and in need of an interpretation）（Scott, 1992: 37）。對 Scott 而言，聲音是需要被歷史化（histo-rize）和脈絡化（contextualize）的，這不僅是一種觀點，它也是研究中的一種分析的工夫。

以女性教師和教改關係的分析為例。為何當教學工作愈被女性化，教師就愈不被認為具有專業特質。蘇芊玲（1997）在一篇〈國中小女教師與教改〉的文章指出，國中小女老師的困境來自於她們具有基層教師和女性的雙重身分。目前國內教育改革如火如荼的開展，但是由上而下的改革，讓許多基層教師的聲音無法被聽到，或者保持沈默，因為在教改的論述當

中，我們的老師往往是被說的，他們的存在都是從別人說他們時而被定義的；或者他們是不需要說的，因為他們人就在現場，而他們唯一會說的時候，就是糾正別人說他們時對他們的誤解。這樣一個被說的教師的主體，其中女性教師占了 60%以上。女性教師不只無法成為發聲的主體，她們還常常成為被改革的客體，甚至被視為保守、無法接受挑戰的教改絆腳石。而實際的運作狀況就如蘇芊玲觀察到的，女性教師被教化的女性特質，使她們在教學上付出較多的愛心耐心，也較重視師生關係，她們對於教育改革的看法，也比較偏向思索如何提昇教師個人的教學品質和學生個人的學習興趣。由上而下的教育改革政策與女性教師由下而上，由具體而抽象，和以人為主體的思考方式大異其趣，因此許多女老師對教改的反應是：大而無當、抽象而形式、無法具體而微的針對教師和學生的個人問題，最後徒具的是形式的活動和書面的資料（黃怡瑾，2000；蘇芊玲，1997）。

女性教師也不只被動的回應這樣的教改。記得有次在教育改革的檢討會中，有位女性教師，站起來，殷切而焦慮地大聲疾呼：「請救救我們的小孩吧！」像一位母親一般地發出聲音，讓人動容。其發聲的方式是以母親的形象，以「教師受害者」為「學生受害者」求情的方式。這位女性教師是處在一個怎樣的位置，讓她一部分被動也一部分主動地，而且一切看起來是那麼自然地，再製女性教師「天生自然的母親形象」而不是打造出來的「教師專業形象」呢？[5]

女性教師在教育體制中的邊緣位置，一方面讓她們感受到來自教育權力核心的強烈壓迫感，另一方面也由於她們相對於社會結構中的其他女性，在物質、經濟、社會象徵地位上都較為優勢，對於性別議題的關心也就比不上對她們而言更為迫切的教師專業壓力的現實問題。弔詭的是，當教育改革強調教師專業之際，卻也是再一次印證女性教師的「非專業」形象。在這一波九年一貫課程改革中強調教師專業能力之際，教師專業認同的問題比身為女人這樣的認同問題，讓女性教師感受更為具體而迫切。不

---

5 類似的討論，可進一步參考 Grumet（1988）《為父權的教學論：教學的女性化》（*Pedagogy for Patriarchy: The Feminization of Teaching*）。

管是在家庭或工作上，女性教師一方面要「展演」（perform）天生而自然的母職照護工作之特性，在學校，又必須回應學校科層體制對專業的要求。教師們是否注意到她們不被視為專業，也與其許多未被註記的社會身分（如社會的女性、家庭的女性和工作的女性）交錯重疊？女性教師的聲音，是否察覺其專業認同與個人主體之間的歷史化與脈絡化的關係嗎？身為研究者，我們的研究是否再一次驗證女性的「女性化」經驗，忽略解釋，而普同化所有女性的差異，甚至接受「女性化特質說」呢？這是一個方法論上的弔詭，一不小心，我們的研究也掉進本質主義的論述陷阱中了。

面對弔詭，Uma Narayan 認為我們需要保持一種方法論上的謙卑和謹慎（methodological humility and caution）。所謂謙卑指的是研究者在研究過程中，必須真誠面對自己的局限，身為外人的身分，可能對於敘說者所說的內容，由於缺乏對於脈絡的全盤瞭解，可能會有遺漏或不理解的部分。而謹慎指的是，研究者仍須對於被研究者所說的保持批判的態度，但這樣批判的態度並不是要詆毀或全盤否定敘說者觀點的效度（Britzman, 1991: 12; Narayan, 1988: 38）。黃燕萍（2000）在其《我是誰？——一個女準教師性別主體意識的啟蒙過程》論文中，由於她將研究重心轉移在自己身上，問「我是誰」的主體問題，在研究歷程中藉由與數位女性教師的對話，她發現自己的主體限制，釐清自身女性位置，看見自己與他者女性教師的差異，也透過這樣的歷程她學著尊重別人與自己，而整個研究過程的經歷，她認為即是自身性別意識覺醒的過程。雖然，本研究是否也達到讓研究參與者重新定位、聚焦、使之更清楚其現實、限制而產生力量，改變現實情境之「催化效度」（catalytic validity）（Lather, 1994），是需要放在括弧中質疑的。但是，研究過程中真誠面對自己局限的謙卑，卻是研究者發現自身主體位置的要件。

柒、結論：恢復發問主體的位置

　　位置性的概念提供我們一個觀點，探索女性教師所存在的位置，其中包括，她與其他人的關係、經濟的處境、學校教育體制中的位置、課程改革的被動位置、政治與文化意識型態上的關係……等，瞭解女性教師所存在的位置性，如何構成她們的性別意識，也形成她們主體的限制。位置性概念也提供研究者反思，研究者與被研究者之間的關係，經驗、聲音與主體位置之關係，研究者如何解釋被研究者的經驗和聲音，而研究文本的生產，是再製女性的被動聲音，普同化女性的差異？或者覺察差異，創造性別意識的對話空間？Spivak 在討論本質主義時說：「『只有從賤民瞭解賤民、只有女性可能瞭解女性，以此類推』這般的立場不應作為理論的前提，這是以認同作為知識可能性的根據。無論採取這種立場的政治必要性如何，無論為了要認識他者而認同其主體有多麼可取，知識只能建立且維繫在不可化約的差異上，而不是認同上」（謝小芩譯，1999：113）。但解構若要幫助女性主義實踐的話，也許「女性」這個範疇不該被當作分析單位；相反的，我們要問的是，究竟是什麼樣歷史情境脈絡、物質經濟環境、權力／知識／論述關係創造出這樣女性經驗和研究文本？女性主義研究不該是發現或驗證女性的邊緣經驗而已，研究需要是能幫助女性恢復其發問主體的位置。女性教師經驗的敘說研究，若能幫助教師恢復其主體發問的位置，那麼一切教育的改革，不管是兩性平權或其他，也才有生根的可能。要不然，女性教師不管在研究中，或現實裡，也還是被問或被批評的客體位置。

參考文獻

林昱貞（2000）。**性別平等教育的實踐：兩位國中女教師的性別意識與實踐經驗**。國立台灣師範大學教育研究所碩士論文，未出版，台北。

師瓊璐（2000）。**橫越生命的長河──三位國小女性教師的生命史研究**。國立台東師範學院教育研究所碩士論文，未出版，台東。

夏傳位（譯）（1997）。P. T. Clough 著。**女性主義思想：慾望、權力及學術論述**（Feminist thought: Desire, power and academic discourse）。台北：巨流。

黃怡瑾（2000，6 月）。**九年一貫教改中的國小女性教師**。論文發表於國立台南師範學院主辦之「第五屆教育社會學論壇」，台南。

黃燕萍（2000）。**我是誰？──一個女準教師性別主體意識的啟蒙過程**。國立新竹師範學院國民教育研究所碩士論文，未出版，新竹。

游美惠（1999）。性別平權教育與女性主義的社會學分析。**兩性平等教育季刊，7**，32-51。

蔡美玲（譯），（1995）。M. F. Belenky 著。**對抗生命衝擊的女人**（Women's ways of konwing: The development of self, voice, and mind）。台北：聯經。

鄭澧妏（2001）。**女性教學者女性意識轉化及其教學實踐之研究**。國立中正大學成人及繼續教育學系碩士論文，未出版，嘉義。

謝小芩（譯）（1999）。S. Phoca 著。**後女性主義**（*Introducing postfeminism*）。台北：立緒。

蘇芊玲（1997）。國中小女老師與教改。**北縣教育，20**，35-39。

Alcoff, L. (1994). Cultural feminism versus post-structuralism: The Identity crisis in feminist theory. In N. B. Dirks, G. Eley, & S. B. Ortner (Eds.), *Culture/Power/History: A reader in contemporary social theory* (pp. 96-122). Princeton, NJ: Princeton University Press.

Britzman, P. D. (1991). *Practice makes practice: A critical study of learning to teach.* Albany, NY: SUNY Press.

Bulter, J. (1999). *Gender trouble: Feminism and the subversion of identity.* London: Routledge.

Code, L. (1991). *What can she know: Feminist theory and the construction of knowledge.* London: Cornell University Press.

Collins, P. H. (1990). *Black feminist thought: Knowledge, consciousness, and the politics of empowerment.* New York: Routledge.

Culler, J. (1984). *Deconstruction.* Ithaca, NY: Cornell University Press.

Derrida, Jacques (1976). Of *Grammatology.* (G. C. Spivak, Trans.). Baltimore: The Johns Hopkins University Press.

Ellsworth, E. (1992). Why doesn't this feel empowering? Working through the repressive myths of critical pedagogy, In C. Luke & J. Gore (Eds.), *Feminisms and critical pedagogy* (pp. 90-119). New York: Routledge.

Fine, M. (1994). Dis-tance and other stances: Negotiations of power inside feminist research, in A. Gitlin (Ed.), *Power and method: Political activism and educational research* (pp. 13-35). New York: Routledge.

Foucault, M. (1973). *The order of things: An archaeology of the human sciences.* New York: Ramdon House.

Foucault, M. (1977). *Discipline and punish: The birth of the prison.* New York: Pantheon Books.

Foucault, M. (1978). *The history of sexuality volume I: An introduction.* New York: Pantheon Books.

Foucault, M. (1984). Nietzsche, Genealogy, History, In P. Rabinow (Ed.), *The Foucault reader* (pp. 76-100). New York: Pantheon.

Grumet, M. R. (1988). Pedagogy for patriarchy: The feminization of teaching, In M. R. Grumet (Ed.), *Bitter milk: Women and teaching* (pp.31-58). Amherst, MA: The University of Massachusetts Press.

Harding, S. (1987). Introduction: Is there a feminist method?, In S. Harding (Ed.), *Feminism and methodology* (pp. 1-14). Bloomington, IN: Indiana University Press.

Lather, P. (1994). Fertile obsession: Validity after poststructuralism, In A. Gitlin (Ed.), *Power and method: Political activism and educational research* (pp. 36-60). New York: Routledge.

Morgon, R. (Ed.). (1970). *Sisterhood is powerful: An anthology of writings from the woman's libertion movement*. New York: Vintage Books.

Narayan, U. (1988). Working together across difference: Some considerations on emotions and political practice, *Hypatia, 3*(Summer): 31-47.

Scott, W. J. (1992). Experience, In J. Butler & J. W. Scott (Eds.), *Feminists theorize the political* (pp. 22-40). New York: Routledge.

Skeggs, B. (2001). Feminist ethnography, In P. Atkinson, A. Coffey, S. Delamont, J. Lofland, & L. Lofland (Eds.), *Handbook of ethnography* (pp. 426-466). London: Sage.

Thayer-Bacon, B., & Bacon, C. (1998). *Philosophy applied to education.* Upper Saddle River, NJ: Prentice -Hall.

Yob, M. I. (2000). Feminism in the schools in a postfeminist age. *Educational Theory, 50* (3), 383-403.

討論文章：

「女性主義與台灣的教育研究場域」

簡成熙

女性主義的學術建構是伴隨著西方自啟蒙運動以降及對工業革命、資本主義體制所衍生的各種問題的系統思考。從性別的生物、心理、社會學分析、各種相關的法令及社會福利，乃至母職意義、女性生產力、性別所形塑的空間權力，全球化的政經體制所帶來的不同國別女性需求。從性別到性／別，幾乎很廣泛的影響到二十世紀各種學術領域。我認為各個學術領域如果忽略了女性主義的觀點與視野，都將是嚴重的缺憾。我很榮幸有機會擔任這場研討會的討論人。我的專業領域是教育哲學，我打算先用一點點篇幅從女性主義知識論的立場，對方法論作一討論，接著，我很主觀的對國內師資培育場域的性別研究作一反省。而我事先也拜讀了卯靜儒的論文，我也自由地將她的論點融入到我的相關討論中。

壹、有女性主義的知識論與科學哲學嗎？

自由派女性學者一直很質疑，為什麼女性科學家人數遠遜於男性，這是科學中的女性問題（the woman question in science）。女性主義的知識論與科學哲學則不僅於此，她們更在乎科學本身是否反映了特殊的認知方式，潛在的反映了男性的思考，客觀、中立是否反而構成偏見？從女性主義的立場是否可以重構科學概念？這已是「女性主義中的科學問題」（the science question in feminism）。有些女性主義學者如 J. Moulton 認為傳統科學的論證（argument）或證成（justification）是用一種抽象、形式的方式在推演。真理不會愈辯愈明，因為雙方其實是用一種「對壘」的方式（adversary method）互相攻殺，就好像雄性生物的特質。Keller 則認為科學的客觀、中立、宰制性，源自一種特殊的歷史因緣，培根當時要年輕科學家們把大自然放在可供掌控的各種科學實驗控制上，大自然（女性）正是以一種陰性的特質，等待科學（男性）去征服。

簡單說來，女性主義知識論大概是循著 T. Kuhn 等新科學哲學的脈絡，反駁邏輯實證論「證成邏輯」（logic of justification）與「發現邏輯」（logic of discovery）的二分。前者是指驗證科學的各種方法與標準，後者

則是指科學運作過程中可能的促發因素。Longino 認為，各種政治意識型態、經濟、道德、乃至美學因素所形成的信念背景，共同決定了科學驗證的方法。易言之，發現的脈絡與證成的脈絡是交疊在一起，無法二分。Hartsock、Harding 等吸納了部分馬克思的觀點，認為處於被壓迫的女性具有「認識上的特權」（epistemic privilege），卯靜儒引 P. Collins 的觀點，也大概是受 Hartsock 等立場論的啟蒙。在知識文明的建構上，女性是居於弱勢，長時間被壓制，只有重視女性主體的經驗，才有可能擴大人類文明的視野。女性主義的立場論（standpoint theory）正是要破除科學客觀的迷思。知識的建構 S know P，認知主體 S 永遠載負著特定的觀點，經驗與立場去認知 P，傳統科學致力於各種「客觀」的方法，預設了 S、P 的分離性，表面上 S 很科學、中立、客觀、理性的排除了各種偏見，反而使 S 本身的利益、立場得不到「客觀」的檢驗。Harding 即認為立場的知識論不是要形成另一種獨斷，而是要藉著揭露認知 S 本身的立場，要更能掌握與反省可能影響知識 P 的各種可能，而不是像傳統科學自以為是的「去除」各種偏見。承認認知主體 S 的立場，反而有助於認識過程的客觀，也更能開拓知識視野。此即「強客觀」（strong objective）。

　　女性主義的反實證論傾向，凸顯理性以外的認識力量，重視女性被壓迫的經驗，在二十世紀現象學、詮釋學、存在主義，批判理論的傳統中，都可覓得類似的理念。不過，在女性主義發皇之前，上述哲思也幾乎沒有特別在乎女性的知識發聲。從女性主義主體、經驗、立場的知識發聲，仍有其積極的實踐力量。

　　前述的重點，大致上都反映在性別教育的研究預設上。

貳、教育學圈中的性別研究

　　過去實證論的傳統下，大部分的研究都會把「性別」納入研究變項中。我們也瞭解了很多不同性別對教育處理、態度等的差異。但是，這些研究幾乎完全無助於我們瞭解性別的深層意義。自然，也無法開創出具性

別意識的社會能動性。歐用生在一九八〇年代中的「爸爸早起看書報」雖膾炙人口，整體而言，台灣教育學圈中並沒有自主地從女性主義的觀點探究性別問題。一九九〇年代初，謝小芩、嚴祥鸞、謝臥龍等也並不是來自正統師範教育學圈。一九九〇年代中期以後，可能是受到國外多元文化、婦女研究的深化，莊明貞、游美惠都在師範院校發揮很大的影響力，有更多從國外拿到教育學領域的博士，不一定主修性別教育或婦女研究，但可能都修過女性主義教育學（feminist pedagogy），這種風潮也刺激了教育學圈中本來沒有研究性別議題的教育學者（特別是女性教育學者）加入研究行列。篇幅所限，無法深論。從一個學術發展史的觀點，國內教育學圈中女性主義或性別教育的研究，涉及到教育學術內外及整個社會的互動歷程，師資培育機構教授們的性別教育教學，將直接影響未來準教師的性別意識，值得作深入的研究。

「純」教學理論能孤懸嗎？數學教育是「純」教學理論在數學上的應用，還是「教學理論」本身，就應落實在不同領域科目的教學？上述問題在國內師範學院中，其實也沒有仔細的討論。女性主義在教育研究領域，其實也有類似的爭議。主修性別教育或婦女研究、女性主義的學者，無疑有著研究或擔任性別教育課程的合法性。不過，她們的研究內容可能無法不座落在教育行政、課程教材反思、教學歷程、學校、班級的性別權力空間配制之中。國內性別教育啟蒙才十年，我們樂於期待女性主義、性別教育，乃至婦運人士能為教育學圈提供更多的經驗。不過，隨著國內性別相關系所的成立，在教育學圈中，我們不僅需要「純」性別教育的人才，更有賴原教育領域學者共同的投入，這牽涉到學者們的自我學術定位與認同（identity），也關聯著性別教育在師資培育機構的輻射與結盟，值得進一步的討論。

在具體的教育領域裡，整體而言，國內教育學圈對女性主義的思想介紹還有進步的空間。譬如教育哲學裡對於女性主義知識論，科學哲學的探討就很欠缺。女性主義教育學近年來，逐漸有學者引介，不同學者之間的爭議，尚未仔細探討。例如，以關懷為本的教育學者強調在教室情境中要

強化女性溫暖的特質，把姊妹的情誼帶到班級教室，乃至整個國家社會，她們認為批判思考（critical thinking）、自主性（autonomy）不應是教育主要目的，「內部平和」（domestic tranquility）才應是教育目的。這顯然與強調處在不同位置（positionality），正視不同權力發聲的批判教育學或後現代後殖民論述的女性主義教育論有很大的差別。站在多元的角度，自然地不需強求相同，各自的理念建構與實踐意義，仍有待細部的討論。卯靜儒的論文裡對不同女性「位置」的發聲，有細部的描繪。

從後現代後殖民的角度來看，我們更應重視本土女性的發聲，但是我們的學術理論泰半來自西方，女性主義亦然。弔詭的現象是我們卻是藉著閱讀大量後殖民的英語論述而導出「中心、邊陲」等不要受西方宰制的論述。卯靜儒在論文中列出 E. Ellsworth 批判「批判教育學」也說明了強調增權，本身就可能再製了歐洲中心……等批判教育學所要反對的理念。其實，國內的學術界要對自己有信心，從本土出發的問題應該受到更大的尊重。這種「本土化」的問題在心理學、社會學界討論已久，就讓我們在教育場域內的女性或性別發聲做起吧！並不是不要讀外文，固然國外女性主義的論述可以提供我們思考的方向，她們所處理的議題，也可以形成我們的觀點視野與問題意識。但是，我們不一定有必要花大筆的精力去介紹、理解她們的內容，我期待國內的性別教育研究能有更多本土的敘事與反省。這些資料累積得愈多（而不是國外的研究介紹得愈多），我們就愈有可能建構本土的性別論述。

以我初略的瞭解，國內近年來的性別教育論述，大概都集中在實習教師的性別意識，以及班級教室內師生互動的性別意識反思，且多以質的研究為主。許多研究可能受制於質的研究的方法論，「開放性編碼」、「分解」、「範疇」、「主軸性編碼」……研究生在蒐集訪談資料、逐字稿後，心思不放在內容的掌握，而在於如何將資料「符應」方法上的各種程序。這種主客異位的現象，與他們要批判的量化研究，並無二致。此外，我也發現到通常會去作性別意識的研究生本身已具備一些性別意識，他們費了很大的工夫想去「證明」國小教師真的有性別偏見。這樣的結論其實

與量化研究相去不遠。我一直認為質的研究在教育實踐上的最大價值是可以開發出量的研究律則式命題以外的實踐智慧。量的研究可以得到「女校長比男校長花更多時間在家務上」的律則式命題，質的研究應該對此一現象有深入的探究，我們才可以得到有別於「應致力於學校行政人員性別平等理念」的廢話式建議。我要說的是，性別教育的質性的研究者，要有更大的野心去開拓新議題，不必存有與量化研究對抗而產生的無謂自大或自卑，進而投射到對質性方法論的自溺與堅持，如此反而綁手綁腳，喪失了質性研究拓展教學實踐智慧更大的能動性。

謝謝大家，希望能引起更多的討論。

筆者以上的評論，有興趣的讀者可參考簡成熙（2003）：〈女性主義的知識論與科學哲學初探〉，《教育研究月刊》，109 期，頁 25～38。簡成熙（2003）：〈本土教育理論之建構：教育哲學工作的反省〉，《教育科學期刊》，2 卷 2 期，頁 36～61。以上兩文對於女性知識論與教育理論之性質，有較為詳實的討論。

第六篇

行動研究與台灣的

教育研究場域

行動研究在台灣教育場域中的發展與反思

陳惠邦

壹、前言

國內自從推動國民中小學課程革新以來，行動研究受到前所未有的重視。根據教育部於一九九八年公布、二〇〇〇年開始實施的《國民中小學九年一貫課程暫行綱要》，鼓勵教師進行課程與教學法的行動研究成為新課程的實施要點之一。因此許多教育學者與教育行政部門都大力倡導，不少學校教育人員也已經開始摸索嘗試。目前從事行動研究的學者與教師正在迅速增加，而教育資源挹注於教師行動研究也似乎隨之增加。教育行動研究受到青睞，一方面讓人感到受寵若驚，另一方面卻也引人深省，今天對行動研究的熱潮會不會只是教育改革浪潮中的流行文化之一。本文旨在探討近年來行動研究在我國中小學教育場域的應用發展情形，分析現況中所存在的問題，並對未來發展提出個人的看法。

貳、盛況空前的流行文化

根據研究者的文獻回顧（陳惠邦，1998），行動研究約在第二次世界大戰前後發源於美國，六〇年代結合英國、澳洲教育改革運動而成為主要的課程發展與教師進修模式。直到八〇年代以後流行於英、美、澳的教育行動研究運動又融入省思取向的教師教育思潮及課程改革運動，並在教師研究與教師進修教育方面產生廣泛的迴響。尤其在教師的學位進修課程以及高級學位進修教育的誘因之下，不少英、美地區的教師都相繼參與若干大型的協同行動研究方案（陳惠邦，1998；Crookes, 2001；Yost Sentner, & Forenza-Bailey, 2000），而成為教學實踐者、研究者，以及報告寫作者。大部分教師研究的成果也紛紛見諸期刊、學報、書籍、其他流通性印刷物等（陳惠邦，1998；Crookes, 2001），同時也形成了類似專業社群的組織及許多支持性的機構。而隨著過去三十餘年來教育行動研究的風行，討論教育行動研究的文獻也日益增多，尤其是針對教師從事行動研究的研究也

紛紛進行（如 Kosnick, 1999; Neapolitan, 2000）。

　　就國內的情形來看，行動研究雖然很早就有學者加以探討與鼓吹（李祖壽，1981；Crookes, 2001），但是以行動研究作為一種教育研究的新取向，或並受到重視是在最近四、五年的事情，而且與國內的課程革新運動有關，其應用方向包括教師專業成長（夏林清等譯，1997；陳惠邦，1998；歐用生，1996；饒見維，1996）與學校本位或學校中心的課程發展（蔡清田，2000；顧瑜君，2002）。

　　促成行動研究應用於國內中小學教育場域的最大推手，乃是教育部在民國八十七年公布《國民教育階段九年一貫課程總綱綱要》作為現階段我國課程改革的政策，其中為了配合學校本位課程的發展，提昇教師課程發展能力與教學品質，故特別鼓勵教師從事行動研究。此後行動研究乃在教育領域中受到廣泛的注意，教育行政機關也開始鼓勵與推廣。例如教育部在民國八十八學年起擬定《課程實施行動研究計畫》，預定逐年補助中小學教師進行行動研究，隨後並舉行發表會與集印各校研究成果，至今每年至少有五十校的研究成果發表。二〇〇二年起更計畫將補助方案擴及幼稚園教師，每縣市至多可至三十案。而各縣市政府也多訂有各自的獎勵與補助辦法，以推動教師行動研究，如台北市政府教育局也自八十八學年起每年補助每校十萬元以獎勵教師進行行動研究。單以八十八及八十九兩學年度（2000-2001 年）所發表並集錄於論文集的行動研究報告就有四百五十六篇，但這些成果僅占受補助完成行動研究學校的三分之一（王令行，2002）。

　　行動研究成為課程改革列車的寵兒剛開始時或許只是無心插柳，但在風行草偃之下，目前行動研究在中小學教育場域中竟已一片欣欣向榮的景象。此一現象當然還要歸功於師資培育機構開設大量「教學碩士」學位的教師進修課程，並允許前往進修的教師以行動研究完成論文。因此不少中小學教師乃紛紛嘗試以自身的課程研發與教學改進作為主題進行學位論文寫作。然而，由於行動研究方法並未獲得大部分教育研究者（含教師研究者）的認同，行動研究的方法與歷程中的若干概念亦未有共識。因此，宣

稱以行動研究為方法或以行動研究為主要概念（列為關鍵字）之論文不一定符合行動研究的精神；而實質上為行動研究者也不一定自視為行動研究。在此情形下，要針對現有的行動研究報告進行內容分析並不容易。在此，筆者也只能根據現有數據進行粗略的分析。根據全國碩博士論文的統計，二○○○年有三十一篇與行動研究有關的論文，二○○一年有五十八篇，二○○二年共一百一十七篇。和一九九九年僅有六篇相比，可見行動研究的人口正在迅速增加之中。如果把上述各種林林總總的數據總加起來，預估目前國內已經累積至少一千篇以上行動研究的論文報告，此種成果堪稱盛況空前。

以上數據中，如果把分析對象限在宣稱以行動研究為方法者，則查閱一九九八至二○○二年全國碩博士論文資料中至少有一百四十二篇學位論文係以行動研究為研究方法，另針對教師從事行動研究的研究有一篇（李惠琪，2001）。較之民一九九七年以前僅二篇行動研究學位論文來看，可見中小學教育場域中，教師行動研究的風氣已經大為盛行。如果再以研究者的身分來分析，其中作者為國小教師者有一百零三篇（占 71%），中學教師有四十篇（占 28%），幼稚園教師僅有二篇，其他身分者四篇。因此行動研究係以小學為主要應用場域亦無疑義。

行動研究在中小學教育場域的風行與學者的倡導有密切相關。目前國內師資培育機構的學者對於行動研究有不少的討論文獻（如宋文里，1998；夏林清，2000；張芬芬，2001；陳惠邦，1998，2002；甄曉蘭，2001；歐用生，1996；蔡清田，2000）。在這些文獻中對於行動研究的意義、功能、對象等都有共識，如果從教育研究的角度來看，一般也都同意行動研究是教育研究的新取向以及教師專業發展的新途徑。除理論探討之外，師資培育機構的學者也親自主持或參與行動研究，其發表場域散見於國科會專題研究、師資培育機構舉辦之教育學術論文發表會，與行動研究學術研討會、學術性期刊等。以二○○○年以來（八十八至九十一學年度）師範學院教育學術論文發表會所發表之論文來看，各年度均開始有零星數篇宣稱以行動研究為方法之論文發表，其統計結果如表 1：

表1 八十八至九十一學年度師範學院教育學術論文發表會論文分析

學年度	總發表論文篇數	宣稱以行動研究為方法之論文篇數	備註
88（1999）	79	7	二篇同屬一國科會專題研究計畫，作者在以下八十八、八十九、九十一學年均持續發表。
89（2000）	86	2	一篇其實並不是行動研究，另一篇係延續去年之國科會專題研究計畫。
90（2001）	66	3	兩篇為碩士論文改寫，一篇其實並不是行動研究。另外有三篇聲稱為個案研究或協同研究，但其實是應用行動研究。
91（2002）	95	6	兩篇為碩士論文改寫。

資料來源：各年度論文發表會論文集。

　　從上表備註欄中的分析來看，行動研究的「流行」情形與品質都並不令人滿意。因為在所發表的論文中，有現職小學教師的工作成果報告，有教師在職進修學位論文（發表者為或指導教授及研究生），也有教育學程中心之教授指導實習教師完成行動研究作業（發表者為指導教授及實習生）。而在學者所發表的論文裡，有的隨意套用或自創行動研究的詞彙（且多錯誤），有的僅有觀察與省思，而無行動（因此其實是質性研究），而其中所宣稱的「反省」又多針對研究實施結果的檢討及未來研究的建議，既缺乏行動中的反省，也無反省後的行動。所幸，師範學院教育學術論文發表會並非師資培育機構之學者發表論文之唯一場域。

　　碩博士論文與歷年師範學院教育學術論文發表會所發表之論文有共同特色，此即資料豐富、內容詳盡、條分縷析、結構完整，書寫格式也比較一致。另一方面，行動研究的介入點則多為新課程發展及教材教法的改進，顯示近年來行動研究在教育場域中的應用發展至少是貼近於教育現實。

　　行動研究在中小學教師圈裡逐漸「流行」還可以從非學位性行動研究報告的數量證明。這是一般教師所從事的行動研究，其成果散見於各縣市的教育研究論文集、各級學校或教師個人印行的報告、學術機構所舉辦的行動研究學術研討會論文集刊、基層教師團體所舉辦的對話性研討會等。在這些發表的行動研究報告中可以發現：整體而言仍以國小教師從事行動

研究而提出的報告居多，他們也以行動研究解決各自課程發展、教學創新以及班級經營的問題為主。另外，教育行政機構補助進行與發表的行動研究報告雖多，但其品質有參差不齊的現象。此一現象在王令行（2002）的碩士論文中有所討論。

王令行（2002）研究台北市國小教師對行動研究的知覺與經驗，同時也以「台北市教育行動研究成果發表會」二〇〇〇年至二〇〇一年的兩年所發表並集錄於論文集的行動研究報告四百五十六篇為對象進行內從分析。其結果發現：同時符合研究與行動的研究報告有一百一十五篇，占25.2%；既無行動也無研究者有一百三十三篇，占29.2%。王令行繼續以同時符合「行動」及「研究」定義的一一五篇進行內容分析發現：無文獻探討與分析報告者有四十七篇，占 40.9%；完全缺乏文獻的研究報告有二十八篇，占24.3%；缺乏內文引註資料來源與出處者有 53 篇，占46.1%；行動程序說明含混不清的或缺乏說明有四十二篇，占 36.5%。宣稱行動具有成效但缺乏證據者也有四十二篇，占36.5%。行動一次OK而未經反思而修正的研究報告有八十四篇，占 73%。未描述或以證據顯示教師專業成長的研究報告有八十九篇，占 77.4%。

從非學位論文的行動研究報告分析來看，行動研究的「流行」情形與品質並不相當。

參、眾說紛紜中的成長

以上所呈現的現況中，行動研究於國內中小學教育場域的應用發展有令人欣慰之處，也有值得深思之處。令人欣慰者，是愈來愈多中小學乃至幼稚園教師不甘於教育改革的無奈與不滿，願意經由行動研究積極謀求改進之道。不論所發表研究報告的品質如何，教師願意在工作之餘，耗時費日寫成書面文字並與人分享本身就是一大成就。因為大多數教師屬於「行而不知」的教育工作者，這些默默耕耘而自得其樂的教師所行所思其實符合行動研究的精神，但從未筆之於文。當然，他們寶貴的「內隱知識」也

就從無機會與人分享溝通。基層教師願意起身為教改努力，而不是急流勇退而選擇退休，這樣的精神不但更令人敬佩，同時也代表教改理想的部分實踐成果。

不過，如果從現有行動研究報告的品質來看，確實還有許多值得檢討之處。當然這樣的分析評論並不一定適當與公平，因為對於行動研究的方法、過程與許多概念並無廣泛認同的模式，而對於行動研究報告的格式與內容也缺乏一致性的評鑑標準。再者，「眾說紛紜中的成長」其實也就是目前行動研究本身的外在特徵。去年，筆者曾撰文討論不少發表論文中關於教育行動研究的一些迷思（陳惠邦，2002），這些「迷思」涵蓋多數教師研究者甚至教育學者在行動研究的理解或方法與技術的要求等方面所存在的分歧之處，例如：

- 「行動」是行動研究的核心概念之一，但勇於行動並不就是行動研究。
- 行動研究不只顯示教師從事專業工作的熱情，但缺乏專業知能的增長並非行動研究。
- 教師的行動研究不代表「高深」教育理論與研究方法的揚棄，也不是說結果可以不求精確。
- 行動研究是教師研究的新取向，但並不能完全取代量化與質化研究成為教育研究的新典範。
- 行動研究務求直接實用，其目的在改進教學。但如停留在實用層面，則會流於膚淺。
- 並不是一群人一起做研究就叫協同行動研究，行動研究也不必非要有一群人一起做研究不可。
- 行動研究計畫或報告中並不能省略「文獻探討」，但應有不同的方式與功能，例如作為反省的起點與實踐行動之基礎。
- 行動研究報告的格式不一定非要「敘事報告」不可。

眾說紛紜之處尚多，顯示行動研究具有「未定型的教育行動」之特徵

（董標、汪利兵，2003）。同時也表示行動研究在教育場域的應用發展還有待更多的實踐行動與辯證反省的空間，以待建立其特有的風貌。當然，眾說紛紜之中的成長結果免不了有令人感到不滿意之處。筆者檢閱近年來所發表以行動研究為方法之論文報告，並根據個人的觀點將論文報告中所呈現的現象歸納如下：

- 應用行動研究的共識大，對行動研究的理解分歧。
- 自導自演的研究過程多，協同對話與交互反省少而難。
- 自說自話的經驗敘述多，文獻分析與行動效度驗證的討論少。
- 行動研究的應用多，行動研究經驗之反省學習及方法論的討論少。
- 行動研究方法與技術的關注多，教育實踐意涵之關注或個人風格之追求少。
- 課程與教學問題的改善多，系統而宏觀的教育實驗未見。
- 工具技術問題的解決多，理念實踐與思想解放層面的觸及少。

　　筆者認為，這些現象是當前行動研究在教育場域應用發展過程中亟需突破之處。當然，並不是目前所看到的教育行動研究成果才存在這些問題，事實上，筆者所閱讀過不少教師研究的論文報告都處處可見上述缺失。例如「自導自演」與「自說自話」就是教師研究常見的問題，其原因可歸結為教師研究者缺乏反省能力與「研究」的概念。因為缺乏反省能力，因此在行動研究報告中引述行動研究方法原理多，但對於行動研究的反省學習及方法論的討論就顯得薄弱，行動結果也多限於實務問題的解決，而少觸及體制批判、理想實踐或個人風格建立的層次。

　　研究報告「元素」不全也不是目前教育行動研究論文中獨特呈現的問題。從理論的觀點來看，筆者認為行動研究是知、行、思三者不斷循環向上的歷程，而知、行、思也彷彿是行動研究結果報告的三隻腳一樣，缺一則不穩而無所立。缺「知」者，文獻探討不足或缺乏，忽略專業知能成長者屬之；缺「行」者，根本無行動或行動未見教育實踐的意涵、缺乏反省後的行動者屬之；缺「思」者如缺乏對話反省、反省不夠深入、缺乏行動

中的反省、缺乏行動結果的反省與反省的反省者屬之。當然，對教師研究來說，缺少哪一部分並不是什麼大罪過，教師不作行動研究或不寫行動研究報告也不是什麼大問題。以上的分析代表我們還可以再努力的空間與方向。

另外，對於當前流行的行動研究熱潮，筆者還要提出一點有關政策面的檢討。國外的研究文獻指出，鼓勵教師從事教育行動研究需要配合相對的教育投資，所以大多數的教育行動研究方案都受到外在的支持或經費補助，較少是教師自發性的組織與自我持續性的活動（Johnston, 1994）。Carr和Kemmis（1986）更早就指出：「一般教師並不是在其啟蒙性的教育組織或專業社群中自然組成教育行動研究群組，而需要施予激勵、協助、補助、支持，或設計某種外在的誘因與規範（如教師進修法規與有關獎懲規定）才有助於鼓舞教師進行教育行動研究」。然而，前述國內最近數年來因為推動課程改革而補助（或透過行政命令強制要求）學校教師進行行動研究能持續多久？或者當所有外在誘因的政策改弦更張乃至消失時，教師能否仍然對行動研究興致高昂？這實在是值得觀察的問題。

筆者認為近年來行動研究在中小學教育場域的熱潮中，政府的教育政策與經費補助的確功不可沒。但在前述台北市小學行動研究情形的分析裡發現，不少學校其實是「為著十萬塊」而提出行動研究計畫，教師大都非自願性與非自主性參加並完成行動研究報告，所以研究發現其共同的困難為缺乏行動效果的評鑑和文獻探討與時間不足，而共同的協助需求則為行動研究實作與研究方法的指導（王令行，2002）。

筆者認為，在此情形下，教師從事行動研究有著「只問耕耘，不問收穫（研究成果品質）」的情形；學校的立場多是「不問耕耘，只問收穫（成果核銷）」，而教育行政機關則為「既不問耕耘，也不問收穫」，其命令與補助多少為隨興性質，一方面缺乏規劃與理想，另一方面也缺乏準備、評鑑及延續性作為。筆者認為長期而往，這樣的現象對於教育行動研究發展是有害無益的。

肆、教師從事行動研究的困難與限制反省

　　相關文獻中對於教師從事教育行動研究有助於改善教學與瞭解教育實際，並獲致個人與專業上成長的價值均給予正面的肯定。但是對於教育行動研究實際推動的障礙，有研究從教師從事行動研究的困難因素加以分析（如王令行，2002；李惠琪，2001）。以下僅從理論與方法論困難與限制分析、與學者專家互動的困難、教育組織文化或社會文化因素等三方面加以歸納檢討。

一、方法論的困難與限制

　　許多教育學者、教師研究者雖然都認同教育行動研究的重要性，但是對於行動研究能否獨立為一種與量化或質化研究有所差異的研究方法卻仍未有共識。到目前為止，教師個別進行的教育行動研究報告雖然紛紛公開，但其教育知識仍缺乏回顧整理。同時針對教育行動研究的理論基礎缺乏系統性的深入探究，致使其方法論尚未完全建立。目前有許多學者均致力於方法論的努力，包括行動研究的知識論基礎、行動研究中的倫理困境探討等（如林佩璇，2002；張芬芬，2001；甄曉蘭，2001），但尚待努力的空間還很大。

　　教育行動研究的困難與限制也是本身迄未建立完整的方法論的結果。教育行動研究如無特殊的蒐集與分析資料方法，則何能超越教師自我摸索的途徑？教育行動研究也亟需要一套嚴格的程序，使所獲得的知識能更趨近於真理，使實踐的行動更符合教育的價值或內在規範。否則行動研究方法難脫不夠嚴謹之評，而教師研究報告中所呈現的知識價值也會被認為缺乏學術價值。

　　行動研究更需要一些新的觀念或方法，讓「嚴謹的研究程序」能與「自然的教學生活」相結合，並據以說服教師樂於從事行動研究，而不會讓行動研究成為額外的負擔。教育行動研究之所以需要外在的支持而無法

「自然發生」，筆者認為其原因可能來自教育行動研究本身所具有的系統化、協同性與批判性三個特徵，和多數教師所習慣的教學專業活動之間所存在的差距（陳惠邦，1998）。教學的自然歷程多少都含有感性成分，但系統化、協同性與批判性是完全理性客觀的表達，教師未必習慣如此的文化，也缺乏如此的訓練與表達空間。此外，當教師要「刻意」把內隱的知識信念澄清並轉換成書面文字（行動研究報告），其實對教師日常教學生活而言，也是極大的挑戰。

此外，教師研究者的特殊角色需要被重新檢驗，並在理論上加以調解。教育行動研究中的教師是研究的主體，也是研究的客體；是反省者，也是被反省者；是研究故事的寫作者或報告者，也是評論者或讀者；是傾聽者，也是對話者。教師必須能出乎其內，入乎其外，並在出入之間保持明快，這是相當不容易的事情。教師研究者角色上的雙重性是行動研究的特徵，但也是可能的問題來源。在面對本身多年奉行且習以為常的信念、態度和行為方式而加以挑戰、質疑時，不管透過交互觀察或自我揭露，教師都難免會產生極為強烈的內在衝突，這種內在衝突混雜著感覺的模糊與態度不盡一致的行為、對抗變革的潛意識、自我防衛的潛意識與意識行為、工具變革到解放變革之間的差距，以及變革到進步之間的差距（對變革價值懷疑，因而導致對變革行動之躊躇）。這些衝突所形成的心理障礙可能使「批判性探究」終難實現與維持。

二、與外來學者專家研究互動的問題

「論文指導中的師生關係」在最近兩次以質性研究或行動研究方法為主題的研討會中成為熱烈探討主題。與此相近的問題是在「教師即研究者」運動中，校外專家學者（outsider）常扮演的主導性角色。許多大學與中小學校合作研究的方案其實多為大學的學者所主導，教師仍多處於配合、協助的地位。大部分教師從事的教育行動研究也都會需要外來的專家學者（通常是學術研究者以指導教授的地位）參與教育行動研究小組，並扮演「促進者」（facilitator）的角色，以指導或協助各種問題的探討、澄

清與解決，促使達成實務改善的目的。在協同行動研究中，教師研究者與學者研究者間並無絕對或固定關係，專家學者到底是扮演方法的指導者、鼓舞研究的催化者、評鑑結果的評鑑者、諮商或諮詢者、中立客觀觀察者或批判性朋友等，均應視研究情境與人際關係的發展以及教師研究者的需求等條件而定。

但不可否認的事實是，大部分教師仍然相信外來專家所提供知識的客觀性與權威性，對自己的經驗智慧或教育學知識反而缺乏信心。最近有研究報告一致指出教師研究者與大學研究人員在協同研究之際無法達到平等對話的困難（Ginns, Heirdsfield, Atweh, & Watters, 2001; Neapolitan, 2000）。國內蔡清田（2000）也指出，許多教師將教育行動研究視為可以完全仰賴外來學者專家就可以順利進行研究，或只注意研究技術即可，此種假定是教師行動研究最大的致命傷。儘管如此，相關研究也顯示教師研究在實際上仍強烈倚賴大學研究人員以「專家學者」身分的指導（王令行，2002；李惠琪，2001）。

三、教師信念與教育組織文化因素

國內教師從事研究之困難包括：時間不足、缺乏研究的知能與經驗、缺乏與研究主題相關的學科專門知識、獲取圖書資料不易、缺乏專業指導與行政支持等（王令行，2002；李惠琪，2001）。本文前述分析指出，目前教師研究中所稱的「協同行動研究」常停留於「微觀」層次，並限於個別教師之間或學者與教師之間的合作，而非整體機構與機構間的協同；介入的問題大都屬於技術層面的探究，限於教室內課程與教學方法的解決、學生問題的處理等，而忽略了學校組織文化、組織發展的考慮、政策與制度之深思，以及教育問題的脈絡的批判反省。

筆者認為這些困難與限制只是表面現象，真正的問題在於教師的內在信念、教學習慣與學校文化的因素。例如根據研究者的研究經驗指出（陳惠邦，2002），學校體制中的教學專業常常為行政領導所左右，教師能夠發揮專業自主的空間其實並不大。長此以往當然會影響教師探究教學與改

善教學的意願和信心。

　　絕大多數教師所習慣接受的教學孤立性，將使教育行動研究的協同研究小組難以形成。如果缺乏協同研究的特徵，則教師個別進行的教育行動研究只能進行自我批判，而缺乏交互批判與反省辨證的可能。果是，則教師不但可能故步自封或趨於自我應驗固有信念，因而影響其個人的專業成長，同時對同仁與學校或教育行政組織也會產生懷疑與抗拒，或者被同仁孤立，因而阻礙學習型組織與專業社群的形成。

　　此外，學校中的層級組織與權力關係也是教育行動研究的阻礙，因為大多數教師都處於學校行政層級組織中的最低隸屬者，如果教師缺乏強力的自我解放動機和團結的專業性團體，則教師很難突破技術層面的格局，深入反省檢視深植於社會文化之中的脈絡背景，以及不適切的知識、信念與態度。在此情況下，反而會強化原來的層級關係和意識型態（Ginns et al., 2001）。

　　行動研究發源於西方，其中許多概念與理想都非常抽象，而且在國人所習慣的社會文化中可能有扞格的情形，例如「協同」與「平等對話」就經常帶給從事行動研究的教師很大的挫敗感。教師之間的協同如玩「兩人三腳」的遊戲，如不能同步配合，則不如放開自己單跑來得自由自在。然而行動研究以協同合作、反省思考等為其精神特徵，如果不能學習協同與反省，則對於行動研究的經驗就不能深入。同樣的，在行動研究中如未經衝突、反省與調適，也無法體會行動研究經驗之美好。從審美的觀點出發，只有深沈的反省才可以脫離粗俗實用的限制。

　　當然，我們要讓教師學習協同合作與反省思考，則不能忽略「文化」的知識。這裡所謂的文化知識包括對國人特有的人際關係、教師群次級文化的瞭解。筆者認為（陳惠邦，2002），在中國人的社會中，謙卑、和諧是我們經常被教導的個人修養指標與人際關係原則。我們似乎習慣不敢過度呈現自我，或對自我信心不足。對於他人某種理論架構十足的觀點或意見時，通常會先提出附和意見，極少予以批評，或提出不同意見。就算是對別人的發言有疑惑時，也不會立刻據理力爭。所以「平等」也許無法真正達到，「批判性」也經常顯得不夠有力。這種情形是教師從事行動研究

問題根源之一，也是最應注意突破的地方。

伍、實在紮根，寄望結果

如果談及行動研究在教育場域可大可久的應用發展，則方法論的建構、行動研究的研究與本土化發展、教師從事行動研究之實際協助是值得考慮的努力方向，茲分述如下：

一、方法論的建構

行動研究起源於量化研究邏輯的反動，而且因為行動研究大量使用質化研究的方法與概念，所以會被認為屬於質化研究的一類。但是行動研究與質化研究者採取不同的研究立場，其方法也不限於特定的研究方法技術。任何一種新工具、新方法都可能對傳統形成顛覆的意義，行動研究當然也可能對教育科學的量化與質化研究傳統形成新的挑戰。但這並不意味著行動研究可以取代兩大研究典範。不論質化研究、量化研究與行動研究各有不同的理論基礎或知識論的假設，在各自所呈現的問題、觀察角度、關切的核心、適用的情境、探究旨趣與途徑以及判斷的效標等方面當然都各異其趣。人類從事「研究」的目的都在探究事實與解決問題，而多種研究途徑正符應了社會人文現象的多元與複雜性。行動研究在質化與量化兩大研究典範之間是否有其獨樹一幟的空間，其關鍵除研究結果的累積之外，更有待於建立方法論的努力。但由於行動研究甫在萌芽階段，過去對行動研究的理論建構不足，實際研究成果也不多，使得行動研究的應用發展受到限制。因此，我們更應努力於教師行動研究之研究，以為行動研究方法論之基礎，也才不會讓今日的行動研究風氣在教改潮消退後成為明日黃花。

二、行動研究的研究與本土化發展

由於行動研究的立論基礎、使用方法、實踐概念、思考邏輯等均源於

西方社會，教育情境的應用（以課程發展為目的或以教師專業發展為目的）原來也以西方學校與教師為對象。現在我們正在理解與嘗試應用的起始階段，故行動研究方法的本土化發展乃有其必要。為了擺脫「追隨者」的地位，致力於本土化的發展，本研究希望透過對教師從事行動研究歷程的探討，以及對其行動研究成果的反思，以「紮根」的方式逐步累積有關行動研究的實踐知識。因為依據筆者近年來從事行動研究的經驗發現，「我自己做行動研究」、「我協同大學同僚做行動研究」、「我與教師協同做行動研究」，以及「我指導教師做行動研究」的過程中，都可以觀察到自己、教師或研究生、參與的同僚等不同的心路歷程。另外，筆者也發現，來自不同層級與類別學校的教師由於其教學場域、職責、工作條件與組織文化等條件不一，他們從事行動研究的經驗也有差異，而對這些心路歷程的觀察與反省都將有助於本土化行動研究知識的建立。

Jean McNiff 的觀點認為：「我們認為沒有人可以告訴其他人如何去進行行動研究，沒有人可以詳細說明行動研究的整套原則、過程與程序，每個人都必須親自去體驗整個行動研究歷程，才能獲致深刻的理解」（引自吳美枝、何禮恩，2002）。換句話說，專家透過理論探索建立行動研究的方法論固然不可少，不過抽象的理論知識並不能完全符合教師的需求。行動研究的本土化並不需要太多文獻堆砌，而是更多行動研究的實踐行動，與在行動研究過程、結果中針對「行動研究」的反省。此外，教師行動研究應該更關注內在信念、教學習慣與學校文化的轉換問題，並把對研究方法技術的關切轉移到教育實踐的深思上。在這些方面，身為師資培育機構的學者或許更應努力盡一份心力。

三、教師從事行動研究之實際協助

鼓勵或協助教師從事行動研究說起來是既簡單又困難的事情。說簡單，是因為如同夏林清（2000）所言，其實多數老師已經從事行動研究，只是自己不知不覺而已。許多教師平常就以專業、批判反省的態度與方法實踐其教學活動，探究其教學問題，或澄清其教學中的迷惑，但卻未曾正

式進行所謂的教育行動研究。其原因與困難在前段中已有所討論。所以我們應該先檢視教師的工作環境，搬開影響教師研究的石頭。說難，是因為涉及教師內在信念、習慣與現存學校組織文化的改變並都不是朝夕之間的事。

教師研究本來就存在著許多困難、矛盾與衝突。師資培育課程中並不重視教育研究的實務訓練課程，更未針對教師行動研究給予特別的培訓課程。在實際教學生涯裡，教師少接觸教育研究，也不熟悉教育研究之技巧。因此在缺乏研究方法訓練、缺乏研究資源、行政支持與協助等困難之下，除非有特別的措施，如以行政命令要求進行或經費補助，一般來說，鮮能激勵教師自動從事行動研究的熱誠與努力。在這些外在困難戒絕之後，筆者認為如果要鼓勵大量教師進行行動研究以改善教學、發展課程或革新學校教育，則設計實務性的教師培訓課程乃有其必要性。許多從事師資培育的學者都一致指出（Feldman, 1995; Holm, Hunter, & Welling, 2000），教師需要實務性的訓練課程以學習從事行動研究的知能，特別是對行動研究中所涉及的實踐概念如「對話」、「協同」、「反省」、「實踐」、「批判」、「解放」、「實際理論」與「知識宣稱」等之理解與實踐。顧瑜君（2002）提出以「研究即研習」的概念及學校中心課程的發展過程改變以往教師進修的缺失是相當有價值的建議。筆者認為，「研究即研習」的概念可以再擴展加上「發表即研習」的作法。在現有的大型教育學術論文（含行動研究論文）發表場合之外，也可以鼓勵區域性或校際行動研究會或行動研究論壇（forum）的建立，並嘗試應用網際網路的功能促成更多溝通、交互反省與發表途徑。

陸、結語

以短短四、五年的時間，能激起這麼多教育工作者從事行動研究的熱誠，固然是值得欣喜的成就，但如果行動研究只是「教改企業」中的一環，或只是教改流行現象的一部分，則筆者寧願教師在學校中學習對話與

反省的習慣，以及學習建立協同的文化，而不是趕著流行文化舉辦行動研究研習，或只是爭取經費完成行動研究報告而已，因為這些活動除增加基層教師負擔外，只會帶來更多的不解與與厭惡感。換句話說，行動研究精神的散播與教育實踐的紮根遠比「行動研究」本身更具重要性。

當然，行動研究還有其迷人之處與重要的價值。筆者所期望的不只是行動研究的方法技術或寫作格式能有所改善，而是期望透過更多行動研究的行動與研究，在教師社會中建立協同合作、批判反省、平等分享的專業社群，並經由宏觀、有系統且長期的行動研究方案發展多元的教育實驗風貌，這樣才能真正散播行動研究的精神，並有助於教育事業的革新發展。

參考文獻

王令行（2002）。台北市國民小學教師行動研究狀況及其內容之分析研究。國立台北師範學院國民教育研究所碩士論文，未出版，台北。

吳美枝、何禮恩（譯）（2002）。Jean McNiff 等著。行動研究：生活實踐家的研究錦囊。台北：濤石。

宋文里（1998，4 月）。行動與實踐——關於一門道德科學的幾點想法。論文發表於國立台東師範學院主辦之「行動研究與偏遠地區教育問題診斷學術研討會」，台東。

李祖壽（1981）。怎樣實施行動研究法。載於陳梅生（主編），教育研究法（三版）。板橋：台灣省國民學校教師研習會。

李惠琪（2001）。國小教師從事「教育行動研究」之研究。國立中正大學教育學研究所碩士論文，未出版，嘉義。

林佩璇（2002）。行動研究的知識宣稱—教師實踐知識。國立台北師範學院學報，15，189-210。

夏林清（2000）。行動研究與中小學教師的相遇。教師天地，105，4-8。

夏林清等（譯）（1997）。H. Altrichter, P. Posch & B. Somekh 著。行動研究方法導論。台北：遠流。

張芬芬（2001）。研究者必須中立客觀嗎？行動研究的知識論與幾個關鍵問題。載於中華民國課程與教學學會（主編），**行動研究與課程教學革新**（頁 1-32）。台北：揚智。

陳惠邦（1998）。**教育行動研究**。台北：師大書苑。

陳惠邦（2002）。關於行動研究的一些迷思。載於陳惠邦著，**初等教育專論**（頁 293-305）。台北：元照。

陳惠邦、李麗霞（2000）。**行行重行行：協同行動報告**。台北：師大書苑。

董標、汪利兵（2003）。行動研究：未定型的教育行動。**教育研究雜誌大陸版，創刊號**，62-73。

甄曉蘭（2001）。行動研究成果的評估與呈現。載於中華民國課程與教學學會（主編），**行動研究與課程教學革新**（頁 201-220）。台北：揚智。

歐用生（1996）。提昇教師行動研究的能力。載於歐用生著，**教師專業成長**（頁 137-150）。台北：師大書苑。

蔡清田（2000）。**教育行動研究**。台北：五南。

饒見維（1996）。**教師專業發展——理論與實際**。台北：五南。

顧瑜君（2002）。增能進修模式初探：以學校為中心的課程發展做為教師專業成長之可能性。載於中華民國教育學會、中華民國師範教育學會（主編），**新時代師資培育的變革——知識本位的專業**（頁 33-64）。高雄：復文。

Carr, W. & Kemmis, S. (1986). *Becoming critical: Education, knowledge and action research.* London: Falmer Press.

Crookes, G. (2001). Introducing action research into the education of postsecondary foreign language teachers. *Foreign Language Annals, 34*(2), 131-139.

Elliott, J. (1988). Educational theory and the professional learning of teachers: An overview. *Cambridge Journal of Education, 19*(1), 81-101.

Feldman, A. (1995, April). *Conversation in teaching; Conversation as research: A self-study of the teaching of collaborative action research.* Paper presented at the Annual Meeting of the American Educational Research Association. 18-22/04/1995.

Ginns, I., Heirdsfield, A., Atweh, B., & Watters, J. J. (2001). Beginning teachers becoming professionals through action research. *Educational Action Research, 9*(1), 111-133.

Hancock, R. (1997). Why are class teachers reluctant to become researcher? *British Journal of In-service Education, 23*(1), 85-99.

Holm, D. T., Hunter, K., & Welling, J. (2000). *Supporting systematic change through action research.*（ERIC Document Reproduction Service No. ED 429957）

Johnston, S. (1994). Is action research a "natural" process for teachers? *Educational Action Research, 2*(1), 39-48.

Kosnick, C. (1999). Looking back: Six teachers reflect on action research experience in their teacher education programs. *Action in Teacher Education, 22*(2), 133-142.

Neapolitan, J. E. (2000, February). *What do teachers believe about action research as a mechanism for change?* Paper presented at Annual Meeting of the Association of Teacher Educators.

Yost, D. S., Sentner, S. M., & Forenza-Bailey, A. (2000). An examination of the Constructure of critical reflection: Implications for teacher education. Programming in the 21st Century. *Journal of Teacher Education, 51*(1), 39-49.

討論文章：

「行動研究在台灣教育場域中的發展與省思」

成虹飛

這次主辦單位安排我回應陳惠邦教授的論文，非常感謝有這個機會。說感謝不是客套之詞。惠邦與我都對行動研究相當投入，而且我們在同一個學校、同一個學系服務，是多年老同事，也常在公務上互相幫忙，但是就我記憶所及，我們一直沒有機會在私下或公開的場合，針對行動研究的主題相互對話。因此今天這樣的機會，應該說是我們各自奮鬥多年之後所累積的福報。然而，值得深思玩味的，是我們這兩個致力於行動研究的人，長年共事卻沒能在同一個屋簷下攜手走出協同的道路。譬如我們居然從來沒有邀請過彼此擔任論文口試的委員，也不曾串聯去從事協同的實踐行動。由此可見，光是要連結身邊的同道發展行動研究的社群，就不是件容易的事。我們兩個難兄難弟，平常各自在教育實踐場域裡奔走打拼，今天難得在此相逢，真是要感謝主辦單位的撮合。

　　惠邦在文章的最後一段，特別強調「在教師社會中建立協同合作、批判反省、平等分享的專業社群」。我把這段陳述，當作他這篇文章的靈魂，也是我所認同的基本立場。而我這篇回應短文，一開始就以我跟惠邦的關係作文章，目的是指出我們在學院中共同遭遇的一種不由自主的隔離狀態，這種隔離狀態使得我們很難有機會手牽著手去進行「協同合作、批判反省、平等分享」——雖然我們都鼓勵別人那樣去實踐。

　　最近我在一些有反骨的研究生的連串的挑戰逼迫下，不得不開始去面對我這些年來的實踐。我被逼著去看自己教學上、論文指導上、行動的能量與方向上的日趨渙散。我終於緩慢地邁開自己沉重的步伐，寫一點零星的行動反思札記，朝向自我改變的路上走去。這個過程是痛苦而焦慮的。惠邦說得好：「在面對本身多年奉行且習以為常的信念、態度和行為方式而加以挑戰、質疑時，不管透過交互觀察或自我揭露，教師都難免會產生極為強烈的內在衝突，這種內在衝突混雜著感覺的模糊與態度不盡一致的行為、對抗變革的潛意識、自我防衛的潛意識與意識行為、工具變革到解放變革之間的差距，以及變革到進步之間的差距（對變革價值懷疑，因而導致對變革行動之躊躇）。這些衝突所形成的心理障礙可能使『批判性探究』終難實現與維持。」這段精闢的論述，適用的當然不僅是基層「教

師」而已，我們是披著學者專家外衣的大學「教師」，心理的障礙恐怕要加倍嚴重。

前面提到我跟惠邦之間，不由自主的相互隔離狀態，只是我片面對於處境的理解，並沒有跟惠邦核對過他的看法。但我懷疑這種不由自主的相互隔離狀態，並不只存在於我倆之間，而是一個普遍的現象，也不只是個人內在衝突的心理防衛所能單純解釋。其中當然更包含了結構性體制因素在我倆身上的具體作用，也牽涉到我們兩個男性主體的生命史的交會方式。或許在師院父權體制中分別占據了教授權力位置的兩個男人，除了各自為既定的生涯目標奮鬥，獨力尋找翱翔的天空，並沒有機會和需要去瞭解對方的生命歷程和處境，也無暇去分辨彼此在體制夾縫裡生存的共同經驗，更不用說去分享彼此的困頓、創傷、誘惑和渴望吧！

讀者可能要質疑我，人各有志，社會多元，何必非要把兩個可愛的男人牽扯在一起？請不要誤會我的動機，我只是想要運用行動研究的精神來自我檢視。惠邦的文章有個限制，就是他指稱「教師」的時候，似乎不包含他自己，於是把自己擺放在一個檢視別人的位子上。然而，被檢視的人也有自己的眼睛，他們遲早會回看我們，看穿我們是否一致。假如「協同合作、批判反省、平等分享」的探究社群，真的是我們對於行動研究精神的共同想像，我們勢必要把自己也放回這個社群之中，而不是置身在它的外面，把自己跟基層教師、學生、甚至學院同仁隔離開來。

假如我們真的相信「協同合作、批判反省、平等分享」是行動研究的精神，最後我想指出，就我們大學教師的實踐身分而言，其中一個最直接的戰略突破點是在論文指導的關係之中。這種關係的弔詭處在於一方面它是權力監控最嚴密之所在，另一方面又是師生關係長期發酵演化的溫床，它同時具備了最宰制最規訓的條件，也蘊藏著深刻轉化與解放的巨大可能。在惠邦的文章中也約略帶到了這一點，可惜討論的角度只局限在行動者對於專家權威的依賴，而沒有觸及掌握知識權威的專家，如何在具體的權力關係中，一步步去解構與重構自身角色的責任。換言之，指導教授與學生和口試委員，如何可能在既有的學術規範體制中開展出「協同合作、

批判反省、平等分享」的空間與路徑？我們的學生在論文指導關係中，究竟是變得愈來愈順從卑屈和畏懼退縮，還是變得愈發地自主自省與豪邁勇健，甚至變成幫助我們成長前進的對話夥伴？

這些年來，帶領過多次的行動研究研習，也多次跟學生和基層教師協同行動，文章論述也為他們寫過一些。我經驗到他們看我的眼神，像是在說：不要告訴我應該做什麼，橫豎你做給我看，我看仔細了，自然會決定怎麼做。

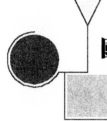

國內教育行動研究解放了什麼？
——一個師資培育者的閱讀與困惑

蕭昭君

壹、前言：有困惑，就誠實的説吧！

一、我的社會位置與選擇的立場

「人家哪有像妳那樣有機會出國讀書，又在大學任教，如果他們都懂妳懂的東西，就不需要妳去教他們了！」這是很多年以前，當我在家裡抱怨師院暑期部學生怎麼連個像樣的報告都不會寫時，只有小學畢業的爸爸用很平靜的語氣，殺殺我的銳氣。（當時我看不見自己，更有可能不想看見自己。）

作為一個師資培育者，我應當去看見「自己站在何種位置在說話」，以及看見「附加在我的位置上的學術權力與資源優勢」，以及「當我一路晉升，經過學術的洗禮，進入學院的社會位置，我已經在過程中習得學院中的文化習性，用這個文化來看待他人」。從看見自己的位置處境，才有可能看見自己如何建構認識世界的知識，進而看見自己認識世界的方式所內建的盲點。在看見的同時，我們也看不見，或是，沈浸在權力優勢中，拒絕去看見，以維繫身在其中的優勢。（這樣的體會，如果又能引用一個偉大的學者的觀點來佐證，才會「被認為學術」，所以，就引用成虹飛（2001）所引述的 Pierre Bourdieu 的說法吧！[1]）

說這個漏氣的故事，是想要帶出我在書寫這個報告時的心理掙扎。在書寫過程中，我幾度陷入崩潰的邊緣，不斷的在反觀自照，經歷複雜的質疑、否定、澄清、推翻、建立的心理過程，必須尋求學術界與基層教育界的夥伴數度來回對話，以解決這種焦慮困頓，企圖尋找一個出口。（後來就決定採取一個行動：就承認自己的困惑吧。這個過程，也很有行動研究

---

1 國內學者成虹飛在〈行動研究中閱讀／看的問題：一篇重寫的稿子〉一文中提到 Pierre Bourdieu 在《學術人》（*Homo Academicus*）書中，從社會學角度批判當代法國的學界。Bourdieu 認為，唯有將研究者的研究成果返回來運用在研究者自身，追究自己在特定位置上與實踐軌跡上所具有的癖性與利益，以及這些癖性與利益如何隱含在我們持有的概念與看待問題的方式上，才能使我們獲得思維的自主與自由，獲得從結構的支配關係中掙脫的可能。

的味道！）

在探究書寫的過程中，我經常省思的問題有：為什麼我會／要這麼「看」？我是誰？我的「看法」有什麼問題？一個「教育學術界」的人，用所謂的學術判準，評斷「教育行動研究實務工作者」生產出來的知識，究竟有什麼意義？它有什麼道德上的意涵嗎？學術界用所謂的學術判準，對教育行動既有文獻的反省，如何不展現學術霸權？（這樣的字眼，通常讓處在優勢的人，感到害怕，因此，我們很容易說，我們沒有啊！）教育學術界倡議教育行動研究的人，真的願意認可教師所生產出來的教育知識嗎？當我們有意的論述「教育行動研究必須符合 XX 學術判準」時，我們豈不正是在違背行動研究原初的設想：「將教育知識的生產權，回歸教師」？教育學術界可不可能才是問題的根源，而不是教師的研究有問題？當學者專家仍然掌握著對於何謂知識以及何謂正確的知識的定義權時，我們又可以做到多少尊重老師的發聲主體權？我們教育學術界的人，真的希望教師跟我們在教育知識的殿堂上平起平坐嗎？為什麼符合學術界定義的「知識」才叫做知識？（這有什麼好質疑的？你到底站在哪一邊啊？在行動研究中，學者要選在哪一邊站、什麼情況下靠哪一邊，確實是很值得討論的議題。）

不管是在東師的研討會現場，或是在台灣行動研究學會的研習現場，每當應邀擔任評論人的學者「開口說話」時，（有時候不管說得多麼委婉，有時候也有的學者就是好為人師）作為一個學院中的人，當我看見了一群基層教師對於學院人士的質疑，（我們老師 vs.他們教授），當然不是很自在的感覺，但是，這樣勇敢發聲的質疑，不就是我們一直在鼓勵教師主體性的展現嗎？（感謝當年的政治異議份子，讓台灣的政治發展得以走到今天這樣自由民主的程度，敢於挑戰權威從來不是憑空掉下來的能力！）在學界的教育行動研究社群，應不應該正視這樣的質疑？成虹飛（2001）也曾經為文呼籲學術界思考這個議題。

基於這樣的理解，我最大的焦慮是：因為看見「當我在看小學現場的這些老師時，他們也在看我」，不管我多麼的有誠意、立意良善，「想要

促進教育行動研究界的進步」，但是，當台灣的教育界，「專家學者」還是那個主導的聲音時，即使我終究只是展現個人站在教育學術界某一個邊緣角落的一個觀點，我的邊緣其實是他們的中心，我的論述會如何被解讀？（或者，當我想要就事論事的批判國內的教育行動研究時，我已經觸犯到了教育學術界的某個禁忌，那就是在「與人為善」的表象下，其實展現的是規避求真的反智情結。）

在這一篇論文中，我站在一個學院讀者的角度來「觀看」手邊的教育行動研究，思考有關目前國內教育行動研究如何被建構的問題。作為一個讀者，我是一個在師資培育場域進出的人，選擇相信質性研究、實踐取向的行動研究作為自己關照台灣教育問題的視框，選擇相信教育知識生產必須植基於自身的存在與實踐，教育知識的生產終極目的是在成就公義的社會。我對於教育行動研究的價值預設，影響我如何閱讀教育行動研究的論文，這就是我的閱讀行動視框，任何的視框必然有其盲點，我不願意假裝我的判準，就是正確的（即使我引用那些學者的判準，也不必然就可以規避所有的判準必然是主觀的困境）。誠如成虹飛（2001）所言，行動研究中閱讀／看的問題，確實是一個複雜的問題，[2] 教育行動研究該如何呈現，可以如何書寫，知識該如何公開，其實是需要很多的教育行動研究社群在不同的位置、從更多元的角度論辯澄清。

明白呈現某個學院角落的我，就是希望讀者可以看得見我的論述所植基的思考脈絡，我不要假裝客觀，而是面對自己的存在。美國質性研究學者 Thomas Schwandt 反省自己走入質性研究的過程中，提及「一個研究者選擇用某種方式做研究，以及對人類的行為採取某種的信念，說明的是這個研究者所選擇的一種道德和認知上的承諾。所謂的道德承諾，反映的是這個研究者相信社會世界該是什麼，以及人該用什麼方式存在的信念。」（Schwandt, 1996: 81）行動研究之於我，就是我選擇的生命態度，就像打

---

2 國內學者成虹飛在〈行動研究中閱讀／看的問題：一篇重寫的稿子〉一文中，行動研究裡的「看」，基本上包含了三個關係層次，分別是：研究者怎麼看與被看、被研究者怎麼看與被看、讀者怎麼看與被看。

破各種歧視，重新打造一個平權文化一樣。

二、行動研究就是在「研究自己」、「解放自己」：也只是一種觀點

　　國內大部分的教育行動研究的論文報告、教育研究法或幾本有關教育行動研究的專書，都可以輕易的發現大家互相引來引去的有關行動研究的定義、特性、屬性、目的、功能、做法，其實就是一群固定的學者的說法，包括 K. Lewin、D. Schon、S. Kemmis、L. Stenhouse、J. Elliot、S. Corey、或是 H. Altrichter、P. Posch、B. Somekh 等人。行動研究的流程圖畫來畫去也大致相同，不外乎是線性的步驟，或是循環的螺旋圖。這都是外國為主的學者怎麼說（大部分是英美學者），但是，當大家不斷的、片段的引來引去時，**我們其實不大知道為什麼這些來自西方的知識是如此的被論述，因為我們必須要去引用某位學者的論述，才能凸顯或是證明自己的論述的合法性**，這好像又是學術界的規準，因此，引述的動作重點在於引述的形式，而不是引述的內容知識，如何跟自己產生關聯（**對國內教育知識產製帶來的危險是：這麼強調實踐導向的研究典範，我們該如何面對其中所明白呈現的學術殖民議題？台灣的教育行動研究理論被西方殖民，同時，台灣的教育學術界又將實務界殖民。這樣的議題，教育行動研究社群，該不該重視？**）

　　我絕非意指這些學者的觀點不重要，而是，我們往往只看見很多的學術觀點或學術引述在不同的論文中流動，這個學者這麼說、那個學者那麼說（**我們也都在我們的研究論文中斷章取義的「說」**），教育行動研究被建構在簡單的技術概念上留駐，同時，行動研究方法論上最是關鍵的「反省理性」與「對話、辯證」的靈魂，卻只見抽象化的引介，或淪為技術化的書寫省思札記或觀察日記，或開會討論各自表述，或是成為合理化既有教學習慣與意識型態的工具。

　　行動研究是什麼？參考比較那麼多的定義後，我發現，國內社工學者陶蕃瀛教授的說法，最能貼近我作為一個教育行動者的存在。如果我作行

動研究，我就是將研究的探照燈聚焦在自己作為一個師資培育工作者的身上，自主性的針對「自我、對自我所處之社會位置、情境、社會環境結構，對自己在某一社會情境下的行動，以及對自己行動所產生之影響所進行的研究」（陶蕃瀛，2002）。經由這個探究過程，照見自己行動的盲點與偏見，從這種照見中，進而改善自己的專業實踐以及重新建立自己看待世界的視框（由於師資培育和教育現場，往往傾向個人心理學式的解讀，老師因此容易將教育問題歸咎個人化。但是陶教授的說法，將人和環境的關係清楚明講，就不會只鎖定在「針對自己專業上的問題」，看不見個人是處在文化結構當中，因此是見樹又見林的）。

如果我自主性的作行動研究，是「為了行動而研究，而不是為了研究而行動。」[3] 我因此能體會，任何企圖改善自己教學的行動，都不會是無痛分娩，相反的，往往是充滿困頓、焦慮、不安，行動者常常要懷疑自己的能力，因此，行動者努力「清楚的站立在自己的社會位置、誠實地面對自己的處境和自己」（陶蕃瀛，2002）。一個誠實面對自己教學的教育工作者，在行動研究的過程中，等於將放大鏡聚焦在自己身上，在不斷的懷疑、否定，重新認識、肯定自己的過程中小心前進，也經由「辯證」、「對話」、「反省理性」的落實，才有可能對於自己的專業實踐產生更新的理解（只有很民主開放的社會氛圍，真正的對話才有可能。在威權政治與教育環境下成長的我們，需要非常努力的學習解放記憶，例如恐懼威權、不敢說真話、害怕衝突、害怕挑戰不同的觀點。西方真誠對話的學理（authentic dialogue），終究是建築在一種進步的民主社會脈絡上，在台灣的教育界，如果要真正實踐行動研究方法論上的這些要素，我們還有很長的一段路）。

經過這樣行動研究過程，陶蕃瀛（2002）指出，對於行動者而言，可

---

3 這是新竹師院成虹飛教授的說法。他曾經為文指出：「教師的行動研究是為了行動而研究，而不是為了研究而行動，這是最根本的區別。她／他可能在教育實踐工作中，碰到疑難或瓶頸，因而想要採取行動來改變現狀。但是為瞭解決問題，她／他必須採取明智的、有計畫的行動方案，經由不斷地內省與自我轉化，並且要能審時度勢，不斷修正行動策略，才能造成理想的改變。」

以產生三點效益：「對自身的行動中隱而未顯的理論覺知程度提昇，對自身行動開展於何種社會環境脈絡與社會權力結構情境有更清楚的瞭解，對自身行動與社會環境、社會權力結構之間的交互影響更能分析研判」。而這三種效益將增強行動者的權能，使其社會實踐效能改善。而從這樣的影響力出發，我看見教育行動研究提供「讓我解放、讓我更自由」的機會。因為，當我能夠比較深入的瞭解哪些影響我作為一個教師的文化、結構外力，我比較能夠看到自己是在何種處境下行動，看到處境對個人的可能影響。當我們看到結構時，我們不會只是看到結構的限制，對於人以及人可以如何行動，我們也會發展出比較貼切的瞭解。在限制中，我們也會看到突破限制的諸種可能。最怕的是，如果行動者不瞭解在社會處境中的個人，是如何的跟結構處境在互動，因此，只會將焦點鎖定在個人，個別老師因此被孤立化，承擔教學的所有成敗，視而不見更大更廣的影響因素。因此，當老師在參與教育改革，若只是單一的將重點擺在自己的個別班級，卻看不到學校或社會系統如何牽制個別老師的行動，老師很容易發展出一種習得的無助感，覺得個人無力可回天。

但是，當老師對於這三者有深入貼切的理解時，老師會經驗到「壓迫之所在，就是抗爭之所在」。困頓之處，也是突破現狀的場域，行動研究讓我們不需要陷在只能接受現場不合理的存在。就像國內學者陳惠邦（1998：183）所言：「傳統實證分析研究和詮釋研究都沒有直接涉入社會與教育改革的政策與行動，而且在有意與無意之間強化了研究者與被研究者、理論與實務之間的階層關係，但是教育行動研究對此提出挑戰，企圖直接引導改革與進步」。只有教育的行動研究，才有可能經由教育研究知識的生產與實踐的過程，促進社會正義的實現，學校教育的過程比較有可能跟成就一個美好的社會之間，進行某一種可能的連結，這也是教育工作的價值性得以彰顯的一種研究方式。

貳、台灣的教育行動研究：亟待掙脫實證的陰影

在台灣的教育研究史上，「行動研究」這四個字，過去只有偶而可以在國內一些探討教育研究方法的書籍中發現它的蹤跡，雖然語焉不詳、甚至是質疑多於肯定。晚近五年，時來運轉，它已經成為台灣教育研究場域超流行的一個概念，宛如「政治正確」的開門密碼，不只是教育改革論述中必然出現的口號，更經常被供奉在中小學辦學績效的校務評鑑項目上。一九九八年四月，當國立台東師範學院第一次主辦行動研究研討會時，國內有關行動研究的論文報告的篇數，相當有限。在教育部的經費支持下，東師連續辦了五屆的研討會，提供教育行動研究工作者一個發表論述的珍貴空間，讓許多散見在不同教育現場的人發生集結的可能，其中一股力量後來在二〇〇一年正式成立台灣行動研究學會。在促進台灣教育行動研究的發展上，台東師院的貢獻無庸置疑。

除了台東師院的年度盛會以外，台北市政府教育局也在二〇〇〇年開始舉辦「教育行動研究成果發表會」，提供發表空間讓台北市的中小學老師公開分享行動研究的知識。教育部也在這幾年提供研究補助，鼓勵中小學教師進行行動研究。就民間社團而言，中華民國基層教師協會的一群老師，十多年來，持續的在各自的教學現場實踐行動研究，甚至跨校合作，集體發聲（侯務葵，1997），他們也合作翻譯了《行動研究方法導論——教師動手做研究》一書，可以說是最早成立的有組織的草根教育行動研究社群，甚至到台灣各地舉辦行動研究工作坊，實踐行動能力令人敬佩。

這些專為教育行動研究舉辦的研討會、成果發表會，最後都出版論文集或專書，提供許多對教育行動研究有興趣的人「具體一窺」行動研究的機會。此外，以「教育行動研究」為專書的出版，晚近幾年數量上也有很大的增長，[4] 包括四本譯書，以及四本專門針對行動研究方法的書。期刊

---

4 夏林清等譯（1997）的《行動研究方法導論——教師動手作研究》（*Teachers*

論文上也有許多有關教育行動研究的論述，但是名列 TSSCI 中正式名單的三本教育學術期刊，到目前為止，則不曾刊載過任何以行動研究為主的論文報告。《應用心理期刊》則開設固定版面明白鼓勵行動研究的書寫。

此外，國內許多的教育、心理、社會工作研究所，晚近或在課程上加入行動研究的相關課程，尤其是師院系統開設了不少的教學碩士班，因此出現了為數龐大的以行動研究為主的博碩士論文，只要在「全國博碩士論文電子資料庫」檢索，不難發現數量上的增加是晚近幾年才有的現象，以「行動研究」為關鍵字的論文，截至今有一千二百六十三筆，以「教育行動研究」關鍵字檢索，在一九九五年以後至今則有二百八十二筆，一九九五年之前則沒有任何一筆。

在行動研究結果的呈現上，究竟該如何書寫，一直是教育行動研究界關切的議題，在國內眾多的以實證科學典範或唯 APA 格式為馬首的論文報告書寫外，輔仁大學應用心理研究所、國立新竹師院教育研究所的許多碩士論文，在書寫風格上著重敘說（narrative）、研究者深度檢視自己生命行動經驗的故事書寫，更讓台灣的行動研究展現充滿生命力與感動力的風貌（**看起來真是熱絡的五年，但是，我們究竟在忙什麼？這些研究生產出來什麼樣態的知識呢？這些的研究真的改變了教育知識生產中的權力關係嗎？**）

所有的教育行動研究的專書，必然會討論到研究報告夠不夠嚴謹、夠不夠學術的判準議題，並且提供許多學者的不同指標（陳惠邦，1998：

Investigate their Work）；陳惠邦（1998）的《教育行動研究》；蔡清田（2000）的《教育行動研究》；夏林清譯（2000）的《行動科學》（*Action Science*）；吳明隆（2001）的《教育行動研究導論─理論與實務》；陳惠邦、李麗霞（2001）的《行行重行行──協同行動研究》；吳美枝、何禮恩譯（2001）的《行動研究──生活實踐家的研究錦囊》（*You and Your Action Research Project*）。秦麗花（2001）的《教師行動研究快易通》；蔡美華（2003）譯的《行動研究法》（*Action Research: A Guide for the Teacher Researcher*）；台灣另一本有「行動研究」名稱的譯書《行動研究教育學》（溫明麗等譯），則與行動研究沒有直接關聯，原文是 *Educational Psychology: A Practitioner-Researcher Model of Teaching*。雖然中文的譯書名特意要跟行動研究有關，但與如何進行行動研究沒有關聯。

221-228；蔡清田，2000：222-234），還有一些學者在不同的論述中提出檢視行動研究成果的效標，有的傾向用質性研究的判準（甄曉蘭，2001：201-221），有的則傾向實證量化的判準（熊同鑫，2002）。這些學者都一致的關切提昇行動研究「學術性」的問題。英國的一群學者（Clarke, Dudley, Edwards, Ryan & Winter, 1993）曾經針對如何評定行動研究報告的問題，清楚的列出他們暫時的答案，但是他們同時也提醒自己：當我們在反省自己的研究，討論價值和效度的問題時，我們必須避免製造另一組的「技術性」處方，用以控制別人的研究（有些基層教師會反問：誰在定義有沒有學術性？誰說的算話？更多的基層實務工作者則往往繼續選擇依賴學者的權威。）

在既有的相關國內教育行動研究成果的評論中，學者們都是以整體印象的方式，來評論國內的論文報告，包括：

「最近在許多以行動研究學術研討會為標題的活動中不難發現，不少標榜基層教師做研究的行動或經驗報告，勇則勇矣，但其中不願意嚴肅面對『知識』的態度卻不足取，而許多基層教師人員棄置行動研究理論基礎與完全顛覆傳統教育學術研究的觀念與做法更令人憂慮。」（陳惠邦，2001）

或「許多美其名為行動研究的方案，觀其實卻仍是傳統問卷調查量化的舊酒新瓶；或者不僅遍尋不著研究目的，其研究過程更是漫無章法，甚至出現『行動即研究』的誤解。」（吳芝儀，2001）

或「……行動研究的水準亟待提昇，許多研究都是個人式的，以提昇技術能力為主要目標，但要真正落實教育改革的理想，個人式的、技術性的行動研究式不夠的……。」（歐用生，2001）

或「……有一些實務工作者雖然非常勇於發表、樂於與他人分享其行動研究探究心得，呈現出高度的專業熱情與感性，讓人深受激勵，但是有時候卻出現了過度自我表述的現象，疏漏了用理性的態度對整個行動探究過程與結果予以客觀描述與批判。」（甄曉蘭，2001）

累積主辦研討會的數年經驗，熊同鑫（2002）則說：「……行動研究

論文為人詬病之處包括：研究成果流於個人自說自話論據不足、研究論文的內容不具學術性，及研究成果的可信度令人懷疑等。」

這些論述都沒有具體舉出哪些案例符合前述的批評，（整體式的評論比較政治正確、比較安全，但是比較是針對基層教師的研究報告在作評論，而非學者寫的行動研究報告。值得注意的是，在研討會中發表的論文，也都是學者評審挑選進入研討會的，而有些更是學者指導的。）有的評論讓我心有戚戚焉，（但是，我的困惑是：我們在講相同的事嗎？或我們看到的是同一篇嗎？）量化的判準則讓我覺得雞同鴨講。

針對具體點名別人的案例，只有成虹飛（2001）寫李文英的一篇發表在期刊上的文章，作為一種正面的教材，說明他在四個行動研究文本中所期待促發的「主體對話的文本」，其他三種文本，他也迴避舉例明說。如果不是針對特定的案例舉例說明，讀者其實無法掌握這些評論究竟是在說什麼。〔但是，真要舉例其實非常傷感情，怎麼辦？幾經掙扎，雖然百分之百政治不正確，我還是決定勇敢的從圖書館中尋找公開的研究文獻案例明說。我真心以珍惜（valuing）的心情來看待我所檢視的所有案例，感謝這些案例，讓我可以更加的澄清教育行動研究的可能樣態，再將這些新的理解跟別人分享。或許，誠如這篇論文報告的第一位試讀者所說的，作為一位在小學進行行動研究的基層教師，她也因為這一篇論文，自己對行動研究有更清楚的認識。〕

我總共檢視三個來源的教育行動研究的論文或報告案例，包括研討會論文案例（台東師院針對二〇〇一年研討會所出版的專書中的幾篇、台北市政府教育局出版的「第二屆教育行動研究成果發表會」的優良論文）、在教育研究法專書中的行動研究簡例，以及幾本在公共圖書館書架上的碩士論文。經由這些案例，我想要更深入的澄清「教育行動研究」，究竟是如何在台灣的教育現場被建構呈現，以及思考這樣的建構呈現，對於台灣的教育專業，帶來什麼樣的意義。

一、研討會的論文：有研究的行動，卻不必然有行動研究？

不管是台北市第二屆教育行動研究成果發表會的入選論文，[5] 或台東師院研討會後所出版的專書，皆可以看見許多具體的案例。這些案例清清楚楚的為讀者建構出教育行動研究的樣態，以及教育的行動研究應該如何被書寫、呈現。或者，它也反映所謂的某些「專家學者評審」的定義。得獎的論文，具有指引的標準作用，像是範本，它提供許多讀者對於何謂教育行動研究的「具體參照」。最顯而易見的就是書寫格式，用什麼方式來呈現，包括什麼內容，用什麼樣的語言，說什麼話，該如何說等等。

在台北市第二屆教育行動研究成果發表會（台北市政府教育局，2001）中的三篇「特優」論文中，雖然名為〈班群教學之規劃與實施〉論文，從頭到尾不曾提過自己是「行動研究」，行文當中也不曾出現行動研究的字眼，似乎不能用「行動研究」來看待它。但是，因為它是前來一個教育行動研究的發表會場發表，又入選為特優，顯然被視為「行動研究」。第二篇名為〈二年級學校本位課程發表之研究〉的論文，在該校的學校本位課程發展架構圖中，明確提及「教師自組行動研究小組」，並且在研究方法中明白的宣示「以協同行動研究方式」進行。第三篇篇名〈提昇國小學童閱讀興趣之行動研究——以火箭閱讀計畫為例〉的論文，則在論文題目上正式宣告自己是行動研究。

這三篇論文的模式，都是一群老師事先設想好要作什麼，例如：「班群教學」、「四個單元的學校本位課程」，以及「火箭閱讀計畫」，然後

---

5 台北市政府教育局在二〇〇〇年開始舉辦「第一屆教育行動研究成果發表會」。其徵稿辦法將教育行動研究成果發表會分成四類活動項目，「論文發表」、「教育經驗分享」、「教學演示」與「實物展示」。在「教育經驗分享」的「稿件格式」規定中，主辦單位特別註明「論文著述請勿投送。」足以說明主辦單位對於「論文」跟「教育經驗分享」的內涵是有嚴格分別的。雖然在官方的獎勵部分沒有差別，但是在一般教育界人士的眼中，「論文」顯然是比「教育經驗分享」具備較高的學術地位，或較高的「知識地位」。類似的分野，也在台東師院的研討會中出現，正式可以發表的論文，必須符合「他們的」定義規準，至於明白在摘要宣告是以故事敘說方式的論文報告，往往會被歸到「故事角」，發表時段就是晚上，讓人不得不質疑「說說故事嘛！不用當真」？

就實際用個策略或方法去進行教學。接著就針對學生、學生家長或老師作問卷資料蒐集、瞭解「研究對象」的看法。再將這些看法或以統計比例呈現，或以摘要引言呈現。最後提出一些建議，提供讀者未來如果要進行類似的策略或研究時的參考。

如果說這三個研究無異一般的實證研究，而非行動研究，其實也許更貼切。或是說這些是老師在教學現場所進行的「沒有控制組的準實驗研究」還更妥當。這三篇論文都是老師設計了某種方案，就去實際教一次，看教學的結果如何，蒐集資料，作成報告。老師有教學行動，也有蒐集資料的研究行動，但是，這些行動加起來卻不必然等同行動研究，這是最值得注意的區別。更誠實的說，拿掉「行動研究」這四個字，其實也沒有太大的差別。

這三篇由不同教師書寫的報告，呈現出一樣的論文架構，看起來符應了許多教育界學術界人士和教師對於「學術論文」該是這個樣子的「刻板印象」，有緒論，其中包括研究動機與目的、名詞釋義、研究流程、文獻探討、研究結果與討論。但是，深入檢視這三篇「特優」的論文，卻發現他們一致的欠缺行動研究當中的「實作、監控、反省、修正、再實作、再監控、再反省、再修正」或行動中反映省思（reflection-in-action）以及行動省思（reflection on action）的精神特色。因為看不見這個部分，這三個研究其實比較是在研究他人，而非研究自己作為教學行動者的教學，因此也不會有行動省思，研究他人指的是都在蒐集他人如何反應的資料（例如：家長的回饋、學生的回饋），反觀自照自己的空間因此就縮減，至於這些研究別人的資料如何影響下一步的教學，則不見討論，這些資料絕大部分都是總結性的資料，評估整個教學後的結果，而非是影響研究期間內的下一階段教學策略的擬定，所以為下一步行動而省思（reflection for action）的部分也不足。

相同的現象也出現在台東師院二○○一年研討會的論文專書上，許淑玫與何素玲（2002）的〈交互教學歷程中國小資源班教師實務知識探討之合作行動研究〉中，除了在篇名、關鍵字中有所謂的「合作行動研究」的

名詞以外，這一篇論文不易察覺其他跟行動研究有關的過程或字眼。掛名是兩個老師一起合作（一個博士班的研究生和現場的另一位老師），有合作的動作，但是，不是「行動研究」，只要從其研究問題就可以清楚發現這是一個博士班的研究者「企圖研究他人具備何種教學實務知識」的研究，這個「他人」就是她合作掛名的另一個作者。在這一篇論文中，這位住在另一個城市的研究者，其實就是在研究別人的教學，把「研究對象他人化」。研究者跟研究對象的關係，仍然是被安置在傳統實證量化的二元對立的框架下。雖然名為「合作」行動研究，其實仍然清楚可見實證研究中由研究者主導的研究關係。

　　非行動研究，同時又將研究對象客體化的論文，在同一本專書中的還有數篇，例如曾文鑑（2002）的〈攻擊行為在學生文化中的意義〉，這個校長利用訪談以瞭解他學校的學生如何看待攻擊行為，學生是「訪談對象」，他整理訪談結果，跟老師分享，自己再寫成報告。他在摘要、關鍵字，以及內文中提及自己是行動研究，事實上，他有做研究的動作，但是，不是行動研究。周裕欽、廖品蘭（2002）的〈教師引導學生進行專題探索的學習歷程分析〉一文，在題目、摘要、關鍵字、內文中，無一提及行動研究，它是一篇一位教師教學流程的綜合紀錄，表格、電腦圖表等形式樣樣俱全，但是欠缺研究者自我反省的內容。從頭到尾，我甚至懷疑兩位作者可能也不覺得自己是行動研究，因此，就很誠實的在論文報告中完全避開行動研究的任何語彙。基於某些不為人知的理由，這一篇論文入選，成為一本行動研究專書的一個案例。〔我不是在貶低這樣的研究論文的重要性，國內學者陳惠邦（1998：267）也觀察到國內類似的研究，認為「此類的研究充其量只能稱為教師研究，意指教師從事教學方面的研究，而不能稱為是教育行動研究。」〕

　　教育研究所博士班的學生，將所學企圖落實到教育現場是值得鼓勵的事，但是，博士班的研究者不一定要作行動研究，他可以研究其他老師如何落實以及在落實的過程中出現何種困頓，蒐集這些資料，書寫出來提供未來借鏡。為了研究他人，研究者不必然是教學者，而是觀察者，再把資

料分析詮釋，這樣的研究，本身就足夠成為一篇研究報告。同一個研討會論文集中的楊智穎（2002）在〈多元智慧理論應用到國小鄉土教育課程設計實施之行動研究〉就是屬於這樣的一個研究。當年我應邀擔任楊智穎的回應人，因為自覺到論文發表人與評論人之間權力不對等的議題，因此，我事先就跟楊老師用電子郵件溝通，委婉的請他澄清研究過程中一些沒有寫在報告內的問題，協助我正確的解讀他的文本。幾番書信往來，彼此溝通對於行動研究的看法，後來，在論文發表會的現場，楊老師非常謙虛誠實的說了一段連我都有點驚訝的告白。他先交代我們的書信澄清過往，接著說：

> 我想先說的是，我這個研究如果拿掉行動研究的四個字，就是一個一般的研究，確實是也沒有差別。我比較好奇的是，行動研究跟質性研究、個案研究有什麼差別？

如果前述這些入選在行動研究研討會進而又編入專書的論文，在題目以及內文上拿掉所有的「行動研究」的字眼，也無損於這些研究的內容，那究竟說明什麼？負責評選以及主編的學者們為何如此的定義行動研究呢？還是說，評審的重點、舉辦研討會的重點不在討論澄清行動研究，而是有其他不方便明說的考量？不管答案為何，顯然教育學術社群對於何謂教育行動研究仍然存在很大的歧異，當一般常見的研究者研究他人的實證研究，被視為「正確標準的」行動研究時，主辦單位及其所代表的學術界，不正是在展現將行動研究收編在實證研究典範下的動作嗎？

在實證的收編下，讀者自然很難從前述這些得獎或入選的範例論文中去看見：鞭策研究者進行行動研究的背後，究竟存在何種的問題意識脈絡，困擾行動者的究竟是哪些現象？問題的根源何在？行動研究者問對了問題嗎？為什麼報告中所舉的這個「具體的方法、策略」就是妥當的解決前述問題的方法、策略？研究者如何作決定？根據什麼作決定？任何的研究策略，勢必會啟動其他的行動，研究者如何監看自己的行動，帶來哪些的結果？啟動哪些預期中和不曾預期卻出現的結果？研究者如何從這樣的

自我監控中，反思新的現象跟原來的問題的關係，更正行動或持續行動的循環？這些都應當是教育行動研究當中，最重要的過程面相。

　　只有當研究者發問這些問題，這樣的研究才能展現「辯證」，以統合行動與研究的關係（陳惠邦，1998：208）。研究者的研究跟行動才可能結合為一，行動研究因此才有可能是在研究自己，透過反觀自照省思的過程，得以讓自己更有能力改善自己的專業實踐。令人懊惱的是，這一部分的資料，在這些入選的得獎論文中和許多的行動研究的論文報告中，並未獲得足夠豐厚的關注。最值得注意的是，只有在那些未入選為「論文」的「教育經驗分享」類別中，這樣的行動反省比較有可能出現，但是對於行動策略以及為何如此行動的的描述卻又不足。[6]

　　因為忽略呈現行動者反觀自照的過程，這樣的研究因此也只能停留在檢討別人（通常是他們的研究對象：學生），因此，這些論文極少檢視教師自己帶著何種的教學觀或行動視／識框在教學，整個論述彷彿預設自己的教學不會有問題，問題的根源是外在的，可能是在於學生觀念或家長觀念不對，老師因此也不會在這樣的過程中經歷困頓的成長，老師蒐集到的資料，也幾乎都是比馬龍似的自我應驗某一個教學法、策略有效。以台北市三篇優等論文為例，前述的三種方法或策略，在小學的現場落實，被描繪成大部分都很成功，小學現場充滿一大堆對現今教育改革的熱烈擁抱，「班群教學」很美好，「學校本位課程的發展」也沒問題，「火箭教學法」也不錯。小學現場一切都很和諧，老師群之間很合作。因此，教育行動研究被用來當作合法化既有的教育政策或教育實務工作的途徑，卻不必然可以轉化教育現場。（**基層教師讀者讀到這樣的論述，必然問的是：這些學校怎麼這麼順利啊？會不會太美化教育現場了？**）

　　這些研究大部分都會牽涉到跟別的教師和學生的協同，仔細推敲一些掛名協同行動研究的論文報告，在字裡行間不難發現研究者往往會在什麼地方欲語還休的影射協同研究的困難，[7] 弔詭的是，這個部分往往很少明

---

6 國內學者幸曼玲在台灣行動研究學會的一場討論會引言中，也提出類似的觀察。
7 游可如與戴莉如（2000）在〈教師參與統整課程行動研究對教師之改變〉一文

白的被提出來細緻的檢視，這樣迴避只要是一群人在一起做事，就必然需要不斷溝通彼此價值觀差異的呈現，其實是失真的再現。這種故意美化或略而不談教師之間的協同關係，說明的是教育界「不易說、不方便說真話」的現實考量。這樣報喜不報憂的報告呈現，在承認現有的存在合理時，也往往帶來一個危險：對於教育現場有點概念的讀者，必然對於這樣的研究成果所生產出來的知識產生質疑。

　　類似的研究，因此往往不大交代：在協同合作過程，不同成員的關係，是不是平等的？大家對這個研究的定義（問題的、方法的、進度的），是不是經過充分的討論、協商？還是它仍是校長或主任等階層的人在一廂情願的領導？成員之間的權力面向，如何被細緻、公平、不粗暴的處理？這些都是展現行動研究跟實證量化與詮釋典範質的研究基本差異之處，研究者與研究中相關的人，如何被定位，成為相互主體，而非被視為客體的存在。這一點也是行動研究展現民主協商機制之處。換句話說，類似這樣的報告比較是在實踐工具理性（technical rationality）的精神，而非行動研究所立基的反省理性（reflective rationality），其中的協同批判、民主溝通、專業對話、自我反省與辯證綜合等方法論上的重要議題的向度（陳惠邦，1998），仍然有待國內的教育行動研究者努力深化實踐。

中，針對同一個年級班群的協同行動研究，她們語帶玄機的說：「當時班群成員的組成，部分是由行政安排，因此當『理念』不同時，溝通會有很大的困難。」她們因此提出建議：「由教師自主形成班群會比行政協調來得好；在研究討論會中，多『同理』別人的想法，會比『批判』不同的意見來得重要。」明白地說，她們在協同過程當中不愉快的合作關係與溝通困境，彷彿是一個禁忌，有的不方便言說，有的不能明說，但是好像很有必要說，怎麼辦？那就用一種含蓄、語焉不詳的方式交代一下也好。在學校現場的人卻又清楚的瞭解：這中間一定有什麼難言之處！
在另一個針對行動研究書寫的討論會中，她們其中一位就說到：

　　……我們在寫作時，就很困擾，因為我們不能寫出合作過程中的很多不愉快的事，以及這些不愉快的感覺，如何影響我們整個團隊最後的發展，全校的人都知道類似這樣的團隊根本是分裂的，五個人的小組，其實是分裂成三組。最後，我們就避開過程中的細節，只是將整個成果呈現出來，所以是很理性的，也很抽離現場的互動脈絡。我們也很不滿意不能寫出心裡的話，所以只能這樣呈現。私底下，大家在學校待久了，都讀得出話中有話的文字。

二、報告的書寫格式：向實證既定格式靠攏

以台東師院的行動研究幾年來的論文集為例，在最早兩屆的論文集中，多元書寫格式（或是更明確的說，以故事敘說的書寫方式）還有一些被認可的空間透氣。這兩年在報告的書寫上已經趨向千人一面的困境，異於主辦單位不自覺的實證典範思考精神的報告書寫格式，幾乎難有空間入選發表。當東師主辦單位將入選的論文在二〇〇二年出版成《教育行動研究與教學創新》一書，它也正式的宣告行動研究的書寫「就是這麼一個樣子！」在其他的論述方式尚未成書出現之前，「這個樣子」恐怕會成為許多想要進行教育行動研究的人以為的樣子。

參加東師研討會的人應當不難發現，在這樣一個研討會的場域中，彷彿有一個潛在的訊息，清楚的定義什麼叫作行動研究的正確報告書寫，至於「故事」，則不能成為正式的行動研究的論文報告書寫，因此，「有幸入選」的只能收錄在研討會的大會手冊上，在晚上的「故事角」用口頭分享，白天則是安排給正式、正確的論文發表。在「大會手冊」中「故事角」的「非論文」中，也看到了主辦單位囊括進來的掛名行動研究的「日本音樂教育的參觀報告」，有參觀旅遊的行動！（*更貼切的是觀光行程記錄*）不只不是研究，而且百分之百不是行動研究。

當年我應邀回應兩篇論文，一篇如前所述（p. 386）連作者本人都同意不是行動研究，另一篇論文中則隱約看見研究者的生命力與靈魂在實證骨架下被消音與禁錮。與會的另一位學者顧瑜君教授針對她回應的論文也有類似的觀察。因此，在研討會的現場，她慨嘆道，這樣的研討會早就以不著痕跡的方式，清楚的昭告何謂正確的行動研究論文報告書寫。例如，礙於報告書寫者對於主辦單位所規定的「APA 格式」的「正／誤解」，針對行動過程省思中非常個人的內隱知識（tacit knowledge），很難有空間清楚明說，彷彿所有的書寫必須以抽象、概念化、理性的、他者化的語言，在既定的格式下才是學術，因此，形式、格式支配書寫的思考，讀者不難發現，有些報告不需名詞釋義，礙於格式，也要勉強製造一個顯而易見的

名詞釋義。

　　不管是台東或台北市的研討會，都有相同的現象。這樣的語言、呈現方式、遊戲規則，充其量只是人類眾多知識形式的一種，但是它卻像一道看不見的鋼索，箝制知識生產中創意與思考的多元可能。由於許多研討會主辦單位如此相信「APA」的正確或魔力，每一個章節的格式就必然只能這樣，許多教育研究者只好自動服膺，看似別無選擇的成為共犯結構的一部分。在這樣的格律箝制之下，許多研究者，在研究報告的書寫上，只能被迫跟自己的經驗疏離，檢視許多的教育行動研究的碩士論文，不難發現它跟實證量化的標準書寫格式一模一樣，在電子全文上網的今天，研究者甚至不需要多費心，只需要將另一篇論文的目次下載，再更改頁碼，就是自己的論文大綱。這樣的千人一面，說明的是什麼呢？（**基層教師玩得起這樣的遊戲嗎？**）

　　在東師二〇〇一年的研討會中，我應邀回應的另一篇論文是徐美蓮和薛秋子（2002）的〈醜小鴨和小天鵝——以檔案評量與學生共享語文天地之行動研究〉。在準備回應的閱讀中，我對於行動過程中的一些現象感到困惑，覺得研究者對於過程中的描述語焉不詳。聽完論文發表人的口頭報告後，我熱情的回應：「**你們剛剛報告的行動研究過程，都是很值得書寫在報告跟讀者公開分享啊，尤其剛剛說到的這些反省與困境，以及自我的教學觀如何被迫改變的經驗，會讓你們的論文更有生命力啊！也更貼近教學現場啊！這些就是我覺得行動研究最美的地方啊，也最能夠讓讀者學習、判斷的地方啊。**」對我而言很不堪的是，報告人語帶無奈的說：「**我們老師很為難，如果我們寫這些故事，就不能贏得這個比賽（註：指的是論文無法獲得主辦單位的青睞，入選報告）。贏得這個比賽，來這裡報告，如果遇到不一樣想法的教授，又得冒著生命危險，來這裡被罵。又說我們沒有寫這些故事。**」

　　就在現場，作為一個學院派的研究者，我看見了自己的一廂情願與對於研究方法知識的傲慢，在我陷入羞愧的同時，卻沒有看見一種「正確的」書寫格式，早已強力的滲透到我以為應當要有不一樣於實證傳統的行

動研究當中⋯⋯。為了入選或贏得比賽，已經變成不少人書寫教育行動研究報告中的重要考量。國內學者顧瑜君曾在台灣行動研究學會的研討會場提及，有的學校或老師請她去擔任行動研究的研習主講，明白的要求她「就教我們可以如何寫一個可以得獎的行動研究報告。」依此發展，教育行動研究被實證量化收編，難道是國內教育研究史上必然的宿命？〔澳洲的行動研究學者 Jean McNiff、Pam Lomax 和 Jack Whitehead 等人（吳美枝、何禮恩譯，2001：209）曾經指出，行動研究報告的寫作本身就是作者展現自己增能的一種方式。如果行動研究者因為某種外在權威的規定限制，無法用真誠感人的語調，說清楚、講明白自己的行動結果，作者何從感受到增能？這些澳洲的學者也提及，一九九〇年代初，在澳洲舉行的有關行動研究與過程管理的三屆會議中，一致的結論主張傳統的或非自我省思的論述，無論其是否在某一情境中具備特定的價值，皆不能被視為是行動研究（吳美枝、何禮恩譯，2001：1）。這個觀點，倒是很值得台灣的行動研究社群參考。〕

三、行動研究的學位論文[8]：沒有控制組的準實驗研究？

不管是在國內幾個以行動研究為主題的定期研討會發表的論文，或師院系統有關行動研究的碩士論文，絕大部分清楚可見「過程－結果研究模式」的影子（process-product research model）（陳奎憙，1989），它主要研究教師的教學對學生的影響，尤其是跟行為主義心理學及其「能力分析」的理論互相呼應。在九年一貫能力指標的「政治正確」下的行動研究，更是容易將行動研究，推向這種體現實證量化觀的教學研究。教師即研究者的概念，變成是被用來在研究學生，研究他人，而非研究「研究者自己」。行動研究所立基的反省理性，因此被工具理性所取代。

由於台東師院連續五年主辦教育行動研究的研討會，「行動研究」跟

---

8 檢視碩士學位論文，其實是一個非常政治化的行動，為了說明實證量化的思考，像一團揮之不去的烏雲，籠罩在台灣教育行動研究的天空，我必須舉例，才會有憑據，因此，甘冒大不韙，想要就事論事，無意貶低或觸犯研究生與指導教授、口試委員。

「東師」彷彿形同等號的情況下，檢視東師國民教育研究所有關行動研究論文，也可以協助我們來看看行動研究如何被建構。我從公共圖書館的書架上挑選該所李毓真（2001）〈國小統整課程之設計與實施——一位職前教師行動研究歷程〉的碩士論文，作為討論的案例，最重要的原因是，這篇論文由連續主辦五年行動研究研討會的熊同鑫教授指導，口試委員之一的蔡清田教授曾出版教育行動研究的教科書，兩位教授在教育行動研究上，頗富盛望，因此，對於這樣的師資陣容指導下論文，難免讓人會有指標性的期待。同時，我也檢視幾本其他師院的碩士論文，一起對比分析。

（現象一）客觀性與推論性的位置安在？

李毓真的論文在資料的蒐集上，展現高度的用心，值得肯定。她在研究方法的章節中，直接言明在資料蒐集與分析上（李毓真，2001：35，36，40，42），自己的行動研究等同「質的研究」；但是在論文的行文當中，依然可以看見實證量化的影子相隨，影響她如何看待自己的研究。例如，在討論「研究之信度效度」，她交待自己要「自我反省的觀點、行為、解釋，**以去除偏見**」，在「效度」中，她期許自己要做到「研究者對其研究脈絡能作出**正確的描述**」（李毓真，2001:43）。

在「研究限制」中，李毓真提到「**以一所學校的一個班級爲研究場域，研究結果會因研究者，現場協同教師、班級學童、學校內涵的差異而有所不同。而研究者爲了降低此研究限制，則是時時要求自己以客觀詳實的紀錄來呈現研究情境，並能將每次所記錄反省的資料，交由協同教師進行確認的工作，以期能客觀公正的陳述與判斷，呈現本研究情境下的結果，使研究的限制降至最低（李毓真，2001:46）。**」

不可思議的是，在許多以行動研究為名的師院碩士論文中，只要翻到「研究限制」，就會看見類似的說法（甚至一字不漏相同的說法），例如：「本研究結果充其量也只是針對研究者教的一班五年級學生進行分析，因此當讀者欲引用本文或對此研究結果進行推論時，宜小心謹慎」（董韻芳，2001：6）。只要將班級、年級略作調整，不同的論文卻有相似的論述（紀淑萍，2002；許修晟，2002；詹慧齡，2002；鄭子善，

2000；鍾敏龍，2002）。仔細推敲，這些文字透露的不正是對於個案式的行動研究不能「推論」的歉意嗎？不正反映出是以實證量化追求「推論」的絕對真理，企圖評斷在預設上截然不同的研究取向所生產出來的知識嗎？如果行動研究者在論文報告中，針對情境脈絡提供豐厚的描繪，讀者在閱讀時，能夠從這些詳細的脈絡資料中，看見自己的處境與學習，賦予意義，這不就是類似推論嗎？

李毓真也在專章「研究者的省思」中，三度提及研究「客觀性」的重要，她論述將「記錄與反省資料」，提供協同教師「檢視與確認資料記錄的正確性，請協同教師參與研究者的教學批判，以期整個行動過程中的觀察資料與批判歷程，趨向客觀性與可信性」（李毓真，2001：148）。研究者自己的「記錄反省資料」，即使經過另外一個人的檢證，不也只是兩個主體互相辯證，互為「主體」，為什麼這樣就叫客觀？如果不是帶著實證量化研究的判準，研究者因何這麼焦慮「客觀性」？對於客觀性的追求與對於不能推論的焦慮，究竟說明研究者如何看待行動研究的理論預設？教育行動研究社群對這些質疑，目前並無定論，必須要進一步澄清論辯。

前述這些在論文當中清楚追尋「客觀性」、「推論性」、「信效度」等語彙的諸多師院系統的教育行動研究論文，都清楚的反映師資培育系統仍舊是以實證量化研究信念為主導。誠如國內教育、文化學者宋文里（1998）的批判：「我們已經久已習慣於一種實證主義和實用主義式的思考方式，對於研究，我們一直相信一種單向尋找真理或發現客觀答案的研究哲學，……這樣的研究思想鋪天蓋地的瀰漫之下，所謂『對話式的研究』或『辯證思考』幾乎都在異端污名之下而被貶謫到邊緣蠻荒之地。」

值得注意的是，針對客觀性與主觀性的議題，許多質性研究者業已主張，在所有的研究中，研究者的主觀，不必然是研究者的恥辱。「研究者的理想不應當是致力追求傻瓜眼中的客觀性金礦，而是自我瞭解的金礦。因為，並不是主觀性在局限我們，而是一味相信我們可以免於主觀性的信念，才真正困住我們」（Rubin, 1981）。「主觀」不必然等同「偏見」（prejudice, bias）或「情緒化」（emotional），它也不必然是不值得信賴

的（untrustworthy）。事實上，警覺、瞭解到它的多重存在面向，對研究者而言，反而是具有正面的價值。

依據美國質性研究者 Allen Peshkin 的說法，「主觀」集中研究者的注意力和焦點，製造某種觀點，但是當研究者將注意力集中在某個焦點時，他的主觀也窄化他的知覺與警覺（Peshkin, 1985）。因此，研究者如果事先認知到這一點，當他在全力探索自己喜歡的論點時，就得趕快注意、監視哪些觀點是他故意忽略或避而不談的。因為主觀而獲知的經驗，有能力的研究者會將它與既有的觀點、證據一再檢證。這些都是在證明研究者是否嚴謹，是否排除熱情（passion）、偏見（prejudices）對研究所造成的不當影響。

過去對主觀性的質疑，在於它的研究結果不可靠，現在對主觀性的興趣、關注，比較不是我們的研究可不可信，反而相當重視研究者自我和研究對象之間如何互動、產生什麼影響結果等等。至於研究結果是否可靠、可信，乃是由讀者來判定（Guba & Lincoln,1985），讀者個人來決定他們所閱讀的報告內容和他個人的經驗、知識是否符合的問題。當研究者因為嚴謹的面對研究過程中的主觀與研究對象、現象的種種互動，並坦然、無懼、真誠的揭露自己的觀點與立場，讀者才會有判斷的依據，瞭解到是何種主觀導使如此的發現與結論。當讀者同意研究者的認知與詮釋，事實上，研究者也已經完成了一種足以說服別人的「相互主觀性」（蕭昭君，1996）。

（現象二）權力不對等的研究關係，「協同參與人」vs.「研究對象」？

行動研究跟傳統實證典範和質的研究典範的另一個基本差異，就在於研究關係的品質。成虹飛（1999）體認到行動研究中，研究者跟其他人之間存在一種分享的夥伴關係，是這種平等、互惠、對話的美感，讓他選擇這樣的方式從事行動研究。這種分享關係，在協同行動研究中尤其具體，因為所有參與其中的個體，正是在一個民主、平等與自願參與合作的基礎上，一起參與行動研究的問題定義、行動設計、規劃、執行、反省、修

正、建構書寫公開知識的循環、同步歷程。在這種平等的協商關係中，所有的人都能夠彼此自我開放，把話說明白、講清楚，共同分享知識，共同創造新的瞭解，彼此增能。這是 Sharon Oja 和 Lisa Smulyan（1989）所描繪的理想（協同行動研究必須在一個民主開放的社群，才能有效運作，因此，協同教育行動研究中的人具備深厚的民主素養是一個必要條件，而非被迫聽命各種的權威）。

在研究關係中誰是主體的議題，是研究方法論上重要的關切。從碩士論文研究者的角度出發，她／他在行動研究過程中啟動自己跟三種人的關係：跟自己的論文指導教授，[9] 學生（教學的「對象」），以及現場的協同教師。我先將討論集中在後兩種關係，思考他們如何被這些行動研究者定位。

就研究者跟研究現場學童的關係而言，教育行動研究，應當是研究者在研究自己的教學，但是國內有不少以行動研究為名的論文，卻將焦點關注在其他對象，有的在研究流程中標示「選定研究樣本」（李思明，2001：47；鄭子善，2000：24），或另闢小節談研究對象（鍾敏龍，2002：55）。以鍾敏龍的研究為例，他甚至將學生當作「實驗對象」，以「瞭解以爭論性議題為中心之批判思考教學對國小學生批判思考能力的影響」，行動研究中研究者其實應當是在「研究自己」的部分，蕩然無存。整篇論文其實是一個實驗教學的研究，甚至還考驗實驗組與控制組是否有顯著差異，在後續研究的建議中，鍾敏龍建議未來研究要「增加研究變項」，「增加以國小學生為研究對象的相關研究」以及「以質為主、以量為輔的行動研究模式」（鍾敏龍，2002：109-110），這些都是明白的運用實證量化將研究對象客體化的具體作為，套在原本要將研究參與人當成夥伴關係的研究典範之上。

這種將學生對象化的例子，不難在許多統整課程的行動研究報告發

---

9 二○○三年春，台灣行動研究學會曾針對這個議題進行討論，這是國內第一次有人針對這個重要的議題企圖對話。這個議題在一個行動研究社群出現，足以說明行動研究重視行動中的平等關係的預設。方得隆（2001）也曾就此書寫一篇他指導研究生作行動研究的行動研究。

現。這樣的報告幾乎可以看見一個從研究者的角度出發的「明天會更好」的思考模式，老師在一陣混亂、摸索後，都會正面肯定行動研究，條列統整課程的諸多優點，尤其是學生更「快樂」了，學習更「多」。我在某種程度上也相信這一個面向的真實。但是，我發現絕大部分的行動研究報告，避開面對反省這樣的研究將學生消音的問題，學生一定喜歡我們的統整課程教學嗎？學生可不可以覺得疲於奔命寫學習單、玩活動，不必然有能力統整老師要他／她統整的東西？在這樣緊湊忙碌的教改作為下，學生如何被定位？學生的聲音被聽見了嗎？換句話說，在協同行動研究中，「學童」是不是協同的一方？還是只是「無聲」的「對象」？如果這樣的行動研究仍舊是將學生視為教育過程中的「客體」，依然是一個「研究對象」的定位，那只不過是研究者從學院的研究者換成是自己的老師，將學生「研究對象化」的現象並未改變。老師將自己的學生「他者化」時，其實也是將自己異化的過程。

　　據李毓真的說法，她的研究是在正常的課程外「添加」性質的教學（李毓真，2001：100），從其附錄中發現學童必須因為這個研究，配合書寫二十一份不同內容的學習單（李毓真，2001：170-177，191-211），但是，二年級學生的識字能力有限，書寫表達有限，學童顯然是沒有權力抗拒這麼多的書寫工作。研究者如果在過程中跟自己「對話」，不斷的反問（talk back）自己的預設，包括：學習單會不會太多？學習單的存在，究竟是在服務誰？甚至不排除推翻自己不當的預設的可能，這樣或有可能展現反省理性，就有可能從反省別人，例如「學生不太專心聽老師講解，只顧自己不會寫怎麼辦……」，進入反省研究者自己，例如「會不會是自己設計學習單太難了？」李毓真曾以一段話來交代自己如何在過程中處理學童反應「又要寫回饋單，每次都要寫好久！」的問題，就是將學習單改成「勾選」設計，減輕填寫負擔（李毓真，2001：130）。但是她並沒有進一步的思考：面對學童的需求與自己蒐集資料上的需求（當然是愈多愈豐富愈好）發生衝突時，誰的需要優先？這也是許多類似的統整課程行動研究共同的現象，它清楚的再現實證研究的預設，研究者優先、研究者主

導一切定義權的研究關係，只是行動研究讓這種關係提供了一種偽裝的可能。

另外，針對研究者自我的反省中，李毓真很努力的就教學技巧進行反省，以一個欠缺教學經驗的新手努力的向老手的協同教師學習（李毓真，2001：81，98）。任何一個教學過程，除了教學技巧，老師如何在規劃教材的行動中看見自己隱而未察的意識型態，更是任何的行動研究重要的反省。在這個例子中，研究者對一個全部是山地原住民的班級，進行漢民族的滿月習俗的教學，又教唱漢民族的滿月念謠，學童反應「不好聽」，好在原班導師馬上用響板打節拍念謠解圍，她反省學習到老師的應變能力對於教學的重要。

但是，研究者其實也應當反省自己的教學設計與全班都是山地原住民的學童，如何產生意義的連結？**老師是不是太習慣漢族中心思考的教材內容？**類似的問題也出現在另一個情境之下。在「我的成長曲線表」學習單的書寫，學童出現一些問題，研究者發現自己的教學的設計出了問題，尤其是學校健康紀錄表中的小數點，二年級的「學童還不太有四捨五入的觀念」（李毓真，2001：115），這個問題對兒童太難，研究者接著反省學童「數學程度不如想像中的好，不知是否是由於平日鍾老師較少讓他們接觸數學的緣故？」她的訪談資料果然驗證如此。問題是：小二的數學，如何可能教到小數點以及四捨五入的概念呢？隨後，她繼續反省：「還是原住民的數學本來就不太好……？」（李毓真，2001：115）。她沒有也無從驗證這個預設，但是，研究者本人如此自然的懷疑，有無可能反映漢族中心的思考？協同教師雖然也寫協同省思，但是，這種針對種族意識型態的反省並未出現，導使在關注改善教學技巧的同時，鞏固了漢族中心的教學預設。

就協同教師的定位而言，在許多名為協同行動研究的論文報告中，研究者與協同小組的人究竟經歷何種品質的協同，往往是台灣教育行動研究論述中亟需補強的部分。最顯而易見的現象是，協同小組中的成員在行動意願與專業知識（尤其是對「行動研究」以及研究問題、研究方向）認知

上的不對等。主要研究者往往是唯一的研究者（這是他／她的研究，事關他／她的畢業、升等、國科會計畫），美其名的「協同研究者」往往只是礙於某些壓力，例如：人情或上面交代，大部分的協同教師其實是處在「配合」的附屬位置，或是「無聲」的存在，研究結束後，研究者很難針對這樣的協同關係進行真實的著墨，甚至往往不呈現，或以倫理不方便明說為名，選擇忽略這個在協同行動研究中最關鍵的向度。

　　李毓真以六頁的篇幅交代這個研究中她跟班級導師的協同，值得鼓勵。以一個研究生進入國小現場，想要學習如何進行統整課程教學，必須仰賴現場老師跟她協同，或是仰賴別人的慈悲，儘管協同研究教師跟她在同一個研究所，也有指導教授協助她在現場建立關係，但是研究者與協同研究教師之間對這個研究關係的定義，該投入多少，該如何協同，其實是充滿權力關係的拉拒，研究者處於「**是我設計的課程還是我們設計的課程……**」（李毓真，2001：137）的困頓當中，另一方面，協同老師也陷入困頓，為了配合研究者的研究，「**在心裡告訴自己一定要克制自己，盡量讓毓真主導，用她的教學風格來進行教學活動，我則在一旁當個協同者，希望我能持續**」（李毓真，2001：139）。這些皆是很真實的困頓，李毓真很誠實的分享這樣的研究現實。研究者誠實呈現行動研究當中的「錯誤與困頓」，與之共處，反省這些資料如何啟動後續的行動，皆是研究者在提供「嚴謹性」的證明（夏林清等譯，1997：269）。

　　協同研究關係因此是充滿所有參與人主觀價值的考驗。在李毓真的研究中，協同研究教師還願意配合，其他不願意配合卻被迫要配合的研究，研究者更需要忍氣吞聲，無法明說這樣的協同品質對於研究的影響。在類似的報告中，往往看見研究者在字裡行間傾向將問題責難到自己的身上，或是說，在這樣權力不對等的關係中，研究者是無法明說這種不對等的感覺。以李毓真的研究，即使協同教師也注意到了這個問題（李毓真，2001：94），但兩者之間如何共同協商解決這個困境，則是未見呈現。行文當中研究者跟協同教師似乎用「電話」理性溝通，就逐漸解決了這些「主、副」的關係，但是，這些溝通反映何種對於教育價值觀的論辯，其

實才是澄清以及增進教育工作者獲致新的理解視框的重要途徑。

（現象三）比馬龍研究：行動方法優先，問題擺一邊？

　　早在國內開始大量流行作行動研究之前，教育學者陳伯璋（1990：164）就曾經針對國外行動研究的自行應驗效果，提出警訊，要國內研究者注意，他認為這是行動研究應用在教育上的困境之一。他指出：「……由於研究過程中大都是技術上的考量，很難有自我反省和批判的機會，所以可能會形成研究的自行應驗效果。這對問題的解釋並無太大的幫助。」十三年後檢視國內的教育行動研究，卻不幸的被他言中。在很多教育行動研究中，研究者先有一個想要去實驗的方案，可能是教法或教材，就用行動研究去試看看。這種想要去實際落實個人理念的研究，也沒有什麼不好，也不一定要用行動研究。只是，一旦在行動研究的反覆監控修正過程中，這樣的作法很容易陷入一種「方法決定論」的危險當中，當持續困擾著研究者的問題都尚未釐清之前，解決問題的「方法」早就在那裡等待了。晚近常見的例子可能是「多元評量」、「實作評量」、「XX 教學法」。

　　例如在一篇名為《觀功念恩教學在國小實施之行動研究》的碩士論文中（紀淑萍，2002），讀者其實無法瞭解：為什麼「觀功念恩教學」就是「那個正確的解決」研究者困頓的答案？就像下一節後述林生傳《教育研究法》一書中所舉的案例，「多元智慧教學」成為「那個正確的解決方案」。研究者自己在教學現場想要解決的問題究竟是什麼？學生有沒有權利質疑「觀功念恩教學」的「絕對正確性」？或者研究者有沒有看見自己的盲點？「觀功念恩教學」會不會將人際互動的問題，只是歸諸於是自己個人能否「觀功念恩」，而非看見人際互動當中權力不對等，以及社會文化結構對個人壓迫的事實？在教學過程中，研究者自己的信仰，會不會阻礙學童發展質疑批判的能力？

　　深入閱讀這篇論文時，發現一個有趣的現象，在老師主導學生要念茲在茲「觀功念恩」時，總會有幾個小小微弱的聲音在抗拒（紀淑萍，2002：104），學生顯然並非老師要他們「觀功念恩」就「觀功念恩」，

這樣的道德教育跟過去的道德教育，有什麼差別？會不會只是用外表溫柔的心和語彙，骨子裡包裝的卻是一樣的威權教育？教師是不是應當先重新解構自己社會化過程中習得的「威權」，重新建構自己跟學生的關係，例如在進行「觀功念恩」教學後，學生忘了帶課本，研究者就很生氣的說：「你給我課本寫十遍。」、「你又給我犯......」（紀淑萍，2002：154）。在她的研究中，她避開處理其他老師對於「觀功念思」教學的質疑，因為她「相信」，所以她去「實踐」，因此她也會「自我應驗」的去看見這個教學的好處，以及「看不見」這個教學所帶來的可能壞處。

　　類似這樣的教學行動研究創造的危險是：教育工作者只要觀功念恩（或國內流行一陣子的靜思語教學），教育就不會有問題，對於教育工作者每天在現場中面對多少結構性的壓迫，因此是視而不見或是不認為是問題的。教學現場中，她關切學生的行為常規出現問題，問題是，這不單單是學生能否觀功念恩，乖乖聽話而已，它跟大班、教師負擔行政工作、課程脫離學生的生命經驗都有關係，只有要求學生觀功念恩，無法解決這樣的教育現實困境，甚至只有再製教育結構對老師、學生的持續壓迫。這樣的行動研究，往往不自覺的再製教育現場中的權力不對等。

四、教育研究法專書：實證思考、策略技術導向

　　前述實證量化思維瀰漫在許多教育行動研究論文的現象，不難在許多廣為流傳的教育研究法的相關書籍中，找到解釋的部分根據。例如，陳伯璋（1990）在早期的論述《教育研究方法的新取向》一書中，對行動研究的觀點是：「雖然它不像其他研究方法（如調查研究、實驗研究、歷史研究）其有特定的程序和典範，而是必須藉助其他方法來完成，因此它也可稱為一種研究態度」。針對行動研究在教育上的應用，陳伯璋認為行動研究的「研究品質不高」會是應用上的一個困境。他的理由基本上仍然是從實證量化的科學判準出發：

　　　　由於研究的取樣，資料處理較為簡易，而且有關變項的控制也較鬆

散，所以一般說來，其研究成果自然難與科學研究相提並論。同時研究的內在、外在效度均低，所以很難將結果推廣應用。（陳伯璋，1990：164）

吳明清（1992：595-596）《教育研究基本觀念與方法之分析》一書中，對於行動研究的說法是：「行動研究並不是一種獨特的研究方法（approach），而是一種具有特殊研究目的、研究情境、研究人員，以及研究程序的研究型式（type of research）。……由於一般學校教師所接受的方法論較為薄弱，而且由於學校教育的實際情境較難控制，故行動研究的設計與方法，大體比學術性研究粗略。」情境控制觀反映的仍然是實證量化的思維，學術性研究也不應當只有實證的唯一判準。

在王文科（2002）第七版厚達九百二十頁的《教育研究法》專書中，行動研究並沒有獲得專章說明的地位。只有在研究的特徵部分中，王文科（2002：37）指出：「雖然行動研究嘗試達成有系統的作法，由於它的內在效度與外在效度顯得脆弱，而不符科學上的嚴謹要求。它的目標以情境為限，它的樣本是有限制的且不具代表性，它對自變項的控制成份少，因此，它的研究發現，在實際的情境範圍內，雖然有用，但是對於一般的教育知識體系，並無直接的貢獻」。在行動研究的步驟中（王文科，2002：39），王文科提及的「選擇研究程序」、「實施方案」中有關資料蒐集，完全預設在量化的方法上，「研究方法大抵以簡單實驗設計或準實驗計為多……」、「將方案付諸實施一段時間，並定期蒐集資料，運用適當的統計方法予以分析」…「研究者的基本任務在於運用專門知能導正研究問題，避免誤導而伏下失敗的因子。」

在葉重新（2001：314-319）的《教育研究法》一書中，「行動研究」被安置在「質的研究法」一章內，在全書四百二十八頁中僅占六頁不到的篇幅，其中一頁為在大部分的書中皆可見到「行動研究螺旋圖」。值得注意的是，葉重新提供一個不到四百字的「行動研究之簡例」（葉重新，2001：319），因為是簡例，必然簡化教育現場複雜的過程，行動研究也

很容易在尚未釐清究竟發生了哪些問題時，就已出現或被誤解成一組（或一個）方法或策略，就可以解決這個尚未釐清的問題。這種簡例，將行動研究停留在可以具體操弄的「技術」層面，跟前述研討會論文中的工具化導向如出一轍。

在林生傳（2003）的《教育研究法：全方位的統整與分析》一書中，則以「行動性研究」單篇引介，有別於之前「詮釋性研究」，在全書六百二十頁中，「教師行動研究」章占三十八頁。實證取向研究方法及思考，可以說是本書的主軸，連在「行動性研究中」都清楚可見。在「教師行動研究方法舉隅」行文當中，皆是實證量化研究的術語（林生傳，2003：463-468）。在他的「行動研究的基本架構模式」（林生傳，2003：469）中，將行動研究實務現場簡化成一個線性、可操控的步驟。只是其中最重要的「監控、省思、自修正、再實踐」的反省理性的部分，因此是不清楚的。

最值得注意的是，林生傳在「行動研究法實施的程序」一節中，共列七大步驟。後一個步驟「實施評鑑，整理研究結果」（林生傳，2003：474-475）的論述，很容易被視為研究的終點，看不見「評鑑」之後，應當馬上要回去修正之前步驟中的各種可能點，持續下一步行動的循環，這也說明國內許多行動研究的論文，以為只要走完界定問題、蒐集文獻、選定方法與程序、執行行動、實施評鑑的流程，就算行動研究。只是這樣作法，跟其他「非行動研究」，又有何種差別？

林生傳（2003：475）也指出，「原則上，行動研究的結果不必一定要整理成論文，發表於刊物......」。在他所引介的各種「非行動研究」方法中，並沒有類似的論述，皆預設研究的結果是要整理成論文發表的，讀者不禁要思考：這句論述的意義為何？是在針對「行動性研究」的「學術性」提出質疑嗎？

林生傳（2003）所提供的「行動研究的實例」是李新民（2003）的自〈行動研究發展學校教學創新〉一文。這個簡例跟林生傳在前述一節的七大程序步驟相呼應，因此，這樣線性步驟的研究，將學校教育的過程「理

性步驟化」，好像執行行動結束，蒐集資料「驗證」執行行動，就結束了。更令人憂慮的是，在研究緣起中，研究者自陳是為了「校務評鑑」，所以「與校長商討」要作「多元智慧教學」，要在「學校本位課程教學競賽中脫穎而出」，經過「制式的SWOT」分析與NGT會議後，澄清問題是在「教師缺乏參與感、教師不知如何進行教學創新」。研究者就跟學校的高層發展出一套策略，由「校長宣布」，並「有系統的一一實踐」。所謂的「多元智慧的教學」就是「那個正確的答案」。

這種追求有效率的工具理性思維，根本是與行動研究的理論預設相背，行動研究預設反省理性，解決複雜的教育問題的方法或處方，只能夠在該特定的脈絡中發展，因此，在有系統的澄清問題意識後，發展出來的解決策略也不必然是預設中的「多元智慧教學」這個萬靈丹，可能是另外的一套策略。

這種由上而下的「行動研究」，是一種「強制的協同關係」（陳惠邦，1998：144），違背「真正的行動研究」中所要努力達成的平等對話的「民主精神」。想要解放別人，難免壓迫別人，這種「由上而下」或「研究者外加」的行動策略，老師們大概很難在過程中感受到「自我解放」或增能。在簡例中，學校本位課程中的主體變成是研究者、校長、高層主管，老師彷彿「被迫」來配合研究的。因此，這個例子其實是對於行動研究以及學校本位課程中所立基的民主精神，提出非常矛盾的挑戰。它體現工具理性的精神，官大學問大，「……這種威信的階層，表達了對實務工作者的極度不信任，他們只不過是應用了掌權人為他們所預先界定的知識」（夏林清等譯，1997：260）。

教師作為一個協同行動參與者，教師的協同關係不應當淪為權力階層的交易，真正的學校本位課程的行動研究，絕對不應該是被某些人事先設定的程序所束縛。這種由上而下的外加方案，不會提昇老師因應、解決問題的能力，相反的，只有增加他們對於權威、專家的依賴程度，長期以往，只有再度鞏固既有的權力知識階層，老師仍然是無聲的對象。

參、從社會正義的層次分析

除了從研究運作層次的分析外，我接著從我理想中的「批判實踐取向的教育行動研究」（praxis-oriented action research）層次，思考：行動研究解放了什麼？解放了誰？它跟成就一個民主正義的社會有什麼關聯？

整體而言，前述這些行動研究都是清楚明白的志在改善老師的教學，經由自我反省的過程，提昇老師的教學技巧，研究結果也證明不少老師都肯定自己的專業知能改善許多。但是，當教育實務的現場，只有將焦點聚在改善老師的教學技巧，卻避開進一步質疑批判課程內容中隱含的不當意識型態，這樣的改善就必然對學生好嗎？對某一群學生好的、有效的教育方法，不見得適合所有的學生，我們應該再往下探問的是：哪些學生被我這個所謂「好的、有效的教育方法」給排除了？**一個技巧純熟的教學，不必然是所有學生之福**。誠如陳惠邦（1998：182）所言，好的老師也應該是好的哲學家，要能質疑**既存的真理與社會制度**，並應不斷質問「**教育的意義是什麼？教育機構學校的功能是什麼？我的工作是教育嗎？是不是把課本教完就算達成教育目標了呢？……**」行動研究者因此有必要進一步的反問自己：學校教育的好處，是不是澤及每一個學童？

例如：一個在小學進行英語全語文的教學行動研究，將英文教學窄化到會話、拼音、寫作等內容如何教的技術層面，求取最快的學習效果，證明這樣的教學技術有效，卻不去質疑任何語言所承載的意識型態價值觀、以及它跟身分認同的重要關聯等面向。教學行動者也有必要進一步的質疑：為什麼非在小學低年級教英文？我們究竟要作什麼？這樣的教學作為，對哪些學童有利？排除了哪些學童的參與？這種將所有的教育理念先「價值中立化」，繼而在技術上精進的例子，可以在統整課程、STS、檔案評量、建構數學中，一再看到似曾相識的影子。當教育的理念都只能簡化成技術時，老師對於當前學校教育既有的制度形式、社會文化脈絡的立場預設，如何反應在這些教育的規劃或作為中，其實是不去質疑挑戰的，

對於學童的預設、對於教育、對於教師角色的預設，也跟著忽略了，或是其實是自動繳械，擁抱既有主流預設的合理性（一個在技術方法上符合所謂「好的學術判準」的行動研究，也可以是再製社會既有權力不平等現狀的工具）。

教育行動者有必要誠實的思考：教師的專業發展提昇了以後，然後呢？教師的專業發展不應當是從事教育行動研究的唯一目的。教學能力的提昇，如果只是停留在個別教室情境當中，對於老師所身處的整體學校環境或社會大環境，沒有任何實質的改變，老師仍然是在一個充滿不合理的工作環境下獨自掙扎，仍然未獲持續有效的解放。教育學者歐用生（2001）的觀點，提供一些思考的方向：「要真正落實教育改革的理想，個人式、技術性的行動研究是不夠的，偏重技術能力，則忽視教育實際及行動研究所在的社會情境；不將既存限制加以探討和轉變，則易將行動研究非政治化，並接受現存的制度和社會措施。因此，要加強批判的、合作的行動研究，使教師從宰制的結構中解放出來，反省意識型態的結構，參與反省的過程，協助他們採取政治的、策略的行動，以克服結構的束縛，進行學校和教育的再造。」

台灣的主流教育研究，極少將視野關注在打破各種型式壓迫的社會正義議題。作為本質上就是實踐教育理想的一種研究取向，當教育行動研究只能停留在個人技術層面，其實也跟實證和詮釋取向的研究一樣，規避了社會正義的議題。當台灣教育行動研究社群，開始超越，走出技術層次，開始關切社會文化結構當中的各種壓迫的問題，促進社會的解放，或有可能為教育行動研究發展出一種熱情學術的樣態。[10] 這也是我未來要在師資培育現場繼續努力的地方。

---

10 實踐取向的研究典範（praxis-oriented research paradigm）主張，任何學術研究工作均非價值中立，而且是具政治意義的，研究者選擇面對與介入變革的姿態，相信研究工作是「為了戮力奮戰發展出一種熱情學術」（passionate scholarship），這一戮力奮戰的過程是為了要引導我們發展出一個「自省的研究典範」（a self-reflexive research paradigm）（Lather, 1986）。夏林清（1996）對此提出非常透徹的引介。

參考文獻

王文科（2002）。**教育研究法**。台北：五南。

方得隆（2001）。行動研究的行動研究：研究歷程的反思。載於中華民國課程與教學學會（主編），**行動研究與課程教學革新**（頁137-172）。台北：揚智。

台北市政府教育局（2001）。**台北市第二屆教育行動研究成果發表會國小組作品集**。台北：台北市政府教育局。

成虹飛（1999）。**我為何要作行動研究？一種研究關係的抉擇**。論文發表於國立台東師院主辦：之「1999 國際行動研究學術研討會」，台東。

成虹飛（2001）。行動研究中閱讀／看的問題：一篇重寫的稿子。載於中華民國課程與教學學會（主編），**行動研究與課程教學革新**（頁173-198）台北：揚智。

宋文里（1998）。**行動與實踐——關於一門道德科學的幾點想法**。論文發表於國立台東師範學院主辦之「行動研究與偏遠地區教育問題診斷學術研討會」，台東。

吳明清（1992）。**教育研究基本觀念與方法之分析**。台北：五南。

吳明隆（2001）。**教育行動研究導論——理論與實務**。台北：五南。

吳美枝、何禮恩（譯）（2001）。J. McNiff, P. Lomax & J. Whitehead 著。**行動研究——生活實踐家的研究錦囊**。嘉義：濤石。

吳芝儀（2001）。校閱者序。載於吳美枝、何禮恩（譯），**行動研究——生活實踐家的研究錦囊**。嘉義：濤石。

李思明（2001）。**國小自然科實施實作評量之行動研究**。國立花蓮師範學院國小科學教育研究所碩士論文，未出版，花蓮。

李新民（2003）。行動研究發展學校教學創新。載於林生傳著，**教育研究法——全方位的統整與分析**（頁481）。台北：心理。

李毓真（2001）。**國小統整課程之設計與實施──一位職前教師行動研究
　　歷程**，國立台東師範學院教育研究所碩士論文，未出版，台東。

林生傳（2003）。**教育研究法──全方位的統整與分析**。台北：心理。

周裕欽、廖品蘭（2002）。教師引導學生進行專題探索的學習歷程分析。
　　載於國立台東師範學院（主編），**教育行動研究與教學創新**。（頁
　　919-938）台北：揚智。

夏林清（譯）（2000）。C. Argyris, R. Putnam & D. M. Smith 著。**行動科
　　學**。台北：遠流。

夏林清等（譯）（1997）。H. Altrichter, P. Posch & B. Somekh 著。**行動研究
　　方法導論──教師動手做研究**。台北：遠流。

夏林清（1996）。實踐取向的研究方法。載於胡幼慧（主編），**質性研究
　　──理論、方法及本土女性研究實例**（頁 99-120）。台北：巨流。

侯務葵（1997）。由噤聲到發聲──在行動中成長。載於夏林清等
　　（譯），**行動研究方法導論──教師動手做研究**（頁 V-VII）台北：
　　遠流。

紀淑萍（2002）。**觀功念恩教學在國小實施之行動研究**。國立屏東師範學
　　院國民教育研究所碩士論文，未出版，屏東。

徐美蓮、薛秋子（2001）。醜小鴨和小天鵝──以檔案評量與學生共享語
　　文天地之行動研究。載於國立台東師範學院（主編），**教育行動研究
　　與教學創新**（頁 621-644）。台北：揚智。

秦麗花（2001）。**教師行動研究快易通**。台南：翰林。

陳惠邦、李麗霞（2001）。**行行重行行──協同行動研究**。台北：師大書
　　苑。

陳惠邦（1998）。**教育行動研究**。台北：師大書苑。

陳惠邦（2001）。關於教育行動研究的一些迷思。載於陳惠邦、李麗霞
　　（著），**行行重行行──協同行動研究**（頁 283-291）。台北：師大
　　書苑。

陳伯璋（1990）。**教育研究法的新取向**。台北：南宏。

陳奎憙（1989）。教育學研究方法論的探討。載於中國教育學會（主編），**教育研究方法論**（頁95-130）。台北：師大書苑。

許淑玫、何素玲（2002）。交互教學歷程中國小資源班教師實務知識探討之合作行動研究。載於國立台東師範學院（主編），**教育行動研究與教學創新**（頁737-766）。台北：揚智。

許修晟（2002）。**批判思考融入國小四年級自然科教學之行動研究**。國立花蓮師範學院國小科學教育研究所碩士論文，未出版，花蓮。

陶蕃瀛（2002）。**行動研究：一種增強權能的助人工作方法**。論文發表於台灣行動研究學會舉辦之「敘說與行動工作坊」，台北。

董韶芳（2001）。**國小自然科學教師促進學生建構科學家形象之行動研究**。國立花蓮師範學院國小科學教育研究所碩士論文，未出版，花蓮。

游可如、戴莉如（2000）。**教師參與統整課程行動研究對教師之改變**。論文發表於教育部主辦之「八十八學年度課程研究學術研討會」，台北。

葉重新（2001）。**教育研究法**。台北：心理。

曾文鑑（2002）。攻擊行為在學生文化中的意義。載於國立台東師範學院（主編），**教育行動研究與教學創新**（頁811-840）。台北：揚智。

詹慧齡（2002）。**以學習環為基礎將資訊科技融入國小自然科教學之行動研究**。國立花蓮師範學院國小科學教育研究所碩士論文，未出版，花蓮。

甄曉蘭（2001）。行動研究結果的評估與呈現。載於中華民國課程與教學學會（主編）。**行動研究與課程教學革新**（頁 201-221）。台北：揚智。

楊智穎（2002）。多元智慧理論應用到國小鄉土教育課程設計實施之行動研究。載於國立台東師範學院（主編），**教育行動研究與教學創新**（頁599-620）。台北：揚智。

熊同鑫（2002）。淺談行動研究的方法與書寫。載於國立台東師範學院（主編）。**教育行動研究與教學創新**（頁1-17）。台北：揚智。

蔡美華（2003）。Geoffrey E. Mills 著。**行動研究法**。台北：學富。

蔡清田（2000）。**教育行動研究**。台北：五南。

鄭子善（2000）。**科學故事課程設計之行動研究——以燃燒現象發展史為例**。國立花蓮師範學院國小科學教育研究所碩士論文，未出版，花蓮。

歐用生（2001）。序。載於中華民國課程與教學學會（主編）。**行動研究與課程教學革新**（頁5-6）。台北：揚智。

鍾敏龍（2002）。**國小社會科以爭論性議題中心的批判思考教學之行動研究**。國立花蓮師範學院社會科教學碩士班碩士論文，未出版，花蓮。

蕭昭君（1996）。**質性教育研究中的主觀——坦然面對與監控**。論文發表於國立花蓮師範學院舉辦之「八十四學年度論文發表會」，花蓮。

Clarke, J., Dudley, P., Edwards, A., Ryan, C. & Winter, R. (1993). Ways of presenting and critiquing action research reports. *Educational Action Research, 1*(3), 490-491.

Guba, E. G. & Lincoln, Y. S. (1985). *Naturalistic inquiry.* Berverly Hills, CA: Sage.

Lather, P. (1986). Research as praxis. *Harvard Educational Review,56* (3), 23-46.

Oja, S. N. & Smulyan, L. (1989). *Collaborative action research: A developmental approach.* London: Falmer Press.

Peshkin, A.(1985). Virtuous subjectivity: In the participant observer's I. In D. Berg & K. Smith (Eds.), *Exploring clinical methods for social research.* (pp. 267-282). Newsbury Park, CA: Sage.

Rubin, L. B. (1981). Sociological research: The subjective dimension. *Symbolic Interaction, 4,* 97-112.

Schwandt, T. (1996). Notes on being an interpretivist. In L. Heshusius, & K. Ballard (Eds.), *From positivism to interpretivism and beyond. Tales of transformation in educational and social research* (pp. 77-84). New York: Teachers Co-llege, Columbia University.

討論文章：

「行動研究的孤寂之路」

顧瑜君

閱讀昭君這篇文字流暢又帶點黑色幽默感的論文時，腦子的某一部分努力保持理智與系統思考，在眾多的人名與案例中穿梭，避免迷失方向，但腦子的另一部分卻像被病毒侵入的電腦，出現似懂非懂的亂碼，亂碼中隱約的冒出國王的新衣童話故事書中的圖像：有趣卻混亂。或許因為來自憂心家人健康與沈重工作雙重的壓力，導致心神不寧，無法專心閱讀導致神智錯亂的幻覺，但我願意相信，那國王新衣的意象，是有某種意義的。腦中隱約的圖像是：那是個類似巴黎的服裝展覽會場裡，當大夥忙碌於讓伸展台展示順暢，各種燈光忙碌的交替轉移、麥克風與音響不斷傳出華麗的介紹詞、台上的展示者賣力的踏著大步，後台熱鬧滾滾的參展者努力裝扮出可以吸引目光的風貌準備出場時，紛擾吵雜的人群中，有一個來自台灣邊陲地區、個子矮小的身軀，從人群中冒出來，響亮的聲音指著台上說：他們怎麼沒有穿衣服！

壹、揭開行動研究的假面

　　在兩萬五千多字的論述中，昭君試圖將自己對行動研究的疑惑澄清，一方面從外顯的資料解析「什麼才是行動研究」，另一方面真切的面對自己憑什麼以那些標準去判斷自己所閱讀的資料。對我來說，行文深刻而真切，誠如她自己所述，該文本身就是一種行動研究。可惜我的角色不是評論人，不能大大論述我對此文的認同觀點，當然依照學術慣例，我還需要順便挑一點小毛病，不著痕跡的展示一下自己的學術能力（特別是我的名字在文中看似被肯定的重複出現，我更必須保持「客觀」），就可以交稿了事。學術界很熟悉評論人的角色與任務，但這幾年學術界出現了很多看似熟悉卻陌生的「XX 人」，而我不是很清楚討論人、回應人等研討會上看似理所當然角色之間的差異，問了幾個學術界的好友，也整理不出個討論人的規範來，我望文生義的解釋，討論人的責任應該是：在閱讀完後，指點值得繼續探究的方向、建議或引領讀者思考，因此，我自認為我的任務是將蕭文提出的議題進行擴展、延伸或深化的探究。關於適合討論的議

題為何呢？我是這麼想的：在這嚴謹的學術活動場域中，充滿著理性與邏輯的思考氛圍，我打算放棄系統與理智的思緒，把腦中的亂碼湊起來，作為討論的基礎：

昭君很清楚的說明，行動研究的衣裳必須是以「**行動中反映省思（re-flection-in-action）以及行動省思（reflection on action）的精神**」為布匹，以「**實作、監控、反省、修正、再實作、再監控、再反省、再修正**」為針線、**手工量身打造**的成果。然而從昭君的眼中看出去，市面上充斥著很多「特優」的行動研究，其實光溜著身體並沒有穿上行動研究的衣裳，卻宣稱他們擁有行動研究的美麗華服，有的在街頭穿梭（研習分享、研討會發表），有的走上了伸展台獲得鎂光燈與享受的簇擁在台下擁擠人群的喝采（領獎金、拿獎狀，獲得出版機會）。昭君試圖從騙子裁縫比劃出的動作中解構，那些騙子裁縫師拿在手裡展示的特殊布匹，根本是行動研究要至死反對的實證典範綿綿密密織成，他們透過工具理性（technical rationa-lity）的操作模式縫製他們希望人們相信的行動研究衣裳，騙子裁縫師們不但自己製造國王的新衣，還開設工廠**量產**同質的產品，善用行銷的手法使之**流行**，某些特定的製造商，甚至逐漸開始有**壟斷市場的趨勢**，而「被騙」的人們，不管是完全自願、半自願或是無知，都漸漸的穿上了這以實證典範思維裁製的行動研究衣裳，很多人也開始嘗試 DIY 製作這類衣裳，而整個教育界似乎為了維護國王新衣的謊言，所投注下去系統化的努力龐大而壯觀，從辦理研討會、大型的工作坊、出版書籍，以及各種補助與獎勵措施，小個子不只以手指向伸展台上的人沒穿衣服，也清楚的描述整體台灣的教育現場（學者專家、教育主管機構......等），以類似共犯結構的模式維繫著一個假象，讀者從昭君的文章中應該明白看見台灣壟斷行動研究市場的整體運作，竟然是這樣快速與精密的在過去五年內成長茁壯。

貳、討論的主題與方向是個難題

身為「討論人」，我的責任應該是建議的討論方向，當然從我上述的

談話脈絡來發展，我們可以深入討論「真」vs.「假」國王新衣，也可以討論誰比較適合哪一種國王新衣呢？然而在採取這個行動之前，我們不妨退一步想想，如果往真假之爭的探究走去，會面臨什麼岔路的可能（使討論失焦、各說各話）：究竟是誰的眼睛有問題，是那個來自台灣邊陲地區的小個子嗎？萬一是小個子的視力出了問題怎麼辦？小個子所指的騙子，真的在製造假象嗎？面對一個罪犯，我們必須理解犯罪動機才能夠判斷其罪行，初步評估那些疑似騙子的動機應該都是「為台灣的教育好」、「維護學術水準」，他們也很努力與認真的進行著符合他們理想與價值的工作，這也可以解釋他們為何需要將不適合在光天化日下（學術研討會場）出現衣裳──「故事」（不是沒有穿衣服，是透明薄紗），巧妙地安排在昏暗夜間議程，不是嗎？要注意不是退件。）也就是說，從另個角度看過來，許多學者專家們戴上「學術」的眼鏡所看到的，剛好與小個子看到的相反，真正沒穿上「研究」外衣的是那些說故事者啊，他們才用心良苦盡力協助那些衣不蔽體的人們學習符合學術規範的種種，不是嗎？這樣看來，討論孰真孰假實在是意義不大，需要另找討論主題。

或者，我們也可以想想，那些被騙的人是真的被騙了嗎？當我們看電視新聞畫面中，被騙者哭訴歹徒如何花言巧語要他們提款百萬的過程時，我們是同情上當者呢，還是心中暗自不屑的想著：「還不是因為你自己心中有貪念嘛，**不貪**怎麼會麼容易被騙」，看著重複的騙局上新聞時，我們很難理解：為什麼會有人在貼著明顯告示「凡是提款機退稅都是騙人的」提款機前，將自己的銀行帳戶的錢匯給了騙子，還以為是國家退了稅給自己？我們很困惑為什麼有那麼多人會被相同的手法騙到？於是，我們還可以問，疑似騙子與被騙者之間的共生關係何在？或許我們可以像人類學家一樣，先放下先見（prejudges）的價值，如同到異文化的世界中去理解「他者」的深層文化結構，如果蕭昭君所描述的台灣教育行動研究現況是一個既存的社會實體（social fact），化約的說，從某種特定的文化先見來看，台灣的教育界有一種特殊的文化模式或儀式（我們可以暫時稱呼這個文化模式或儀式為：「集體騙局」），我們也可以討論集體騙局模式或儀

式的深層結構意義為何，以及其存在的必要性，或使該特定文化或儀式變遷的可能性（在「依樣畫葫蘆」的小節中我將繼續解析這個議題）。

參、行動研究者階級的形成

　　或者，我們也可以討論另一個現象，一個需要認真且嚴肅面對的倫理問題。行動研究在台灣的教育界漸漸的產生了一種階級與特殊的現象：作行動研究的老師，這群基層教師們在教育界形成一個新的階級與族群。不知道這其中擔任行政者的比例、在碩博士班進修的比例、在教學碩士專班進修的比例，據我所知，為數不少的碩士專班正式的要求研究生以行動研究方式進行碩士論文，甚至規定他們要以自己任教學校為研究場域，這些老師儼然已經有別於那些不做、不懂或不會行動研究的同儕教師，而那些同儕教師們往往因為任教同校或業務相關而必須成為「協同者」，而事實上只不過是被研究者或協助資料提供者，實證研究客體化被研究者的關係悄悄的被美麗的包裝起來長驅直入教育的現場，蕭文裡所描述的協同處境很貼近現實：「人情或上面交代，大部分的協同教師其實是處在『配合』的附屬位置，或是『無聲』的存在」，在以協同行動研究為名的前提下，「行動研究者」以幾乎可以不需偽裝或掩飾的方式，光明正大的擠身於基層教育工作者（被研究者）的日常生活之中，相對於傳統的實證研究，透過問卷發放、結構訪問或觀察，被研究者卻相對的擁有自主「拒絕」的權力，就如我們熟悉的現況，基層學校的教務處準備很多種品牌與顏色的原字筆，每次有問卷來，如果真的發出去填寫，很難回收，無法順利完成施測，為了對研究者有所交代，教務處就善意的用不同隻筆（避免顏色與筆跡相同）將所有問卷填完（這也是個有趣的台灣教育界特殊現象：當愈來愈多基層教育工作者獲得研究所的訓練，他們愈清楚知道如何配合與因應研究才得宜、才不至於露出破綻......）。對於實地到校的研究者，個別老師面對訪談或觀察時，只需要提供「短暫的配合演出」，不需要出賣主體性，因為研究者來現場的時間實在是少得可憐（他們多出現在某些固定的

時間與特定的場合，很容易預測與預防），因此受到研究者剝奪或巧取的處境畢竟有限。然而協同行動研究或學校本位研究，則徹底的改變了被研究者的處境，使其更難以面對。試想，如果一個校長或主任「行動研究」「他自己」學校的本位課程，就出現了十分詭譎的局面，其他參與課程的老師們就很理所當然的變成協同者、變成資料提供者（連同意與否都談不上呢，不同意還有可能被視為不夠專業、或是落得抗拒改革的罪名），他們不能用色澤不同的原字筆當擋箭牌，也不能短暫的失去自由應付觀察訪談者，這些在他身邊作行動研究的同儕們，可以說是無時無刻的存在、隨時隨地的蒐集資料，難以預測更難防範，明明是「被研究者」還必須頂著「協同的光環」，這群基層教師的主體性該如何呢？這幾屆畢業後到學校去實習的學生們間流傳著一種說法，如果你是社會類科的研究生，你去實習的學校有校長或主任正在進修碩士班，你的實習業務之一就是協助他們正在進修的進修學業，輕則查生字翻譯他們要報告的閱讀材料、整理重點、準備書面報告大綱，重則協助撰寫報告、蒐集論文資料……。關於這類的傳說要證實看似容易實則難（從我這兩年口試在職專班學生論文的內容來看，這傳聞絕非空穴來風；一位好友正在攻讀在職專班碩士，才剛跟我抱怨，他一個學期選兩門課就忙不過來了，要上班還要顧家，不像那些校長和主任下面有一堆老師幫忙寫作業，可以唸得又快、省力又省錢），若這是教育現場中漸漸在形成的現象，試問，這樣的現象與昭君的文章有什麼關係呢？我是不是離題太遠呢？聰明的讀者應該可以思考這些現象間的關聯，其所牽涉到的權力問題，不正是研究倫理所關注的核心，如果不能理解其中的權力關係，反而以工具理性的方式尋求研究技術化的解決方案（例如請協同者簽署同意書等），將會使昭君所提出的問題更嚴重，如何從研究倫理的本質而非技術面思考研究關係的問題，應該是教育研究、行動研究共通的功課。

肆、依誰的樣畫葫蘆

　　既然為文作為研討會後續出版，我打算將討論擴展出蕭文的兩萬五千字，納入其他幾位論文發表人及討論人的範疇來觀看蕭文所提出的幾個議題。在黃鴻文的〈依樣畫葫蘆〉一文中，所描述的教育研究領域的研究生，往往不經思考只找尋方便的統計與研究方式，對照蕭昭君所解析的行動研究在台灣過去五年的迅速發展狀況時，我們不難發現，台灣的教育研究界似乎不管是哪一種派典取向的研究，有著依樣畫葫蘆的共通本質，是誰造成了這種文化？當然，若是每個教育研究者能夠走一條自己的路，使教育研究多樣而蓬勃發展，又對教育現場有所助益，當然是最理想，然而如果依樣畫葫蘆是台灣的教育研究界不可抗拒的本質，那麼，是否可以有不同的「樣」可以被複製呢？（我們不是常聽到一種俗民的教誨嗎：怎麼好的都不學、盡學壞的！）依樣畫葫蘆從另一個角度看去，如果依了「好樣」，畫出好葫蘆，或許不是那麼壞的事吧！然而，這個答案可以從其他幾位討論人的論述中，尋找蛛絲馬跡：在余安邦討論的內容中，這位不屬於教育界的心理學者，毫不客氣的明白直指出教育界裡「老師的老師」（或稱師資培育者）是問題的所在！在成虹飛的討論中陳述基層老師對學者專家的傳遞眼神所透露的期盼（質疑）：**「不要告訴我應該做什麼，橫豎你做給我看，我看仔細了，自然會決定怎麼做」**，「你做給我看」簡單幾個字道盡了其中的奧妙。余安邦和成虹飛的論述誠懇反映出台灣教育界與教育研究界的另一個特殊現象：專家學者或師資培育者似乎很輕易可以置身教育或研究的議題與問題之外，黃鴻文指出研究者長久受到學術文化常規的宰制而**「忘記自己是可以思考的個體」**，我個人則感受到，教育界的學術文化常規似乎不怎麼認真的面對學生思考與否的問題，這樣作為他們的老師，好像才可以繼續確保自己置身事外的清靜與悠閒，不需去面對紛擾的爭執：不管是研究倫理的還是研究方法的，否則如果愈來愈多基層教師或學生傳遞壓力要專家學者們、老師的老師們做給他們看的話，他們

還可以繼續悠哉的坐得穩嗎？

　　試問，蕭文所主張的「具有反省性、非工具理性的行動研究」，不清楚昭君在搜尋論文分析素材時，是否也分析了專家學者們所作的研究中，扳著手指算一算能夠指出幾位？能夠列出幾筆資料？當然，除了檢視專家學者們是否作了具有反省理性的行動研究外，我們也可以問問，身為教育界的專家學者類或者師資培育者難道看不出自己的研究生每年都在複製類似的論文嗎？難道一個個都具有博士學位的教授們不能區辨學生的報告、作業是否出於他們自己的努力？不能看出是由他人捉刀的破綻嗎？如果不能，我認為那些要他人捉刀的學生所犯的錯實在不太重，問題出在他們的老師，擔任教育研究教學工作的教授們、專家們，不管這群專家學者或師資培育者是不能或不為，但每個人都貢獻了力量，使得這種教育研究的奇特現象獲得充足的養分，得以如此蓬勃發展。是束手無策嗎？還是共犯結構的一群？當一本一本缺乏教育價值與意義、依樣畫葫蘆的論文送進了國家圖書館，教育學術界的同僚們花在關注整體教育研究品質問題的精力與時間究竟有多少？還是多數人其實花了主要的氣力關注於屬於自己的前途呢？努力爭取對自己有利的資源（從國科會計畫到各種大大小小的委託計畫）；或是積極的在各種中央或地方的委員會中占據一席之地，以便在政策決定的過程中發揮影響力（維護自己的既得利益）；擔任各種考試的出題或主考時，是為教育選才還是為擴展個人的人脈資源？有多少人忙著跟隨教育政策起舞，政策往哪裡走，研究興趣就往哪裡發展、以學術專業去支持不斷推層出新的教育方案（統整課程、建構教學、開放教育、小班教學、教訓輔三合一、校本課程......）；甚至熱衷於各種媒體的曝光率......，當這些隨手可得汲汲營營的形象不斷的出現在教育界時，基層教師或學生們眼睜睜的看著專家學者和他們的老師整天在做些什麼，「身教」透露出的訊息跟「具有反省性、非工具理性的行動研究」放在一起思考，就顯得不怎麼搭調，不是嗎，究竟有哪些專家學者或老師的老師要做給基層教師和學生們看呢？誰願意、誰又有能力做個「好樣」呢？

伍、置身於行動中的反思

　　讓我們回到問題的核心吧，昭君的文章中所提到的各種行動研究的問題都可以追溯到同一個源頭：自我省思或反思（self reflection），我則認為自我省思應該是所有教育研究的本質，教育研究有別於其他社會科學研究之處究竟何在？或者說作為一個教育研究者最重要該具備什麼呢？然而自我省思偏偏又是那樣的抽象難以描述，現在幾乎人人可以朗朗上口「反思」一詞，昭君的文章裡例舉描述的很真實：很多作行動研究的研究者，明明是檢討別人卻自認為是自我反思，如果自我反思是如此一個不可捉摸的玩意，就算有人作出了很多的「好樣」，依樣畫葫蘆就可以做得一樣的傳神嗎？學得來嗎？自我省思可以教得會嗎？這是否是個更難的題呢？我個人覺得好的樣就算多了，也不盡然可以成就昭君所期望的行動研究數量增多，討論至此，有些力不從心的無助，而面對不確定與無力感，是很不舒服的、有種被困住的感覺，因此，還是得找出路、討論，看似簡單的工作怎麼變得這麼困難。

　　蕭文的標題有著「解放」（emancipation）二字，暑假期間煩惱著這篇討論文章該如何完稿時，一個遙遠的記憶出現在我眼前：碩士班求學期間同班的南韓金姓女同學在班上分享她對於 emancipation 的認識等於**共產黨、造反、叛亂或危險**的同義詞。記憶猶新的畫面是，她話一出口，班上的美國同學差點沒從椅子上滑落……，[1] 當時的授課老師特別撥出一段時間讓金同學細細說明，好讓美國同學們瞭解整個社會歷史的脈絡，以及這個經驗的意義與價值（當然那天我這個亞洲人——面對中共打算解放台灣，

---

[1] 我的美國同學主多數自由派的人士，例如他們公開支持同性戀等有爭議性的議題，當然，他們的行為也很自由，例如上課時，剛生產的同學帶著新生兒到教室，在同學們面銀母奶，銀飽後還幫嬰兒拍背打嗝，都完成後，先生就把嬰兒接走，整個學期我們就在孩子不純熟的吸奶動作而發出的吱吱聲、規律的拍背打嗝聲中上課，除了 baby 偶而發出響亮的氣喝時，傳染給在場每一個人幸福感之外，課程進行從未因此中斷，沒有人大驚小怪或皺眉頭之類的。

也成了重要的討論對象）。我自己也好奇著，為何南韓女同學的口中說出的「**共產黨、造反、叛亂或危險**」竟然在相隔十五年的這個缺乏雨水的夏天浮現腦海。回到本文開始，在那個時裝展示會的現場，小個子的出現，好像確實有點要造反的味道，誠如昭君自己心裡很明白：撰寫這篇文章，是選擇走上政治不正確的路，書寫原本旨在解開自己的困惑，但此舉很容易被解讀為控訴，確實啊，靜下來想想，觀念或觀點有著兩極化的特質：啟發（enlightenment or inspiration）或武器，啟發感給人帶來更多的理解與力量、促成更深層的對話與澄清行動，而武器可能帶來的是威脅感或傷亡、引導出防衛與反擊行為，哪些觀念會被哪些人看成啟發或武器，該如何推測？感受到啟發的人們或面對武器威脅的人們，何時要採取行動、什麼樣的行動，都是不可預知的。研討會發表當天，昭君文中所引用的一篇論文作者，也是一位基層教師，親自到現場去跟昭君面對面的「對話」，他的指導教授是當天會議的另一位發表人，為了在緊密的議程中讓自己的學生可以暢所欲言，這位發表人縮短自己寶貴的報告時間，將騰出時間「讓給」他的學生陳述自己被蕭昭君如何不公平的解析。[2] 這不在議程中的安排，卻成了會場的討論焦點，如果不是受限於學術會場的社會規範與氣氛，那場對話幾乎要成為擦槍走火的激烈對立。這個現象是否值得駐足思考呢？這其中意味著什麼呢？這場意外之旅給撰寫此文與閱讀此文的人什麼意義呢？深究這意外有多種可能，一種選擇是去弄清楚這個意外是怎麼發生的，是巧合嗎？是預謀的計畫嗎？其他被點名引用的人們為什麼沒出現？這位基層教師是如何知道自己出現在昭君的論文中、又是如何決定出現在這個現場？她的指導教授如何跟她商議在會場上該如何進行？她的

---

2 如果這本研討會論文集中有一個部分是記錄當天討論內容的話，讀者可以詳細瞭解發言內容，為了讓文章流暢並有脈絡，在此，簡要的說明一下當天的對話，蕭昭君被另一位發表人與其學生所質疑的關鍵是：沒有遵守質性研究倫理——未經當事人同意或求證於當事人（引用文本之作者），僅以個人的見解分析文本，有所偏頗與不客觀。蕭昭君的回覆是：她使用的素材都是公開陳設於圖書館的出版品，她以文獻分析的方式進行探究，出版品有著被任何人公開檢驗的本質，此舉與質性研究之訪談資料蒐集有很大的差異，若用質性研究倫理的視框在當天對話，難有交集、選錯了對話的視框。

指導教授（另一位發表人）把時間讓出來的動機與目的為何？這種作法有沒有違反研討會的程序規範與正義？……且慢，這種選擇像是交通事故現場的設法還原意外發生現場的舉動，期望獲得「真實」，證實誰比較有道理、釐清是非對錯。這個探究真實的選擇有著重要特質：技術化解決並可使緊張最快的獲得抒解、可以畫上句號，銀貨兩訖各不相干，然而這與行動研究的本質**「實作、監控、反省、修正、再實作、再監控、再反省、再修正」**不吻合，行動研究在我來看，有著糾纏的本質，不會很快獲得抒解。

因此我認為，若是用簡單的是非對錯來看待這「意外」，就太可惜了！還原真相的價值與意義實在不高（而且可能永遠也無法還原），這其中應該有精緻與細膩的運轉，整個都與教育研究、行動研究密切的相連著：就現場的局勢看來，昭君的文章應該是被閱讀成了武器而非啟發，即使昭君自認為沒有針對文中所引述的個別行動研究者作屬於人的攻訐或指責，而將焦點放在研究典範思考上澄清，但昭君從頭到尾都明白自己的論述是「政治的不正確」，可以知道，她沒打算心存僥倖的閃避非屬研究典範對話的解讀、也不癡想著讀者只跟她進行研究典範的理性對話，在 to be or not to be 的徘徊中，昭君作了明確的選擇，她的選擇是根基於她的信念與價值：撰寫此文本身就是一個行動研究，屬於昭君的信念必須透過行動去實踐與檢驗（**從行動中反映省思以及行動省思**）。她必須置身於自己的問題中，為自己文中所提出的疑惑尋找出路，昭君的疑惑之一是：國內教育行動研究的論文報告大家互相引來引去的有關行動研究的定義、特性，行動研究的流程圖畫來畫去也大致相同，這都是外國為主的學者怎麼說（大部分是英美學者），但是，當大家不斷的、片段的引來引去時，**我們其實不大知道為什麼這些來自西方的知識是如此的被論述？**研討會場中的意外，使得她的行動並未因為完稿交給大會而「完成」，反而繼續進行著，她必須被如此真實而不可避免的被拉扯進來繼續行動（行動研究中的許多行動並不在計畫中呢），如此一來，行動研究的循環就不再是書本裡被抄來抄去的螺旋圖形，而是真實生活中的實踐（攪和或翻滾），更進一步的說，這場被視為意外的事件，在行動研究的脈絡下，應該被調整與重

新認識（reframe）：不該再用「意外」（accidents）去貼標籤，行動研究中是沒有意外的，行動者必須察覺與理解所有的狀態（contingency/incident）都是 action，這樣，才有可能 reflection-in-action /reflection on action，都應該是行動過程中、行動場域中必須要納入（taking into account）的自我檢驗歷程，行動者——昭君也必須繼續為檢視自己實踐所引發的行動，繼續反思與行動，行動研究這個從西方傳來的知識就不再停留在教科書的論述，而必須透過行動研究者自身到活生生的人間來打滾、纏鬥，如此關於行動研究的論述才有可能從教科書走出來、走到台灣的教育現場吧。一如昭君文中所討論，行動研究不太可能如大部分得獎的作品那般整齊又順暢（net & tight），實際的歷程是充滿著難以描述清楚的不愉快以及讓人煩心的的混亂（muddy），而昭君自己必須踏實的走這一遭，如我建議的這樣走下去，我認為，昭君也算是朝著「我做給你看」的路上走去了。

陸、結語——選一條孤寂的路走下去

當年 Michael W. Apple 為了《意識型態與課程》（*Ideology and Curriculum*）韓文版發行，到南韓演講時曾經歷跟著主辦單位一起被南韓當局逮捕的事件，Apple 應該沒有預料到他會有這趟意外之旅吧，當然，這些都不是偶然：我腦中類似亂碼的影像、南韓女同學的經驗、昭君的政治不正確行動，總應該可以找到一個串聯的主軸吧，Apple 在《意識型態與課程》序言中說，很簡要的說了：

> 教育所涉及的理論、政策、以及實施的問題不全然是技術性的，在本質上都是倫理和政治的，而且也牽涉到了個人對於 Marcus Raskin 所謂「公益」（the common good）。（王麗雲譯，2002：VI）

對我而言，主軸很清楚了，教育研究脫離不了三個本質：倫理、政治與公益。Apple 認為教育領域的工作者並不習慣以倫理的、政治的和公益的觀點來看教育活動，更別提批判色彩的觀點了，然而倫理與政治為何

物？倫理與政治的範疇何在，在派典不同的前提下，都必將會陷入定義上的爭執，更別提公益了，公益又豈是可以一目了然的被理解與實踐（公益彩券就是一例，有校長將營養午餐的補助款拿去買視聽設備放在校長室又是一例，選用教科書是以什麼為主要判準呢？也可以是一例）。閱讀完昭君的解放與困惑，對於有志於往昭君所推崇之教育行動研究者，該怎麼走下一步呢？作為讀者的你，在讀這冗長的討論文章可能已經不耐煩，只想要一個簡單明確的答案，詩人 Robert Frost 這麼說的：選那條行人稀少的路：

> Two roads diverged in a wood, and I -
> I took the one less traveled by,
> And that has made all the difference.

聰明的讀者應該已經發現與理解了，除非改宗（踏實的理解研究典範之間的差異，並作出實踐的選擇，不只是搖旗吶喊的呼呼口號），在信者恆信的原則下，討論真假國王新衣的意義不大，推翻集體結構的行動，似乎又顯得與個人微薄的力量、有限的時間與精力距離遙遠，而其他我主觀上認為適合討論的議題，又可能造成討論的困境或各說各話的局面，因此，選一條孤寂的路，堅定的繼續走下去，是我唯一可以奉上的「確定」，而讀者會問：什麼叫做孤寂的路呢？人少吧，至少沒有熱鬧或喧譁、沒有彩帶或燈光、多一些看見自己的時間與空間……依照你自己所處的位置給定義吧，誰可以替你說呢？如果可以透過昭君的文章以及我的討論，就釐清教育行動研究該何去何從，我們就成了製造另一件國王新衣的嫌疑犯，可以被當局逮捕。

參考文獻

王麗雲（譯）（2002）。M. W. Apple 著。意識型態與課程。台北：桂冠。

行動研究在教育現場的實踐的一些想法

熊同鑫

壹、前言

　　本篇論文是修改自〈我思、我在——我對於行動研究在教育現場實踐的一些想法〉一文。修改的基調是依據參與「教育研究方法論學術研討會」時所獲得的建議與指正，將整篇文章重新架構，希望能將自己對於「行動研究」的想法與觀點，更清楚與詳細敘述之。文章架構仍以「我」為主體，以說故事的方式表達想法，雖然，高敬文教授屢次告誡晚生要注意論文的學術風格，但，就讓我再一次違反他的建議，仍用敘說的方式，談談我眼中的行動研究在台灣教育現場實踐之思維。我將以自己在教育現場參與研究的經驗為主，融入相關文獻的佐證，期能在實務與理論之間的對話中，呈現出蔡清田教授所建議的「行動研究者對於行動研究的行動研究歷程」。除前言外，本文另以八小節敘述個人在這歷程中的經驗與反思。

貳、我的「行動研究」回顧

　　我在一九九四年自美返國，同年八月受聘於台東師院教育研究所。當時的東師所擁有的電腦設備，並無法延續博士班時期所鑽研的主題，為了能在次年度向國科會申請專案，必須思考「研究轉型」的可能性；這也是日後由一個「量化研究理論者」轉成他人所謂的「質性研究者」的肇因。由於當時的研究生是以在職教師為主體，透過教學中的互動，從小學老師的話語中大概掌握了可做研究的方向與議題。任職東師的第二年起，因為認識了不少小學老師，開始進入小學現場，初始不能算是在做研究，而是在熟悉現場，因為自己沒有小學教學的經驗，對於一間教室、一所學校內發生的事情，都感到高度的好奇與驚訝。在那種心靈屬於「純真」的研究階段，會被許多事情吸引著，也會因著聽到或看到一些學童的事，心情呈現著歡喜、心疼、難過或是憤怒。漸漸地，開始記錄起資料來，錄音、攝

影、田野筆記等方法都用上；漸漸地，能和教學者與學童有所互動與討論，和現場的老師討論學童的事、討論教學的事和學童聊天、問學習上的事；當時並不清楚自己是完全參與者、完全觀察者或是介於其間，我沒注意到自己角色的問題，只是在蒐集資料。後來我將在一間低年級教室兩年研究的記錄寫成一篇論文（熊同鑫，1997）刊登於《東師學報》。該篇論文初稿是以「我」為出發點，以故事體架構書寫之，但歷經幾次審稿過程中，發現前輩對於這樣的文體接受度很低，於是我必須自我調整，轉換成一種大家比較能接受的文體呈現研究成果。之所以會說到這一段，主要是在敘說我對於「研究」的風格，不太喜歡去做大家都在作的研究，比較喜歡以「創新」的點子與「方法」，進行別人未做過的研究或論文書寫。

　　「行動研究」的念頭應該是始於一九九五年，一位研究生問起做論文的事，大抵是他不想做一位老師給的題目，可是又不太確定研究方向。他提到在教育社會學的課程中，任課老師提到的批判理論讓他很有興趣，我們不知是怎樣的就談到以「自己」為研究對象，進行研究的可能性。後來這位學生——王振興，他的論文就是在談他自己的教學研究。有趣的是當我們開始決定以「自己」為研究對象時，我們還不清楚自己是在進行「行動研究」，一九九五年時，國內已有文獻在介紹行動研究，但內容多以理論或方法的說明為主（王振興，1998：12）。黃政傑（1996）為文指出教師與研究者的角色是不同的，在教學情境中，要教師成為研究者進行教學研究，有許多的障礙與困難，且研究報告的客觀性與倫理性亦是難題。在當時那樣的氛圍中，我們決定以「自己的教學」為研究主體，確實受到許多的質疑與批判，因為我們是在學術單位內的研究論文，論文的客觀性是很重要的，「自己」如何客觀？「自己」又如何可被研究？除了處理「研究」定位的問題，和王振興共同經營這篇論文時的最大挑戰是資料的蒐集與資料的分析，最困難的則是資料結果的書寫與呈現。過去的文獻告訴我們的方法，在實踐上卻不是那麼簡易，我們卡在「教師」和「學生」間的想法要如何溝通，教師如何由「知」學生的需求，以改變教學上的缺失？摸索、測試、反覆思考與討論，資料才慢慢進來。但當資料進來後，書寫

又是問題，要用「我」或是「第三人稱」來呈現「主體」，王振興（1998：107）是掙扎許久才決定以第三人稱為之。那時，我們可是跌跌撞撞的才完成論文。

訊息掌握的不完整，是我們後來深深體會到為何一本行動研究論文書寫困難度如此高。應該是在一九九八年台東師院教育研究所辦理第一次的行動研究研討會時，在與湯維玲老師共同籌備會議期間，認識了夏林清老師、侯務葵老師，才得知有一群基層老師早於一九九五年在共同理念下成立了「基層教師協會」，他們已經致力於教育現場改革多年，透過行動研究，看見教育現場的問題，並力求能有所改變。當我在一九九八年看到《行動研究方法導論——教師動手做研究》（夏林清等譯，1997），我理解到關於「行動研究」的完整實踐方法，也領略到行動研究方法在「公開老師知識」上的實踐意義。但是，當與在職教師們使用這一本書，談行動研究時，我們終究不能不談「如何書寫一篇行動研究的論文」，「如何讓教師的知識」可被看見與傳遞？以及是否有「典範」的行動研究論文可參考？自此我的「行動研究」不再單純的是與現場教師們談行動研究、不再只是合作做教學行動研究，還要考量現場教師們對於論文「書寫格式」的需求。

因著自己的經驗，較能體會許多現職教師的感受，譬如：原來教師針對教學優缺得失進行的記錄就是一種行動研究的資料蒐集，原來教學當中就潛在著行動研究的執行歷程。只是當下我們視自己是一種教師思考與教學策略發展的行為，好像只要轉個彎或多一點點的動作，就變成了行動研究的形式。然而，行動研究真的是如此簡易、如此籠統？經驗告訴我不全然是如此，行動研究有著寬廣面讓人看見不同的風貌、有著深厚的內在讓人覺察到不同訊息，拿捏點則取決於研究者本身。Reason 和 Brad-bury（2001b）在介紹行動研究時，書中所包含的研究方法論與對知識形成的論述是相當多元，這一現象顯示行動研究絕不是一種模糊、鬆散、無理論基礎的研究策略而已，實質上是要研究者在實務研究的過程中，能經由詮釋、批判、系統化、知識轉遞等，建構出研究理論、建構出屬於自己的知

識。在這樣的理念下，動手做研究固然是重要，而研究中所形成的新知識、新概念，是能經得起批判、驗證，更是研究的重心。

參、行動研究與教育實務研究

近幾年來，國內有關於行動研究的論文是多了起來，由過去偏重於理論介紹的現象（例：陳伯璋，1990；歐用生，1994；甄曉蘭，1995），發展到著重於現場研究成果的展現（例：陳惠邦、李麗霞，2001），然而對於「行動研究」的定義或定位問題，在台灣卻不因為參與的人多了而清楚，反而是形成多樣化的說法與形式，讓不明白行動研究的人更不明白，讓原先似乎明白行動研究的人也開始迷惑。

思考「行動研究」四個字，它可以被區分為「行動」與「研究」兩個詞。「行動」是一種發生於現場的動態，是一主動、積極的態度，是存有改變與提昇的蘊涵。「研究」是一種解決問題的態度，是透過資料蒐集、分析等動作，去瞭解問題是否被解決的一種過程，可以被視為是一種理解與產生知識的行為。Dick（2002）指出行動研究可以說有時是在援助行動（提昇自我）、有時是在援助研究（產生知識），有時則是讓行動與研究同時能結合在一起（自我與知識的結合）。而行動研究的成果不是只在解決「研究者」（如：校長、學校行政人員或教師）眼中的問題，更重要的是與「研究者」研究問題相關的人員（如：教師、職員、學生或家長），亦能在研究中獲益；亦即凡是參與行動研究的人都應能由其中獲利與成長。

然而，對於「行動研究」四字，依據個人的經驗，基本上多數的現場教師是將其放置在技術層面的一種思考，認為它是一種解決現場問題的一種實踐取向的研究策略。基於這樣的概念，人們接受行動研究是較無理論基礎、無精準設計的一種模糊策略、是一較簡易執行、非科學的研究方法。然而，Greenwood 與 Levin（1998: 53-91）從科學方法審視行動研究，認為行動研究比起其他社會科學主流研究方法，更貼近物理或生物科學探

索問題的精神與方法；從知識論的角度觀之，行動研究存有其對知識追尋的科學哲學思維與論辯。明確的說，行動研究不宜被簡化為一種研究的策略，它存有的方法論本質則是我們應強化思考的部分。而行動研究本質中最重要的一層面則是「探問」（inquiry），透過探問去看見問題（problem）的本質，透過探問看見個體在遇到問題時，究竟是以怎樣的態度看見「自己」在問題中的角色，除了看見問題、陳述問題、描繪處理問題的過程外，還能有什麼作為？以我最近觀察的一次教學事件為例，或許可以表達我對於問題本質探問的立場：

> 今天第三節鍾老師帶學生到社區進行訪談，我不想跟著去，就選擇到一年級的教室進行觀察。這是第二次到這個班級進行觀察。老師說我到她的教室讓她有點緊張，我回答說我只是在看小朋友的學習狀況，妳不用緊張。我選擇坐在教室前端的右側角，是教師的辦公桌處，如此可以看到全班十位小朋友的學習模樣。今天的主題是「春天」，老師以〈春神來了〉這一首曲子為主軸，一開始要小朋友扮演春神的樣子，聽著音樂而起舞，學童在教室中飛舞著，前前後後的跑著，很快樂的樣子。音樂播放完了，又再播放一次、又一次的，學生極為開心，直到有人說想休息，才停止這個活動。老師要學童坐下，坐定位後，老師再次要小朋友聽春神來了這首歌，並請小朋友用手跟著歌曲打拍子，在學童打拍子時，老師拿出三角鐵，數著拍子，敲擊三角鐵。老師沒有說明規則，自己敲了幾下後，請一位小朋友上台敲，而後是一位一位的輪著敲三角鐵。我觀察到第二位、第三位小朋友出現像指揮般的動作，右手拿著敲擊棒，在身邊畫個三角型（數三拍）後，敲擊三角鐵一次，我很驚訝學童這樣的表現。打完拍子後，老師請小朋友再次聽著音樂，但這次改成用腳來踩拍子，砰、砰、砰的聲音在教室響起，來回三次後，老師要學童回坐，此時老師要學童自己選一種蠟筆的顏色，而後再一次聽著〈春神來了〉的音樂，並要學童將自己聽到的音樂，用繪圖的方式繪在一張 B5 大小的紙上，當音樂

結束後，老師要小朋友收起筆，而後輪流上台報告自己感受到的是什麼。我看到一個沒有靜與停下來超過一分鐘的教學活動，我感覺學童應該是很開心的學習......」（2003. 3. 3 觀察日誌）。

當我寫下「這是一間快樂學習的教室」時，我同時思考「快樂學習」與「有意義學習」間同時存在的可能性。觀察後的下課時間，我和楊老師談了她的教學想法，我們對於小朋友會自己發展出數拍子與打拍子的動作感到驚訝，成為談話的主題，她指出本區的孩子不太有機會在課後去學習各項才藝，因此對於學生有這樣的表現，她深感不可思議，但她不會因而將音樂的一些「硬」知識順勢告訴學童，她指出一年級學童需要有空間讓他們自己去發現問題、感受環境中的種種現象、能有自己的方法與方式表達自己的想法，老師是在激發與引導他們，「教」太多對於這群學生未必好，是要讓他們自己能學習比較重要。楊老師開玩笑的說：「因為老師無能，學生才會萬能」，這句話看似雲淡風清，卻讓我再次墜入「有意義教學」意涵的思考（2003. 3. 3 課後對談摘要紀錄）。

這一短暫的觀察與對話，或許可以將之視為一次田野觀察的經驗即可。但當我思考到不同方法論引入於這樣場域或研究議題之研究時，我們將看到什麼？如果是由本體論切入，會如何處理資料？若為知識論、方法論又將是如何呢？再與實證學派、詮釋學派、批判理論或結構主義學派混在一起，將要如何去處理資料及呈現資料呢？Guba 與 Lincoln（1994: 105-117）指出不同的派典不單是哲學論點上的不同，在研究的探問與資料詮釋上，研究者的位置與觀點亦是有所不同。這意味著我們選擇了一種方法論時，基本上我們同時表明對「資料處理」的態度。但是，諷刺的是我們往往注意到方法的選擇，卻忽略與方法重要關係者——方法論的存在，這樣的狀態讓我們在探問時，會局限在技術層面上的資料處理與分析，缺少對於資料內潛存訊息的深思與批判。

假設「快樂學習」是我對於文林老師教學的探問開始，我該關切的是

什麼？是文林老師教學的表徵所存有的訊息？是學童學習過程中的行為表徵所存有的訊息？還是我該與文林老師共同合作，探討「教師無能、學生萬能」的教學信念，對於培養學童自主學習的效能？還是我該引導文林老師思考她的教學中存有的優點與缺失，比對優缺點之餘，看見自己在教學上可否更精進的地方？不同的思維，存有著不同的資料處理態度與研究理念。Reason 和 Bradbury（2001a: 1-14）指出依著不同的目的、不同的事件基礎關係上，在知其所以，進而產生知識的行動過程上，是存有多種觀點與形式樣貌的。行動研究本身固然是在解決研究者在工作現場所遇到的問題，但是因研究者對於事件本質掌握的不同，存在著多樣化的資訊，實踐的歷程與理論的產出，自會因人而有所不同。因著行動研究本身的多樣化特質，研究者因此能發展出不同的方式與知識概念，解決或回答自身所面對的問題。

肆、行動研究的我思與我在

面對「問題意識」的論點，弄清楚自己研究的問題，掌握研究問題背後存在教育上的意義，是在歷經多年教育現場的觀察與參與後，漸漸能體會到的一種教育研究工作者的責任。因此，思考、思考、再思考，企圖由一場看似尋常的教學活動中，弄明白存有的「虛假意識」，看見教學中存有的「可議之題」，成為一種思考。似乎必須透過不斷的思考，以能看見自己在教育現場存在的價值與意義。

舉例來說，在之前文字中提及的「有意義學習」的核心時，思考學習這一事件對於學童的意義。依據 Jonassen、Peck、Wilson（1999），有意義的學習應包括五個向度，分別是：主動（active）、建構（constructive）、有意的（intentional）、真實的（authenic）及合作（cooperative）。分析楊老師的教學活動與對話內容，她提供給學童的學習環境中，包括了這五個向度，理應會很高興見到這樣的教學，但是內心仍會有所疑惑，關鍵點或許在於學童學習過程中存有的表現與其內在知識的累積，是否達到教師設定

的教學目標，是在兩次教學觀察時不斷思考的問題。換句話說，我是以一種「功利」觀點，認為任何教學都存有其目的性，教學本身是一種「手段」，是在引導學童往教師設定的目標前進，因此，教學中與學習後均是要能由學生的表現實質面上看得到成效。此一強調表象的觀點，忽略的是學生可能受潛在課程影響而形成非課程目標的內化知識，成為只重表象的立即成效，忽略重本質轉變的終身學習理念。對於教師教學應有效能的思維，是合理還是不合理呢？為何又執著於行動研究是引導她思考自己教學問題的方法呢？

對自己提出這樣的質問，我想以「行動研究成果」的表達方式為議題，進行自我思維的省思與批判。Kincheloe（1991: 48-66）在論述教師即研究者的意義時，對於實證主義老實不客氣的批判一番，他指出實證主義的弱點在於只認識了他們自己所認識的科學部分，對於真實世界的其他部分則置之不理；在假設與驗證的追逐過程中，忽略了人存有的價值性。Kincheloe 認為要修正實證主義對於教育研究的危害，實證主義者應當回到本體論來看研究對象在整個實驗研究中的位置。某一個角度觀之，Kincheloe 是由批判科學「霸權」造成社會科學研究的不完整性，論述由情境中之個體針對自我問題進行研究的合理性與重要性。Philips（2000）論述到「尼采提出『如果希望努力追求靈魂的平靜與歡愉，你就要相信；如果你希望皈依真理，那就要探問。』……美國科學暨語言哲學先驅皮爾斯寫道，在某種意義上，『理性的唯一準則』就是『為了學習，你必須想要學習，不能自滿於既有的思考傾向』。從這個規則，皮爾斯說：『會出現一個本身就理應銘刻在哲學之城每一面牆上的推論：不要阻礙探問之路。』……所有所謂的真理，永遠都不是最後的定論。但經過蘇格拉底式的一番檢驗之後，某些真理的確顯得更好更有說服力。」（引自林雨蒨譯，2003：64-65）。「探問」是透過對話的方式，幫助個體成為自己，成為自由理性、瞭解自己的人。Kincheloe 亦主張個體（教師）要由解放自己的思維做起，以能成為教育現場改革的主導者與執行者。教師在行動研究中被賦予的即是成為一位探問者，由探問的過程中，看見自我的主體性與情境

的掌握者。而在此探問的是國內在推動行動研究時，在賦予教師成為研究者的空間時，行動研究的真正意義究竟又為何？是表象的大家動起來即可？或是實質的改變了教師的教學信念、教師思考？

　　雖然接觸行動研究已經有一段時間，過去的幾年經常遊走小學，談如何做行動研究，也協助一些學校書寫行動研究計畫，我確實相信行動研究對於現場的在職教師是一個很好的研究方法，去解決現場發生的問題。但是，也看到了行動研究的矛盾點，例如：行動研究是在解決教學現場的問題，那如何「證明」問題被解決了，可能就需要有一連串的「評鑑」手段；「證明」與「評鑑」，卻有著量化與實證主義的影子，與一般人對於行動研究的理解有所衝突。然而，一個行動研究的成果，若無充分的證據證實行動的實踐，確實有效的改善現場問題，我們對於書寫者的研究成果的評價會是「自我滿足」的虛假表象，或是一個失敗的行動研究。其實我很清楚在教育現場中，許多教學的成果是無法用「數字」表達、用「數字」證明的，也體認到教學中學生學習的改變，有認知、技能、更有情意，而「情意」是很難用具體證據證明的。我感受到一種弔詭氛圍，明知道研究結果必須有證據以能論述之，同時理解有些研究結果是無法拿出有利的證據證明行動的有效性，我是處於行動研究的灰色模糊地帶，探問行動研究對於教育現場工作者的意義究竟為何？它是非常「教師中心」的思考？還是「學生中心」的思考？教育現場行動的目的是教師由自己的視野觀看到自己在工作現場中的專業不足部分，進而進行研究與改變，而改變的最終目標，以教學研究為例，則應是提昇學生的學習效能。教師在行動過程中可以感受到自己的變化與成長，但是學生們會因著教師的改變，在其學習上受益或受害呢？教師如何證明學生在行動研究中是受益而非受害者呢？證據，我們還是需要證據來證明行動的正確性與合理性。而我似乎陷在實證主義的框架中無法自拔，雖然骨子裡是反對實證主義。

　　為什麼要做行動研究呢？我真的清楚知道行動研究它到底是在談論什麼嗎？會因為做行動研究證明我在教育現場存在的價值嗎？真的是因為能思考所以有意識的存在於教育現場，還是因為存在於教育現場迫使我必須

去思考教育的問題？

　　或許如同 Roach（2000）所言「這正是『空』的涵義：所有的事物都有利有弊，有好有壞，而大樓（在此我們可以用行動研究代替原字詞）本身則沒有好壞利弊，全憑我們看待那幢大樓（行動研究）的觀點而定。這正是事物的潛能」（引自項慧齡譯，2001：62）。面對當前在教育現場進行的種種行動研究，推動者或執行者，都必須面對的課題是「行動研究」本身是「空」的，行動的存有是來自於我們的念頭，好壞與否就端賴個人的觀點與行為決定之。

伍、行動研究與營造學習型組織

　　行動研究固然是現場工作者透過行動，研究解決現場發生問題之策略，在結合理論與實踐的過程中，產出有實踐意義之知識；但，存有的另一層面意義是在於讓「知識產出地」（譬如：教室、學校）成為一具備學習性質的組織團體。曾志朗（2002）為《學習型學校》（楊振富譯，2002）中文版寫的序中指出：「……學校作為一個學習的單位，……要因應這種不斷學習、不斷創作的趨勢，才能和社會產生互動，共同完成一個學習型社會的創造」。面對社會快速的變遷，新知識與新科技不斷的產出，任何一個機構單位要能生存下去，就必須成為一個學習型的組織；而此處的學習不單指涉向外學習新知，更重要的是組織內能針對所需，透過成員間的互動學習產生新知。

　　Senge 等人（2000）指出「學習型學校」的概念在近來深受矚目，大家漸明瞭學校在不靠命令、指揮或規範下，仍可憑著「學習的傾向」，重新形塑學校風貌（引自楊振富譯，2002：8-10）。學習型組織用之於學校教育改革，不是只在鼓勵集體行動或是討論，更重要的是將「第五項修練」的方法在教學工作內實踐之。組織學習的五項重要訓練是先個人而後群體、組織，透過個人與組織關係的再思考與再連結，從「自我超越」、「共同願景」、「心智模式」、「團隊學習」到「系統思考」，為組織帶

來進步，同時提昇群體的心靈與智慧。

「自我超越」，從行動研究的觀點而言，就是個體針對自我的教學專業設定的願景，透過挑戰突破現狀，以期能達到自我設定之目標；而願景是不斷的更迭，自我超越一如「行動研究」的循環是不斷的運作著。個人在團體中的自我超越，組織扮演著重要的地位，組織願意提供個人思考願景的空間與實踐的場域，個人才有實踐願景的機會。因此，學校在推動行動研究時，學校本身要釋出相當的空間與場域，讓教師能在行動中充分的發揮自我、超越自我，以能成為終身學習的行動教師。

「心智模式」、「共同願景」與「團隊學習」，在行動研究中可被簡化成合作或協同行動研究的實踐。教師在學校做行動研究時，鮮少會是單打獨鬥的狀況，事實上我們在做行動研究時，能以團隊的方式探索問題與解決問題，行動會是更有效率與效能。團隊的形成後，達成群體的共識，會是團隊追求的一項目標，如何凝聚共識，關鍵點在於成員間彼此是否存有空間，能充分表達自己的想法與接受他人的想法。「心智模式」、「共同願景」與「團隊學習」的訓練，需要的是時間與策略，以其能讓個體由被限制住的心智模式中解放，在反思與探詢能力的訓練下，養成以不同的視野角度觀看事物的能力，進而能在組織中以理性與具體的方式表達觀點，促成組織成員間的對話，在有目的、有意義的狀態下，透過充分溝通與討論形成共同願景，進而能在團隊成員共同思考、共同行動的過程中，學習與成長，堅實組織之實力與效能。Blanchard 等人（2001）透過曲棍球隊的故事，彰顯組織中團隊的共識與力量是組織能生存與發展的關鍵；組織中存有一、兩位單打獨鬥的優秀份子固然可以帶動組織短暫的業績，但長遠過程中可能拖垮團隊，組織無法進步（引自陳琇玲譯，2002）。行動研究放置於學校教育改革策略之林時，我們應有的信念是讓組織成員在行動的過程中，由個人的省思與探索，發展為成員間的共同願景與共同目標，以團隊合作的方式進行內省式的教育實踐之研究。

第五項修練談的是「系統思考」。系統是指涉一個整體（譬如：大氣層、社會、學校、班級、家庭、個人）其中的元素是相互依存，並且是長

時間持續彼此影響著;「系統」是要讓整體中其存有之元素,互為連結。教師在教學現場中,是處於不斷遇到問題,且立即解決問題的狀態。基本上,我們不會去覺察我們日復一日處理的眾多班級問題,問題間會存有任何連結性。「系統思考」訓練提供我們研究系統結構,培養我們對於事件本質之複雜性、事件間相互依存、變化及互相影響之覺察能力,對於存有之問題,會以較完整的觀點觀之與更有效率之方式解決問題。譬如:學校本位課程,它可被簡化成是以學校特色為主的課程設計。然而,「學校特色」是如何被確認?「學校特色」概念下的「學校本位課程」對於學童、學生家長、社區成員或教師而言,它在教育上的意義為何?明確的說「學校本位課程」所為何來?如果學校特色是很容易被確定之,為何許多小學在處理「學校本位課程」時深感困擾,不知如何下手?它是在營造每一個學校都有其特色,且讓學童具備符合學校特色的能力為思考,或是造成學童學習上的更大負擔與跨校間的學童能力差異?它是一種符合學校教育的潮流,還是只是一種理想的概念?系統思考的訓練,讓我們在面對問題時,不是只在處理「當下」的問題,同時是要思考「問題」產生的源頭,去分析探討要能落實「學校本位課程」之理想,學校的哪些基本結構必須調整,「看見」學校在實施「學校本位課程」的困難點(譬如:學校本位的訂定、學校同仁間的編寫課程素養、行政與教學間的合作夥伴關係、學生能力本位等),思考形成「困難點」的原因(運用心智模式),將各個可能影響的元素連接之,「看見」因果間的互為主體的循環關係,對於問題解決會是更有效能的。

「系統思考」放置在行動研究上,無疑的是極佳的策略。行動研究是在進行系統化的研究以能解決情境上的問題,它存有的研究循環特性,就是在探究問題與發展解決問題間循環著。套入「系統思考」的概念,在我們面對問題時,不會只針對當下問題的現象思考,同時會追溯問題背後的相關元素,因此在設定問題解決策略上時,將會是更完整與更有效能。然而,省思國內目前在推動行動研究的過程中,許多的研究在推動時,僅在於行動的執行,卻忽略了「研究問題」的處理,在研究過程中,少了對於

「問題」的嚴謹思考與分析，因此，當一個研究完成之後，看不到對於問題本質的討論，而是強調研究者在過程中的豐功偉業，彰顯行動研究的成功。然而，我們的教育問題真的被解決了嗎？行動研究的執行者，在行動中是否真的看見自己的不足、看見教育問題的核心、體悟到教育改變必須是系統思考下的策略才具有效性？我想這是值得我們去省思與批判的。

陸、行動研究的語言「溝通」

Altrichter、Posch 和 Somekh（1993）認為將研究過程和結果公諸於世，是行動研究最後階段工作重心（引自夏林清等，1997）。透過論文書寫，研究者將研究歷程中產出的知識文字化，讓知識得以傳遞。研究者是透過文字的書寫，與讀者進行溝通與對話。「溝通」是雙向的互動，而非單向的輸出，在這一理念下，研究者在串聯文字的過程中，理應考量到我的讀者是誰？我想要告訴他們什麼事？他們將如何理解我的文字，進而能理解我所陳述的研究成果？這是研究者在書寫論文時所應考量到的事件。

Palshaugen（2001: 209-218）指出研究者的觀點或知識是透過社群語言遊戲（language game）內在運作產出的。這意味著我們對於事件的理解或對於知識應用，不單是文字的表徵化動作，社群間存有的語言規則，更直接影響著個體選定以何種方式表達自己的觀點。語言被視為一種遊戲，可歸因於同一字詞放置在不同情境、不同文字之前後，會產生不同的意義；在某一個情境可能足以撼動人心，在另一個情境之中，可能根本不具意義。譬如：親師合作共推班級閱讀活動，在家長極為關切學童教育的地區可能極具意義，但遇到家長對學生教育並不熱衷的地區，推此活動可能就會踢到鐵板。將此概念放置在行動研究的成果展現上，意指研究者必須思考如何適切的使用語言以能與讀者溝通。

以自己的經驗為例，早期在與人分享研究成果時，當別人無法理解或質疑時，直覺反映是他不瞭解我的研究情境，所以他不懂我的故事，那是他的問題。但歷經多年的經驗累積，在述說一件事時，會盡量的把事情講

個明白白，原因是我要讓讀者進入我曾經走過的情境，以能引起共鳴。這就有點像當我第一次吃日式納豆時，覺得怎麼有如此怪異的食物，但這並不代表食物不好吃，反而是因為不知這食物的美味，所以才有如此的反應；當我能將食物與文化、歷史脈絡連結後，才能去體會納豆的滋味。作者與讀者之間的溝通亦是如此，雙方總要是能在彼此相同、互相理解的情況下，對於情境、對於文本才能有所互動與溝通。

行動研究是一種參與式的研究，研究者是從參與的過程中解決問題，建構知識。知識即權力，掌控知識的生產，展現的是權力的擁有。行動研究的精神是在打破由上而下的知識與權力結構關係，是小眾團體或社會邊緣群體，為自己增能、為自己建構知識、掌握自己社會脈絡權力的一種方式。然而，Gaventa 和 Cornwall（2001: 70-80）指出行動研究是行動者本身的一種發聲與回聲（echo），危險之處在於回聲會是研究者的盲點，看不見自身的脆弱面、看不清事件本身的真實面；人們在山谷中發聲，聽見自己的回聲，卻誤以為得到外界的「回饋」，實為危險至極。是故，研究者在參與研究過程中，應注意到的不是閉門造車的自滿，更應傾聽他人的聲音，注意到能與他人的溝通。行動研究者該重視的是將研究過程與成果敘說清楚明白，以能與他人的溝通是具效度與信實度。Gaventa 和 Cornwall（2001: 70-80）指出參與式的研究，重要的是研究者要對其研究品質與敘說的掌控；使用讀者能理解的語言，引導讀者進入研究者的情境，感受研究歷程，進而能給予研究者回應，應是我們在傳遞行動研究成果——「知識」時的信念與態度。語言溝通，是由理解對方所處情境為基礎點，目的則是建構雙方能接受的說法，形成共識；書寫行動研究成果者，請審慎避免出現自說自話的「發聲」與「回聲」現象，請注意自身語言文字書寫的可溝通性與可被接受性。

柒、行動研究的「書寫範例」
——追求書寫典範的困頓

「給我一個論文範例，讓我知道如何寫行動研究的論文！」

　　這是我經常面對到的需求，也是長久以來一直困擾著的問題。對於初學者（研究生第一次寫論文者），會建議他就參照「傳統」的論文格式書寫即可，對於有論文寫作經驗的研究生，則誠懇的鼓勵他，用自己最能發揮的一種書寫方式，真誠的書寫、真誠的與讀者進行對話。以自己接受過的論文寫作訓練經驗為例，寫作一定要由基礎點開始下手，先瞭解論文書寫基本元素、架構，穩穩當當、四平八穩的寫一篇論文，以能真正體會到何謂研究、何謂資料整理、分析、敘述和詮釋、何謂理論建構或理論驗證等，在六脈通順之下，自然就能言之有物的寫論文。只是這樣的觀點，用之於「行動研究」論文寫作時，需要因事制宜的調整，以能有效協助教師書寫研究成果。

　　「因事制宜」是指依著事情的性質，而定適宜的方法；行動研究的「行動性」，正是「因事制宜」的展現。從接觸行動研究這一概念，到進入小學現場進行合作行動研究及參與小學進修活動之行動研究專題，個人感受到「行動研究」，它帶給基層教師、行政人員的感受是多樣貌，苦與樂均有。苦的是當教師們視「研究」為一高不可攀或學術領域的人們在做的一件事時，如何去執行一個「行動研究」就成為一件苦差事。教師們焦慮的是在已經精疲力盡的教學工作之中，如何再啟動自己，開始「學習」做研究、開始「學習面對自己」進行自我教學研究，想到要寫、要做資料蒐集、要分析自己的教學，就已經氣力散去一半，要真正執行一個研究時，就是力有未逮。許多現場的教師們不是不在乎自己的教學、不是不願意透過研究去提昇自己的教學，而是「研究」賦予他們的壓力太沉重。

　　相對的，有一批老師們是樂在於做「研究」與寫研究報告，他們對於

能將自己的教學成果與他人分享，視為是一件喜樂之事。研究之於他們是教學生活中的一部分，透過不斷的內省與分享，讓自己的教學充滿創意與教學效能。

面對看似兩極的現象，思考到的是推動行動研究的過程中，我們必須將「發展」的概念融入其中。以兒童發展為例，我們有相當的理論在闡述兒童在認知或社會人際網絡發展的階段，我們認可兒童是透過不同階段在成長，但是回應到教師的教學世界中，當一套新的教學方法、課程理論或是教育政策由上而下，傳遞到學校時，似乎認定「成人們」是不需要階段學習法則，即能理解、掌握與應用新的教學法、理論或執行政策。若能體認教育的效能是屬於「十年樹木、百年樹人」的長期等待才能看到成果，身為教育最前線的工作者，我們更需要的是穩定發展的學習與成長空間，方能將理想的教育政策或理論，落實於教育現場並看見其效能。

面對「行動研究」在各縣市被推動的現況，我覺得我們必須注意與審慎思考的兩個面向是：一、推教師動手做行動研究的過程是否即應有一套「行動的策略」？二、「行動研究」是否會被過多的行動給毀了它原本在教育現場的研究意義與價值。個人的觀點，論述如下：

第一個面向中所謂「行動的策略」，指涉的我們應有不同階段的目標與態度，去面對新手研究者或有經驗的研究者談行動研究的「本質」。當我們的對象是不在研究所進修、不曾做過研究、不會書寫研究報告者時，鼓勵他們動手寫，成為我們的首要目標。在此階段，我們可以接受書寫者以他最習慣、最能表達自我感受的方式，去展演他經歷過的一段路程。此時，書寫本身是一種自我角度與觀點的呈現、是情緒的發洩與表達、是一種自我治療，自我反省之門則在被開啟著。鼓勵新手研究者盡情書寫是研究訓練的初始階段，但不是終極目標。推動行動研究的教育工作者，有責任與義務引導進入教育研究的夥伴們，在習慣於文字的書寫之後，引導他們去思考與檢視被書寫出的文字，其所展演的深層訊息與內在意義為何，而不單單是停留在滿足於文字的書寫。

個人認為行動研究最重要的部分是書寫者對自己「書寫文字」的批

判、反省、評鑑及重新自我評價，在此階段的「訓練」，是要讓研究者不單是看見教育工作環境中存在可被改革與討論的議題，更重要的是要能看見自己在教育工作環境中的不足與可議之處，以能從自身看見教育可被改革與教育可以進步的立基點。對於教育工作者而言，在書寫與批判自我的能力兼具時，書寫一篇在研究方法（資料蒐集、資料分析）上具有信實度，研究結果與討論具有立論點之文章，將不會是困難點。個人以為行動研究的本質是在培養實務工作者成為終身學習者，從自己的工作場域之中，不斷習得新知與能力，成為一位行動研究者，對於自己所知只會感到更謙卑，因為知永遠比未知少了許多。能讓自己看到自己的成長與變化，將行動研究成果書寫成文字是一主要方法，文字的力量不是在滿足自己的喜悅，而是能讓自己與他人共同思考行動後的意義，我們不用擔心書寫文字的不完美，但一定要注意到文字表達上的誠意，對自己與對他人均可理解的誠意，以期能讓行動研究的成果報告，能廣為人所認同與接受。行動研究的流程是科學過程的展現（Greenwood & Levin, 1998: 53-66），成果的呈現則是知識產出的象徵。具體而言，行動研究是科學的實踐、是知識累積的研究方法，因此，在論文書寫上，作者有責任呈現具有知識價值的文字，供讀者閱讀。

「一篇好的行動研究論文應具備哪些元素？」這是經常被提及討論的議題。要回答這問題，個人以為我們先要知道「行動研究」的三元素：研究、參與及行動（Greenwood & Levin, 1998: 3-13）。因此，在書寫論文時，作者應考慮到的是「研究」、「參與」及「行動」等面向的完整敘述。行動研究論文常受人質疑的部分亦在於「參與」及「行動」過程描述的不足，「研究」的科學精神與方法論的薄弱，讓論文顯現不出研究的價值與目的。一篇好的行動研究論文不是以文字的多寡來判斷，也不是以文體書寫方式為考量，而應是以文體本身結構的邏輯性、完整性、合理性為判準點。

最後要談個人最近的經驗，有位學生問行動研究論文是否只能用故事體或敘述方式呈現，我反問行動研究論文可否用論證方式呈現？他指出應

該不行，因為「行動研究是在解決問題，是不斷在變化，這要如何去論證，況且論證不就是實驗研究了嗎？行動研究不就是要與實驗研究劃清界線嗎？」我續問所以行動研究不重視驗證、不在乎理論、不需要證據佐證成果了嗎？他的回應是：「難道不是嗎？」他的想法，也正是我對於國內行動研究論文書寫品質最為憂心的部分，一篇論文不重視「論」與「證」，能稱之為「論文」嗎？行動研究的「行動科學」精神，是在強調透過執行的行動歷程，「驗證」行動是否有效，因此，「論證」是必定存在，研究者的反思、反省即是「論證」的一種展現；個人認為行動研究論文存有論證性是合理且必要，且會是一篇論文是否具備效度與信實度的重要指標。

捌、研究方法的省思

行動研究一定是要做一個「新」的研究嗎？這是最近思考的一個問題。原因？以某次行動研究教學活動為例，一位在國中任教長達二十年的 W 老師帶來學生的作品與大家分享。那是她在一次教學活動中，要求學生結合文字與繪圖製作一本書的成品，我們在閱讀學生的作品時，深深感受到學生在文字創作與插畫繪圖的優異能力。W 老師在分享學生的作品之後，帶入課堂中討論的議題是：如果她要做一個以透過繪本製作提昇學生語文應用能力之行動研究，她該如何做？她的問題有二：一是，她之前的教學僅保留了學生的作品和部分的教學活動資料，她並不能確定教學成功的關鍵因素為何？這可以是她的研究困境與問題嗎？二是，她是累積了三年的語文教學活動，才培養出她的學生如此的語文創作能力，她要再以三年為單位做一個行動研究嗎？我們陷入的思考是「行動研究」與「教師教學研究」的分野上的問題；教師教學研究不等於是行動研究，但是教師教學過程中存有的「行動」精神，該如何被研究？「行動研究」真的必須是「全新」來過一次的研究流程，才算是行動研究嗎？有無可能是以回顧的方式，以教師教學成果為資料，透過分析探討，「看到」教師教學歷程所

營造出的教學成效？

於是，試想採用「事後回溯法」之精神，用之於探討教師教學成果中存有之「行動科學」的研究可能性。「事後回溯法」簡單的說是探究造成「發生之事件」的可能因素，並企圖由存有之資料找出變項間之因果關係（Cohen & Manion, 1994: 146）。事後回溯法與實驗研究法的共同點是在檢測自變項與依變項間的關係，但前者無法如後者能精確的控制自變項，相對地，後者無法如前者較能探討現場實際發生之事件。在教育研究方法的書籍中（例：王文科，1990；Cohen & Manion, 1994），事後回溯法被定位在量化研究的一種，並且是在比較不同的條件下（自變項；例，接受創意教學的學童與接受一般教學的學童）對於某一現象的影響（依變項；例，同學在語文創作上的表現）是否存有差異（驗證研究假設）。事後回溯法關注於建構研究者一組資料中各變項間的關係（Krathwohl, 1993: 514），亦即是由既存之資料中，檢視變項間的關係。Krathwohl（1993: 514）指出事後回溯法某方面神似歷史研究法（historical methods）而非實驗研究法，主因在於研究者是以現有之資料為基礎進行探討分析，其次研究者是在資料蒐集到一個情況下才產生出對於某一議題的研究興趣，而非一開始即設定研究目標。對於教學現場的老師而言，教學現場是「千變萬化」，教學則是隨著情境的變化而隨時修訂，因此，要事先設定好一教學目標，再依據目標走下去，在實踐上有其困難度。此外，在教學中學生展現出超出教師預期的表現，而這種屬於「意想不到」的教學成效，卻往往是老師最津津樂道的部分。而學生的表現，究竟是受到哪些因素的影響？教師事後回顧學生作業或評量資料，找到促成教學成功的脈絡，對於教師的專業發展是有其正向意義；事後回溯法在處理資料的方式，或許是教師進行教學研究可以參考的一種方法。

以 W 師的學生作品為例，一份作業或作品，除了是學生學習成果的展現，同時亦可以是教師教學成效的一種展現；學生的作品反映出的不僅是學生的學習後的思維，亦存有教師教學影響而形成的雕琢。因此，由分析學生的作品開始，我們可以有兩個面向的思維：一個是，學生是如何看這

一門課與這門課對他的影響；一個是，教師是如何影響著學生；後者反映出的是教師的教學思考議題。

我們在此關切的是教師進行某項教學時，他是如何決定要如此教，而「如此教」的背後又是什麼機制在影響著教師？以「後設認知」的觀點看，透過分析教師教學的外顯行為與內在思維，藉此以釐清教師之教學理念與教學決定，則為我們在「教師教學研究」的重要目的。教師針對自我教學進行的研究，其目的是能透過批判思考的理性評論，檢視自我教學上存有的意識與潛意識型態，以能瞭解自我，成為知識的生產者與主宰者，而非被知識宰制之人。因此，教師不單是要從權力宰制之中解放出來，更重要的是能從自我困頓之中解放出來，成為瞭解自我、看見自我之人，以能清楚建構自己在教育現場中之位置與所能扮演之角色。

「行動研究」之主要目的不是只在強調教師能做「現場之教學研究」，更重要的是要培養教師對於教學思考與教學決定的研究能力。歷經多年的小學現場田野經驗，近來算是頓悟，認知在鼓勵教師動手做行動研究時，我們應該先協助教師看見自己在過去教學上的「教師思考」，當教師能沉靜下來先看當下的自己與過去的自己，看見自己教學的「本質」，讓老師談他們過去的教學經驗、談他們覺得成功或失敗的教學、和討論學生作品中所展現的教學成效，是引導教師們進入教學研究的一種方式。讓教師訴說自己過去的教學事件、讓教師去訪談曾經教過的學生瞭解自己教學對他們的影響、讓教師書寫對於自己教學事件的思考，或許不能算是在做一「當下」的行動研究，但不可輕忽的是我們可因此看見教師在過去教學中曾有的「行動」，可看見教師在教學歷程中的轉變，某種程度可以視之為「歷史的行動」的研究。教師透過研究自己過去的教學歷程，在「回溯」的過程中，是能看見自己的教師思考機制，進而能培養教師批判思考之能力，研究所產生的知識是可以協助其當下或未來教學時，分析問題與教學決定時之參考。看見自己的「教學歷史」，以史鑑今，或許是我們當前教育改革之中應注意的面向。

玖、行動研究的再省思「行動是無限的寬廣」——代結論

　　「行動研究」在台灣教育領域的實踐，時間上不能算太長，但也不能算短。在過去的十年間，它可說是從極為「理論」的方法介紹，變成廣為「應用」的實務研究方法。只是在整個推動或「發展」的過程中，從不同的文獻或文章之中，可以發現不同的人對於「行動研究」的認知有著不同的面貌。Greenwood 和 Levin（1998: 5）指出要以通則方式說明行動研究，基本上是相當困難的，因為從歷史脈絡到應用領域，行動研究被賦予的意義與功能均是不同的。當然多類型的聲音談行動研究是件好事，顯示行動研究本身的彈性與包容性，但讓人擔心的則是人們在不確切掌握行動研究本質，而誤解與過度誤用行動研究一詞後，會讓行動研究成為「泡沫化」的研究方法。由於行動研究在現場實務應用上，具有提昇教師專業素養的效能，因此，在這一波的教育改革風潮中，它被推廣應用於各級學校之中。然而，如同台灣社會常見的「流行風潮」現象，行動研究在台灣現今的教育現場中，存在的價值似乎是在彰顯教師們能做研究、能寫報告，而不是落實在「發現問題、形成解決策略、實踐策略、檢視問題解決成效」等研究的執行與研究者的內省與成長的紮實記錄。陳惠邦和李麗霞（2001：66）指出行動研究在國內推動時，過度的簡化行動研究的本質與忽略追尋知識的嚴謹態度，將會讓行動研究無法在國內久存下去。行動研究是透過行動進行一連串的研究，而行動的本身是有其目的導向。若不能掌握住以現場所發現的問題為開端，進行主動的探索與問題解決之實踐，而反其道由為著研究而去找問題、去行動，則我們終將行動研究陷入一個危機之中，對教育的改革或教師專業素養的提昇都不具實質意義與效能。因此，如果行動研究真的是在改進教育現場問題時的一帖良藥，那麼在用此藥之前，我們該省思的是有無對症下藥，而不是一味的下藥卻忽略症狀的適合性。

Reason 和 Bradbury（2001b）在介紹行動研究時，書中所包含的研究方法論與對知識形成的論述是相當多元，這一現象顯示行動研究絕不是一種模糊、鬆散、無理論基礎的研究策略而已，它實質上是要研究者在實務研究的過程中，能經由詮釋、批判、系統化、知識轉遞等，建構出研究理論、建構出屬於自己的知識。在這樣的理念下，動手做研究固然是重要，而研究中所形成的新知識、新概念，並且是能經得起批判、驗證，則更是研究的重心。亦即，研究者不應只陷入在問題表象的敘說與討論，更應深入的觀看與思考問題背後所存有的訊息，以及此訊息所蘊涵的意義。能切入問題的本質，才能在針對問題提出解決策略時，不是只為了消弭一時的困境，而是在奠定安穩的基礎。

　　長久以來人們對於教育的現況總是有所不滿意，「教育改革」的旗幟在重視教育的國家中則是不斷的被揮舞著。Desimone（2002）在回顧綜合學校改革（comprehensive school reform）模式成功轉移的論文中，指出學校教育改革成功的關鍵點在於教師。教師參與教育改革，成為決策者，對於現況的掌握度與執行力都優於由上而下的主導方式。然而，教師在參與教育改革時，必須仰賴穩定的政策與政府、學校、社區、家長等的支持度，教育改革的模式才能穩當的植入，並看見其效能。Linn、Baker 和 Betebenner（2002）談論《把每一個小孩帶上來》（No Child Left Behind, NCLB），指出此法案行動帶來的是美國各州採用大量的測驗以評定學生的能力是否被帶上來、是否達到國家或州設定的基本能力，伴隨此行動的是學校要設定「年度適量進步」指標（adequate yearly progess, AYP），學校必須注意到學生在各項標準測驗的表現。兩篇的文獻透露出的訊息是美國一方面在推動綜合學校的改革，同時關注學生的成就表現是否達到基本能力要求。個人從文獻中思考到的是在國內教育改革的風潮中，教師們必須注意到改革面向的寬廣性，我們除了要提昇自己的專業素養外，我們更不能忽略學生基本能力的達成。回應我先前的論點，行動研究固然是行動者依著自己的需求進行的研究，而此需求的評量基準點，應同時考量研究者和參與研究者兩者間的需求，方是理想的行動研究。

行動研究是無限寬廣的，它融合了許多研究方法、它可適用在不同的情境之中，但要發揮它的極致，則有賴研究者足夠的研究經驗累積。個人在教育現場多年的研究經驗，常常有看得愈多愈久，對自己所知愈感到不足，因所知不足而覺得需要不斷的回到現場與教師們討論、需要廣泛的閱讀書籍以能解決自己的困惑。最近，因著讀著《莊子‧秋水篇》，更感受到在教育的研究領域中，我們應以更謙卑的心去接納不同的研究方法，行動研究或許不是許多人欣賞的一種方法，但是，它確實是在這時空中對教育現場工作者而言是一不錯的方法。文末以《莊子‧秋水篇》第一段與大家分享我在行動研究中對於「專業」的體認。

　　秋水時至，百川灌河。涇流之大，兩涘渚崖之間，不辯牛馬。於是焉河伯欣然自喜，以天下之美為盡在己。順流而東行，至於北海，東面而視，不見水端。於是焉河伯始旋其面目，望洋向若而嘆曰：「野語有之曰，『聞道百，以為莫己若者』，我之謂也。且夫我嘗聞少仲尼之聞，而輕伯夷之義者，始吾弗信。今我睹子之難窮也，吾非至於子之門則殆矣，吾長見笑於大方之家。」（莊子‧秋水篇）

參考文獻

王文科（1990）。**教育研究法**（二版）。台北：五南。

王振興（1998）。**「等待」學童：一位國小自然科教師的教學研究**。國立台東師範學院國民教育研究所碩士論文，未出版，台東。

林雨蒨（譯）（2003）。C. Phillips 著。**蘇格拉底咖啡館**。台北：麥田。

夏林清等（譯）（1997）。H. Altrichter, P. Posch, & B. Somekh 著。**行動研究方法導論——教師動手做研究**。台北：遠流。

陳伯璋（1990）。**教育研究方法的新取向——質的研究方法**。台北：南宏。

陳惠邦、李麗霞（2001）。**行行重行行——協同行動研究**。台北：師大書苑。

陳琇玲（譯）（2000）。K. Blanchard, S. Bowles, D. Carew, & E. Parisi-Carew 著。一枝獨秀，拿不到聖杯。台北：臉譜。

項慧齡（譯）（2001）。G. M. Roach 著。當和尚遇到鑽石。台北：橡樹林。

黃政傑（1996）。質化研究的原理與方法。載於黃政傑（主編），**質的教育研究——方法與實例**（頁1-46）。台北：漢文。

甄曉蘭（1995）。合作行動研究——進行教育研究的另一種方式。**嘉義師院學報，9**，298-318。

楊振富（譯）（2002）。P. M. Senge, N. Cambron-McCabe, T. Lucas, B. Smith, & A. Kleirer 著。**學習型學校**。台北：天下文化。

熊同鑫（1997）。自然科教室的札記：一位研究者的省思。**台東師院學報，8**，531。

歐用生（1994）。提昇教師行動研究能力。**研習資訊，11**（2），1-6。

Cohen, L., & Manion, L. (1994). *Research methods in education* (4th Ed.). New York: Routledge.

Desimone, L. (2002). How can comprehensive school reform models be successfully implemented? *Review of Educational Research, 72,* 433-479.

Dick, B. (2002). *Action research: Action and research.* Retrieved June 1, 2003 from: http://www.scu.edu.au/schoold/gcm/ar/arp/aandr.html.

Gaventa, J., & Cornwall, A. (2001). Power and Knowledge. In P. Reason & H. Bradbury (Eds.), *Handbook of action research: Participative inquiry and practice* (pp. 70-80). Thousand Oaks, CA: Sage.

Greenwood, D. J, & Levin, M. (1998). *Introduction to action research: Social research for social change.* Thousand Oaks, CA: Sage.

Guba, E. G., & Lincoln, Y. S. (1994). Competing paradigms in qualitative research. In N. K. Denzin & Y. S. Lincoln (Eds.), *Handbook of qualitative research* (pp. 105-117). Thousand Oaks, CA: Sage.

Jonassen, D. H., Peck, K. L., & Wilson, B. G. (1999). *Learning with technology.* Upper Saddle River, NJ: Merrill.

Kincheloe, J. L. (1991). *Teachers as researchers: Qualitative inquiry as a path to empowerment.* London: Falmer Press.

Krathwohl, D. R. (1993). *Methods of educational and social science research: An integrated approach.* New York: Longman.

Linn, R. L., Baker, E. L., & Betebenner, D. W. (2002). Accountability systems: Implications of requirements of the no child left behind act of 2001. *Educational Researcher, 31* (6), 3-16.

Palshaugen, O. (2001). The use of words: Improving enterprises by improving their conversations.In P. Reason & H. Bradbury (Eds.), *Handbook of action research: Participative inquiry and practice* (pp. 209-218). Thousand Oaks, CA: Sage.

Reason, P., & Bradbury, H. (2001a). Introduction: Inquiry and participation in search of a worthy of human aspiration. In P. Reason & H. Bradbury (Eds.), *Handbook of action research: Participative inquiry and practice* (pp. 1-14). Thousand Oaks, CA: Sage.

Reason, P., & Bradbury, H. (Eds.). (2001b). *Handbook of action research: Participative, inquiry, & practice.* Thousand Oaks, CA: Sage.

討論文章：

「行動研究與『行動研究者』 的省思

蔡清田

拜讀熊同鑫教授的〈行動研究在教育現場實踐的一些想法〉，個人的讀書心得是對熊教授感到十分敬佩。熊教授置身「在」台灣東部的教育情境當中，「省思」其對於行動研究在教育現場的實踐，並親身投入從事行動研究，不僅承辦了多次的教育行動研究研討會，出版了多本行動研究的論文集，更指導許多研究生從事行動研究，不僅是行動研究理念的倡導者，也是行動研究的「行動者」與行動研究的「研究者」，更是結合「行動」與「研究」於一身的「行動研究者」最佳寫照之一。

　　特別是本文，分別從「我的行動研究回顧」、「行動研究與教育實務研究」、「行動研究的我思與我在」、「行動研究與營造學習型組織」、「行動研究的語言溝通」、「行動研究的書寫範例——追求書寫典範的困頓」、「研究方法的省思」、「行動是無限的寬廣——代結論」等面向，透過行動研究者的「撰寫與報告」，公開而系統地呈現並論述一位行動研究者的「省思」，這可說是「行動研究者」企圖結合其「行動」與「研究」的「行動研究」之「行動研究」具體表徵。

　　行動研究，涉及實務行動的理念與實踐。一方面實務工作者的表象行動背後，應有其理想層面的願景與理念，實務工作應該有理想願景與行動理念的指引，根據某種理想願景或行動理念，透過實際的行動，改進實務工作並改善其工作情境（Schon, 1983）；另一方面行動研究理論也應有實際行動經驗的實務基礎，透過實務工作，實踐理想願景與行動理念，並且透過實際的行動與研究，結合理論與實際（McNiff, Lomax & Whitehead, 1996）。

　　「行動研究」透過「行動」與「研究」結合為一，企圖縮短理論與實務的差距（Elliott, 1991）。「行動研究」強調實務工作者的實際行動與研究的結合（Altrichter, Posch, & Somekh, 1993）。由實務工作者在實際工作情境當中，根據自己實務活動上所遭遇到的實際問題進行研究，研擬解決問題的途徑策略方法，並透過實際行動付諸實施執行，進而加以評鑑反省回饋修正，以解決實際問題。因此，行動研究顧名思義就是將「行動」和「研究」結合起來。同時行動研究重視「系統化的探究方式」也是使行動

研究不只是行動，而且能稱為研究的原因（蔡清田，2000）。

「研究」是一種系統化的活動，以發現一套有組織的知識體系。透過研究，可以指出相關因素，以便瞭解說明現象，而且研究的發現，可作為繼續探究的指引（Stenhouse, 1975）。是以，研究的目的在於求知，發現真相，以增進對現象的瞭解，以建立理論、模式或行動方案。行動研究重視實務問題，但是，行動研究不只注意實務問題的解決，不只重視行動能力的培養，同時更重視批判反省思考能力的培養，以增進實務工作者的實踐智慧，企圖建立實務的理論與理論的實踐，努力縮短實務與理論之間的差距，減少行動與研究之間的差距。

因此，有三個問題要就教於熊教授，第一個問題是理念的問題，亦即撰寫本文時所「省思」的「行動研究」之願景與理念是什麼？換言之，請說明本文的**「行動研究的理想願景」**是什麼？本文所指的**「行動研究的理念」**是什麼？本文的**「行動」**理念是什麼與**「研究」**的理念是什麼？第二個問題是行動研究的「研究」與「省思」兩個用詞的異同之處？第三個問題是參考文獻的問題，熊教授文中所提及的「綜合學校改革」（comprehensive school reform）與綜合中學改革模式兩者之間的關聯性？

參考文獻

蔡清田（2000）。**教育行動研究**。台北：五南。

Altrichter, H., Posch, P. & Somekh, B. (1993). *Teachers investigate their work.* London: Routledge.

Argyris, C., & Schon, D. (1974). *Theory in practice: Increasing professional effectiveness.* San Francisco: Jossey-Bass.

Argyris, C., & Schon, D. (1978). *Organizational learning: A theory of action perspective.* San Francisco: Jossey-Bass.

Elliott, J. (1991). *Action research for educational change.* Milton Keynes: Open University Press.

McNiff, J., Lomax, P., & Whitehead, J. (1996). *You and your action research project.* Lodon: Routledge.

Schon, D A. (1983). *The reflective practitioner: how professionals think in action.* New York: Basic Books.

Schon, D A. (1987). *Educating the reflective practitioner.* London: Jossey-Bass.

Stenhouse, L. (1975). *An introduction to curriculum research and development.* London: Heinemann.

Winter, R. (1995). *Learning from experience: Principles and practice in action-research.* London: Falmer Press.

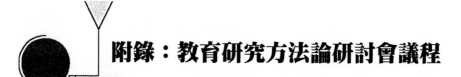

附錄：教育研究方法論研討會議程

附錄　　研討會議程

中華民國九十二年四月十九日（星期六）

時間	場次／主題／發表人
8:00-8:30	報　到
8:30-8:50	開幕式 主持人：簡茂發（國立台灣師範大學校長） 　　　　吳武典（國立台灣師範大學教育學院院長） 　　　　潘慧玲（國立台灣師範大學教育研究中心主任） 　　　　黃馨慧（國立台灣師範大學教育研究中心研究組組長）
8:50-10:20	主題講演 I：科學哲學的新發展與教育及社會研究的展望 主持人：歐陽教（國立台灣師範大學名譽教授） 對談人：**科學哲學的新發展與教育及社會研究的展望** 　　　　楊深坑（教育部國家講座暨國立中正大學教育學院院長） 　　　　**科學哲學與學術創造力** 　　　　黃光國（教育部國家講座暨國立台灣大學心理學系教授）
10:20-10:40	茶敘
10:40-12:30	論文發表 I：實證典範與教育研究 主持人：郭生玉（稻江科技暨管理學院校長） 發表人：**量化研究在教育上的應用與實例** 　　　　張鈿富（國立暨南國際大學教育政策與行政研究所所長） 　　　　**實徵研究的反思－以教育為主軸的分析** 　　　　薛承泰（國立台灣大學社會學系教授） 　　　　**依樣畫葫蘆－對台灣師範學院量化教育研究的個人的觀察** 　　　　黃鴻文（國立台灣師範大學社會教育學系副教授） 討論人：黃毅志（國立台東師範學院教育研究所教授） 　　　　馬信行（國立政治大學教育學系教授） 　　　　余安邦（中央研究院民族學研究所副研究員）
12:30-13:30	午餐
13:30-15:20	論文發表 II：詮釋典範與教育研究 主持人：黃光雄（國立中正大學教育學研究所榮譽教授） 發表人：**詮釋典範與教育研究** 　　　　溫明麗（國立慈濟大學教育傳播學院院長） 　　　　**藍天、塵土與雪的關係及變化：談教育質性研究的「瞭解」難題** 　　　　蔡敏玲（國立台北師範學院幼兒教育系教授） 　　　　**詮釋學理論與教育研究的關係－以呂格爾的詮釋學理論為例** 　　　　方永泉（國立暨南大學比較教育學系副教授） 討論人：崔光宙（國立台灣東華大學教育研究所教授） 　　　　高敬文（國立屏東師院初等教育學系教授） 　　　　林安梧（國立台灣師範大學國立系教授）

時間	場次／主題／發表人
15:20-15:40	茶敘
15:40-17:30	論文發表Ⅲ：批判典範與教育研究 主持人：陳文團（國立台灣大學哲學系教授） 發表人：**批判論述分析法及其在教育和心理研究上的應用** 　　　　何英奇（國立台灣師範大學教育心理與輔導學系系主任） 　　　　**批判典範及其在課程研究上的應用** 　　　　莊明貞（國立台北師範學院課程與教學研究所教授） 　　　　潘志煌（國立台北師範學院課程與教學研究所博士候選人） 　　　　**展望新時代專業人員角色－以醫學人文教育的理論架構爲範例** 　　　　蔡篤堅（國立陽明大學通識教育中心教授） 討論人：宋文里（國立清華大學社會學研究所教授） 　　　　張建成（國立台灣師範大學教育學系教授） 　　　　黃瑞祺（中央研究院歐義研究所研究員）

中華民國九十二年四月二十日（星期日）

時間	場次／主題／發表人
8:10-8:40	報到
8:40-10:00	**主題講演Ⅱ*** 主持人：潘慧玲（國立台灣師範大學教育研究中心主任） 主　題：Rescuing Subjectivity and Lived Experience: The Contribution of Qualitative Research to the Understanding of Social Change. 講演人：Nelly Stromquist (Professor, Rossier School of Education, University of Southern California)
10:00-10:20	茶敘
10:20-12:10	論文發表Ⅳ：女性主義與台灣的教育研究場域 主持人：林芳玫（行政院青年輔導委員會主委） 發表人：**性別觀點與量化教育研究** 　　　　張晉芬（中央研究院社會學研究所研究員） 　　　　謝小芩（國立清華大學通識教育中心教授） 　　　　**從方法論的要求到女性主義方法研的追求：檢視教育研究期刊中的性別論述** 　　　　游美惠（國立高雄師範大學性別教育研究所副教授） 　　　　**重構女性教師的「主體性」研究：女性主義研究觀點的探索** 　　　　卯靜儒（國立中正大學教育學程中心助理教授） 討論人：羊憶蓉（國立台灣師範大學教育學程中心助理教授） 　　　　畢恆達（國立台灣建築與城鄉研究所教授） 　　　　簡成熙（國立屏東師範學院初等教育學系教授）
12:10-13:20	午餐

註：*主題講演Ⅱ因講演人身體不適不克與會，故場次取消。

時間	場次／主題／發表人
13:20-15:10	論文發表Ｖ：行動研究與台灣的教育研究場域 主持人：郭重吉（國立台東師範學院校長） 發表人：行動研究在台灣教育教育場域中的發展與反思 　　　　陳惠邦（國立新竹師範學院初等教育學系教授） 　　　　國內教育行研究解放了什麼？一個資培育者的閱讀與 　　　　困惑 　　　　蕭昭君（國立花蓮師範學院初等教育學系副教授） 　　　　我思、我在：我對行動研究在教育現場實踐的一些想 　　　　法 　　　　熊同鑫（國立台東師範學院教育研究所教授） 討論人：成虹飛（國立新竹師範學院國民教育研究所教授） 　　　　顧瑜君（國立東華大學教育研究所副教授） 　　　　蔡清田（國立中正大學教育學程中心教授）
15:10-15:30	茶敘
15:30-17:10	綜合座談：優質研究的起承轉合 主持人：林生傳（國立高雄師範大學教育學院院長） 與談人：吳明清（國立台北師範學院國民教育研究所教授） 　　　　陳伯璋（淡江大學高等教育研究中心主任） 　　　　周愚文（國立台灣師範大學教育學系系主任）
17:10-17:30	閉幕式 主持人：簡茂發（國立台灣師範大學校長） 　　　　吳武典（國立台灣師範大學教育學院院長） 　　　　潘慧玲（國立台灣師範大學教育研究中心主任） 　　　　張樹倫（國立台灣師範大學教育研究中心行政組組長）

人名索引

A

A. Einstein　31

Acker　385

Adorno　312

Agger　311

Alcoff　407-411

Allen Peshkin　479

Altheide　242, 243

Althusser　324

Altrichter　522

Anderson　241, 242

Apple　325, 506

Aristotle　49, 158, 174

Aronowitz　329

Atweh　444

B

B. Somekh　461

Bacon　414

Baker　531

Banister　239, 269

Barker　233, 235, 269

Barthes　240

Belenky　383, 416

Berkeley　49

Betebenner　531

Blanchard　520

Bradbury　242, 512, 516, 531

Bridges　196

Britzman　417, 419

Brown　210, 216

Budig　349

Bulter　409, 411

C

Carr　441

Cixous　232

Clarke　466

Cliff　132

Clinchy　383

Code　411

Cohen　528

Collins　415

Cook　376

Corbin　126

Cornwakk　235

Cornwal　523

Cory　41

Crookes　434

Cuff　232

Culler　408

D

D. Hume　31

D. Schon　461

David Edwards　263

De Groot　348

Derrida　179, 180, 408, 409

Descartes　58, 174, 177, 178, 230

Desimone　531

Dick　513

Drucker　324

Dudley　466

Dumais　354

Durkheim　287

中文人名索引

名詞索引

DIY 497

e 世代 289

Garbage in, Garbage out 126

Likert scale 126

Logocentrism 408

Phallogocentrism 409

二劃

人力資本（human capital） 110

人的宗教 50

三劃

三角檢證（triangulation） 119, 402

口述歷史 278, 294, 299

大學評鑑制度 151

女性主義 4, 7-9, 29, 363, 402, 426

女性主義方法論 402

女性主義教育學 428

工具理性 277, 473, 497, 500

四劃

中介 175, 178

中庸的詮釋學（moderate hermeneutics） 212

互為主體性 168

內部平和 429

內部效度 118

內隱知識 474

公平正義 230

公民道德 287

分析 172, 180-182

分析命題 54, 55

分析詮釋學 164

化約主義（reductionism） 115

反本質主義 36, 37

反本質論 233

反再現主義 35, 36, 38

反再現論 233

反身性 235

反身性批判 269

反思 230, 251

反映省思（reflection-in-action） 469

反省理性 461, 462, 473

反基礎論 29, 36, 37, 233

反觀自照 472

心理狀態說 40

心靈 32

心靈哲學 32, 40

心靈理論 32

心靈陶冶（Bildung） 40

心靈實體說 40

心靈論 33

文化研究中心（CCCS） 316

文化偏誤 247, 248

文化資本（cultural capital） 108, 354

文化論女性主義 407, 408

文化霸權 276-278, 298, 300

文本（text） 159, 164-167, 169-173, 176, 179, 193

文本化 169

文本理解 170

文本論（textualism） 205

方法詮釋學 202

國家圖書館出版品預行編目（CIP）資料

教育研究方法論：觀點與方法／潘慧玲主編.
--初版.-- 臺北市：心理, 2004（民 93）
面； 公分.--（教育研究系列；81023）
ISBN 978-957-702-704-7（平裝）

1. 教育—研究方法—論文、講詞等

520.3107   93014726

教育研究系列 81023

教育研究方法論：觀點與方法

主　　編：潘慧玲
策　　劃：台灣師範大學教育研究中心
總 編 輯：林敬堯
發 行 人：洪有義
出 版 者：心理出版社股份有限公司
地　　址：231026 新北市新店區光明街 288 號 7 樓
電　　話：(02) 29150566
傳　　真：(02) 29152928
郵撥帳號：19293172　心理出版社股份有限公司
網　　址：https://www.psy.com.tw
電子信箱：psychoco@ms15.hinet.net
排 版 者：辰皓國際出版製作有限公司
印 刷 者：辰皓國際出版製作有限公司
初版一刷：2004 年 9 月
初版十一刷：2022 年 9 月
I S B N：978-957-702-704-7
定　　價：新台幣 600 元